"十二五"国家重点出版物出版规划项目
地域建筑文化遗产及城市与建筑可持续发展研究丛书
国家自然科学基金资助项目
中俄政府间科技合作项目
黑龙江省科技计划项目

中东铁路历史建筑构筑形态与技术

The Construction and Technology of Heritage Buildings along Chinese Eastern Railway

刘大平 王 岩 著

哈尔滨工业大学出版社

前　言

19世纪末20世纪初中东铁路的兴建，是中国近代史上无法忽视的片段，也在中国近代建筑史上留下了重要的一页。铁路的兴建促进了中国东北地区一批近代城市和近代建筑的兴起，这些建筑不仅类型众多、功能齐备，而且成为西方建筑文化的重要传播载体，同时，也翔实地记录了当时建筑技术的主要成就。

欧洲工业革命爆发后，新的材料、结构形式逐渐影响到俄国的建筑发展，并促进了俄国建筑风格、技术的转型，尤其是"技术"逐步超越"风格"成为建筑设计的主要决定因素。在这样的背景下，俄国的建筑技术，包括传统建筑技术和新型的结构、材料技术，开始借由中东铁路的建设向中国东北进行输送。这一过程受到了东北的地域文化、经济发展、风俗习惯等诸多方面的影响。同时，由于当时铁路建设的紧迫性以及需应对严寒地区自然环境条件的挑战，从建筑设计到建筑管理，从建筑施工到建筑构造，从道路桥梁到工业厂房，从公共建筑到民用住宅，很多新的技术探索以及俄罗斯传统建造技术的改良措施，都随着大量铁路工程的建设而产生，从而形成了独具地域特色与时代特色的建筑技术形态。

中东铁路沿线的历史建筑上大量使用天然材料，木、砖、石等材料成为中东铁路建筑的一大特色，它们与俄罗斯民间的传统建筑技术结合，使中东铁路建筑富于浓郁的地域色彩和鲜明的外来文化色彩，影响了中东铁路沿线很多城镇的基调。除此之外，代表当时先进建筑材料技术的钢铁和混凝土也开始不同程度地被应用于中东铁路的大型桥梁、机车库、厂房等多种建筑中。在传统建筑技术中适时地引入现代技术成果，说明当时中东铁路的整体技术水平具有很强的探索性和先进性。此外，与东北地区严寒气候相适应的墙体构筑技术、保温和采暖技术也被高度关注，并且不断地在大量的实践中进行了新的探索。回顾这段历史可以清晰地看到，这些建筑技术以及由此而形成的建筑形态特色、艺术审美表达等建筑特征，对其后东北地域建筑文化的形成和发展都产生了非常大的影响。

总之，中东铁路历史建筑既注重发挥材料各自建构上的优越性，同时也注重不同材料在应用上的优势互补；既有对建筑新技术形式的探索，同时也注重利用传统的"低技术"来回应高寒地域条件的挑战，进而形成鲜明的地域建筑技术特色，并达到技术与艺术的完美统一。解析这些宝贵的近代建筑遗产，能够深层次地揭示中东铁路历史建筑所蕴含的技术理念和构筑手法，这些前人留下的朴素建筑技术遗产对当今的建筑创作仍然具有极大的借鉴意义，同时对于中东铁路历史建筑遗产的保护修缮有直接的应用价值。

刘大平　王　岩
2018.5

I Introduction

One cannot ignore the construction of Chinese Eastern Railway (CER) at the turn of 19 and 20 century, which is so important not only to modern history of China, but also to modern history of Chinese architecture. Along with the railway construction in northeast China, there had been built a number of modern cities and modern buildings with various types and functions, which became a media of transmitting western architectural culture and an informative record of construction techniques of the time.

After the Industrial Revolution, new materials and structures gradually influenced Russian architecture, leading to the transformation of architectural style and technology, and technology became the determinant factor in design beyond style. In this technical context, Russian building techniques, including traditional and new structural and material techniques, were transited to northeast China along with the CER construction, and were inevitably affected by the regional culture, geographical climate, economical development and local customs. Meanwhile, due to the urgency of railway construction and the frigid region, many new technological explorations and improvements of Russian traditional building techniques emerged with numbers of constructions of the railway, from architectural design to construction administration, from roads and bridges to industrial plants, and from public buildings to residences, thus created a building technology with features of the region and the time.

Natural materials were widely used in buildings along CER. Wood, brick and stone were combined with Russian folk building techniques, presenting the typical feature of the buildings of CER which were full of regional and foreign flavor, and influenced basic tones of many towns along CER. Besides, iron, steel and concrete, which represented the most advanced materials and techniques, were applied in different degrees in large-scale bridges, locomotive sheds and factories. It showed that the general technological level in CER buildings were full of exploratory and advancement when traditional building techniques were combined with modern techniques. Moreover, wall construction techniques, insulation and heating techniques were also highly concerned as a response to the frigid climate in northeast China, and had been practiced in numbers of cases. Looking back on this history, we can see clearly that these building techniques and derived architectural characteristics in forms and aesthetics have deeply impacted on the formation and development of regional architecture in northeast China.

In a word, the advantages of different materials on construction had been played thoroughly while the complementarities of different materials on application were emphasized. New building technological forms had been explored while traditional "low techniques" were used as a response to the regional frigid environment, showing a prominent feature of local building techniques and a perfect unity of technology and art. The technological and construction concepts behind the CER buildings can be deeply revealed when these precious modern architectural heritages are analyzed, and these simple building techniques can still be a great reference to contemporary architectural creation and have direct application value to the conservation of CER architectural heritages.

LIU Daping WANG Yan
May 2018

THE CONSTRUCTION AND TECHNOLOGY OF HERITAGE BUILDINGS ALONG CHINESE EASTERN RAILWAY

目录
Contents

1 中东铁路历史建筑砖构形态与技术 /1
Brick Construction and Techniques of Heritage Buildings along CER

    1.1 中东铁路历史建筑用砖特色 /1
        1.1.1 砖的种类特征及砍磨砖基本形式 /1
        1.1.2 砖的特质 /7
        1.1.3 地域文化因素对用砖的影响 /11

    1.2 中东铁路历史建筑砖构筑基本形态 /13
        1.2.1 砖的基本砌筑方式 /14
        1.2.2 平面式砌筑 /15
        1.2.3 线性砌筑 /18
        1.2.4 围合式砌筑 /26
        1.2.5 其他形式的砌筑 /35

    1.3 中东铁路历史建筑砖构模件化 /37
        1.3.1 砖构的模数构成 /37
        1.3.2 砖构的模块构成 /44

    1.4 本章小结 /59

2 中东铁路历史建筑木构形态与技术 /61
Timber Construction and Techniques of Heritage Buildings along CER

    2.1 中东铁路历史建筑木构基本属性 /61
        2.1.1 地域属性 /61
        2.1.2 功能属性 /65
        2.1.3 文化属性 /70

    2.2 中东铁路历史建筑木构形态 /76
        2.2.1 支撑结构性木构件 /76
        2.2.2 建构空间性木构件 /86

2.2.3　使用功能性木构件 /94
　　　2.2.4　表达装饰性木构件 /109
2.3　中东铁路历史建筑木构组合方式 /114
　　　2.3.1　木材自身的构筑组合 /114
　　　2.3.2　木材与其他材质的构筑组合 /120
2.4　本章小结 /127

3　中东铁路历史建筑石构形态与技术 /129
Stone Construction and Techniques of Heritage Buildings along CER

3.1　中东铁路历史建筑石材应用特性 /129
　　　3.1.1　就地取材性 /129
　　　3.1.2　形态多样性 /133
　　　3.1.3　用途广泛性 /139
3.2　中东铁路历史建筑石构功能及形态 /146
　　　3.2.1　承重功能石构件 /146
　　　3.2.2　围护功能石构件 /152
　　　3.2.3　装饰功能石构件 /155
　　　3.2.4　其他功能性石构件 /164
3.3　中东铁路历史建筑石构方式及艺术 /168
　　　3.3.1　石材自身的构筑方式 /168
　　　3.3.2　石材与砖的构筑方式 /173
　　　3.3.3　中东铁路历史建筑石材艺术表达 /180
3.4　本章小结 /185

4　中东铁路历史建筑金属构件形态与技术 /187
Iron Component Construction and Techniques of Heritage Buildings along CER

4.1　中东铁路历史建筑金属材料概述 /187
　　　4.1.1　金属材料的来源及种类 /187
　　　4.1.2　金属材料的应用 /190
　　　4.1.3　金属材料的属性 /194

4.2 中东铁路历史建筑金属构件类型 /199
    4.2.1 结构性金属构件类型 /199
    4.2.2 围护性金属构件类型 /208
    4.2.3 其他金属构件类型 /209

4.3 中东铁路历史建筑金属构件建构技术 /210
    4.3.1 金属构件的连接与构造 /210
    4.3.2 金属构件与其他材料的组合构造 /231
    4.3.3 中东铁路历史建筑金属构件的审美表达 /235

4.4 本章小结 /241

5 中东铁路历史建筑墙体构筑技术 /243
Wall Construction Techniques of Heritage Buildings along CER

5.1 中东铁路历史建筑墙体类型及特性 /243
    5.1.1 砌筑类墙体 /244
    5.1.2 木构类墙体 /262
    5.1.3 复合类墙体 /272
    5.1.4 其他类型墙体 /278

5.2 中东铁路历史建筑墙体构造工艺 /282
    5.2.1 砌筑类墙体构造工艺 /283
    5.2.2 木构类墙体构造工艺 /301
    5.2.3 复合类墙体构造工艺 /311

5.3 中东铁路历史建筑墙体热工性能分析 /318
    5.3.1 案例选取与计算模型建立 /318
    5.3.2 墙体保温隔热性能评价指标的计算分析 /324
    5.3.3 墙体热负荷模拟及缺陷分析 /328

5.4 本章小结 /338

6 中东铁路历史建筑保温与采暖技术 /341
Thermal Insulation and Heating Techniques of Heritage Buildings along CER

6.1 中东铁路历史建筑保温技术 /341
    6.1.1 建筑总平面布局中的防寒技术 /341

6.1.2 建筑单体的保温技术 /346
6.1.3 建筑单体的缓冲空间 /352

6.2 中东铁路历史建筑构造技术 /357
6.2.1 单一材料墙体的保温技术 /357
6.2.2 复合材料墙体的保温技术 /367
6.2.3 楼地面的保温技术 /373
6.2.4 特殊节点的保温技术 /379

6.3 中东铁路历史建筑采暖技术 /383
6.3.1 壁炉采暖技术 /383
6.3.2 炉灶和火墙采暖技术 /389
6.3.3 集中采暖技术 /395
6.3.4 采暖系统中的特殊技术 /397
6.3.5 特殊建筑的采暖技术 /403

6.4 本章小结 /407

参考文献 / 408
References

图片来源 / 412
Picture Credits

后记 / 414
Postscript

中东铁路历史建筑砖构形态与技术
Brick Construction and Techniques of Heritage Buildings along CER

1.1 中东铁路历史建筑用砖特色

砖材由于具有方便砌筑、易于加工及出众的力学性能等特征,因此成了建造中东铁路历史建筑的核心建筑材料之一,并伴随着整个中东铁路历史建筑的更新与发展。与中国传统制砖工艺不同,中东铁路时期的制砖技术、设备以及特殊的砍磨加工程序带有西方制砖特色,制成的砖不同于中国传统砖材的外形及质感,从而使得中东铁路历史建筑带有独特的异域风情。中东铁路历史建筑中砖材所体现出的种类特征、制砖工艺及多样的砍磨加工方式都潜移默化地影响着砖构的发生及发展。因此,砖材的种类特征与砍磨砖基本形式、本体属性与附加属性、气候地理条件对砖构建筑的影响是值得首先研究及推敲的。

1.1.1 砖的种类特征及砍磨砖基本形式

中东铁路历史建筑中使用的砖均为由黏土烧制的焙烧砖,不同的成型法及烧制法使其形成了不同的种类及类型。在砖墙的砌筑过程中,根据砌筑位置及砌层的不同需要,工匠会将砖块适当地进行砍磨加工。从结构上讲,砖的砍磨加工方便了两砖之间的相互搭接咬合,从而形成了多样的搭接方式及砖构筑类型。从装饰角度考虑,工匠将原本具有直角形态的砖材打磨成不同程度的圆角形式,既增加了建筑细节的多样性,又丰富了砖构筑的类型。

(1) 砖的种类。

中东铁路历史建筑中所出现的砖材按颜色分类,可分为红砖及青砖两类,两种不同颜色的砖材不仅尺寸有所差异,而且由于制砖过程中的冷却方法不同,砖材的外观也具有差异性。前者是在高温烧制后自然冷却还原形成的,后者则是在高温烧制后迅速冷却还原形成的。需要强调的是,在中东铁路历史建筑中,青砖建筑所占的比例相对较少。两种颜色不同的砖材通常混合使用,以形成多变的外观。

① 红砖。

从现存的建筑中可以观察到,红砖出现于绝大多数中东铁路历史建筑中,由此看出当时红砖的使用具有普遍性(图1.1)。从烧制方面考虑,中东铁路历史建筑所使用的红砖延续了传统的西方制砖工艺:以含砂的红黏土等为原料,经混合捏练后人工或机械压制成型,再经晾晒干燥后在900℃的温度下以

图 1.1 红砖建筑

氧化焰烧制而成，也可称之为黏土砖。其中含有较高铁元素的红黏土或取于沟壑，或取于河床，而砂在黏土中起着"骨架"的作用，增强了黏土的黏结性能。砖材外形为直角六面体，砖体色彩红艳、质感细腻、密实度强。砖的规格可分为两种：一是绝大多数建筑实例中所使用的红砖规格，不同地域的建筑所使用的砖材规格略有不同，有 240 mm × 120 mm × 60 mm 或 225 mm × 125 mm × 55 mm；二是用于少量建筑中的规格偏大的红砖，为 265 mm × 120 mm × 70 mm。无论是哪一种规格的红砖，其尺寸均比中国传统砖材的尺寸大得多。

在烧制红砖时，工人会将手工制好的砖坯装窑，再由码窑工用坯码窑。码好的砖坯经过预热后，再用大火将其里外烧透，然后熄火，使窑与砖自然冷却。此时，砖窑中空气流通、氧气充足，形成了良好的氧化环境，使得砖坯中的铁元素被氧化成三氧化二铁。正由于三氧化二铁呈红色，砖也就会呈现红色。其颜色同时受到黏土成分、煅烧方式及烧制温度等因素的影响。由于红砖具有较强的强度和耐久性，又因多孔而具有一定的保温、隔热、隔音等优点，因此被用于绝大多数中东铁路历史建筑中，如砌筑墙体、拱券、烟囱、地面及基础等。

② 青砖。

制造青砖的原料同为黏土与砂，与红砖并无大的差异。中东铁路历史建筑所使用的青砖外观质感与红砖相似，色泽呈青绿色或青灰色，有时则为两色之间的过渡色。青砖的规格偏小，为 245 mm × 115 mm × 45 mm。青砖给人以素雅、沉稳的美感，与红砖混用则更增添了建筑的视觉层次效果。通过调查发现，青砖在建筑中多用于次要结构部位，有时也出现在一些等级较低的车站附属建筑中，这一现象间接反映当时红砖的应用比较普遍。

青砖与红砖的烧制方法相似，只不过烧完后的冷却方法不同，红砖为自然冷却，青砖则为水冷却。烧制时，工人先将黏土与砂用水调和，后经捏练或机械压制制成砖坯，再入窑焙烧至 1 000 ℃ 左右，待砖烧透后，往窑中不断淋水，此时，由于窑内温度很高，水很快变成水蒸气，阻止空气的流通，使窑内形成一个缺氧的环境，砖坯中的三氧化二铁被还原成氧化亚铁，并存于砖中。由于氧化亚铁呈青灰色，因而砖就会呈青灰色。由于黏土中的铁不完全氧化，因此其具备更好的耐风化、耐水等特性。

虽然原料与烧制方法相似，但是青砖在抗氧化、抗水化、抗风化等方面的性能明显优于红砖。青砖的烧制工艺较为复杂，具有能耗高、产量小等劣势，因此青砖仅被使用于少部分中东铁路历史建筑之中（图1.2）。在现存的建筑实例中，原中东铁路官员西大直街官邸就是青红砖混用的实例。

（2）砍磨砖基本形式。

中东铁路历史建筑中所使用的砖块常进行预先加工，以实现更多的审美需求以及多样的搭接咬合方式，进而对砖的构筑形态产生一定的影响。砖块质量的好坏直接影响砌筑质量的好坏，砖加工的手段常是对标准规格的砖料的几个面用砍、磨等方式加工成符合尺度和造型要求的砖块。在这里要强调的是，中东铁路历史建筑中出现的砍磨砖种类非常之多，其中一些砍磨砖的加工方式与中国传统做法十分相似，在这里只依照中国传统的砍磨方法对中东铁路历史建筑中所出现的砍磨砖进行归类整理。砖砍磨的内容十分繁杂，不同部位砖材的加工程序和方法均不相同。按照不同的要求，砍磨砖大体可分为砍异型砖、砍劈砖、砍车辋砖、砍八字砖、砍杂料砖、砍斗型砖、砍扇面砖（图1.3）。

① 砍异型砖。

砍异型砖指的是加工形状特殊的砖材，这种砍磨砖多用于拱券的砌筑。为了满足砖构筑的砌筑需要，这类异型砖最常见的便是用于砌筑拱券的楔形砖。

楔形砖块砍磨的基本程序与中国传统砍五扒皮砖十分类似，只对砖的六个面中的五个面进行砍磨。以砖的顺面为例，砍磨后的砖块包含两个经过加工的顺面且为垂直面、两个大小不一的丁头面和具有一定倾斜度的两个大面；以砖的丁面为例，砍磨后的砖块包含两个倾斜大面以及两个经过加工的丁面和两个大小不一的长条面。然而，不论是加工砖材的顺面或是丁面，加工后形成的倾斜面都被称为包灰。与砍五扒皮砖不同的是，砍异型砖不留有砍五扒皮砖中的转头肋。这种具有楔形外观的砍异型砖最常用于门窗贴脸中的拱券过梁的砌筑当中，通常由数块砍异型砖按扇形排列砌筑成拱形。这些被打磨好的楔形砖块相互之间搭接咬合，表现出了不同于一般墙体中使用平行砌筑方法得到的外观特征，为构筑形态的多样性提供了保障。

图1.2 青砖建筑

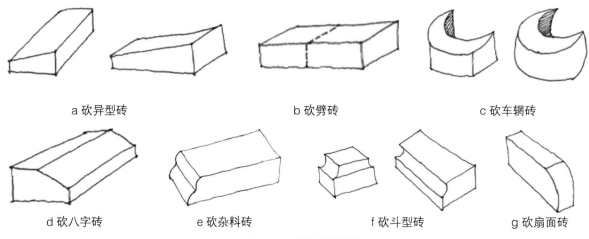

图 1.3　砍磨砖类型示意

依照中国传统砍磨砖的基本程序，砍异型砖的砍磨操作工序为：a.磨面。把要加工的砖放在砖桌上，用斧子铲一个顺面，再用大砂轮磨平，要求不得出现斧子的铲纹及糙麻不平之处，同时应借助工具校验是否磨平，并根据校验情况反复细磨，直到磨平为止。b.打扁。先使用平尺贴着长身的一棱，用平尺和钉子沿顺面的方向在面的一侧画出一条直线来，即中式的"打直"，再用包灰尺将尺桩贴着已经磨平的顺面，按照尺苗的位置在砖的两端画出包灰线，然后用扁子和木敲手沿直线将多余的部分凿去，即打扁。打扁时一手拿扁子，另一手执敲锤，先打上面的棱线，再打两头的顶头扁，最后反过来打底扁。c.劈面。劈面即砍砖的肋面。将砖立起，在打扁的基础上用斧子进一步劈砍，将侧面砍去包灰线以外的多余部分。包灰一般使下口比上口收进一分多，约为3~5 mm。砖肋必须呈直角形式，不得出现圆角形式。d.劈完这个大面以后，便以磨过的肋为准，用竹制子沿着此肋移动，在竹制子一端贴划签画出另一棱线，再画出两侧的包灰线，按上述的程序打扁、劈肋和磨肋，第二个劈面便加工完毕。e.截头。截头即按长度制子截取砖的两头，使得砖长符合要求。先用勾尺的尺桩贴紧已加工好的长身面，再靠近丁头画出截头线，然后在大面上画出包灰线，经过打扁、砍、磨完成第一个截头；又以此头为准，按制子画出第二个截头线，先用制子点出两点，用平尺连接或按制子点出一点，用方尺画线。值得注意的是，截头也是有包灰的。做完这两边丁头，一块楔形砖就加工完成了。

砍异型砖的加工质量要求严格，经过砍磨加工后的砖，其表面不得留有糙麻不平之处；其砖棱不得因操作不当而产生圆弧形，应为平直。因为砖棱若磨为圆弧形，在砌筑时会造成砖的对缝不严的情况，效果较差。砖的侧肋应留有适当包灰，且包灰既不能太大，也不能出现倒包灰的情况。另外，还有一种"上小摞"的方法用来检验加工的砖的质量。其具体做法为：工人任意抽取磨好的砖数块并叠成一摞，在后口备塞，使砖的长身面垂直地面，用营造尺、方尺进行检查，如检查砖表面的平整程度、砖的高度、砖的长短、砖棱的平直程度、截头是否方正等。

② 砍劈砖。

砍劈砖的特点是只磨面不过肋，其主要砍磨加工程序为：a.1/2 顺面。这种砍磨砖的方法只铲磨砖的一个大面，并不截头。因为不砍掉长短，只去掉砖的薄厚，所以砖的顺面加工后只剩余 1/2 的砖厚。这种砍磨砖的方式有时也可使用两块砖相互对磨的方式替代，以便于同时加工两块砖。b.1/3 丁砖。与前者的砍磨程序相似，首先砍磨一个顺面，然后按照一定宽度砍去多余部分。c.1/2 顺砖。这种类型的砍磨砖制作程序十分简单，工匠只需将砖的大面对半劈开，将砖一分为二，同时将两砖断面互磨平整即可。在使用时，将砍磨砖的劈开面向内砌筑，使砖原本的直角棱边袒露于外侧。此类砖常用于 45°斜砌线脚当中。前两种不同规格的砍磨砖总结起来便是：1/2 顺面只劈薄厚不落宽窄，1/3 丁砖不劈薄厚只落宽窄。

此外，中东铁路历史建筑中所使用的合角砖也可归于砍劈砖。合角砖指的是为迎合某些构筑造型或结构的需要而对砖块进行无规律的砍磨后得到的砖块，其与之前提到的砍劈砖最大的差异在于可对砖块进行任意角度的砍磨，使其最终呈现出不规则的形状。合角砖多用于一些特殊形状的砖构筑当中，其砍磨方法和砍磨程序与砍劈砖的砍磨方法和程序几乎一致，如果砖的表面出现凹凸不平的情况，可适当进行磨面。

砍劈砖的加工质量要求比较简单，甚至可以不上砖桌，仅在砖堆上将砖块互相蹭磨，取其大体平整即可。其质量要求为：看面应磨光磨平，不得有粗糙不平的情况出现，棱角必须完整。此类砖主要用于墙体特殊部位或线脚的砌筑。

③ 砍车辋砖。

车辋砖指的是带有一定弧线的砖，指将砖材原本直上直下的外形加工成具有一定曲度形状的、可用于准确连接形成一个圆形的砖。砍车辋砖具有两种不同类型：其一为方形车辋砖，砖块的上下两个面均为直面；其二为圆弧车辋砖，其砍磨的程度更大，整个砖块呈现出较立体的弧度。圆弧车辋砖的砍磨是在方形车辋砖的基础之上再进行深层次的加工，将原本应垂直砌筑的看面磨成中间大两端小的圆弧状，砍磨程度十分夸张。制作砍车辋砖的基本方法与上述提到的砍砖方法相似，其关键在于将砖加工成带有圆弧面的砖。值得注意的是，工匠不仅要通过计算或作图找出应有的弧度，还要同时做好整块砖的平面模板。工匠将砖预先砍磨出大样，再将几块砍车辋砖摆在一起，经过试摆观察其是否符合要求。一块砖往往不容易发现问题，多块砖连接后则容易看出问题，然后工匠再依此调整样板，直到砍磨准确为止。此外，磨弧面的磨头应该有合适的形状。

砍车辋砖常被用于建筑装饰当中，数块砍车辋砖围合成圆柱状砖构筑，具有相当强的装饰效果，但并不是所有的砍车辋砖都会被组合成突出于墙体的圆柱状。例如，某些建筑转角处的圆角构筑当中，常会使用两块砍车辋砖进行转角弧形面的砌筑，并按照一定规律连续砌出相应的垂直构筑。

④ 砍八字砖。

八字砖最主要的特征在于工匠只需将砖块的直角棱边砍磨成斜角形式即可，其主要用于建筑勒脚与地面的交界处、窗台以及线脚等部位的砌筑。通过调查发现，中东铁路历史建筑中所使用的八字砖可分为两种类型：其一是只将砖的一角砍磨掉，并在砖的顺面留有一定的转头肋的八字砖，此种八字砖还可在其两端同时进行砍削；其二则是将砖丁头的两个直角对称进行砍磨，使得砖的丁头形成更为全面的"八"字形外观。八字砖砍磨加工的基本程序为：a. 磨面。将要砍磨的面首先进行磨面处理，方法同砍异型砖的第一道步骤，在这里不再重复说明。b. 画八字咀。砍磨出长身后，贴直尺并画出八字线，应留够八字外形。c. 画线打扁。用方尺画八字咀头，即过八字线两端处在顺面和丁头或者大面和丁头画线，并同时画出另一面上的八字线，然后按画线轨迹打去砖角，磨出八字。d. 砍磨加工完毕后，用方尺检查八字咀是否平整，其检验方法与之前提到的检验方法类似。

⑤ 砍杂料砖。

在中国传统砍磨砖当中，杂料砖指的是用于砌筑建筑墙体、影壁及窗饰等部位的砍磨砖材。在中东铁路历史建筑中，这种类似于中式砍磨砖的异型砖块指的是主要用于砌筑建筑檐部位或线脚等装饰部位的砍磨砖。这类砍磨砖种类偏少，形状较为复杂，通常先用模版做出这种形状的样板，然后依照样板砍磨。根据中国传统砍磨杂料砖的方法可推断，砍磨这种砖料的工具也要预先做出相应的形状，才能使砍磨出的砖符合要求。这种砖料的制作方法与上述介绍的基本方法相似。杂料砖是在标准砖的基础上砍出带有曲线或曲直结合形态的棱边，然后进行磨面处理而成的，多用于建筑的檐下叠涩或是多种多样的线脚的砌筑当中。

⑥ 砍斗型砖。

通过观察可知，虽然砍磨后的砖块都呈现出上大下小的斗型外观，但其剖面却不尽相同。砍斗型砖有两种不同的类型：一种为带有曲线或者曲线凹槽的斗型砖；另一种为带有斜角切面外观的斗型砖，这种斗型砖多用于曲线线脚的底层部位的砌筑，在少数的直线线脚当中也可观察到斗型砖的轮廓，其应用较为广泛。

以砖的顺面为例，在砍磨砖块时大致程序如下：a. 使用平尺等工具在砖的顺面厚度的 1/3 处画出一条直线作为参考线，此时，砖块的顺面便被分隔为宽度不等的两部分，参考线之上的 1/3 砖厚的部分便是特意留有的转头肋。同理，按照这种办法可在与此面垂直的大面上同样选取一条直线作为另外一条参考线。由于两条直线处于不同的轴线之上，因此二者之间的连线为一条具有一定斜角的直线，再沿着这条最后生成的斜线将多余部分剔去。b. 在上一步骤的基础上用磨头再次进行打磨，将新生成的斜面磨平。这样，一块带有斜角切面的斗型砖便砍磨加工完成。值得注意的是，砍斗型砖的加工面会根据不同的砌筑情况加以选择，并不一定需要将砖块的两个丁面全部加工。

此外，在中东铁路历史建筑中还出现了外形为三角棱形的砍斗型砖，其砍磨方法同上。这类砍磨砖通常置于砖构筑的最下皮，结合其上部的两皮斗型砖形成倒置的金字塔状砖装饰。在加工砍磨时，虽然这类砍磨砖的体积较小，但在砖块的顶端同样留有一定宽度的转头肋，以形成逐层跌落的层次感。可以说，这类斗型砖在中东铁路历史建筑中并不常见，多见于宗教建筑的砖装饰当中，以构成某种具有宗教意义的装饰符号，用法十分特别。

带有曲线或曲线凹槽的斗型砖的加工多是以前者为基础，再以生成的斜向切面为基准，使用磨头将直面磨为曲面。需要强调的是，由于曲面的弯曲程度大小不一，所以形成了十分多样的斗型砖的外观形式，有些砖块的转角两侧同时进行砍磨，在两段弧形面的交界处会形成一条弧线，使整体感更强。此外，还有另外一种带有弧线形曲面的斗型砖，这种砍磨砖较为少见。在加工打磨时，工匠并不是向内进行其弧线曲面的砍磨，而是朝着相反的方向进行加工，使得生成的弧形曲面向外突出，工艺较为特殊。值得注意的是，即使是在同一构筑之上，这种斗型砖弧形曲面的弯曲程度也不一定十分一致，可见曲面加工的难度相对较高，不易处理。此外，根据砖构筑的需要，建筑中也常出现使用1/2顺砖进行砍磨的斗型砖，用于不同类型的砌筑方式。

⑦ 砍扇面砖。

扇面砖最为特殊的点在于砖面砍磨后形成一个较大的扇形曲面。这种类型的砍磨砖多见于曲线线脚最底层的构筑当中，常两块组成一组，饰于线脚的下端，既有着一定的承托作用，又具有较强的装饰作用。

以砖的丁面为例，这种类型的砍磨砖的加工程序如下：a.根据计算在砖块大面画出1/4圆弧，另一侧同理。然后用扁子和铁敲手沿曲线将多余的部分打掉。b.在以上步骤的基础上继续使用磨头将得出的1/4圆弧面进行打磨，直至与模子一致，这样可以避免在砌筑过程中因为曲线不一致而出现砌筑不平的情况。完成以上步骤之后，一块标准的扇面砖便打磨完成。值得注意的是，在进行扇面砖加工时，工匠可在砖的顺面方向留有一定宽度的转头肋，再在转头肋之下进行扇面的打磨，其加工方法同上。

1.1.2 砖的特质

砖的特质指的是砖本身所具有的基本特性，包含砖材的本体属性及附加属性两部分内容。砖的基本特性决定了其使用的灵活性，是其成为中东铁路历史建筑十分重要的建筑材料之一的基本保障。

（1）本体属性。

在中东铁路历史建筑中，砖材被广泛应用于建筑的各个部位，如墙体、扶壁、勒脚等，从而体现了其突出的力学性能，而砖的易加工性不仅契合了多样的砌筑形式，还更加巧妙地迎合了当时的审美。因此，对砖材本体属性的讨论便以这三方面为主要讨论对象，它们分别为：力学性能、砌筑灵活性、易加工性。

① 力学性能。

从材料受力的角度来分析，砖材可以承受垂直方向的荷载与水平方向的荷载。垂直方向的荷载为沿墙方向的压力，如墙体的自重或墙体附加的荷载；水平方向的荷载为墙体所承受的风荷载等。因此，作为砖墙体当中必不可少的一分子，砖块便为若干个受力单元，同时应对压力、剪力、拉力以及这些力的组合荷载。由于砖材属于刚性材料，其抗压强度要优于其抗拉强度或抗弯强度，因此砖材主要用于承重构件的砌筑。

对现存的中东铁路历史建筑进行调查研究可发现，大多数建筑的墙体、扶壁、勒脚都采用砖材来砌筑，即用砖块来承担建筑所承受的荷载，这直接反映了砖材在承重系统中的重要性。

② 砌筑灵活性。

砖的另一个重要的本体属性是其砌筑的灵活性。砖块体积小巧，可大量组合。在砌筑时，砖块既可用于大体块的砌筑，又可用于装饰线脚的砌筑，可直可曲，十分灵活。砖材的灵活性同时也造就了其丰富多变的砌筑方式，砌筑时可通过水平方向和垂直方向有规则的排列组合，形成多样化的砖构筑形式。

在中东铁路历史建筑中，由于砖材的砌筑为方便简单的手工操作，因此想要使得砖材砌筑工整、券形准确、灰缝均匀以实现建筑的美观，就十分有必要掌握其基本的砌筑方式。也只有这样，才有可能达到建筑结构与装饰的砌筑的真实性。通过观察可知，砖材的排列遵循内外搭接、上下错缝的原则，其组合方式为砖丁头与顺头结合后通过与砂浆进行黏接。根据砖材自身性能及其力学原理，工匠们创造出许多独具特色的构筑形式，下面就以中东铁路历史建筑中十分常见的砖构筑形式进行举例说明。

a. 拱券。

拱券是用砖块砌筑的一个重要的建筑局部结构形式，常见于门窗洞口上方。采用砖块侧砌而成，砖块之间彼此挤压定位，将加在其上的荷载传递给其毗连的组成部分，从而形成一定的跨度。调查发现，在中东铁路历史建筑中，拱券有两种砌筑方式：其一为类似于中式狗子咬的砌筑方式，由砖材顺丁交错砌筑而成；其二为顺砖侧砌，利用灰缝的宽窄来调节平拱的水平。实地测量发现，中东铁路历史建筑中出现的拱券的跨度一般不超过 1 200 mm，由此推断出当时的建造工艺仍具有一定的局限性。

b. 砖砌扶壁。

扶壁一般突出于墙体，用以承托墙体的侧推力，并将所承受的荷载传递于地面，以增加墙体的稳定性。调查发现，中东铁路历史建筑中的扶壁被砌筑成上下倾斜的平直或是台阶状的、连续缩小的外观形态，砖块之间通过错缝连接来满足构筑稳定性的需要。扶壁常采用的砌筑方式为"一皮顺一皮丁式"，这种砌法既可保证砖构筑的宽度及高度是多变的，又可在砌筑形式上做到灵活变通。

c. 多重直线式砖构筑。

多重直线式砖构筑的各层砖块自下而上按照一定规律逐渐挑出砌筑，形成最佳的曲线形或是折线形，体现出凸凹有致的美感。与此同时，层层挑出的砖块还具有支撑挑檐的作用，可谓力与美的统一。

③ 易加工性。

砖材能够成为建筑中合适的承重构件及非承重构件的最佳选材，除了要归功于其优良的力学性能及便捷的操作性之外，还得益于其易于加工的特性。相比于其他材料，砖材易于加工，可以大量模制，可以成批量生产，可以进行标准化与规格化的加工，符合建筑工业化生产模式。此外，中东铁路历史建筑中使用的砖的烧制原料主要为黏土，其质地细腻，含有的矿物细小，沙粒也很少，烧制成的砖材质细密、强度高、不易劈裂、可塑性能较高，易于用手工和工具加工砍磨，可进一步加工成异型砖，以备不同砌层的需要。经过加工的砖材可呈现良好的外观及形状，如可打磨出细密的纹理效果等，可利用砂浆进行良好的固定，也可通过粉刷涂料获得丰富的色彩。与此同时，打磨后的砖材是具有一定规格的材料，为规整的砌筑提供了保障。一般来说，砖材的砍磨可以在一块砖上进行，也可以在若干块组合体上进行。预先磨好的、用于砌筑的砖块，是建筑中墙体、拱券、线脚等部位的常用材料。

（2）附加属性。

① 真实性。

在中东铁路历史建筑中，砖材的真实性主要指两个方面：一是可根据建筑不同的部位和用途，选择适当的砖构筑形式；二是砖材经过一定砍磨加工处理后，其所呈现出来的装饰形态不刻意掩饰，突出材料自身的装饰性。

建筑的功能与建筑材料的特征往往是相对应的，如承重构件需要坚固，而装饰构件则需要灵活多变。同时，由于每个建筑构件的特性迥异，因此每种建筑构件都应有不同的处理方式及适合其性能的组合方式。例如，中国东北地区冬季漫长寒冷，因此该区域建筑的窗洞口较小，且向内多为喇叭开口。因此，在以承重功能为主的建筑构件中，砖材的排列紧密有序、上下错缝、内外搭接，以最佳的砌筑模式承托来自各个方向的荷载；在以装饰功能为主的建筑构件中，由于此时的砖块脱离了结构功能，砖材的排列方式便显得十分多变灵活；在承重功能与装饰功能兼有的建筑构件中，在保证砖材合理传力的基础上，应在原有砌筑形式上获得最大化的美观，如使用多种类型的砍磨砖为建筑赢得不同的曲线或折线形态。除此之外，中东铁路历史建筑中使用的砖材还突出了其自然属性，如并不掩饰其略不规整、稍有差别的颜色与质感，追求合理的力学逻辑等特征，使砖块与建筑整体紧紧地联系在一起，这同时也说明了中东铁路历史建筑具有双重性，即技术性与艺术性。

② 亲和力。

在中东铁路历史建筑中，砖材所特有的环境适应性、宜人的尺度、人性化感受等特征无一不为建筑带来较强的亲和力。

砖材的环境适应性包含了砖材对物理环境和社会环境两方面的适宜性。物理环境涉及地形地貌、日照通风等，社会环境则强调文脉、传统、风俗习惯等人文方面的内容。例如，在物理环境方面，由于中国东北地区冬季漫长寒冷,而砖材表面的暖色可带给人们温暖的心理感受,所以中东铁路历史建筑中砖材表面涂抹的鹅黄色与柠黄色抹灰无一不是对地形环境以及地域气候的积极应对;在社会环境方面,俄国移民为何选择砖材作为中东铁路历史建筑的主要建造材料呢?这除了与当时材料限定性等方面的经济因素有关之外,与砖材本身所带来的文化延续性更是有直接的关系。他们选择具有"人情味儿"特质的材料并对建筑环境以及建筑细部进行处理,营造出俄罗斯传统文化的风俗气息,使得中东铁路历史建筑在中国近代建筑中占有独特的地位。

砖材的尺寸大小刚好适宜人的取拿,标准化与规格化则使其成了砖建筑的基本模数,使各种砖构筑的尺寸可按照基本模数推算出来。由于建筑的任何部位的构筑大小都可据此估算出来,所以它们的尺度可被清晰地感知。砖给人们带来的感受还来自于它的细腻质感,包含视觉及触觉两方面。在视觉上,砖材表面的天然纹理、颗粒孔隙,不是十分规则的统一所带来的视觉效果是温和的,同时光照所产生的漫反射现象也使得砖建筑表面明暗转折的层次较为丰富,且不刺激人眼。除此之外,砖材的丰富质感以及温暖的色彩都可让人有一种重归自然的感受。在触觉上,砖材的加工原料为黏土与砂,这些原料经过手工制坯、干燥、烧制等过程后具有一定的储热功能,手感亲切,不冷峻,亲和力较强。

③ 装饰性。

森佩尔在他的"材料置换理论"中指出,人类文化的发展时常会出现材料置换,即为了保持传统的价值符号,一种材料方式的建筑属性出现在另一种材料方式的表现之中,比如古希腊神庙的石料切割和砌筑方式就是对木构建筑原型的一种诠释。在中东铁路历史建筑中同样可以观察到材料置换的现象,如当砖材不具备其他形式材料的特有形式时,它们会以其特有的砌筑方式对其他材料的构筑形式进行模仿(图1.4)。通过调查可知,常被砖材模仿的构筑形式可分为木构和石构两种。以中东铁路砖建筑中的转角隅石砖构筑处理为例,墙体为建筑主要的承重构件,其承重柱大部分都隐藏在墙体之中,但建造者在建筑的转角或两窗之间却经常使用略突出于砖墙表面的处理方式,这便与俄罗斯风格的传统石构建筑中转角处的隅石的相互交织的做法有着异曲同工之妙。再者,现存的中东铁路木构建

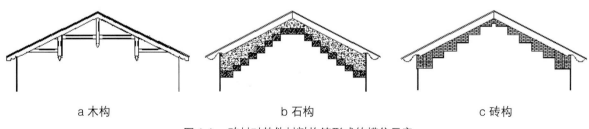

a 木构　　　　　　　　b 石构　　　　　　　　c 砖构

图1.4　砖材对其他材料构筑形式的模仿示意

筑的檐口、窗口等处的装饰线脚与砖建筑中的砖装饰的外在形态是十分相似的，有时甚至可以从中提取出同样的装饰符号。

然而，为何中东铁路历史建筑会用砖材对传统的石构或木构建筑的整体或局部进行模仿呢？其原因如下：其一，砖易于灵活加工，具有模仿其他材料特征的可能性。其二，从地域环境角度分析，由于俄国地大物博，森林与矿产资源十分丰富，拥有多种适宜建造房屋的林木物种及石材，俄罗斯传统建筑的建造可能是由木构与石构建筑开始的，它们较高的地位导致了接下来出现的建筑材料均处于较为附属的地位。由此，砖构筑形态对木构与石构形态的模仿便不足为奇了。其三，从传统文化及生活习性角度分析，俄国人向来喜爱木材及石材，从中东铁路沿线数量众多的木构与石构建筑中便可见一斑。木材与石材易于加工、保温性能较强等特性勾起了俄国人对原有生活习惯及审美的怀念，因此他们选择用砖构筑对木构与石构建筑进行模仿。

1.1.3 地域文化因素对用砖的影响

诸多地域文化因素以及它们之间的相互作用及影响共同构成了丰富的砖构筑形式，从而形成了丰富多样的砖构筑形态。地区的自然、社会及文化条件对中东铁路砖构建筑的形成和发展产生着深刻的影响，一些重要因素甚至还起着决定性的作用。其中，自然因素大多作用于砖的自然属性，与人们的心理活动相关；外来文化则大多作用于砖的文化属性，当时的总体文化特征使得砖成为不同文化的载体。

（1）适应高寒气候。

自然地理条件不仅会影响到砖材的生产加工过程，而且也关系到不同砖构筑的形式变化，从而最终影响砖的构筑形态。中国东北地区的气候条件、地形及地貌等自然地理因素对中东铁路砖构筑形态具有显著的制约作用。

① 气候条件。

中国东北地区所处纬度较高，冬季严寒干燥，降水量低；夏季温热湿润，降水集中；春季气温多变，干燥风大；秋季降温迅速，除霜较早。简单地说，东北地区四季分明、昼夜温差大，尤其是冬季的严寒成为中国东北地区气候特征中最为显著的特点，其冬季（11月～次年3月）可长达五个月之久。中东铁路途经的哈尔滨、横道河子、扎兰屯等地都属于寒冷地域，其用砖特点及砖构筑形式都受气候因素的影响。

绝大多数中东铁路历史建筑都采用砖材砌筑墙体，砖材分布于建筑的外部维护墙体以及内部分隔墙体中，是建筑结构和形态的重要决定因素。除了社会心理和文化习惯因素之外，砖材的使用在很大程度上取决于地区的气候特性。从使用砖材的合理性方面考虑，制造砖材的加工材料主要为黏土与砂，这些原料具有比热容小、散热慢的特性，用这些材料烧制的砖材具有较好的保温隔热性能，可以保证室内温度的恒定。另外，砖材具有良好的抗压性能，这也使得它成为一种首选的建筑材料，同时也为多样丰富的构筑形式提供了技术保障。

由于俄国的气候特征与中国东北地区相似，冬季同样寒冷漫长，这就使气候因素成为控制中东铁路砖构筑形式的第一要素，因此俄罗斯风格的传统砖构筑与寒冷气候相适应的部分就被直接移植过来，如中东铁路历史建筑外墙的砌筑多为实心砌筑，这种砌筑方式砌出的墙体传热时间长、隔热效果好。不同地区建筑墙体的厚度也有所不同，绝大多数墙体厚度为 700～800 mm，而在一些更为寒冷的铁路附属地，墙体厚度可达 1 500 mm。建筑转角的砖构筑通常突出于墙体进行砌筑，这是因为在立春之后，墙角容易发生缓霜现象，而经过冷冻变化的砖构筑更容易出现裂缝。加厚处理后的建筑转角，不仅外观整齐，还能避免冻融循环给建筑带来危害。此外，中东铁路历史建筑的门窗洞口的砌筑形式同样是为了应对高寒气候所做的特殊处理。建筑的洞口开口较小，且室内窗洞砌成喇叭开口的形式，这种做法一方面能够尽量减少寒冷的环境中冷热空气的对流，另一方面还能够使房间接受更多的光照，十分有利于建筑的保温和防寒。

② 地形地貌。

中东铁路东至绥芬河，西至满洲里，地处中国最东北的省份——黑龙江省。黑龙江省西与内蒙古自治区毗连，南与吉林省接壤，有长 10 km 以上的河流 1 700 多条，多地处平原，海拔 50~200 m。西部为松嫩平原，东北部为三江平原，北部、东南部为山地。

黑龙江地区明确、突出的地形特征会潜移默化地影响人们对于材料的认知及选择。建筑材料的生产与其所在地的自然资源的关系是密不可分的，地方材料和资源特色既为地区建筑的建造提供了条件，又对其有一定的限制。黑龙江地区地势平缓，多平原少山，黏土资源十分丰富，这就为砖的生产加工提供了有利的先天条件。与此同时，以平原为主的地形方便材料的运输，为建筑活动提供保障。此外，当中东铁路历史建筑被大量引入中国东北地区之后，由于其保温性能好、适应性强，因此也被中国传统建筑借鉴过来。由此可看出，在自然条件的制约下，这种适宜气候的砖构筑形式比较容易保存下来。

（2）承载文化信息。

中东铁路历史建筑从建成之初就是以俄国移民为主要服务对象的，也正是这些俄国移民构成了当时社会的主流群体。他们虽然来自不同的社会阶层，却具有相似的文化传统及文化观念。在中东铁路历史建筑形成的过程中，这些人充当了主力军和先锋，因而，他们自身的价值观念和文化特色也直接影响中东铁路历史建筑的用砖特色。

① 移民文化。

中东铁路的建设过程中，大批俄国人涌入中国东北地区，参与铁路的建筑、管理，或从事开采、商务、文化等活动。从而推进了中国东北地区经济与社会的发展。与此同时，这股移民浪潮还产生了特定的文化特性，包含俄罗斯民族传统的生活方式、价值观念、心理态势等。同时它也是砖构筑发生及发展的重要影响因素，并从各个层面影响砖构筑形式的特点及形态特征。

中东铁路的移民群体从文化特色上分析有以下两方面特点。

从俄罗斯民族的生活习惯考虑，绝大多数俄罗斯移民为参与铁路建设、管理或从事开采、商务、文化等活动的人群，俄罗斯文化在他们的思想意识和价值观念上打下了深深的烙印，固守传统、地缘和亲缘关系在他们的思想意识里占有很重要的地位，所以他们的特定的居住空间组成元素，如壁炉、砖构的使用会再次出现于异国他乡。代表俄罗斯民族能歌善舞特色的铁路俱乐部建筑以及代表宗教文化的教堂建筑也同时被全盘复制到中国东北地区。这些都说明了俄罗斯传统文化对移民群体的影响深刻，从而影响中东铁路沿线的砖构筑建筑。

从砖构筑的民族性特征考虑，俄罗斯民族有着横跨欧亚大陆的辽阔疆域，广阔的空间造就了俄罗斯民族豪放粗犷的个性。俄国人喜爱质朴大度、逻辑有序的美，因此，中东铁路历史建筑的砖构筑形式井然有序，逻辑感强烈。此外，建筑的色彩也十分质朴，各部分色彩对比分明，鹅黄色的墙体抹灰以及白色的装饰构筑抹灰，无不显示出一种与寒冷气候相适应的美感。

② 砌筑工艺。

中东铁路历史建筑所呈现出来的精湛砖构技术体现了其特定文化属性下的建筑文化，这种较为先进的砖构技术同样被移植或复制到中国东北地区的传统建筑上，拉高了当时处于落后状态的中国东北地区在砖构筑技术方面的起点。

中东铁路历史建筑普遍采用墙体作为承重结构，绝大部分墙体都是清水砖砌筑的，既有红砖砌筑的，也有青红砖混合砌筑的，在显示出砖材自身材质特征的同时也展现出精美的砌筑艺术。其中，墙体的砌筑方法大多采用"一皮顺一皮丁式""一皮一顺一丁式"等。清水砖墙的表面也可进行抹灰处理，形成鲜明的颜色搭配。建筑的外墙厚度一般在 700 mm（俄制二砖半）。厚重的外墙呈现出坚固、厚重等技术特性。此外，这种砖砌墙体保温性能好，十分适合中国东北地区的气候特点。

在建筑的一些细部的处理手段上，足以看到砖构筑技术的精美。例如，窗口上方的贴脸被大量应用在弧形拱券、圆形拱券、尖拱券等位置，券的砌法多为中式的狗子咬，在券中央还采用西式的券心石的样式，券心石的砌法同样为狗子咬。此外，在券以及券心石的上方，还可用砍磨砖砌出线脚，使建筑看起来更加精美细致。

1.2 中东铁路历史建筑砖构筑基本形态

中东铁路的修筑不仅带来了较为先进的铁路修建技术，同时也带来了俄罗斯民族传统的砖构筑工艺。俄罗斯民族砖构筑技艺精湛，不仅能砌筑出合理的建筑主体结构，还能砌筑建筑表面精美绝伦的砖装饰。在中东铁路历史建筑中，砖材一直起着两个重要的作用：承重及装饰。砖块通过多样的组合方式以及不同的艺术处理手法形成了丰富的砖构筑类型，而恰恰是砖构筑的这种丰富多样的、灵活的组合方式造就了中东铁路砖构建筑的独特魅力。

丰富多彩的砖构筑方式几乎出现在建筑的各个部位当中。砖块通过不同的砌筑加工手段，组成了丰富多样的构筑形态，起到了美化建筑形象的目的，显示了砖材料特有的材质特征，体现了其精美的砌筑艺术。下文主要从砖的传统构筑技术和艺术表现力等方面进行分析。通过对砖构筑形态的特征进行整理分析，按照砖构筑所形成的砌筑特征可将内容庞杂的砌筑类型分为：平面式砌筑、线性砌筑、围合式砌筑以及其他形式的砌筑。

1.2.1 砖的基本砌筑方式

砖材砌筑方式的不同组合及艺术处理形成了建筑表面的细部，这些细部是建筑立面质感和层次的魅力所在。砖的基本砌筑方式主要针对砖块基本构筑形式基础上的表面构筑形态，其特殊的艺术效果主要是通过砖材的两种基本砌筑方式营造出来的。砖的两种基本砌筑方式分别是砖材的立砌式与卧砌式（表1.1）。

表1.1 砖的基本砌筑方式表

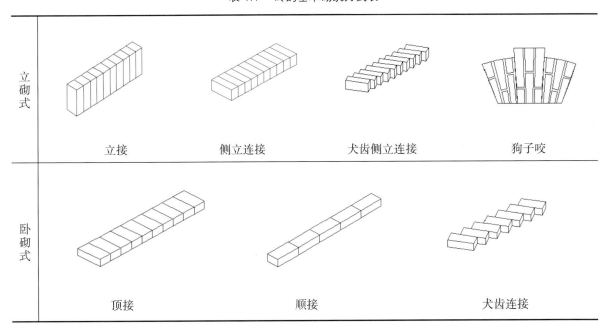

（1）立砌式。

在中东铁路历史建筑中，由于砖块受力方式的不同，砖块的立砌式砌筑方式多用于拱券或窗台部位，在少数建筑的檐口与装饰线脚中也可观察到立砌式砌筑方式。对于承重的砌体结构，砖块可以侧立连接（丁面直立于墙面），立接（顺面直立于墙面，也可称为"甓砖"），犬齿侧立连接（顺面斜置直立于墙面），以及用于拱券的狗子咬。砌筑门窗洞口时，可以利用拱券来承受门窗上部墙体的重量。拱券有五种形式：平拱、弧拱、尖拱、半圆拱以及近乎尖拱与弧拱之间的拱券形式。不论是哪一种拱券形式，其采用的砌法主要为立砌式，与中式的狗子咬与马莲对近似。侧立连接的砖构筑模式出现在少量的平拱砌筑中。除此之外，部分拱券的砌筑中还利用砖块的立砌式砌出交错层，丰富了立面的变化。

（2）卧砌式。

在中东铁路历史建筑中，砖块多采用卧砌的排列方式。承重用途的砖构筑的砌筑中，砖块可以顺接（顺面处于墙面）、顶接（丁面处于墙面）。不同皮的砖的砌筑方式有错缝与自由拼缝等几种情况，常采用的砌法为"一皮顺一皮丁式""一皮一顺一丁式""三皮顺一皮丁式"，由此形成不同的建筑表面效果。其中，错缝砌筑使得建筑表面具有较强的韵律感和秩序感，其在砖石混合建筑中的应用也十分普遍。除此之外，砖块之间采用犬齿连接（这种连接方式是顶接和侧立连接的组合方式，表现为建筑表面凹凸不平、相互交错）也常出现在中东铁路历史建筑的檐口部位。

1.2.2 平面式砌筑

平面式砌筑主要包括由砖块进行的大面积满铺砌筑和由相对较小的砌筑平面构成的附属于主体砌筑的局部砌筑。构成面的砌筑形式可分为立砌式和卧砌式两种，分别代表建筑构件或构造节点的凸出式平面砌筑以及清水砖墙体表面的砖块秩序叠砌的平面砌筑。其表面的砖块大多采用上下错缝、内外搭接的砌筑模式，因此表面平整，不出现漏砌或挑出砌筑的现象。这种砌筑常出现于建筑中主要起结构用途的墙体、勒脚以及扶壁当中。平面式砌筑类型如表1.2所示。

表1.2 平面式砌筑类型

	平面满铺式	附加垂直砌体式
表现部位	墙体、勒脚、女儿墙	扶壁
形态特点	整体平面铺装，秩序感强、韵律感强	整体竖向排列，附属于平面满铺式，突起砌筑
砌筑实例	 昂昂溪站铁路职工住宅	  昂昂溪站马厩 / 横道河子站机车库

（1）平面满铺式。

平面满铺式大多是利用砖块砌筑的顺丁错缝、内外搭接方式，是形成的整体效果呈面的砌筑形式。常用的平面满铺式砌法为"一皮顺一皮丁式""三皮顺一皮丁式""一皮一顺一丁式"等。这种类型的砌筑多见于需要砖块进行大面积平铺表达的建筑部位，如墙体、勒脚、实砌式女儿墙等。

在中东铁路历史建筑中，有相当一部分建筑的立面是清水砖面，且所使用的砖材一般为红砖，砌筑方法是磨砖勾缝，显示了砖材特有的材质肌理及美观的砌筑方式。为了满足防寒要求，建筑的外墙一般砌筑得较厚，墙体厚度一般在 700~1 500 mm 之间，同时起到了承重及保温的作用。墙体属于承重的砌体结构，砌筑时砖块可以顺接——侧面处于墙面，顶接——丁头处于墙面。不同皮的砌筑方式有错缝和自由拼缝两种。其中，错缝砌筑使墙体具有较强的整体感，使墙面具有秩序感，在墙体砌筑方面应用十分广泛；自由拼缝砌筑也十分常见，虽然其在灰缝的处理上较为随意，但墙面仍具有一定的韵律感。在砖的排列方式上，中东铁路历史建筑中大部分砖建筑的墙体以及勒脚多采用的砌筑方式为"一皮顺一皮丁式""三皮顺一皮丁式""一皮一顺一丁式"及"多顺一丁式"等砌法（表1.3）。其中，"一皮顺一皮丁式"可分为英式砌法和英式十字砌法，是最庄重、最具影响力的砌法，砖的排列形式简洁。二者的区别在于英式十字砌法每隔一层将顺砖层移动半砖块的长度，而英式砌法并不移砖。"一皮一顺一丁式"也是古老的砌法之一，常被称为哥特式砌法。砌筑时，每一皮丁砖隔一顺砖便出现一次，隔层之间的顺砖与丁砖上下对缝。从以上砌筑方式中砖块的排列组合形式可以看出，中东铁路历史建筑墙体所使用的砌筑方法多为顺砖与丁砖的卧置组合，仅通过砖块的位移变化和丁砖出现频率的变化来变换不同的砌法。由于这些砌法具有简单和易操作性，因此在中东铁路历史建筑墙体中得到了广泛应用。此外，一些清水砖墙常涂以带有色彩的石灰浆，以改变红砖表面的颜色。灰缝的处理也是形成墙面效果的重要手段，灰缝有平缝、凸缝和凹缝三种类型。

除此之外，部分建筑女儿墙的砌筑同样采用了平面满铺式的砌筑方法。从外形上来看，这类女儿墙大多充当建筑正立面中的附属围护结构，并沿着建筑上檐一字排开，呈现出横向排列的砌筑形式。望柱作为女儿墙砌筑当中重要的收缩节点，可作为附加垂直砌体进行砌筑，通常采用"一皮顺一皮丁式"进行外形为长方体的基座部分的砌筑。女儿墙基座上方通常砌出犹如四坡屋面的"屋顶"。相邻两望柱之间的连接可采用铁艺栏杆，也可根据"留白"的大小进行不同形式的砌筑，如矮墙、山头等。其中，矮墙常嵌于望柱之间，且砌筑高度低于望柱，而山头部分的砌筑则置于矮墙与望柱之上，形成了曲直结合的横向走势。

（2）附加垂直砌体式。

附加垂直砌体的砌筑通常附属于平面满铺式砌筑，并以后者为依托，采用"一皮顺一皮丁式"等砌筑方式向外进行凸起砌筑。凸出部分的砌筑形成了与平面满铺式砌筑相垂直的砌体，并将其均匀地进行垂直分割，使其具有明确的垂直线条。在中东铁路历史建筑中，附加垂直砌体主要以扶壁为主要表现形式。

表 1.3 平面满铺式砌筑类型

类型	一皮顺一皮丁式	一皮一顺一丁式	三皮顺一皮丁式
形态特征	由一皮顺砖加一皮丁砖排列组成	由一皮一顺一丁加一皮一顺一丁组成	由多皮顺砖加一皮丁砖排列组成
砌筑图示			
砌筑实例	 安达站铁路职工住宅	 扎赉诺尔矿区职工住宅	 横道河子站机车库

扶壁是砖柱的变体，是指在整体墙面外部加砌的砖壁，以增加墙体的稳定性，常用于厂房建筑或住宅建筑的附属建筑中。不同建筑扶壁的高度不等，一般为 2 800~3 600 mm，宽度一般为 600 mm 左右。扶壁形式大致可分为一段式和两段式两种（表1.4）：a. 一段式扶壁形似楔形墙垛，可细分为有线脚装饰扶壁和无线脚装饰扶壁两种类型。其中，无线脚装饰的一段式扶壁造型简单，砌筑方式十分简洁，通常是由上至下逐层向外扩砌，到最后收口时砌出一小段平缓的弧线与建筑墙面交接，常在仓库建筑中出现；有线脚装饰的一段式扶壁常使用"一皮顺一皮丁式"由上至下逐层向外扩砌，扩砌到顶端或中部时常又凸出砌出斜面式收口，形成小斜坡，并在凸出处饰以由砍磨砖或非砍磨砖砌筑的线脚，其斜面通常经过砍磨加工处理形成。另外，为了防止雨水侵蚀，其上通常设置铁皮"小屋面"。其中，带有两段斜面收口的扶壁通常高度较高，可延伸至建筑二层，收口的处理也比较简洁。b. 两段式扶壁也可看作是阶梯状墙垛，这种阶梯状墙垛分为上下两段式处理。这种扶壁形式通常应用于大型机车库建筑当中，体积较大，砌筑方式多为"一皮顺一皮丁式"。这类扶壁通常采用砖块垂直砌筑及下段加厚的处理方式。扶壁的顶部及两段的交接处同样斜砌出小斜坡，形成上下两段小斜坡，在小斜坡下方

砌出装饰线脚，并层层向下叠涩，有良好的视觉过渡作用。除此之外，在扶壁的砖砌斜坡的上方同样使用铁皮进行覆盖，防止砖块被雨水侵蚀。

表 1.4　附加垂直砌体砌筑类型

类型	一段式	两段式
构成要素	主体构筑、装饰线脚	主体构筑、装饰线脚
形态特征	外形近似楔形墙垛，下宽上窄，一段式布局	下宽上窄，两段式布局
砌筑图示	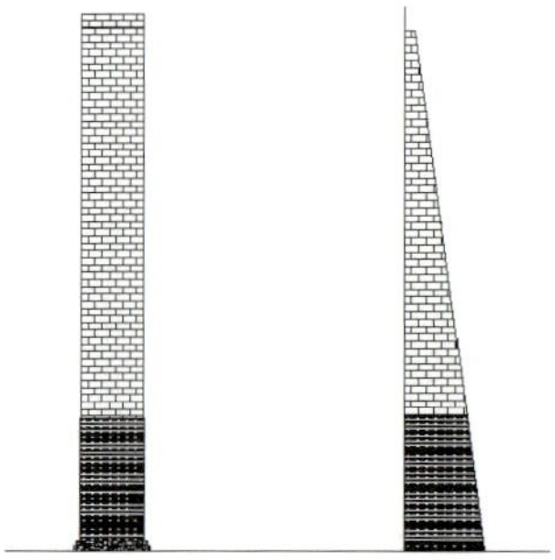	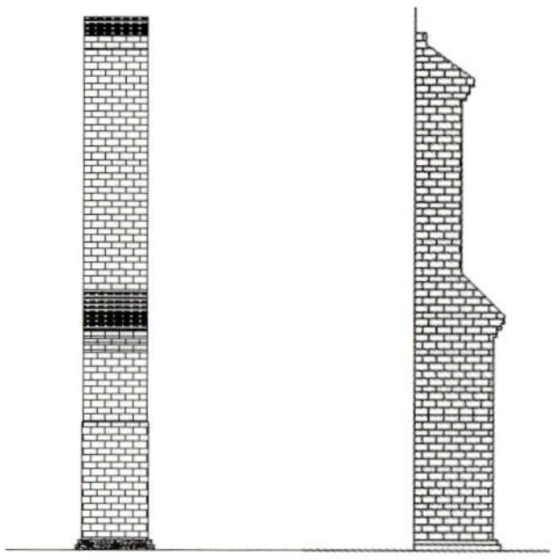
砌筑实例	 哈尔滨中东铁路总工厂 　满洲里站铁路职工住宅	 博克图站机车库

通过观察不难发现，扶壁可大致分为三段，即顶部、壁身及底部。其中，顶部及底部常为砍磨砖或未经砍磨的砖块砌筑的线脚，以增加层次感。顶部常使用单皮砖斜砌成类似单坡屋面的外观形态，形成抑或平直、抑或曲折多变的外轮廓。为了美观，有的扶壁砌到勒脚时变为垂直砌筑，或在扶壁的勒脚表面贴以石材，或在扶壁的勒脚表面进行抹灰处理，与建筑的勒脚形成统一的整体。这些虽然是扶壁的细部构造，但也为建筑形象的刻画和修饰添姿着色。此外，有的扶壁成组出现于建筑的转角两侧，发挥稳固墙体作用的同时，提升了建筑转角的厚重感。

1.2.3　线性砌筑

线性砌筑指的是砌出的砖构筑附属于建筑表面，外观呈线性排列的砌筑形式。通常情况下，这种类型的砌筑表现用途居多，分布于建筑的各个部位，如檐及檐下、门窗洞口、墙体等。通过观察可知，这些具有线性特征的构筑形式既存在横向延伸，又不乏竖向分布，将建筑立面进行合理的划分与分割，起到了一定的装饰作用。在中东铁路历史建筑中，以线性砌筑出现的砖构筑占绝大多数，其外观形式变化多样且灵活，根据不同的外观走向，可将此种类型的砌筑分为直线式、折线式、曲线式三类（表1.5）。

表 1.5 线性砌筑类型

类型	直线式	折线式	曲线式
表现部位	直线形砖装饰、窗台	折线形砖装饰	曲线形砖装饰
形态特征	单层、多重、混合、断点、断线	大方向的折线形，左右对称布局	截面曲线形、看面曲线形
砌筑实例	昂昂溪站铁路职工住宅 / 满洲里站机车库	昂昂溪站铁路职工住宅 / 昂昂溪站铁路职工住宅	哈尔滨中东铁路电话局 / 横道河子站车务段

（1）直线式。

按照直线式砖构筑不同的砌筑特征及外观形态，直线式砖构筑可分为单层直线式、多重直线式、混合直线式、断点直线式、断线直线式五种基本类型。这五种类型砖构筑的砌筑分别以直线式为依托，借助砖块多样的砌筑方式与组合方法，分别表现出不同的外观形态与砌筑效果，起到了一定的结构作用的同时，还达到了丰富建筑立面层次的效果。直线式砖构筑几乎遍布于整个中东铁路历史建筑的建筑表面。其中，砌筑于檐口部位的直线式砖构筑多起到一定的结构用途；砌筑于建筑墙体、门窗洞口、勒脚等处的砖构筑则起到一定的装饰作用，且效果十分突出。直线式砌筑类型的组合方式如表1.6所示。

① 单层直线式。

单层直线式通常指的是砌筑方式较为简洁，整个砌层呈现单一的、无叠涩的直线式砖构筑。其砌筑方向常为水平，且砌筑宽窄不等，无其他附加装饰砌筑于其上。

表 1.6 直线式砌筑类型

类型	构成要素	形态特征	砌筑实例	
单层直线式	单层直线式砖构筑	外形近似直线、简洁、可宽可窄	 哈尔滨铁路职工住宅	 哈尔滨铁路职工住宅
多重直线式	多重直线式砖构筑	外形为多个砌层的叠涩	 扎赉诺尔站铁路职工住宅	 满洲里站俄国监狱
混合直线式	单层/多重直线式砖构筑加装饰图案构筑	外形变化多样，装饰功能强	 博克图站警察署	 博克图站护路军司令部
断点直线式	断续点状图案构筑	外形简单有序，呈线性排列	 哈尔滨铁路职工住宅	 一面坡站铁路职工住宅
断线直线式	断续线状图案构筑	外形简单有序，呈虚线排列	 哈尔滨海关街 3 号	 哈尔滨海关街 7 号

水平方向的单层直线式砖构筑，多以直线形线脚为主要表现对象，在砌筑时可挑出也可退进。挑出砌筑时，工匠使用砖的丁面侧立连接或是使用单皮卧砖一顺一丁进行排列，形成了外观凸出于墙面的直线形态。其砌筑厚度少为一皮砖，多则三皮砖。此类砖构筑常见于墙体下部，一般为带状形式，并成组重复出现。在一些装饰要求较高的建筑中，也常出现利用砍磨砖进行"倒角"砌筑的现象，使砌筑更为精细化。挑出砌筑是其他多种形式的砖构筑砌筑的基本方式。退进砌筑时，线形嵌于墙面之中，与墙面持平的砖块的丁面朝外。该类型的砖构筑通常成组出现，多见于窗洞下方，增强建筑立面的明暗对比效果。此外，这种类型的砖构筑还可砌出断续形态，轮廓分别呈近似方形的矩形或狭长的矩形，退进面积较小。

② 多重直线式。

多重直线式指的是利用砖块的叠涩砌筑，形成多重直线型砖构筑，以实现结构用途或装饰用途的构筑形式。多重直线式砌筑这一构筑形式的装饰效果极强，多利用卧砖或甃砖进行层层挑出式砌筑。其中，甃砖常用于檐口的砌筑当中，具有较好的结构用途。在中东铁路历史建筑中，多重直线式砖构筑普遍用于檐及檐下、墙体、窗台等部位。根据分布位置及砌筑长度的不同，多重直线式砖构筑可分为环线形与短线形两种。位于檐及檐下、墙体等部位的多重直线式砖构筑通常呈现出环线形，而利用砖的叠涩砌筑的窗台等部位则呈现出短线形。

环线形多重直线式砖构筑紧紧围绕于建筑檐口或墙身，并将建筑箍于其中。其截面根据使用砍磨砖类型的不同可分为折角式与圆角式两类。通常情况下，两种类型的砍磨砖不会同时出现于同一类砖构筑当中，砍磨砖的砌筑也是隔层使用，以形成曲直结合的截面剪影。以折角叠涩式砖构筑为例，其外观形态呈现层层向内收缩的形态，一般由三至八皮卧砖由上至下排列而成。为了突出变化，还可将某一砌层使用甃砖砌筑，以加大砌层的宽度；而在圆角叠涩式砖构筑当中，工匠可将其中一层或某几层卧砖替换成带有圆角的弧形砖块，灵活性较强。这种带有圆角的叠涩式线脚的视觉效果更加厚重敦实，具有丰富建筑立面的作用。而砌筑宽度远不及前者的圆角叠涩式砖构筑则一般位于墙体的腰线部位，通常由二至三皮卧砖砌成，其最上一皮砖一般采用长面斜置的手法进行砌筑，之下每皮砖丁头向外，砖的顺头依次连接，使得砖构筑的上沿呈现"倒角"，这种做法除了可以增加建筑层次感，满足美观需求之外，还起到了一定的防止雨水侵蚀墙面的作用。最下一皮砖常使用带有凹槽的砍磨砖进行砌筑，砖块按照顺砌的方法依次组合。

短线形多重直线式砖构筑，以多种类型的叠涩式窗台为主要表征对象。根据使用的砍磨砖类型的不同，可将利用砖的叠涩砌筑的窗台砌筑分为直角叠涩式窗台、折角叠涩式窗台、圆角叠涩式窗台三类。直角叠涩式窗台的主体构筑部分采用未经加工的砖材进行砌筑，由丁砖顺接而成，从而形成了较为宽厚的窗台面，其附加装饰简洁有度，通常为在主体砌筑部分下方加砌两层作为装饰，这使得窗台的看面与截面都呈现出逐层收缩的外观形态。折角叠涩式窗台采用砍磨成折角的砖块进行砌筑，依据砌筑的形态进行区分，可分为折角层叠式与折角点缀式两种。然而，无论是哪种折角叠涩式窗台类型，其主体构筑形态均为两边小中间大或上大下小这两种构筑形式。折角叠涩式窗台的主体构筑部分可用二至四皮砖砌成，一般采用顺砖卧砌的方式，而边缘部位常使用砍磨砖填充，使得每一皮砖都呈折角连接，富有整体感。除去主体构筑部分之外，窗台装饰部分的砌筑则较为简单，为一皮顺砖挑出式砌筑方式。圆角叠涩式窗台可分为圆角层叠式与圆角点缀式窗台两种类型。圆角层叠式窗台可由四皮砖砌成，其中的两皮砖为主体构筑，两皮砖为装饰构筑，窗台的台面呈向外延伸的弧线形。砌筑时，圆角层叠式窗台以第二皮砖挑出第一皮砖的形式进行砌筑，使其恰好成为一种边沿的形式，进而使整个主体构筑部分的形态呈现上大下小的外观形态。余下的两皮砖则层层向内缩砌。由于直角的砖棱被磨成圆角形式，因此窗台整体显得柔和亲切。

③ 混合直线式。

混合直线式是一类砌法十分复杂多样的构筑形式。通常情况下，该类型的砖构筑以单层直线式或多重直线式砖构筑为依托，结合砖块不同的砌法，形成装饰纹样丰富的砖构筑形式。在这类砖构筑当中，砖材的不同搭接方式的混合造就了其多样的外观形态。通常情况下，工匠会利用甃砖、犬牙交替、砖块斜置、隔砖排列、拼接图案等方式砌筑具有混合装饰效果的构筑形式。这类砖构筑分布位置大多为檐口、檐下、墙身、窗洞口等处，并以多种类型的装饰线脚及点缀型窗台为主要表征对象。按照砖材不同的砌法及构筑的外观形态，混合直线式线脚类型大致可分为斜砌式、V字式、Y字式、U口式、犬牙式、十字式、花砌式等。混合直线式窗台的砌筑类型为层叠点缀式等。它们不仅会单独饰于建筑檐口、墙体、窗口等处，也常与其他形式的砖装饰组合出现，形成巧妙的装饰效果。由于延伸长度较大，因此它们在建筑中便格外显眼。

在众多的混合直线式线脚类型当中，以斜砌式线脚的砌法最为特别，其砌法有两种主要形式：一是立砌式，二是卧砌式。立砌式变化较为丰富，依照建筑立面的不同需求，可分为丁面向外侧立犬齿连接与顺面侧立犬齿连接两种形式。该砌筑方式大体可分为两步：一是利用砖块砌出内置于墙体中的细长形凹槽，凹槽的边缘可用顺砖或丁砖进行勾边处理，砌挑出于墙面的直线式砖装饰；二则是将斜置的砖块依次排列于凹槽之中，最终形成具有曲尺形轮廓的特殊线脚形式。卧砌式与上述提到的砌法颇为相似，二者的区别就在于卧砌式填充于凹槽之中的砖块采用的是犬齿连接的排列方式，且多使用单皮砖进行卧砌。这些带有直角轮廓的砖构筑或是挑出墙面砌筑，或是卧于墙体上部及下部的直线式砖装饰之中，形成了重复的斜角轮廓，频率较高、灵活性较大。

在以拼贴图案为主要构筑形式的混合直线式砖构筑当中，其图案构筑大体可分为V字式、Y字式、犬牙式、U口式等。这类型的砖构筑以单层直线式砖构筑为中心，在其上部或下部砌筑上述图案，形成标识性较强的装饰带。值得注意的是，这些"豁口"图案装饰形式与中东铁路木结构建筑中的装饰纹样具有异曲同工之妙，从中可以看出砖构筑在细小的部位对木构筑的模仿。

在 V 字式砖构筑当中，工匠使用三丁砖与一顺砖的方式由上至下层层向内缩砌 1/2 丁砖的形式，形成 V 字部分。值得注意的是，V 字部分的砌筑使用了跳砖的手法，其中央带有一丁砖大小的镂空，十分特别。此外，可根据不同的载体变换 V 字部分的砌筑方向，形成具有滑动反射特征的对称装饰纹样。

Y 字式与 U 口式的构筑形态与 V 字式较为相似，但它们的砌筑面积较大，且下端常使用砍磨砖进行"豁口"的砌筑。其图案部分的砌筑共由四皮砖组成，最上两皮由砍磨砖上下叠砌而成，其下方依次加砌与之对应的丁砖，使其首尾连接，形成带有 Y 字形以及 U 口的空隙。其中，U 口图案最底层的丁砖常采用缩砌的方法，以增加层次感。

犬牙式砖构筑最大的特征在于其下方的矩形砖装饰每隔一丁砖或一顺砖距离重复出现一次。从外观上看，这种带有"牙子"的直线式砖构筑由两部分组成：其一为上部分的主体构筑，通常可为二至九皮砖宽度的挑出式装饰带。其二是下部分的"牙子"，其砌筑面积可大可小，小的可为一丁砖卧砌或二至四丁砖卧砌连接；大的可为三顺砖卧砌连接，最终形成面积较大的装饰砌筑。然而，不论是使用砖块的丁头还是顺头，这种装饰性较强的"牙子"都呈现出矩形形态。与此同时，为了增加层次感，还存在两种不同的砌筑方法：一是将犬牙式线脚最下端的砖块向内缩砌 1/4 丁砖或顺砖，或是将缩砌砖块增加至两块，并逐层向内缩进，以形成更多的点缀层次；二是采用多层砌筑的方法，使得整个线脚的下部分轮廓向下偏移 1/4 丁砖或顺砖，并将偏移部分向内缩砌，形成二次肌理。犬牙式直线线脚通常可与其他类型的砖构筑组合出现，或是饰于其他形式砖构筑的下方，或是浮于其表面，形成叠合效果。

十字式砖构筑的外观形态为十字形，可在建筑三角檐下观察到此种线脚，通常由四皮砖砌筑而成，一般为顺延三角屋檐围合成的三角形装饰线。其中，十字形部分由三皮砖组成，即最上层的丁头、中间层的顺头以及最下层的丁头。此三皮砖上下对应，形成十字形，最后由直线形线脚将其左右串联起来。这种十字形线脚的两十字之间的连接砖块或是十字形最底层的丁砖在砌筑时也常采用向内缩砌的方式，以增加层次感。此外，这种十字式直线形线脚还可用于建筑的腰线以及勒脚等处，并同时可带有断续形态。

花砌式砖构筑具有十分强的表现力，这种类型的线脚还可以看成是直角叠涩式线脚的延伸形式。其最大的特征为层层向内的缩砌，并由一种叠涩式图案相互串联而成。此类线脚通常由三部分组成：最上部由四皮砖排列而成，主要的砌筑方式为"一皮顺一皮丁式"。中间部分是线脚的重点，由三皮砖层层叠涩砌出。其中，两端为三皮砖砌出的阶梯状砖装饰，二者中间的部分则为一顺砖加上两丁砖砌成的倒凹字砖装饰，三者结合成为表现力突出的图案，并且依次串联而成。最下部为由若干丁砖立砌所组成的犬牙式直线线脚，这种线脚组合模式的表现力极强。此种砌筑方式特别的直角叠涩线脚在中东铁路历史建筑中只有一例，即位于横道河子站山湾路 11 号的中东铁路职工住宅。

除上述提到的装饰线脚砌筑类型之外，常见的混合直线式砖构筑也常出现于窗台下方作为装饰，但其主体构筑多为多重直线式砖构筑。与之相配合的点缀部分的砌筑同样十分精美，其通常采用层层向内缩砌的砌筑模式，一般可分为三部分，分别是窗台、下沿的两侧及中央。在一些实例中，还可观察到在窗台的下方砌出斜砌式线脚，再在其下加砌点缀装饰的做法。

④ 断点直线式。

断点直线式指的是砖构筑由若干份点状矩形模块依次排列，形成整体呈水平线形排列的构筑形式。这类砖构筑的现存实例非常多，且多处于檐口处。点状矩形由三块砖丁面顶接并挑出砌筑而成，两两之间相隔一皮砖的距离，光影效果强烈。除挑出砌筑之外，点状矩形同样可向内凹砌，并依附于其他类型的砖构筑进行砌筑。以砌筑线脚为例，砌筑时，这类线脚在其他类型线脚的基础之上每隔一定距离向内凹进 1/4 砖，且凹进部分多为正方形，而凹进部分两侧的砖构筑通常由二至三丁砖垂直砌出，使得凹进部分整齐统一，具有良好的装饰效果。

⑤ 断线直线式。

断线直线式指的是外观断续、形如虚线，整体呈水平方向或垂直方向排布的构筑形式。此类砖构筑较为罕见，哈尔滨海关街 3 号及 7 号两栋建筑为此类砖构筑的实例。这种砖构筑常见于窗洞口，砌筑方式多为单皮丁砖顶接或是顺砖顺接，有的单独出现，有的成对或成组出现，呈线性排列于窗洞上方或是檐下部位。为了迎合建筑不同部位的装饰需求，在砖装饰末端的砖块一般为砍八字砖，其排列方式可水平、可垂直。此外，这类砖装饰与其他类型的砖装饰可组合出现，构筑方式十分灵活。

（2）折线式。

折线式砌筑指的是砖构筑整体呈现出十分明显的折线形，并向两侧逐层递落的对称排布的砌筑形式。这类砖构筑主要位于建筑的三角檐下，以落影式砖构筑为主要表征对象。

落影式砖构筑可谓是中东铁路历史建筑砖装饰不同于其他近代建筑的重要特征之一，最大的特征在于其形态呈现为一种阶梯状，并以对称形式出现。这种落影式砖构筑的应用广泛，几乎每一栋中东铁路历史建筑中都有它的存在。其主要分布于带有人字形屋面以及山墙面的建筑檐口及檐下等处，这种特殊的处理巧妙地完成了墙面与檐口之间的自然过渡。根据形态变化的不同，折线式砌筑可分为两种类型：规则阶梯式和不规则阶梯式（表 1.7）。为了增加建筑层次感，落影式砖构筑的底部还存在着单层直线式砌筑以及多重直线式砌筑两种砌筑方式。在少数的落影式砖构筑当中，还存在着镂空砌筑的形式。

规则阶梯状砖构筑主要是指在外观形态上以相同的规律从屋脊处开始由上至下，顺延着人字坡屋面的坡度形成的一种形如阶梯且以面的形式出现的构筑形式。这种砖构筑的基本形态主要有两种：一种是纯粹阶梯状边缘的形式，另一种是在前者的基础之上又附加了"水滴状"矩形模块的形式。其砌筑方法是磨砖勾缝，但在砖的排列方式上却和砌筑清水墙一样，使用最多的有"一皮顺一皮丁式"。

表 1.7 折线式砌筑类型

类型	规则阶梯式	不规则阶梯式
构成要素	规则阶梯状砖构筑加装饰点缀	不规则阶梯状砖构筑加装饰点缀
形态特征	呈规则频率逐层递落	呈不规则频率逐层递落
基本型	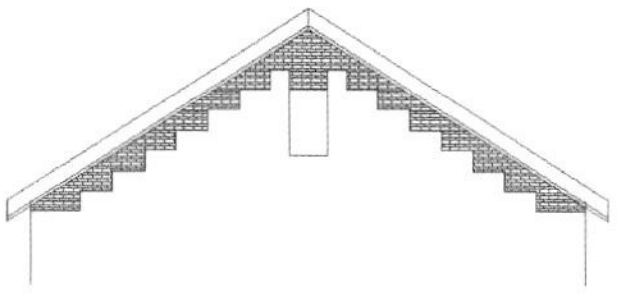	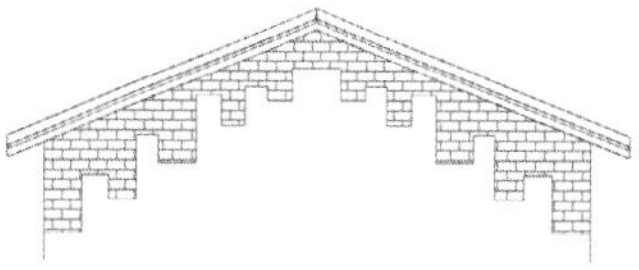
砌筑图示	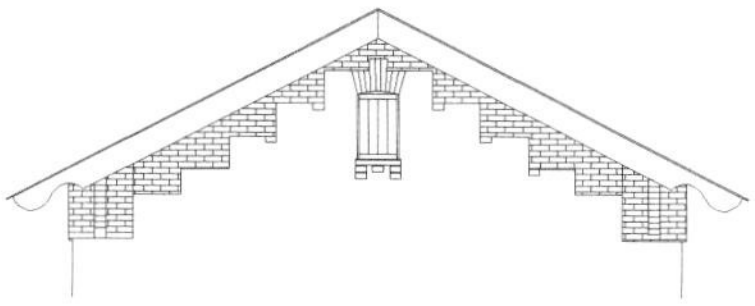 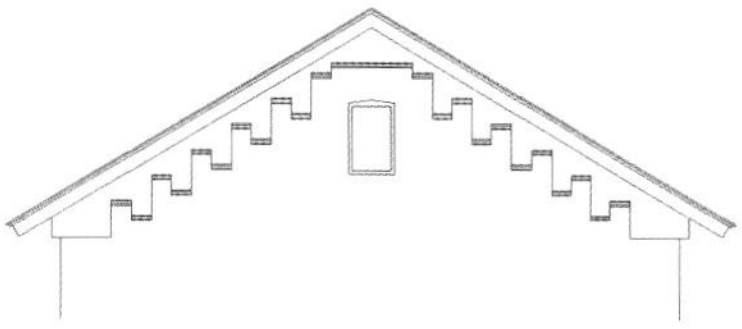 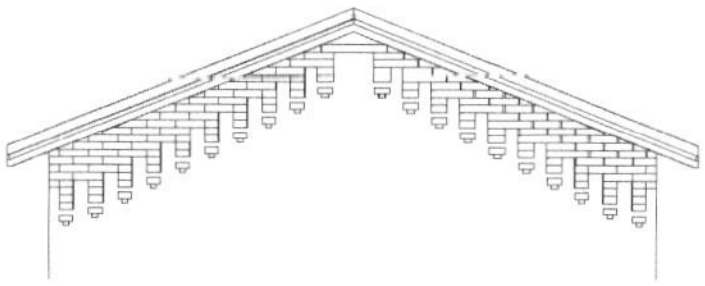	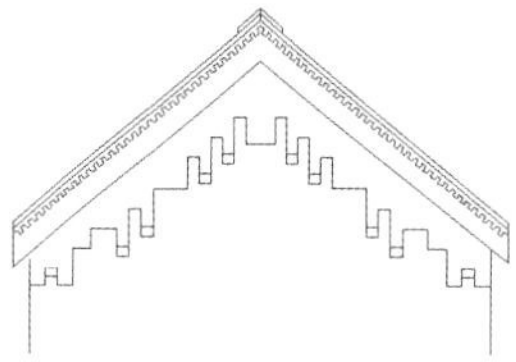 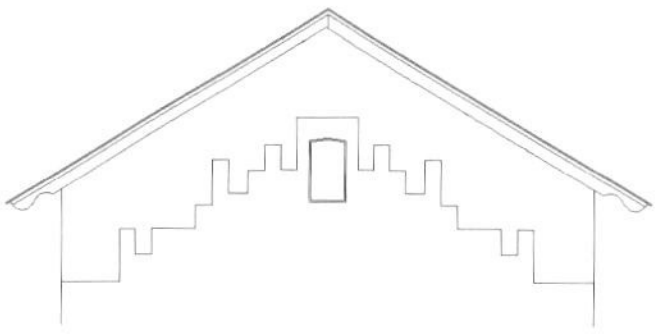 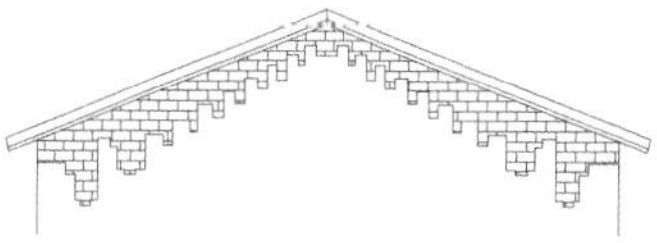

与此同时，根据线脚的不同形态，在线脚的边缘等处常会出现不具有规则频率的砌筑方法，以保持构筑边缘的规整性。这种以规则形式出现的砖构筑具有多样的变化形式。最常用的方法是在规整的阶梯状下边缘均匀加砌一组或多组的"小模块"，"小模块"由两块 1/3 砖顶接砌筑或者再在其下部再一次挑出砌筑一层"小模块"。工匠根据建筑造型的不同需要，将"小模块"组合成多种模式，形成多层次的点缀。另外一种方法则是在整个规则阶梯状砖构筑下部添加多层砌筑，使得线脚边缘向下偏移，偏移部分使用向内缩砌的方法，形成二次肌理。

不规则阶梯状砖构筑指的是线脚的形态以不同的规律以及频率从上到下逐层递落，最终形成具有过渡渐变效果的不规则阶梯状的构筑形式。其分布位置与前者几乎相同，并且以两种形式出现：一种是不带附加"模块"的形态，另一种是附带"模块"的形态。在以上两种基本类型的基础之上，工匠常会将具有一定砌筑规则的"小模块"加砌于阶梯状的边缘部位。这些"小模块"对称且均匀地分布于基本型的下边缘，或为单层砌筑，或为多层砌筑。

此外，落影式砖构筑还可通过断裂等方式重新生成具有断续特征的构筑形式，且断裂位置常位于砖构筑的下方。它们常以规则阶梯式砖构筑为变化模板，在其基础之上通过加砌或是碎裂的手段形成若干形态各异的变化形式，从而生成形态更加丰富的砖构筑。值得一提的是，碎裂间隔一般为上下之间相差一皮砖，符合砖的模数化特征，同时也使得构筑规整且疏密有致。一般来说，这种断续生成的砌块常依照一定的规律进行分布，如在屋顶通风口两侧的线脚碎裂的段数较多，沿三角屋面逐层递落的构筑的碎裂段数较少，一般只断裂一次。另外，在砖构筑最底端的砌块通常由一丁砖砌出，再加上其上两皮顺砖，或是一皮一顺一丁砖垂直砌筑所形成的砖构筑，最终生成了形似倒凸字形的外观形态，十分特别。通过调查整理发现，这种具有断续特征的落影式砖构筑在昂昂溪现存实例较多，在其他地区则相对较少。

（3）曲线式。

曲线式砖构筑一般是由砖块沿曲线进行排列组合，形成的具有一定弧度的构筑形式。在中东铁路历史建筑中，曲线式砖构筑多出现于建筑的檐口、檐下、窗洞等处。应用于窗洞部位的曲线式砖构筑大多顺应其下方拱形过梁的弧形走向，在其上方砌成了具有弧线外形的装饰线，砌筑方式简单明了，可分为两种类型：一是用于不带有券心石窗洞砌筑的连续形式，二是用于带有券心石窗洞砌筑的断续形式。在砌筑时，砖块的丁头顺延着弧拱的上沿依次排列，形成了具有直角棱边的曲线形态。除此之外，在少数建筑中还可观察到同心圆式曲线式砖构筑。它们一般单独出现于墙体上部，其外观形态类似圆形拱券；其中一部分使用丁面砍磨成楔形的砖块依次排列，形成圆形装饰纹样，另一部分则选择类似中式马莲对砌法，由一皮顺砖与一皮丁砖相互交错排列而成，最终形成较为宽厚的同心圆形态。

1.2.4 围合式砌筑

围合式砌筑指的是砖构筑呈现全包围或半包围的构筑形式，以门窗洞口为主要依托对象，将洞口包围于构筑之中，具有极强的装饰效果。根据围合对象的不同，形态各异的全包围式砖构筑可分为方洞式及圆洞式两类；半包围式砖构筑则根据洞口两侧有无垂肩式砖构筑分为无肩式与垂肩式两类。围合式砌筑的应用极其普遍，主要用于各种类型的建筑中门窗贴脸的砌筑。在装饰上，有简洁的，也有较为复杂的，形成了变化十分丰富的砌筑形式。

（1）全包围式。

全包围式砖构筑指的是砖构筑将门窗洞口全部围合，使洞口的四周挑出于墙面，形成形似"窗套"的构筑形式。根据洞口的形状，全包围式砖构筑可分为方洞式及圆洞式两类（如表1.8）。

表1.8 全包围式砖构筑类型

类型	方洞式	圆洞式
构成要素	平拱、弧拱加全包围砖构筑	圆拱、半圆拱加全包围砖构筑
形态特征	洞口近似方形且被包围于砖构筑之中	洞口近似圆形且被包围于砖构筑之中
砌筑实例	 博克图站铁路职工住宅 / 扎兰屯站铁路职工住宅 / 横道河子站铁路职工住宅 / 扎兰屯站中东铁路俱乐部	横道河子站铁路职工住宅 / 横道河子站机车库 / 博克图站警察署

① 方洞式。

方洞式主要指的是以平拱、弧拱为门窗过梁的洞口形式。这类拱券起拱弧度较小,因此,从外形上观察,洞口形状接近于方形。在这种类型的砖构筑当中,洞口两侧的垂肩式砖构筑起始于拱脚两侧,终结于洞口下沿,具有多种变化形式,十分有趣(如表1.9)。通过调查整理可知,方洞式全包围砖构筑形式可分为平拱方洞与弧形方洞两种类型。

平拱方洞式全包围砖构筑的使用不是十分普遍,其拱券以及券心石部分的砌筑多采用狗子咬砌筑方法。券心石多由三皮砖顺丁交错搭接而成,且在部分建筑中,其券心石部位的砌筑还可相应地增加砌层,砌出多层券心石的构筑形式。拱脚两侧垂肩式附加装饰部分则较为特别,这部分砌筑将门窗洞口全部箍于其中,大致可分为两种情况:其一是多用于砖石混合建筑之中的曲尺状附加装饰,采用从拱脚的两侧开始向下进行垂直砌筑,并每隔四皮砖向外凸出砌出矩形突起,形成如犬牙式线脚的曲尺状外形的方式,并采用"一皮顺一皮丁式"进行砖块的排列组合。这种类型的门窗贴脸已成了砖石混合建筑的固定砌筑模式,是砖构筑仿造石构的典型形式。除此之外,该类型的构筑形式还适用于联排窗,使连续的窗洞套于一个门窗贴脸中。其二则是通常见于砖混建筑之中的可分为两种类型的附加装饰：一是将窗洞及平拱整个围合起来的构筑，其外形为矩形。为了增加美观性，在构筑的上沿可砌出线形砖装饰；二是其垂肩装饰部分可分为两部分进行砌筑的附加装饰，分别为上方使用顺砖垂直砌出的较为宽厚的砌筑部分以及下方使用丁砖垂直砌出的较为狭长的砌筑部分，形成了上宽下窄的衔接模式。而在一些情况下，前者的砌筑挑出于后者进行，形成了错层的交接模式。

表1.9　方洞式全包围砖构筑类型

基本型				
砌筑图示				

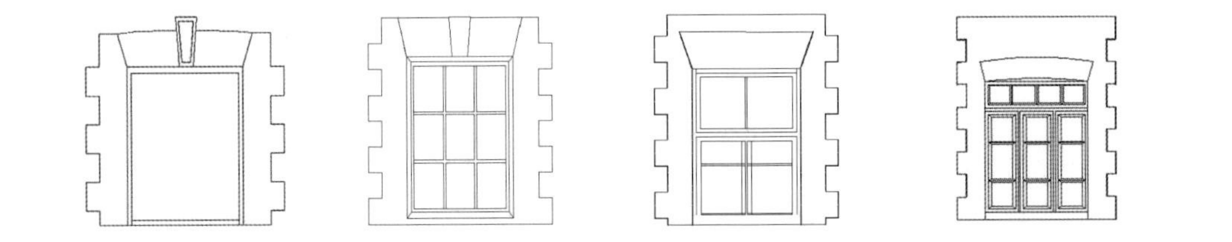

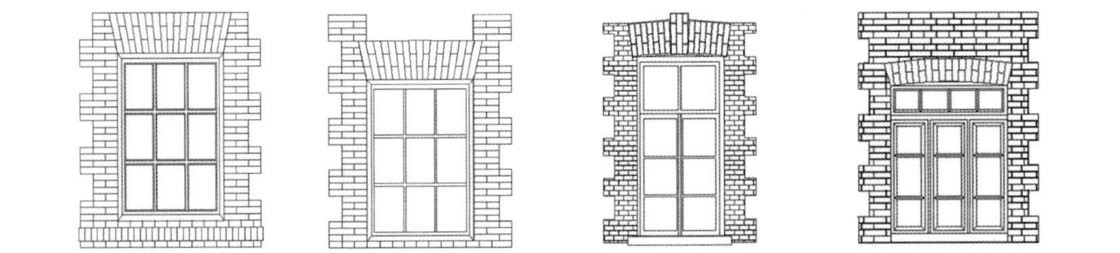

弧形方洞式全包围砖构筑可分为普通砌筑式和花式砌筑式两种类型（表1.10）。其中，普通砌筑式较之上文所提到的平拱式全包围门窗贴脸的砌筑方法并无太大区别。在砖混建筑中，工匠多使用丁砖顶接的方式将附加装饰围绕着门窗洞口进行排列组合，使得门窗洞口被包围于其中。此外，在砖石混合建筑中，这种弧形方洞式全包围门窗贴脸同样采用仿造石构的模式进行砌筑，即采用形状如同曲尺状外形的直线线脚进行拱脚两侧的砌筑。然而，无论外观上还是砌筑方式上，花式砌筑式较之前者都具有很大的不同。从外观上看，该类型的砖构筑要么是将附加装饰性的构筑进行简化处理，要么是在原有构筑基础上进行更为复杂多样的砌筑。进行简化处理的拱券部分的门窗贴脸可分为暗砌和明砌两种砌法。工匠通常将弧形拱券分为上下两部分：上半部分拱券的形态完全隐藏在墙面的砌筑当中，为暗砌手法，从外观上只能观察到砖块的砌筑纹理；下半部分则采用明砌的手法，拱券形态挑出于墙面，以合拢砖处砌出的券心石作为两部分之间的联系。其垂肩装饰部分的砌筑从下半部分拱券的拱脚开始，并采用九皮顺砖顶接的方式砌出，且为了迎合拱脚两侧的倾角，上部的三皮砖均被砍磨成斜角模式，而窗洞两侧的其余部分则均由丁砖垂直砌出，直至窗台的上沿。由于

表 1.10 弧形方洞式全包围砖构砌筑类型

这些附加装饰部分并不处于同一砌层,所以各部位之间的衔接具有明显的层次感。进行复杂化处理的砖构筑的砌筑方法则显得较为烦琐,其弧拱的砌筑可分为两个层次:一是弧拱的下边缘,采用突出于墙面的方式进行砌筑,其砌筑宽度恰好与下方的附加线脚相吻合,外观形态完整统一。二是上方的弧拱,采用暗砌的手法,只将券心石以及券心石两侧的第三皮砖进行凸出砌筑,这种明暗结合的砌筑手法使得整个拱券部分层次感非常强。拱脚下方的垂肩砌筑采用丁砖顶接的方式,拱券的下沿则采用砍磨成斜角的丁砖,以契合拱券的倾角。此外,还可在整个窗洞的顶部加砌由单皮丁砖勾勒出的附加装饰,将整个洞口顶部框饰出来,其形态除弧拱顶部的弧线形之外,全部采用直线形装饰线脚,在中东铁路历史建筑中,使用这一方法的建筑只有一例,即横道河子站铁路职工住宅。

② 圆洞式。

圆洞式则指的是以半圆形拱券以及圆形拱券为过梁或形成洞口的砌筑形式。这种拱券形式起拱弧度较大,洞口外形接近于圆形。通过调查可知,圆洞式全包围砖构筑形式可分为拱形洞与圆形洞两类。

拱形洞式全包围砖筑可分为有券心石砌筑和无券心石砌筑两种类型(表 1.11)。其中无券心石砌筑的拱形洞式全包围门窗贴脸的拱券部分采用狗子咬砌筑方法砌出,每皮砖一顺一丁交错排列。

表1.11 拱形洞式全包围砖构筑类型

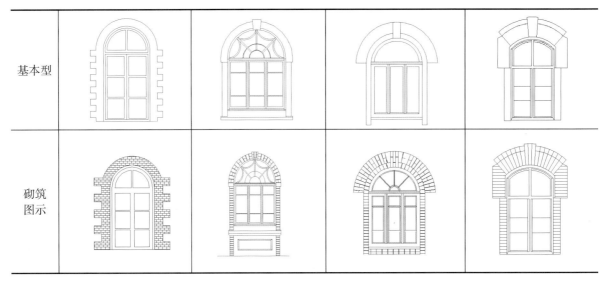

从拱脚两侧向下开始附加装饰的砌筑，工匠每隔四皮砖向两侧凸出砌出矩形装饰，呈现出均匀的凹凸装饰的外观形态。与之前提到的平拱式全包围或弧拱式全包围门窗贴脸一样，这种无券心石砌筑的拱形洞式全包围门窗贴脸主要应用于砖石混合建筑中，是砖构筑模仿石构筑的典型形式。

圆形洞式全包围砖构筑形式十分特别，可分为完整圆洞式与半圆洞式两种类型（表1.12）。在中东铁路历史建筑中，完整圆洞式砌筑只出现于工业建筑当中，多为建筑排烟口处的装饰构筑。这种类型的门窗贴脸的券心石可分为石砌与砖砌两类。圆形拱券部分由一皮顺砖一皮两丁砖相互交错排列组成，形如中式砌法马莲对。在拱券的四个方向的中心点上各设置一枚棱边打磨成圆角的楔形石，使整个圆形部分的砖块排列得更加紧凑。此外，带有砖砌券心石的圆洞式门窗砌筑的贴脸拱券部分的砌法与前者几乎相似，但其券心石的砌筑则较为特别，通常采用四皮砖进行砌筑，且砖块均为经过砍磨加工的上大下小的楔形砖块，砌法为一顺一丁相互交错的狗子咬。无论是看正面还是侧面，此种类型的券心石都凸出且倾斜于拱券券面，体积感较强。带有砖砌券心石的半圆洞式砖构筑的使用情况不如前者。它的拱券部分可分为两个砌层，一个是下方凸出于墙面的拱券部分，另一个是上方隐藏在墙体之中的拱券部分。下方凸出的拱券采用一皮顺一皮两丁砖的砌筑方式进行砖的排列组合，上方暗砌的拱券则采用丁砖进行排列。其合拢砖位置的券心石位于两层拱券之间，采用狗子咬的砌筑方式进行砖的排列。此外，贴脸两侧拱脚下方的附加装饰的构筑则采用丁砖顶接的方式，顺延着窗洞的两边砌出。由于拱券与附加砖装饰并不处于同一砌层，所以建筑整体的层次感更为丰富。

表 1.12　圆形洞式全包围砖构筑类型

类型	完整圆洞式		半圆洞式	
基本型	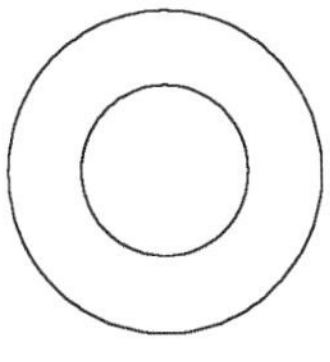	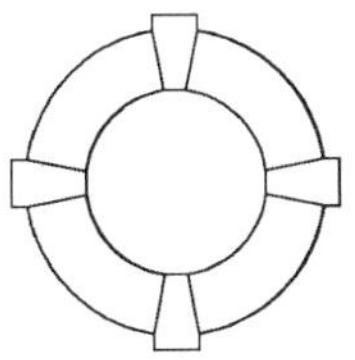	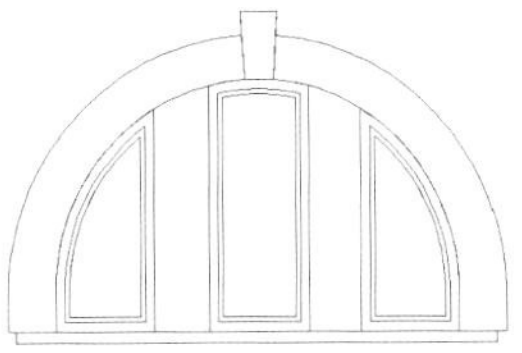	
砌筑图示	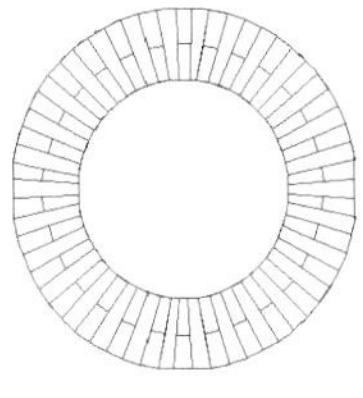	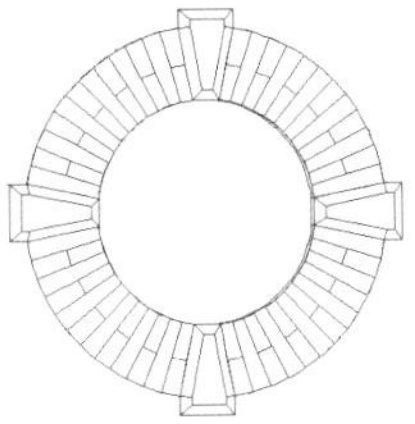		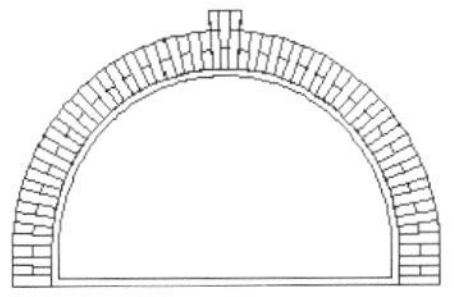

（2）半包围式。

半包围式指的是砖构筑在门窗洞口周围进行挑出式半围合砌筑，形成的只有顶部装饰的构筑形式。根据拱券两侧有无附加装饰构筑，可将半包围式分为无肩式半包围砖构筑及垂肩式半包围砖构筑两种类型（表 1.13）。

① 无肩式。

无肩式半包围砖构筑主要指的是工匠只对门窗的拱券过梁进行装饰的砌筑。其中，拱券类型包含平拱式、弧拱式、尖拱式、半圆拱式四种。在平拱式、弧拱式、半圆拱式的砌筑中，工匠有时在其券心石部位增加砌层，形成多层券心石的构筑形态，使其装饰形态更为突出。

无论从砌筑方式还是从外观形态上分析，平拱式都是最为简洁的构筑形式，由平拱券以及砖砌券心石构成，也存在着无券心石砌筑的情况。平拱式的砌筑类似于中式的狗子咬，即砖块顺丁交错砌出平整的拱券轮廓，形成最为简单的无肩式半包围砌筑，在中东铁路历史建筑中的应用较为广泛。无论从形态上还是从砌筑上讲，券心石都是工匠们用来增加建筑立面变化的十分讨巧的部位。券心石可分为单层及多层两种类型。单层券心石的砌筑多使用狗了咬，且挑出于拱券的看面砌筑，十分简洁大方。而多层券心石则是在前者的基础上再向两侧进行扩砌，使得原本单层次的券心石增加至双层。值得注意的是，这种类型的券心石较之普通券心石具有更多的砌层，因此砌筑面积也较大，形式也更为突出。此外，券心石的上方还可加砌由 3/4 顺砖卧砌而成的线脚，以增添层次。

表 1.13 半包围式砖构筑类型

类型	无肩式半包围		垂肩式半包围	
构成要素	平拱、弧拱、半圆拱、尖拱		平拱、弧拱、半圆拱、尖拱加垂肩式砖构筑	
形态特征	洞口顶部被包围		洞口顶部及上半部被包围	
砌筑实例	 哈尔滨铁路职工住宅	 哈尔滨中东铁路总工厂铸造车间	 哈尔滨高级官员住宅	 哈尔滨铁路职工住宅
	 原哈尔滨中东铁路电报局	 原中东铁路中央医院内科病房	 扎兰屯站东正教堂	 原中东铁路中央电话局

弧拱式与平拱式构筑十分相似，种类形式也非常丰富。其合拢砖位置的券心石的砌筑通常挑出于拱券，但也可不进行券心石的砌筑，只由弧拱构成，即无附加装饰。通过调查发现，券心石与拱券的上方还可加砌装饰线脚，使得构筑的层次感更加丰富。在砌筑时，通过不同的起拱方式，工匠可将弧拱的下沿砌出不同的弧度，砌块之间相互交错搭接，简洁明了。

尖拱式构筑比较简单明了，尖拱的下边缘可显示出明显的尖拱轮廓，上边缘则呈幅度较大的弧形。这种外形较为特殊的拱券形式的线脚砌法比较简单，工匠仅需将砍磨成楔形的砖块按照狗子咬的砌筑方法进行尖角两侧弧形面的砌筑，尖角之上的三角形位置则采用砍磨成带有斜角的砖块进行填充。其构筑方式同样为狗子咬砌法，砌筑的砖块从下至上交错排列，最后由打磨成三角形的砖块将整个尖拱券"锁住"，就完成了整个无肩式尖拱半包围式砖构筑的砌筑。

半圆拱式构筑主要采用两种砌法进行砖的排列组合。其一是使用砍磨成楔形的顺砖或丁砖砌出，其二是使用类似中式的马莲对砌法砌出。通常，还可在合拢砖的位置设置券心石，券心石的砌筑采用"一皮一顺一丁式"交错连接，凸出并倾斜于拱券进行砌筑。需要强调的是，这种形式较为简单的门窗贴脸并非全部需要砌筑券心石。无肩式半圆拱半包围式砖构筑不仅可以用于圆拱形门洞，还可用于半圆形窗洞，如横道河子站水牢就使用了这种窗洞形式。

② 垂肩式。

垂肩式半包围砖构筑主要是指紧箍于门窗洞口上半部分所进行的砌筑形式。一般情况下，工匠以拱券上沿为砌筑起点，并沿着洞口边沿逐层向下垂直砌出砖构筑，砌筑的长度可长可短，形成了外形为垂肩状的、将门窗洞口半包围的构筑形式。除去垂肩部分的砌筑之外，在垂肩的周围或下边缘还可向内缩砌一至二皮丁砖或砍磨得更为细小的砍劈砖作为线脚，以形成多个层次。垂肩式半包围砖构筑主要可分为以下几种类型：平拱半包围式、弧拱半包围式、尖拱半包围式、半圆拱半包围式。

垂肩式平拱半包围式砖构筑所包含的种类最为复杂。按照有无券心石砌筑，其可分为两种类型，即有券心石砌筑和无券心石砌筑。其中有券心石砌筑也可做单层券心石与多层券心石两种形式。然而，无论是哪种类型的平拱半包围式砖构筑，均由两部分砌筑组成，分别为拱券以及券心石部分和垂肩构筑部分。其中，拱券部分的砌筑与上文提到的无肩式平拱半包围式砖构筑几乎相同，无论是在砌筑方式方面还是在附加装饰方面均无太大区别，而券心石的砌筑绝大多数也与其相同。但也存在着较为特殊的例子，如横道河子站的某铁路职工住宅的券心石的砌筑就完全隐藏于拱券的砌筑之中，只将券心石的上沿突出于拱券。此外，垂肩式平拱半包围式砖构筑的门窗贴脸也常见多层券心石饰于拱券合拢砖处，整个双层券心石悬置于拱券之中的情况，其下沿并不与拱券下檐相叠合，而是突出于拱券的下沿。从外观上看，整个券心石像是镶嵌于平拱的中央一般，样式十分特别。除了上述的主体构筑之外，垂肩式平拱半包围式砖构筑的门窗贴脸最大的特征在于其两侧附加装饰的砌筑——垂肩式砖构筑。垂肩式砖构筑位于拱脚的两侧，其砌筑方式也多使用顺砖或"一顺一皮丁式"进行垂直砌筑。这些形态各异的垂肩与拱券之间有多种模式的拼贴组合，形成了十分丰富的组合形式。通过调查整理可知，垂肩式平拱半包围式砖构筑的构成拼贴类型主要有：有线脚装饰的单层券心石加无点缀砌筑的垂肩、无线脚装饰的单层券心石加无点缀砌筑的垂肩/有点缀砌筑的垂肩、有线脚/无线脚装饰的多层券心石加无点缀砌筑的垂肩、无线脚装饰的多层券心石加有点缀砌筑的垂肩、无券心石砌筑加有点缀式砌筑的垂肩/无点缀式砌筑的垂肩。此外，在整个门窗洞口的周围还可加砌单皮砖线脚以丰富建筑层次。

垂肩式弧拱半包围式砖构筑适用性较强，其种类与形式十分繁杂，有单层券心石式、多层券心石式以及无券心石式三类。其基本砌筑可分为三部分，分别为拱券部分、券心石部分以及垂肩部分。单层券心石与拱券部分的砌筑方式与上文提及的砌法几乎一致，并无太大区别，在这里便不多叙述。但这种类型的砖构筑的多层券心石无论是从外观上还是从砖的排列组合方式上都较为特殊。首先，为了增加层次感，工匠不仅使位于合拢砖位置的券心石的砌筑凸出于墙面，还采用向内凹砌的手法将其两侧进行扩砌，使得整个过梁形成三个不同的砌层；其次，这种类型的核心券心石通常用五皮砖进行砌筑，其两侧的附加券心石用四皮砖砌筑，这种砌层的搭配使得整个券心石所占拱券的比例较大，十分显眼、美观；最后，除上述提到的主体构筑外，垂肩式弧拱半包围式砖构筑的附加装饰部位更能够凸显门窗贴脸在建筑立面中所起到的装饰作用。与垂肩式平拱半包围式砖构筑相似，其装饰部分多采用垂肩形式进行砌筑。垂肩从拱脚的两侧开始向下延伸，有的终止于门窗洞口上沿的两侧，有的则延伸至窗洞口的1/3处。值得注意的是，在垂肩式弧拱半包围式砖构筑当中，独有一例门窗贴脸的砌筑较为特别，这便是位于横道河子站车务段中所使用的门窗贴脸。该建筑门窗贴脸的拱券部分并不使用券心石进行装饰，而只是在整个弧拱的上沿以单皮丁砖砌成曲线线脚，其两侧垂肩的砌筑则从拱脚的下一皮砖开始，同时在拱券上沿与线脚之间留有形似三角形的空隙，十分有趣。此外，垂肩式弧拱半包围式砖构筑的构成模式也较为多样，可分为有线脚装饰的 / 无线脚装饰的单层券心石加有 / 无点缀砌筑的垂肩构筑、多层券心石加有点缀砌筑的垂肩构筑、有线脚装饰无券心石砌筑加无点缀式砌筑的垂肩构筑。这些随意的搭配模式使得垂肩式弧拱半包围式砖构筑的种类十分丰富，从而使其具有极强的装饰性。

垂肩式尖拱半包围式砖构筑是在尖拱砌筑的基础之上完成的，除了尖拱部分，工匠沿着尖拱的拱脚两侧向下进行加砌，直至窗洞的1/3处停止砌筑，使得整个窗洞半包围于其中。此外，除了最基本的砌筑之外，工匠还常在拱券的上沿加砌线脚进行装饰，线脚形式多为单皮砖砌出的直线形线脚，形式较为简洁。

垂肩式半圆拱半包围式砖构筑常见于工业建筑或是教育建筑等类型的公共建筑中。通过调查整理可知，这种类型的砖构筑可分为明砌式和暗砌式两类。明砌式的砌筑方式较为复杂，砌筑成的砖构筑外观形态也最富于变化，十分美观。工匠常采用楔形砖进行拱券部分的砌筑，砌筑方式类似于中式的狗子咬。为了造型美观，在拱券两侧的下边缘以及3/4拱券处，工匠在原本呈圆形轨迹的拱券部分加砌砖块，使其突出于原有轨迹，并将这两部分的砖材边缘切割成带有一定弧度的弧线形式，使得整个券面除圆拱外呈现出对称的、带有圆角的几何图形。另外，这种类型的砖构筑门窗贴脸所使用的券心石为多层券心石，其合拢砖处的券心石采用三皮砖砌出，且高出拱券约一丁砖的距离，而其两侧处只向外扩砌一皮砖，且与拱券叠合砌筑，突出于拱券看面1/4丁砖。此外，这种类型特别的门窗贴脸在圆拱与券心石的上方还增设了装饰部分，砖块按照"一皮顺一皮丁式"的砌筑方式进行排列组合，同时以面的形式出现。整个装饰部分的砌筑以券心石的上沿为界，在拱券的圆形部分之上进行砌筑，外观类似于上直下曲的新月形，并将拱券的弧形部分盖住。在装饰部分上方还可加砌直线线脚，以增加层次。在中东铁路历史建筑中，这种类型的门窗贴脸独有一例，即位于一面坡的某工厂建筑，样式十分特别。对比之下，暗砌式的砌筑方式则显得较为简单，其主要的拱券部分采用明暗两种砌法。拱券的下层采用丁砖进行凸起砌筑，砖块依次排列成圆形拱券，而拱券上层的砌筑则隐藏在墙体之中,从外观上只能观察到砌筑的痕迹。与此同时,在下层凸起砌筑的拱脚下方还可加砌由丁砖组成的下摆式线脚,并可在末端饰以两个2/3顺砖砌出的矩形砖装饰。

1.2.5 其他形式的砌筑

其他形式的砌筑主要指的是垂挂式、结点式及隅石式三种砖构筑类型(表1.14)。它们的位置分布主要为建筑的檐口及檐下、建筑转角、墙面等部位,多为附加装饰用途。砌筑形式十分丰富,多是通过砖块的垂直对位、漏砌、挑出砌筑等方式实现的构筑砌筑。

表1.14 其他形式的砌筑类型

	垂挂式	结点式	隅石式
表现部位	檐口及檐下	檐口及檐下	建筑转角、檐口及檐下、墙面
形态特点	截面为三角形或矩形,分段式砌筑	常与折角式砖构筑合为一体,可为实砌或漏砌	半包围于建筑转角,呈矩形外观
砌筑图示	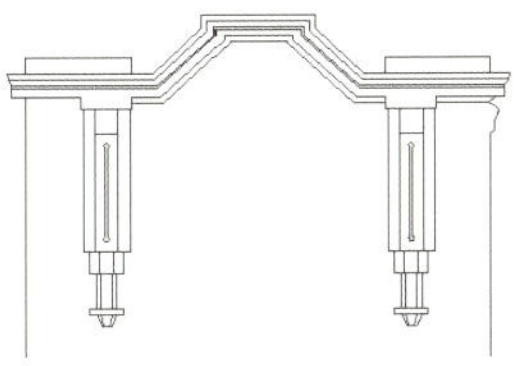	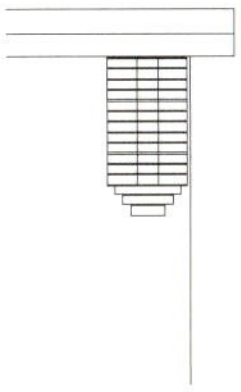	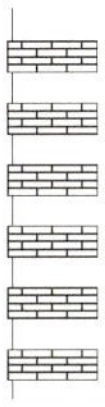
砌筑实例	 安达站中东铁路俱乐部	 横道河子站铁路治安所	 哈尔滨铁路职工住宅

(1)垂挂式。

垂挂式砖构筑指的是用砖块砌筑的较小面积的附属装饰构筑。其表面砖块采用上下对位的砌筑模式。垂挂式砖构筑一般与其他形式的砖构筑组合出现于建筑的檐下部位,一般成对悬挂、垂直于建筑的入口两侧,起始于建筑的檐口并止于建筑中部,起到一定的突出入口的作用。垂挂式砖构筑主要分为两种形式：一种是截面近似直角三角形的构筑。这种线脚一般由一个较大的三角形构筑和一个相对较小的三角形构筑上下叠砌而成，二者的接缝处采用层层向内凹砌的方式砌出多个层次。其砌筑方式也很特殊，采用砍磨砖排列组合的形式，每皮砖由相对组合的两块八字砖砌筑而成。砍磨后的八字砖组合后恰好形成90°夹角，所以每皮砖块都为垂直砌筑。另外，砖构筑的下端通常砌筑向内退进式的收口，一般由砍磨成小块的三角状砖块加砌而成。在中东铁路历史建筑中的垂挂式砖构筑几乎均采用这种砌法，如原哈尔滨中东铁路中央医院内科病房；另一种垂挂式砖构筑见于横道河子站车务段，这种砖构筑的形式不同于前者，其呈现出一种类似于退叠的方形形态，由大小不同的上、中、下三部分构成，垂直分布于建筑门窗洞口的两侧，并且起始于檐下，止于建筑中部。这种砖构筑的形态富于变化，两侧的砖块均向内凹砌1/3砖，使得中央部位相对凸起。值得注意的是，其上、中、下三部分均采用此种方法依次向下并按照一定规律逐层向内缩砌，形成了逐渐变化的特殊形态，十分美观、细致。此外，在砖构筑的顶部，工匠常顺应檐部的多层檐托砌出多个层次，而在其终端则使用砍磨砖砌出形似倒T字形的砖装饰，虽然工艺简单，但却显示出精美的砌筑艺术。

（2）结点式。

结点式砖构筑主要指的是在建筑转角以及壁柱顶部出现的构筑形式。这种类型的砖构筑并不垂直贯穿于建筑立面，一般起始于檐下，终止于窗洞上沿，属于建筑檐下转角处的砖装饰，且常与落影式线脚结为一体。它们依托于建筑转角并呈现出半围合形态，外形接近于长方形。根据砌筑方式的不同，其常见的砌法有满砌式与漏砌式两种。无论哪种砌筑方式，这种砖构筑至少由两部分构成：其一是顶端的叠涩式砖构筑，其二是中部的主体砖构筑。部分线脚中还存在着由两皮或三皮砖所砌成的下部点缀部分。

满砌式砖构筑是存在实例较多的砌筑方式。它们通常为在原有的挑出式构筑之上加砌其他形式的砖装饰。通过调查可发现，这些砖装饰有两种固定模式：其一为由丁砖顺接而成的竖长形砖装饰，其末端的两皮砖通常向内缩砌不同的距离，形成阶梯状轮廓；其二为具有多个层次的T字形砖装饰，其上部挑出于原有的砖构筑进行砌筑，底端向下偏移一皮砖，形成了向内缩进的又一层次。最下部则由四皮丁砖顺接而成，同样，其最下一皮丁砖为向内缩砌。这两种不同的模式都是在原有的砖构筑基础之上完成的。

漏砌式砖构筑是形式变化较为多样的砌筑方式，通常在矩形部分的中央呈现细长形中空形状。从外观上看，整个构筑形态为一个同心的矩形。其上部多为由三皮砖砌成的叠涩线脚，呈现出由上至下逐层收缩的形态。中部矩形部位由十四皮砖砌筑而成，且中空矩形两侧的宽度为3/4顺砖。下端点缀同样采用逐层收缩式砌筑方法的砖装饰，最上一皮砖由三顺砖顺接，中间一皮则为一顺砖向内缩砌，最下皮砖则为丁砖缩砌。整个点缀部分呈现出上大下小的倒斗形。

（3）隅石式。

隅石式砖构筑主要是指位于建筑转角、檐下等部位的形似矩形的构筑形式。这种类型的构筑形式在中东铁路历史建筑中应用十分广泛，是砖构筑模仿石构筑的典型形式。其砌筑方法简洁明了，短面一般由至少三皮、至多五皮砖排列组成，长面依据不同的需求使用"一皮两顺一丁式"的砌筑手法。其中，为了保持线脚边缘的整体性，部分建筑中也使用了砍磨砖。这种类型的线脚一般每隔四至五皮砖出现一次，并竖直排列于建筑的转角、窗间墙、山墙檐下等部位。值得注意的是，该类构筑一般半包围于建筑的转角并分布于两侧，与其上方的落影式直线式砖构筑结为一体，整体感较强。此外，在少数隅石式砖构筑当中，其上下两端矩形构筑并没有呈现整齐的竖向排列，而是呈现上下错位对齐的构筑形式。此类构筑在中东铁路历史建筑中应用较少，如扎赉诺尔矿区职工住宅。

1.3　中东铁路历史建筑砖构模件化

在中东铁路历史建筑中，砖块的模数为一种基本的"度量单位"，它使得两砖之间或是几种不同的砖构筑之间具有一定的搭接适宜性，使同一类型的砖构筑的基本单位保持一致，十分适合快速施工，为中东铁路修筑时期大量的建筑活动提供了保障。此外，砖块的模数化所建立起来的美学特征具有重要的美学作用，它使得砖构筑形态的视觉效果更加均衡、统一。与此同时，砖块的模数也可视为一种建立秩序的手段，它使不同建筑的整体和细部服从一定的模数，从而获得和谐的建筑形象及空间。也正是由于上述原因，中东铁路历史建筑的砖构筑形态十分丰富。由于不同地域相同类型建筑或是相同地域同一类型建筑中砖的构筑形态具有一定的规律性，因此中东铁路历史建筑的特征十分鲜明。本节研究重点就在于讨论砖构筑的模数构成和模块构成，以及其潜在的构图法则，揭示出砖装饰潜在砌筑规律与外在表现之间的关系。

1.3.1　砖构的模数构成

（1）标准规格的砖及少量特殊规格的砖。

中东铁路历史建筑中所使用的砖材可分为标准规格的砖及少量特殊规格的砖两类。通过调查及实地测量可知，不同地区的建筑所使用的标准规格的砖的尺寸略有不同。此外，由于砖材的砍磨加工方式有所区别，因此经过加工的砍磨砖的规格同样存在差异性。然而，正是砖材的这些差异性为砖材的多种构筑形态提供了多种选择性及可能性。

① 标准规格的砖。

标准规格的砖指的是未经过砍磨加工的砖块，绝大多数中东铁路历史建筑中使用的红砖及少量青砖都属于这种类型。通常情况下，红砖的尺寸较青砖偏大，且其规格也较为多样化，如大部分建筑中使用的 240 mm × 120 mm × 60 mm、225 mm × 125 mm × 55 mm 以及少量建筑中使用的 265 mm × 120 mm × 70 mm 等规格；青砖的尺寸偏小，常见规格为 245 mm × 115 mm × 45 mm。

由于标准规格的红砖的尺寸略有不同，因此不同规格的红砖很少混合使用。不同规格的青砖及红砖的混合砌筑往往用以获得富有层次的立面效果。受砖材特有的模数化特征的影响，在建筑的砌筑中，多见由"一皮顺一皮丁式""三皮顺一皮丁式"等砌筑方式砌出的建筑主体结构。砖的模数化为规整的砌筑方法和建筑附加装饰砌筑形式的多样化提供了多种可能性。在青、红砖混合使用的建筑中，两种类型砖材之间的排列组合模式相对单一，青砖或砌出建筑下部的勒脚，或充当墙面装饰，一般不选择一青一红的搭配砌筑方式。除此之外，在青、红砖混合使用的建筑中，还可由青砖砌出窗台或是充当其檐部 45° 斜砌式线脚当中的斜置砖块。二者之间的衔接同样采用对缝处理的方式，但由于二者模数具有差异性，因此往往只对处于中心位置的砖块进行对缝处理，使排列大体整齐。标准规格的砖与少量特殊规格的砖的比较说明如表 1.15 所示。

表 1.15　标准规格的砖与少量特殊规格的砖的比较说明

类型	标准规格的砖	少量特殊规格的砖
特征	外形呈长方体，尺度规整，分青砖和红砖两类	外观呈八字形、斗形、1/2 砖等多种形状，其砍磨面可直可曲，同一类型的砍磨砖尺度在不同砌层可呈现不一致的尺度
砌筑部位	用于主体结构与附属结构当中	主要用于附属构筑当中，少量出现于主体结构当中
尺度	红砖：240 mm × 120 mm × 60 mm 　　　225 mm × 125 mm × 55 mm 　　　265 mm × 120 mm × 70 mm 青砖：245 mm × 115 mm × 45 mm	砍磨尺度对应标准规格砖的尺度：八字砖，砍磨边可为顺头或丁头，顺头为丁砖宽度，丁头尺度随机处理，其余尺度与标准砖一致；斗型砖，砍磨边尺度可随机处理；1/2 砖：长度为 1/2 标准砖，其余尺度一致
砌筑模式	不同皮的砌筑进行错缝、自由拼缝	不同皮的砌筑进行错缝、对缝、自由拼缝，常与标准规格的砖搭接砌筑

② 少量特殊规格的砖。

为了适应中东铁路历史建筑中的不同砌层以及不同建筑装饰的要求，便出现了具有多种形状及规格的砖，这就是中东铁路历史建筑中常使用的、经过砍磨加工的砖材。上面已经提到过标准规格砖的尺寸，而特殊规格的砖是为了便于某些特殊部位的施工，常常被砍磨成不同于标准规格的青砖和红砖尺寸的特殊形状的砖材，如具有曲线轮廓的车辆砖及扇面砖。尽管这些形状特殊的砖块的规格打破了原有标准规格砖材的模数，但是却增添了建筑细部的美感。特殊规格的砖多见于建筑的附加装饰当中。

具有特殊规格的砍磨砖的规格十分多样，既可使用于建筑的主体结构部分，也可使用于附属结构中，更多的则是使用于建筑的附加装饰中，为砖构筑的多样化提供条件。通过实地调研发现，绝大多数砍磨砖不仅以标准规格的砖为砍磨原型，更以其长宽尺寸为砍磨标准，使砍磨砖的范围不超出标准砖的棱边范围。因此，绝大多数砍磨砖具有标准规格的砖所特有的尺寸特点或棱边特征。这样不仅可以使附加装饰的砌筑与建筑的主体砌筑缝隙交错，而且可以使砖构筑的看面整齐统一，获得均衡的立面效果。例如，砍劈砖常用于建筑的主体结构中，用来填补不对齐的构筑边角；车辆砖与扇面砖的砍磨则只是以砖块的长边与短边为对象，其厚度仍为标准砖的砖厚；而较为特殊的斗型砖的砍磨同样未逾越此种规律，主要的砍磨部位为标准规格砖块的下部。但无论砖的类型如何变化，其所呈现出的砌筑形态仍为与其周边的砌筑对齐的形态。

砖材的构筑形态以及砍磨砖块之间的组合搭接方式也是影响砍磨砖尺寸的因素。工匠常依据不同的砌筑需要，将砖材砍磨成不同的规格。例如，拱形门窗贴脸是中东铁路历史建筑中最常用的建筑语言，为了营造出拱形构筑，工匠会先将砖材打磨成楔形，然后将这种楔形砖依次排列，就形成了拱形的构筑轮廓。而拱面上沿及下沿的弯曲程度正是由楔形砖的打磨尺寸所决定的：砖块的两条短边的尺寸相差越多，拱形的弯度越大；反之，则拱面的下沿就有可能呈现出直线形。建筑附加装饰部分的砌筑同样遵循这种规律。例如，在Y字式直线形砖构筑当中，可观察到八字砖与丁砖之间的搭接模式。为了迎合八字砖下方砌筑丁砖的需求，在砍磨八字砖过程中，工匠在砖块的中央预留出一丁砖的宽度，以承接下方的丁砖。

（2）砖的模数化对砖构筑形式的影响。

砖的模数化不仅作用于相同规格的砖材以及不同规格的砖材之间的交错搭接模式，而且涉及砖构筑的外在表现及规律特征。可以说，砖的模数化规律一方面影响着建筑主体构筑部分中砖的组合方式，另一方面又对建筑装饰部分的砌筑起着一定的限定作用。这不仅有利于使建筑获得具有韵律性变化的外墙面，而且也有利于使附加装饰的砌筑灵活多变。

① 主体构筑中砖之间的组合规律。

砖的模数化影响着建筑主体部分的砌筑，砖块之间不同的组合规律为这些富于变化的砌筑方式提供了多种可能性。

在建筑的墙体构筑中，砖块的砌筑大多以不同形式的缝隙交错为主要变化模式，在满足结构要求的同时形成了宽窄变换的不同效果。砖的模数化直接表现为墙体的砌筑，从而获得了"一皮顺一皮丁式""三皮顺一皮丁式"以及"一皮一顺一丁式"等多种排列方式（表1.16）。所形成的效果是顺、丁两种看面的变化完全对称，肌理韵律富于变化又整齐划一。例如，墙体的"一皮一顺一丁式"砌法中，每皮砖以一顺面加一丁面的规律排列组合，上下两皮砖之间对位错缝，下皮砖的丁砖恰好位于上皮砖顺面的中央位置，这种砌法可以获得砌筑效果十分整齐、富有韵律感的建筑表层。

表1.16 主体构筑的砖之间的组合规律比较说明

类别	主体构筑
特征	砖块之间错缝搭接，具有秩序感
部位	墙体、勒脚、扶壁、女儿墙等呈面形态出现的砖构筑
组合规律图示	一皮顺一皮丁式　　三皮顺一皮丁式　　一皮一顺一丁式 马莲对　　狗子咬　　甃砖

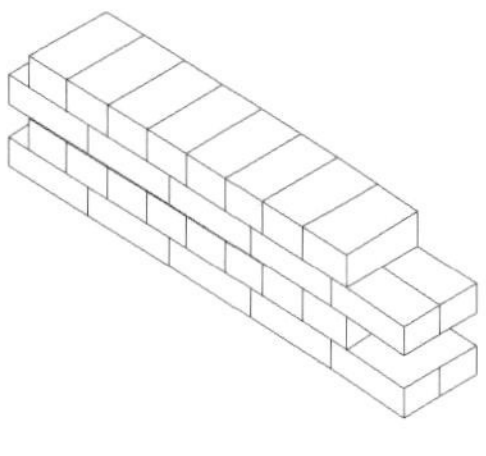

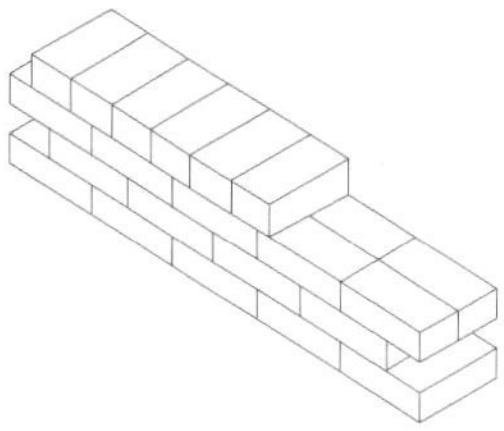

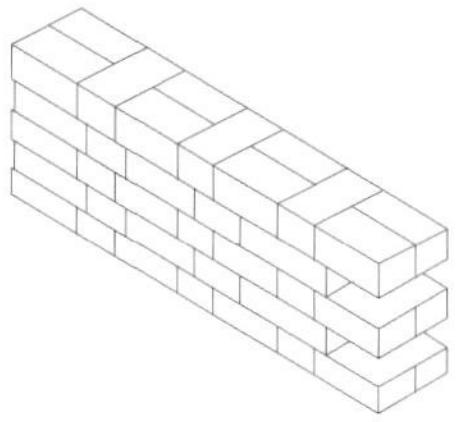

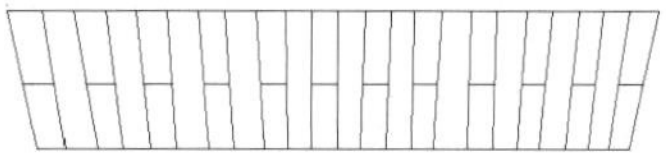

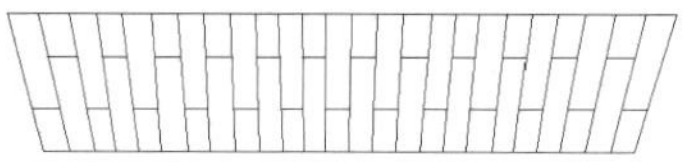

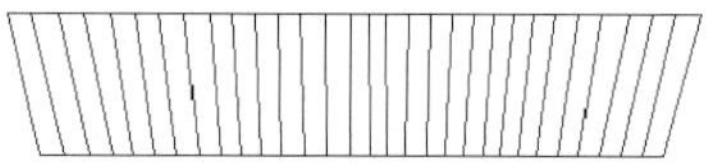

中东铁路历史建筑中存在着一大批砖石混合建筑。虽然这种混合式的构筑形式表面上看起来杂乱无章，但仍存在着潜在的模数化规律。值得注意的是，无论是位于哪个地区的带有砖石混合墙面的中东铁路历史建筑，其砖材与石材交接部分的砖的排列都采用成组砌筑的模式。例如，砖块以四皮为一组，上下两组之间相差半砖，下皮砖缝仍然位于上皮砖顺面的中央。如此循环往复，形成错落的排列。扎兰屯、横道河子等地的砖石混砌墙体中的砖石搭接部分的砌筑就使用了这一方法。

除去建筑的墙体部分，建筑转角部分的砌筑也同样体现了此种规律的存在。此外，在中东铁路历史建筑中，建筑立面当中的凸出砌筑以及凹进砌筑同样遵循砖的模数化规律。以建筑转角部分的砖构筑为例，其砌筑通常挑出于墙体表面1/4顺砖，使得突出于墙面砌"出"的宽度与其他类型构筑的"出"与"退"的宽度几乎保持一致，且错缝重复也一致，产生了十分整齐与规律的墙体表面效果。这种砌筑方式在体现砖块砌筑逻辑关系的同时，起到非常好的装饰效果，表现出了主体构筑敦实有力的外在特征。

②附加装饰构筑中砖之间的组合规律。

砖的模数化不仅作用于建筑中大面积墙体的完整平面，同时也为丰富的装饰砌筑提供变化的可能。相应地，砖的模数化以及主体构筑的砌筑同样对外墙表面砖装饰的表现形式造成一定的影响，包括砖装饰的多种不同形式。例如：使用"一皮顺一皮丁式"进行外墙砌筑的建筑中多使用犬牙式直线线脚进行装饰，而"十字式"外墙则十分适合于 V 字式直线线脚的砌筑。附加装饰构筑的砖之间的组合规律比较说明如表 1.17 所示。

表 1.17 附加装饰构筑的砖之间的组合规律比较说明

特征	砖块之间按照同一规律进行砌筑模块的复制，并在原有构筑基础上进行同一层次上的"出"或"退"
部位	檐口及檐下、门窗洞口、勒脚等部位的附加砖装饰
组合规律图示	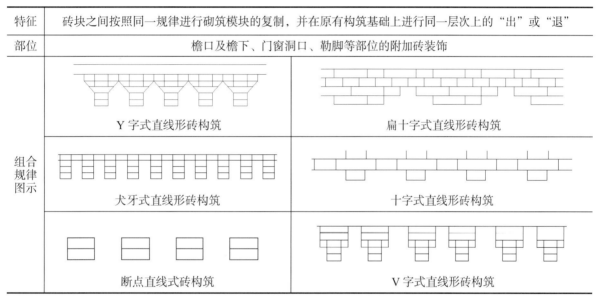

就砖材本身而言，其形态平直、规格标准，在复杂多变的图案砌筑形式中可作为一个基本参数进行变换。例如，在直线形砖装饰当中，最基本的直线形砖装饰的砌筑通常呈现出直线、斜线、矩形等十分简单的几何图形，而较为复杂的砌筑形式常以其为砌筑原型，将原本水平、垂直交错的砖块进行一定模数的重复及偏移，从而演变出了 V 字式、Y 字式等较为复杂的直线形砖装饰。在一些砖装饰的砌筑当中，由砖块的基本模数衍生出来的长宽比为 1:1 或是 2:3 的砖块的砌筑形式被应用得十分广泛，直线线脚当中的犬牙式、V 字式及 Y 字式便是十分典型的例子。可见，砖块本身或是由砖块砌出的较为简单的图形便可看作是基本的参照及变化的对象。

此外，中东铁路历史建筑当中常会出现 1/2 砖、1/3 丁砖、1/2 顺砖等凸出或凹进砌筑的现象。这种砌筑形式的绝大多数情况是通过在"基本型"或"衍生型"的下方加砌砖块来增加层次变化形成的。其中，加砌的方法可为平砌也可为向内凹砌，加砌的数目也多为一至三块。由此可以看出，无论砖装饰的构筑形式有多少不同的类型，由于受到基本的砌筑规律和砖的模数化的限制，某几种砖装饰都由同一种模型变化而来，因此获得的装饰效果也具有某种同一性，这也正是中东铁路历史建筑风格鲜明的原因之一。

异型砖块的砌筑使砖装饰的类型更为多样。在这里首先要强调的是，异型砖块的砍磨加工本身就是依照标准规格砖的模数或是其"衍生型"的规格为砍磨参数的，其中最为典型的例子便是应用砍磨砖砌筑的转角肋。通过调查可知，转角肋通常由斗型砖砌筑，而在斗型砖的砌筑当中，上下皮之间的对位关系十分重要。转角肋不仅起到了一定的美观作用，而且可以较为轻易地解决上下皮构筑之间的对位问题，使不同规格的砖块之间可以很好地承接，保持了构筑的完整性。此外，标准规格的砖与经过加工的异型砖之间的搭接同样延续了砖的模数化特征。无论哪种类型的砍磨砖与标准砖进行组合，都要以不影响装饰部分的砌筑与建筑主体部分的砌筑的整齐划一为看面错缝交接的标准。

（3）砖的模数化对砖构筑尺度的影响。

砖的模数化是砖构筑基本尺度取值规律的定性基础，且基本模数的取值还可作为定量的标准，从而对砖构筑的份数及比例具有一定的限制作用。砖的模数化规律在砖构筑的真实尺度和模数尺度之间建立了基础联系，使得砖构筑的份数及比例的规律更为明显。它不仅包含了砖块的基本模数，而且还包含由砖材不同的构筑方法延伸出的扩大模数。

① 基本模数及扩大模数。

由于砖材具有标准的几何外形，因此砖的基本模数可通过砖材特有的尺寸进行推算。砖块规格作为砖构筑中最小的模数单位，其最常用的砖材长度、宽度、厚度分别为240 mm、120 mm、60 mm。由此可以看出，如果设定砖厚度60 mm为一标准模数M时，尺寸为240 mm×120 mm×60 mm的砖材便可转化为$4M \times 2M \times M$。按照这种模数计算方法可以找到其他规格的砖材与基本模数之间的关系。从中可观察到，无论是哪种尺寸的砖材，其隐藏的固定模数单位都为整数，这便为砖块之间的交错或位移式砌筑提供了变化的范围及限定，同时也为计算出砖构筑所具有的尺寸提供了便利。与此同时，在进行某种图形的砌筑时，工匠按照一定模数规律进行砖块之间的交错或是平移砌筑，由此便可产生扩大模数。扩大模数通常为基本模数经过简单的倍数变换所得出的数值，其变换倍数可为基本模数的整数倍，也可为基本模数的几分之一，限制并丰富着砖构筑的变化规律。通过砖块的变换、砖块的平移或是砖块的复制进行砌筑，便可获得多种形式的砖构筑。而各种新生成的图案组合又成了接下来的砖块变换的砌筑基础。例如，在建筑附加装饰的砌筑中，无点缀砌筑的犬牙式线脚是砖块按照扩大模数向下平移加砌而成的，这个扩大模数通常为2M。此外，在重新生成的图案的基础上还可再以2M为模数向下加砌点缀装饰，由此便增加了原有的构筑尺寸，其增加的尺寸一般为一至二倍的砖厚。

② 比例及尺度控制。

砖的模数化规律不仅影响砖构筑的外观形式，而且能够直接作用于砖构筑的尺度。在砌筑时，通过砖构筑取整数尺寸或者扩大模数调整，可以对构筑形态起到一定的限制作用。以装饰性砖构筑为例，砖装饰的图案通常是按照扩大模数进行砖块的平移或复制得到的，从而使得整个砖构筑的尺度受到砖的模数化的影响。例如，中东铁路历史建筑转角处常使用的隅石式直线式砖构筑的砌筑。如果假定砖厚为基本模数M，矩形图案的宽度可为12M，厚度可为4M或5M，从而形成比例1/3或5/12的狭长矩形。利用这种比例构筑的线脚具有十分广泛的应用，在中东铁路历史建筑中经常出现，可识别性较强。除此之外，矩形装饰图案同样可依据扩大模数进行留白处理，留白距离常为1 M～4M。如此反复，建筑外墙面被巧妙地均匀分隔，形成具有断续形态的装饰图案。再以V字式及Y字式直线线脚为例，砖块按照一定模数重新生成的斗形图案的比例及尺度同样受到砖模数化的影响。通过调查可知，这种按照扩大模数为0.5M重新生成的砌筑图案的长宽比多可为1:1或1:1.5。砖模数化对构筑尺度影响实例比较如表1.18所示。

表1.18　砖模数化对构筑尺度影响实例比较

构筑形式		比例	构图模式	构筑长宽
线形砌筑	V字式	1/1	AAA	1.5M/3M
	Y字式	3/2	AAA	3M/2M
拱券砌筑		5/6～8/6	A-B	5M/6M～8M/6M
隅石式砌筑		1/3　5/12	AAA	1M/3M　5M/12M

此外，在尺度不同的建筑中，同一类型的砖构筑在建筑中所占的比例应大体相同。工匠可以通过改变砖构筑所占的模数，达到不影响此种砖构筑的比例权重的目的，使其具有较强的可识别性。以中东铁路历史建筑中常见的贴脸的砌筑为例。工匠会采用两种方法进行贴脸砌筑中拱券部分的砌筑，分别为绝大多数建筑中使用的类似中式的狗子咬砌法以及少数建筑中使用的楔形砖依次排列的砌法。在使用狗子咬砌法进行拱券砌筑的情况下，不同的贴脸中券心石两侧的拱券会采用不同皮数的"砌筑单元"进行砌筑。当窗洞的宽度较大时，券心石左右两侧砖可为七至八皮；而当窗洞宽度较小时，可为四至五皮。这种做法相应地增加或减小了拱券的跨度（但其整体比例不变），使其适应于宽窄不一的窗洞；在使用楔形砖进行拱券砌筑的情况下，由于每皮砖的砌筑均只用砖的顺面，因此减小了拱券的券面高度，使其在建筑中的比例尺度适中，获得与其他形式的贴脸相似的外观，这种做法常见于建筑高度比较低矮的历史建筑。

1.3.2 砖构的模块构成

通过前述对砖构筑基本构筑形态的阐述及分析可以发现，这些砖构筑无论是外在表征还是分布部位，都存在着一定的规律性。如果将这些具有规律性的模式化砖构筑看作建筑中的构图符号，这些符号则可通过一定的运算法则重新组合、拼贴，最终形成新的系统模式，而这种系统模式化是构图符号大量、准确地应用于相应位置的基础，从而为整个装饰体系的产生提供保障。

除此之外，这种富有规律性的构图法则在中东铁路历史建筑的砖装饰体系中显得尤为突出。根据对装饰性砖构筑的分析可以发现，不同地区、不同建筑的相同部位，甚至不同部位，都会出现形式极其类似的装饰元素。尽管有些尺度及组合方式发生了改变，但仍能辨认出其中存在的相似符号要素。可见，中东铁路历史建筑中的砖构筑的构成具有一定的模式化，其构成、拼贴方式按照一定的规则保持扩大模数的变换。从中不难发现，砖构筑中包含着潜在规律，按照其变换的规律，可以将这个运算过程分为加法法则和减法法则。

（1）模块基本型。

在中东铁路历史建筑中，模块固有的组合规律的特征十分突出。砖块首先通过不同的搭接模式砌筑成多种不同类型的模块，这些不同类型的模块遵循相加、相减、碎裂、渐变等原则，在此基础上可进行自由的拼贴组合。其中，模块的砌筑皮数可多可少、形状可大可小，甚至相同类型的模块可由不同皮数的砖块搭接完成，以形成适合不同部位的装饰形式，使其具有较强的可识别性。模块的形状多种多样，可为垂肩模块、拱券模块、落影模块以及墙体表面其他类型的模块，而墙体表面的模块的形状同样多样，可为隅石模块、犬牙模块、V字模块、T字模块、倒凸字模块以及通常为点缀装饰砌筑的倒斗形模块。

① 垂肩模块。

垂肩模块常使用于垂肩式砖构筑当中，通常会在经过镜像相加后饰于拱脚的两侧。垂肩模块的应用在增加美观性的同时起到一定的支撑拱券的作用。其砌筑皮数可多可少，可由十六至四十四皮砖构成。根据不同情况，其砌筑长度可长可短，砌筑方式可为"一皮一顺一丁式"、丁砖顶接与顺砖顶接等。通常情况下，在门窗洞口周围，垂肩模块的组合模式为镜像构成，但对于"仿石"窗套来说，其构成模式为先平移相加，再镜像相加（表1.19）。

② 拱券模块。

拱券模块常使用于围合式砖构筑当中，可作为门窗洞口的过梁使用，增添美观性的同时起到一定的结构作用。其模块类型为平拱券、弧拱券、圆拱券与尖拱券（表1.20）。不论哪种类型的拱券，其砌筑皮数可多可少，可根据窗洞的跨度进行皮数的调节，常为七至八皮或四至五皮，但在一些跨度较大的拱券中，其皮数可增至二十七皮。通常情况下，其砌筑方式常为类似中式的狗子咬，偶尔也有只用砖块的顺面进行甃砖排列的砌法。此外，券心石的砌筑皮数常为三皮或五皮，还可观察到多层券心石的情况。

表 1.19 垂肩模块

基本型	衍生型			构成模式
	一皮一顺一丁 / 一皮顺一皮二丁	一皮一顺一丁 / 一皮顺一皮二丁	一皮一顺一丁 / 一皮顺一皮二丁	
	一皮顺一皮二丁	一皮顺	一皮一顺一丁	一皮一顺
	一皮一顺一丁	一皮顺	一皮顺	一皮顺

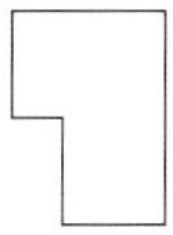

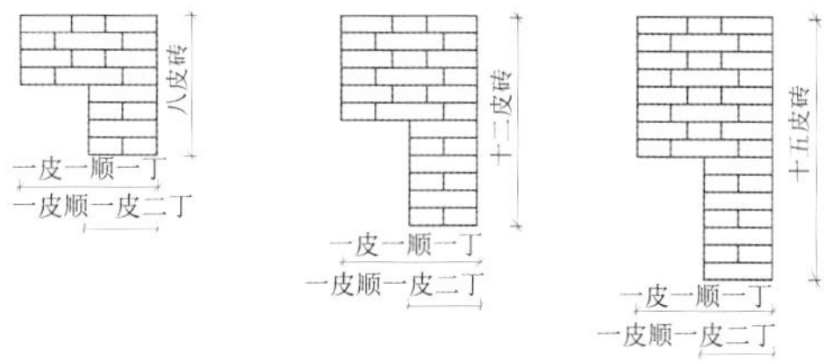

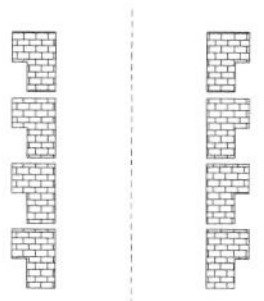

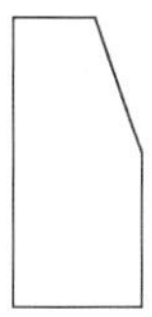

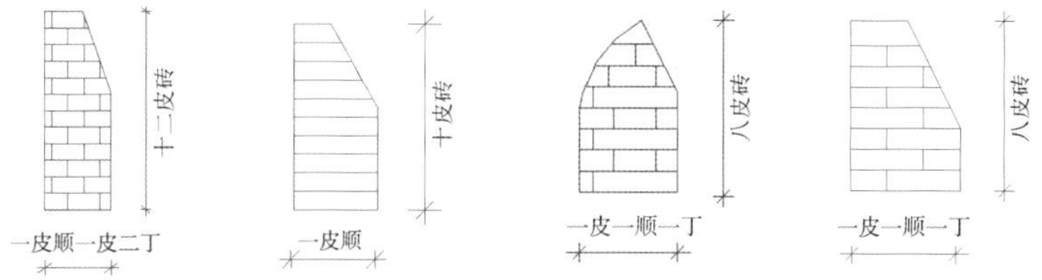

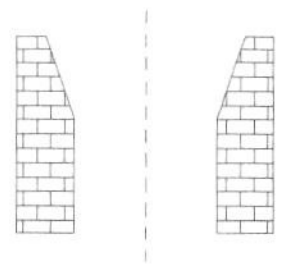

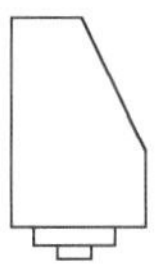

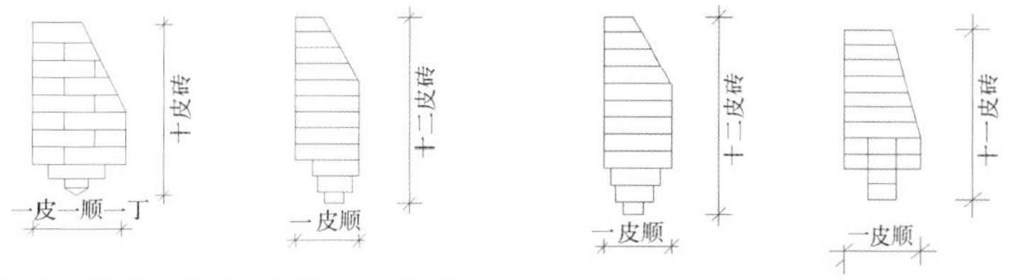

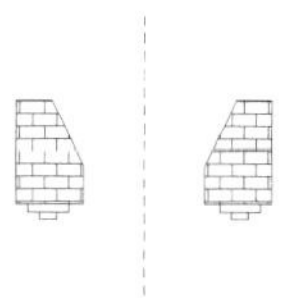

拱券模块与垂肩模块通常组合出现于建筑当中，其组合模式为先相加，后镜像，以形成半包围构筑模式，且垂肩模块通常位于拱券的拱脚两侧（表 1.21）。此外，垂肩模块的底端也常加砌斗形模块，以增加层次。

③ 落影模块。

落影模块是折线式砖构筑最基本的构成模块，通常为经过平移相加与镜像相加等多重相加后形成大面积的装饰砌筑（表 1.22）。落影模块的外观呈倒 L 形，常由六皮砖构成，砌法多为"一皮一顺一丁式"，其边缘处也常使用 1/2 顺砖或 1/3 顺砖以形成整齐的边沿。除此之外，落影模块的右下端常叠加一个或多个方形模块以增加美观性。

④ 墙体表面其他类型的模块。

隅石模块砌筑方法则显得简洁明了，短面一般由至少三皮、至多五皮的砖排列组成，长面同样

表 1.20　拱券模块

基本型	衍生型
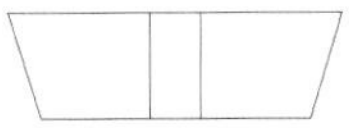 平拱券	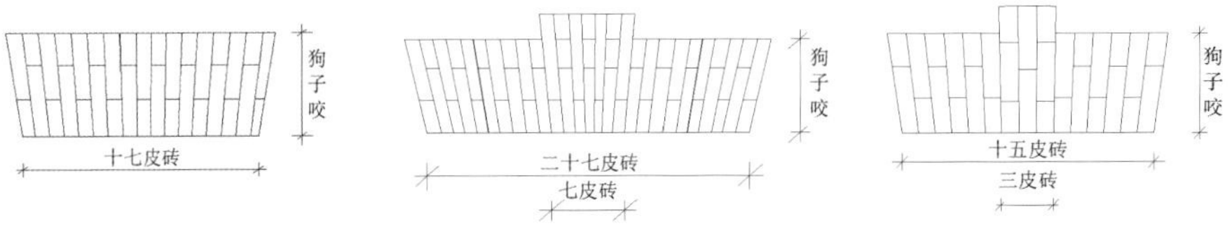 十七皮砖／狗子咬　　二十七皮砖／七皮砖／狗子咬　　十五皮砖／三皮砖／狗子咬
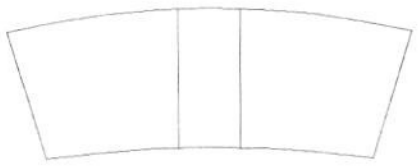 弧拱券	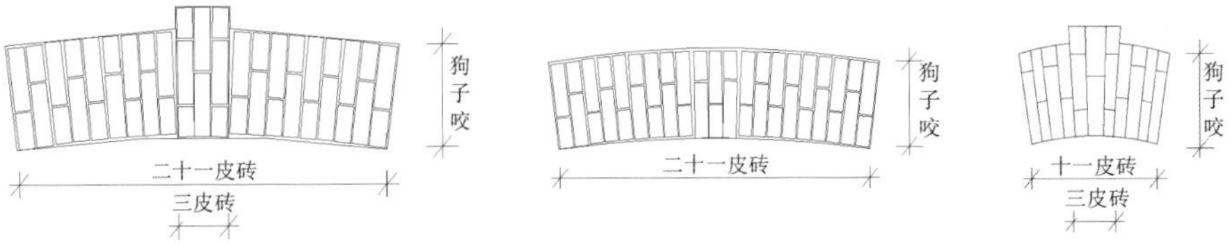 二十一皮砖／三皮砖／狗子咬　　二十一皮砖／狗子咬　　十一皮砖／三皮砖／狗子咬
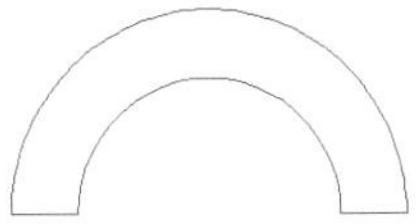 圆拱券	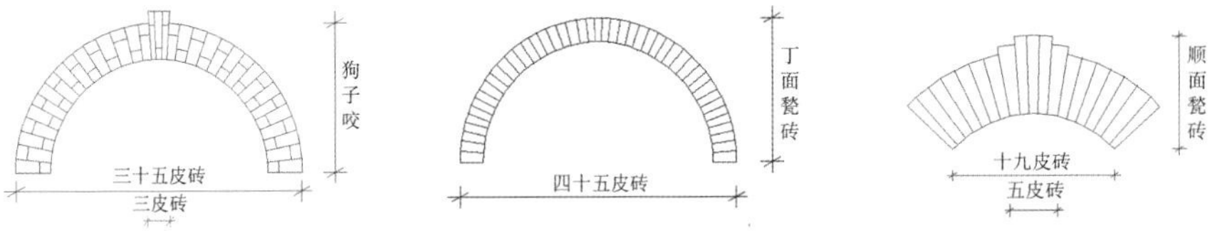 三十五皮砖／三皮砖／狗子咬　　四十五皮砖／丁面凳砖　　十九皮砖／五皮砖／顺面凳砖
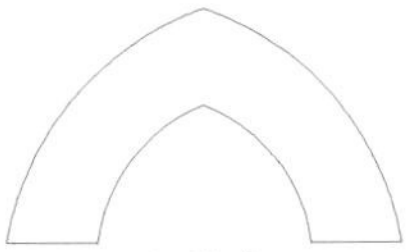 尖拱券	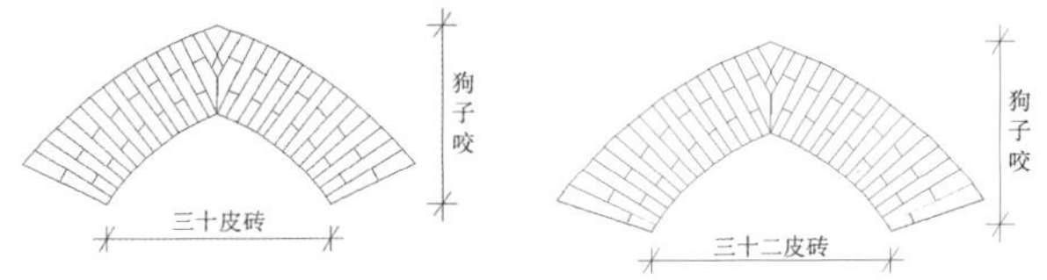 三十皮砖／狗子咬　　三十二皮砖／狗子咬

依据不同的需求使用"一皮两顺一丁式"的构筑手法。隅石模块常饰于建筑转角、两窗之间、檐口及檐下等部位。砌筑皮数为五皮、四皮、三皮，砌法多为"一皮一顺一丁式"时，较为简单。在建筑转角与两窗之间等位置，其构成原则为垂直方向上的平移相加；而在三角檐下，其构成模式则为先平移相加，再镜像相加。

犬牙模块则以犬牙式直线形砖构筑为典型实例。这类砖构筑是由同一种模块进行平移加法构成的，其底部犬牙模块的砌筑可由一至三皮丁砖顶接砌出，或是由两皮顺砖顶接而成。这种"矩形"模块砌筑中最常出现的皮数为两皮，也是其他类型的模块当中"犬牙"组成部分的砌筑模式。与此同时，还存在少量模数组合较为特殊的形式，其模块的砌筑形式分别为丁砖立砌或是三皮顺砖顶接。

V字模块较为特殊，为具有镂空砌筑的特殊形式，构成模式为平移相加。在砌筑过程中，常用三块丁砖与一块顺砖由上至下层层向内缩砌1/2丁砖形式V字部分。

在 T 字模块砌筑当中，T 字形常由五皮砖构成。除去主体 T 字部分之外，其底部及两侧常使用一块丁砖或两块丁砖进行缩砌，形成层层缩进的外观形态。

表 1.21　垂肩模块与拱券模块的组合

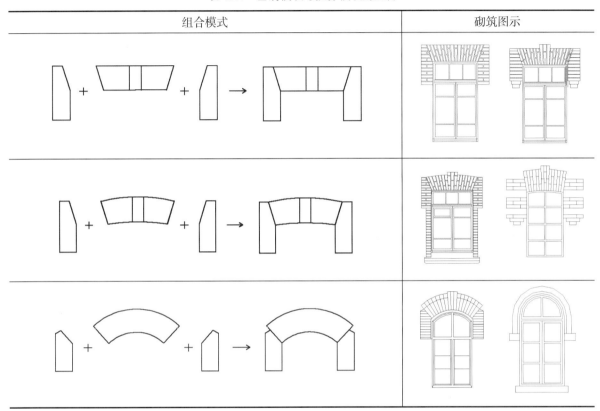

装饰于墙体表面的小型模块，除去上述提到的几种类型，还有 Y 字模块与 U 口模块。它们的砌筑皮数均为四皮砖，最上两皮由八字砖叠砌而成，再在八字砖的凸起部分依次加砌与之对应的两皮丁砖，形成 Y 字形以及 U 口形空隙。此外，U 口形最底层的丁砖常采用缩砌形式，以增加层次。

此外，用于门窗洞口、檐口及檐下等部位的模块，其下部常附加向内凹砌或者明显小于上皮砖构筑长度的倒斗形、倒凸字形模块，以形成丰富的层次感。以垂肩式砖构筑当中的点缀砌筑为例，由于垂肩式砖构筑的宽度较大，所以其下方点缀装饰的组合模式多以明显小于上皮砖构筑宽度的砖块开始，其长度最大为一顺砖、最小为 1/2 丁砖。通常情况下，这类模块由一至三皮砖组成，其中以两皮砖构成的模式最常出现，变化也最为丰富。其构成模式通常为砖块由宽至窄依次排列，且层层向内凹砌，使得看面及侧面都形成上大下小的 Y 字形模式。除上述情况之外，折线式砖构筑当中

表 1.22　落影模块

基本形态	衍生形态	构成模式

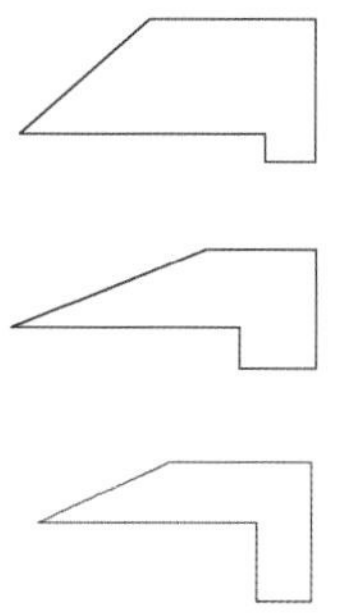

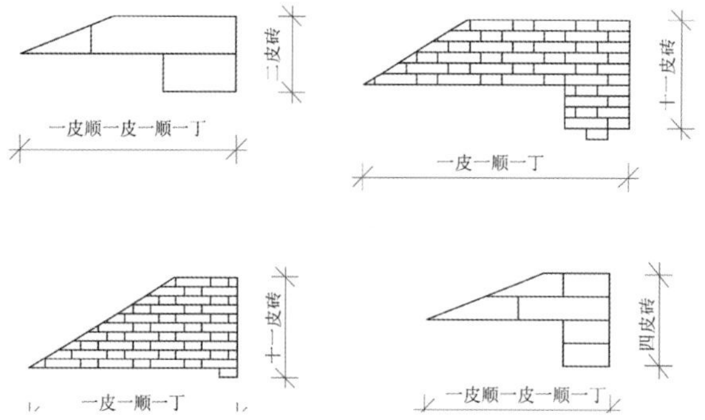

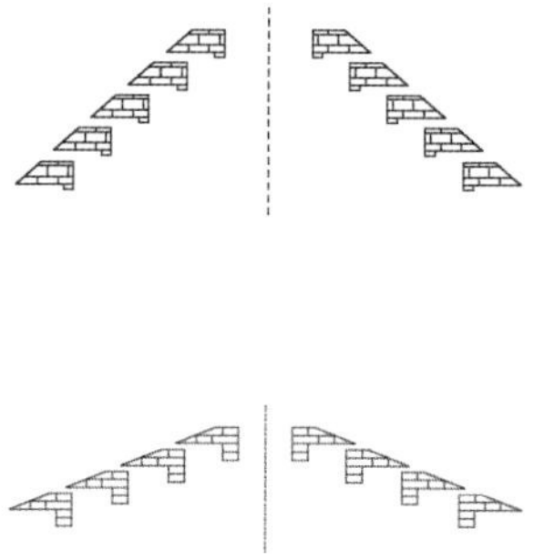

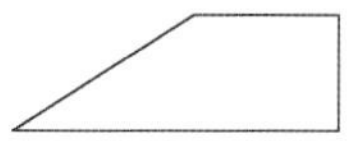

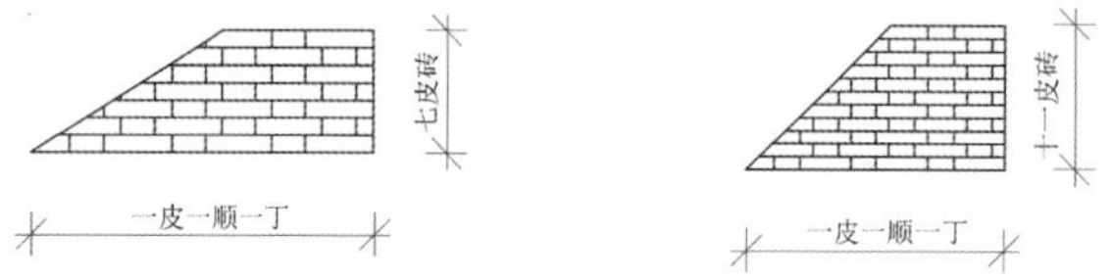

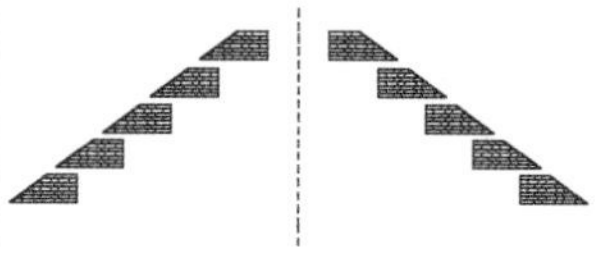

经常出现的点缀砌筑同样可沿用上大下小的 T 字模块。绝大多数情况下，其起始砖块常为一丁砖，且与上皮砖构筑宽度持平，同时还拥有向内凹砌的固有模式。墙体表面模块图示举例如表 1.23 所示。

（2）加法构成。

加法构成是通过一系列运动规律形成多种组合样式的模块构成过程。按照砖构筑的组合规律可将其分为镜像构成、平移相加构成以及滑动镜像相加构成等。然而，无论是哪一种类型的相加构成都以砖的扩大模数作为隐藏的固定不变的模数单位，以此作为相加基础，从而获得外观整齐划一的构筑形态，为构筑形式增加多种组合的可能性。

① 镜像构成。

镜像构成，是构图要素通过反射定律最终形成的具有镜面反射规律的镜像图案"集合"（表 1.24）。这类砖构筑镜像对称，具有十分均衡的"集合"效果。需要强调的是，这里提出的构图要素指的是砖构筑当中最基本的构图元素，它们可能只是砌筑方式简单的矩形图案，或者是砌筑方式较为复杂的其他图形。例如，在 V 字式线脚当中的构图要素指的是单一的 V 字式砖装饰；在贴脸当中，构图要素指的则可能是其核心位置的券心石、拱券以及两侧的附加线脚。无论如何，它们都属于具有镜像对称特征的构图要素。之所以称其为镜像构成，是由于镜像构成所创造出的符号的组合对称性更大。例如，希腊十字对称且为镜面反射图案，而万字纹虽然同样属于对称图案，但却不是镜像反射图案。因此，这里的镜像指的是具有一定限定性的相加运动方式。

表 1.23 墙体表面模块图示举例

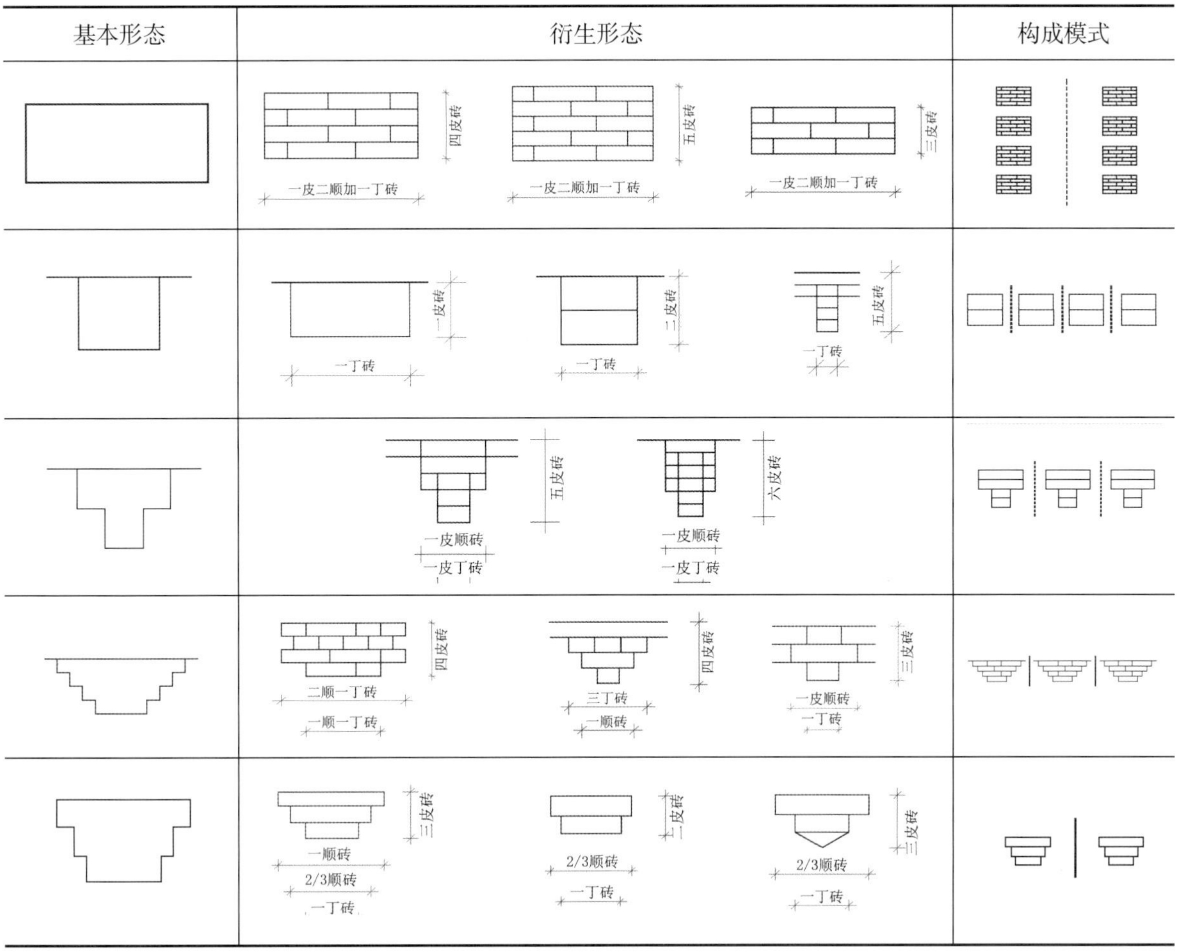

基本形态	衍生形态			构成模式
	四皮砖 一皮二顺加一丁砖	五皮砖 一皮二顺加一丁砖	三皮砖 一皮二顺加一丁砖	
	一皮砖 一丁砖	三皮砖 一丁砖	五皮砖 一丁砖	
		五皮砖 一皮顺砖 一皮丁砖	六皮砖 一皮顺砖 一皮丁砖	
	四皮砖 二顺一丁砖 一顺一丁砖	四皮砖 三丁砖 一顺砖	三皮砖 一皮顺砖 一丁砖	
	三皮砖 一顺砖 2/3顺砖 一丁砖	三皮砖 2/3顺砖 一丁砖	三皮砖 2/3顺砖 一丁砖	

以形态最为丰富的直线形砖构筑为例，中东铁路历史建筑中所使用的直线形砌筑可比喻成带状或折线状"纹样"。在这些带状或折线状"纹样"中，任何一条反射轴都必然沿着它们的轴线延伸，或垂直于那条轴线。因此，不论是砖装饰的形式还是砖装饰的构成，它的原型要素都伴随着镜像法则所带来的重复、组合、对称等加法构成，它们被纳入整个装饰体系当中，最终形成了装饰"纹样"的集合。它们将建筑"箍于"其中，起到了一定的围合装饰作用。

通过调查可知，每一种符号的运动都是一种、两种或三种镜像的结果，可以说，在中东铁路历史建筑的砖构筑当中，镜像构成是任何其他运动的基础。当其作用于线性构筑中时，这种法则所表现出来的规律就显得十分明显。砖构筑中最基本的构图符号充当了整个装饰系统的一个子集，它会首

表 1.24　镜像构成

特征	具有镜像对称特征的图案"集合"
原则	具有镜像对称特征的图案"集合"
部位	檐及檐下、门窗洞口
基本型 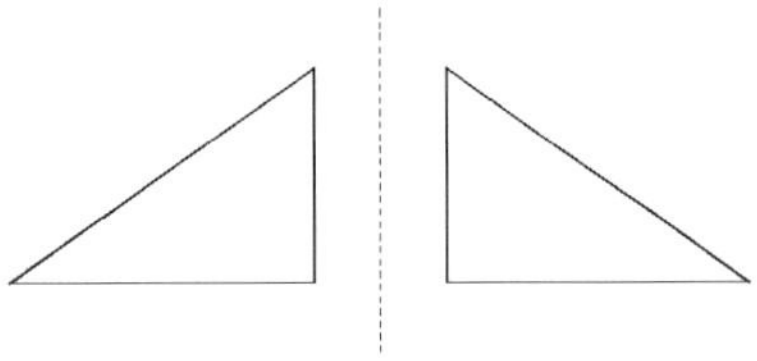 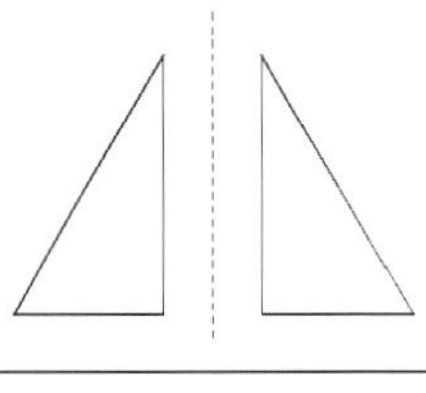 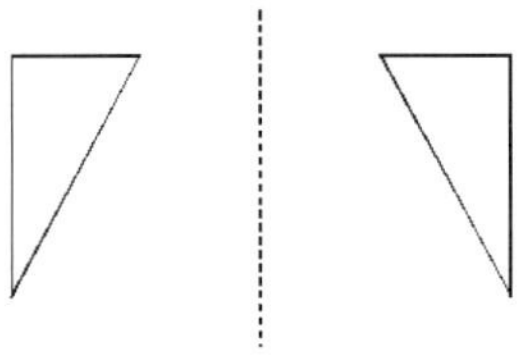	
砌筑图示 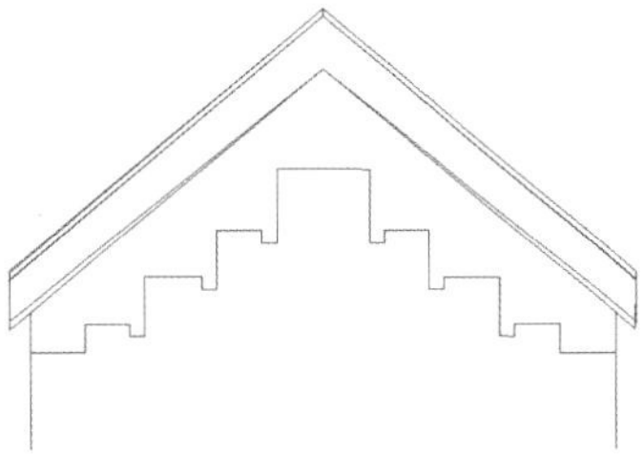 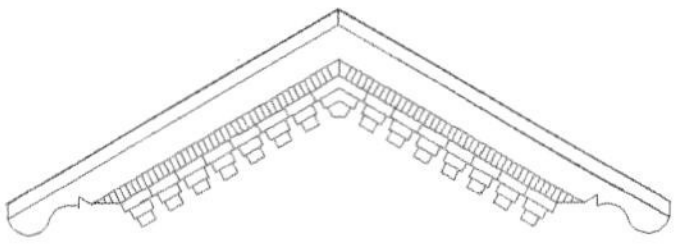 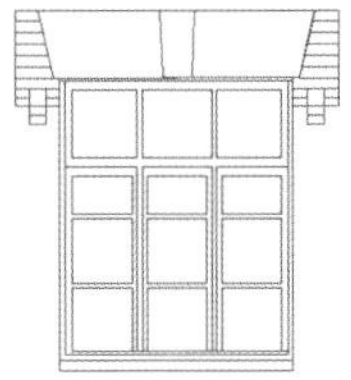 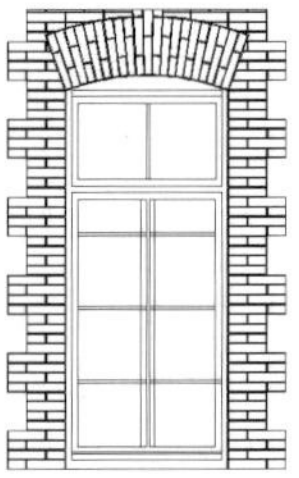 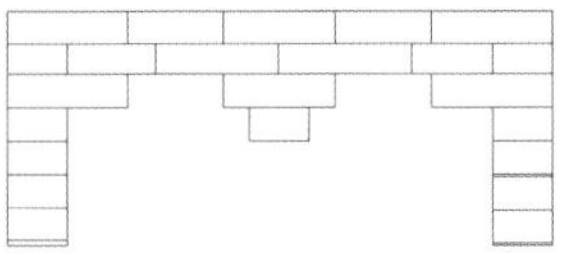 	

先通过镜像构成形成一个对称符号的镜像组合，然后再将这一镜像组合按照砖的扩大模数依次进行某一方向上具有一定限制的重复相加运动，最终形成一系列的图案组合。这就是折线式以及三角檐下其他砖装饰最基本的构成法则。与此同时，镜像构成同样适用于一些围合式砖构筑的附加装饰，以带有附加装饰砌筑的围合式砖构筑最为典型，但这种镜像方式并不会出现在所有的砖构筑中。围合式砖构筑两侧垂直线脚的下方常有并不位于上皮构筑中央的点缀砌筑，这类较为特殊的点缀砌筑常靠向窗洞外侧。在这种情况下，另一侧的丁砖砌筑便会依照镜像法则使其点缀砌筑仍靠向外侧，从而使得两侧附加装饰处于镜像对称状态，这便是典型的镜像构成的结果。值得一提的是，这种镜像构成不仅适用于上述提到的具有镜像对称需要的砖构筑当中，同样也适用于 V 字式、Y 字式以及犬牙式等具有镜像对称特征的砖构筑中。

② 平移相加构成。

广义上讲，平移相加构成即某一限定性的砖砌构图要素沿着与其平行的直线以扩大模数为标准进行的位移或移动（表1.25）。该运动方向可为一种，也可为多种；可为水平、垂直，也可为45°斜向。就中东铁路历史建筑中的装饰性构筑而言，这一法则的运动方向适合于整个装饰体系。无论是哪种相加构成，其最基本的构图元素都是这三种运动方向。平移相加构成与之前提到的镜像相加构成相似，但二者之间最大的不同在于平移相加构成的两构图元素之间未必是镜像对称的关系，而镜像相加构成则是镜像完全对称的模式。在平移相加构成的运动中，当某一构图元素沿某一方向进行一定距离的平移时，构图元素由位置A移动到位置B，再由位置B移动到位置C，以此类推，直至建筑外墙面的预留位置处于饱和状态。这也意味着这种平移相加的过程可以以两次或三次的频率移动两步或三步。最终，经过这种平移相加构成的构图元素被串联在一起，形成了带状或群状集合。值得注意的是，每一个构图元素都严格按照扩大模数进行相加移动，且构成中每个构图元素都首尾相连，使建筑立面获得整齐规律的带状装饰图案。

表1.25 平移相加构成

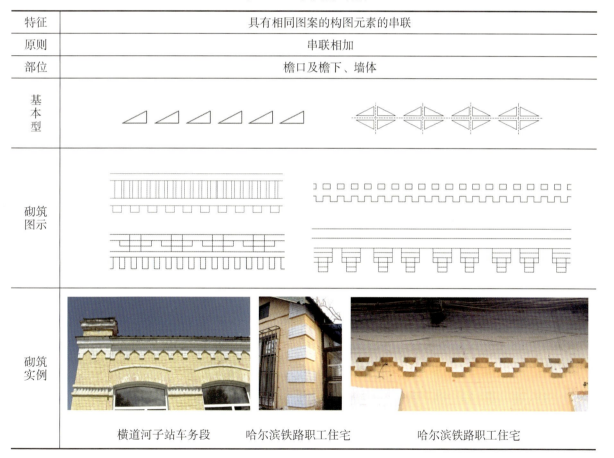

特征	具有相同图案的构图元素的串联
原则	串联相加
部位	檐口及檐下、墙体
基本型	
砌筑图示	
砌筑实例	横道河子站车务段　　哈尔滨铁路职工住宅　　哈尔滨铁路职工住宅

1 中东铁路历史建筑砖构形态与技术

由于平移相加构成具有平行性，所以经过平移相加运动所得出的砌筑必定为带状、片状或群状组合图案。通过观察实例可知，每一构图要素的平移法则都是其在一定限定性下的平移复制，它既可首尾相连，又可由固定模数的砖块连接。当某一符号元素以无间隔的模式进行平移复制时，便形成了连续式线性砖构筑；相反，元素之间以一定间隔的模式进行重复运动时便形成了断续点式或断线式砖构筑。与此同时，经过一定平移相加运动所得出的"符号集合"又可作为新的平移复制的重复性元素，从而继续生成更加多变的图案"集合"。可以说，这种潜在的砌筑的规律性不仅使得中东铁路历史建筑中的装饰体系与建筑构造巧妙地结合起来，而且其形成的模式化体系也使建筑立面更加富于变化。

③ 滑动镜像相加构成。

滑动镜像相加构成即构图元素首先进行平移相加运动，然后沿着与平移方向相平行的直线进行镜像相加构成（表1.26）。在实际生活中，这些运动是难以辨认和鉴定的，一个十分典型的例子便是行走时左右交替运动所产生的行动轨迹。

在这种加法构成的过程中，每个重复性图案元素中都含有某个基本构图单元，它以某些等距为准不断重复，产生整个图案。其具体步骤为：通过平移得到它的一个复制单元，再经过偏移、镜像、对称形成最终的图案"集合"，最后将所在构筑围合起来，形成完整的统一体。然而在中东铁路历史建筑中，通过滑动镜像相加构成形成的砖构筑并不常见。通过调查可知，这类装饰元素多为建筑院墙当中的砖装饰，哈尔滨西大直街50号中东铁路职工住宅的院墙的砖装饰便是其中一例。

表1.26　滑动镜像相加构成

特征	相同图案的滑动串联
原则	滑动交错，串联相加
部位	墙体
基本型	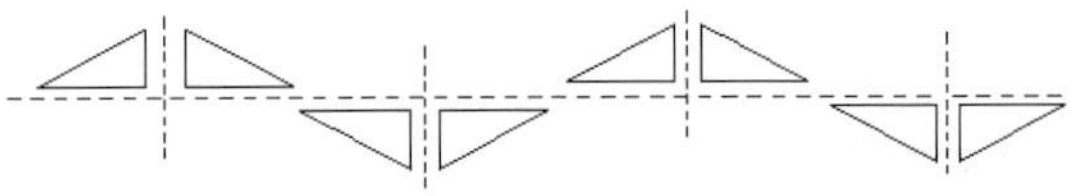
砌筑图示	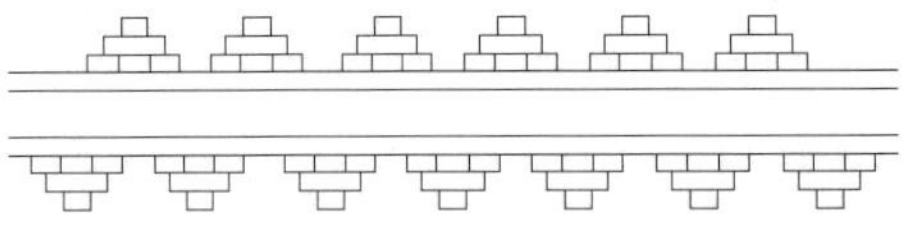

（3）减法构成。

如果将原有砖构筑比作元素的"集合"，将某些具有几何形状的砖砌"小模块"比作"子集"的话，那么许多砖构筑所呈现出的变换规律便是在原有"集合"内部减去了"子集"所得出的结果。通过每一步的内部减法变换，使得原有砖构筑除去一部分具有对称特征的几何图形，最终形成的砖构筑具有两个砌层，且具有一定的镂空形态。

内部相减构成主要指的是在原有砖构筑中元素"集合"的基础上，某些"子集"以位于"集合"中的水平或垂直直线为轴线进行内部相减运动（表1.27）。在线性砖构筑中，运动的轴线大多位于轴上的中心线，以形成视觉均衡的装饰效果。以实例分析，这种具有较强的内部相减规律的砖构筑主要以结点式砖构筑为主要表现对象。在此种类型的砖构筑当中，相减法则作用于原有砖构筑的内部，将其原有的实心构筑变为镂空形式。此外，带有明显的反射平移对称图案的镂空式直线线脚也是经过内部相减构成所得出的结果。

表1.27　减法构成

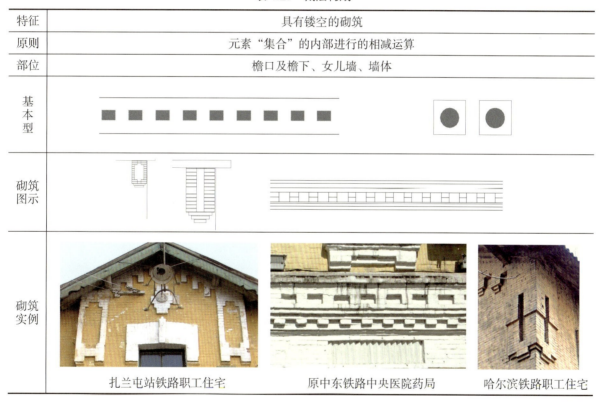

特征	具有镂空的砌筑
原则	元素"集合"的内部进行的相减运算
部位	檐口及檐下、女儿墙、墙体

（4）碎裂构成。

碎裂构成即构图元素以断裂和位移为主导过程进行运动（表1.28）。在运动过程中，最基本的图案"集合"首先发生断裂，再在该断裂"集合"的基础上进行一些"子集"的移位运动。在碎裂运动的变化过程当中，碎裂过程必须遵循一定的规律，如沿着一定的对称轨迹进行断裂等。整个断裂过程是碎裂构成的关键步骤，只有通过断裂步骤之后的"图案单元"才有可能继续发生接下来的位移运动。

表 1.28 碎裂构成

特征	具有贯穿式"豁口"的砌筑		
原则	同时在图案"集合"的内部与边缘进行的碎裂运算		
部位	檐口及檐下、门窗洞口		
基本型		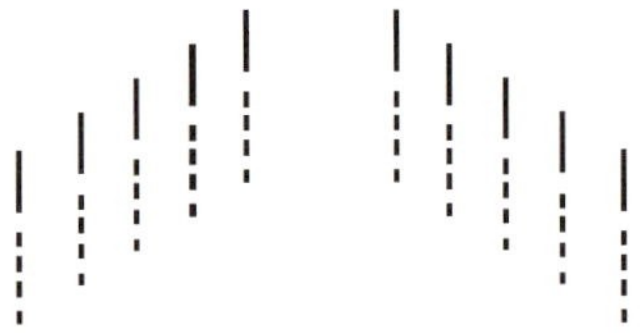	
砌筑图示		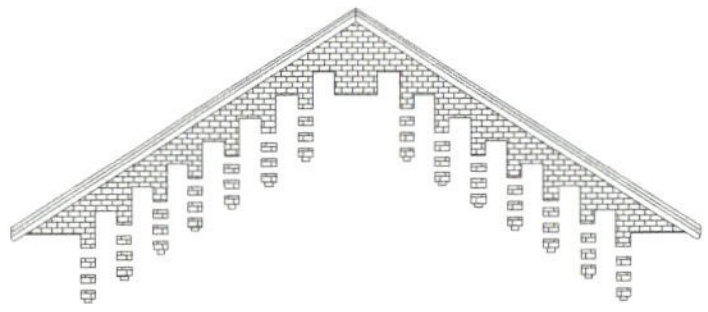	
砌筑实例	 昂昂溪站铁路职工住宅①	 昂昂溪站铁路职工住宅②	 博克图站宪兵队

基本的图案"集合"经过断裂过程后形成了具有断续特征的图案元素，那些被分裂出来的"子集"便可继续进行位移运动。一般来说，受到砖的模数化限制，这种位移发生的方向或为水平或为垂直，具有十分明确的变化规律。当"子集"垂直向下发生一定位移时，便又生成了不同于原构筑的形态轮廓。

实际上，位移的过程正是平移相加运动的过程，这种位移可以是全部"子集"的位移，也可以是部分"子集"的位移。通过实例对比可知，碎裂构成不仅可经过一次运动，还可进行二至四次的碎裂，以形成多段分裂模块，过程十分有趣。

碎裂构成同时伴随着模块的渐变。通常情况下，模块的渐变可分为两种情况：一种是模块的异形渐变，另外一种是模块的外形不变，其宽度逐渐增大。其中，前一种情况十分常见，多由矩形渐变为倒凸字形，饰于建筑的三角檐下。而模块宽度的渐变增加则只出现于墙体的转角两侧，且实例只有一例，即位于扎赉诺尔矿区的高级职工住宅。

（5）组合规律。

在中东铁路历史建筑中，以某一固有的原型为砌筑基础的现象比比皆是。工匠常以这种固有的构筑为变化原型，衍生出形态相似却更为复杂的砖构筑。除此之外，不同类型的砖构筑之间还可进行自由的组合砌筑，这种组合砌筑不仅是将两种砖装饰进行简单的组合拼贴，而且是将二者进行有机结合，从而获得多种多样的组合方式。总结起来，砖构筑的潜在的组合原则包含了两层含义：其一是相同模块之间的组合规律，其二是不同模块之间的组合规律。在中东铁路历史建筑中，模块之间的组合不限于单一的组合变化模式，而且还可通过多重组合构成的构图方式完成最终的砌筑。其中，最常出现的规律组合为：平移相加构成加镜像相加构成、内部相减构成加平移相加构成、碎裂构成加镜像相加构成和叠加构成。

① 平移相加构成与镜像构成。

平移相加构成与镜像构成的组合原则是一种经过多重变化的组合原则，适用于绝大多数中东铁路历史建筑中折线式砖构筑（表1.29）。在组合过程中，落影模块首先通过平移相加组合形成逐层递落的模块序列，新生成的模块序列再通过镜像原则演变成具有多重镜像对称特征的构筑形式。在平移相加过程中，单一模块沿斜线方向依次排列成组合形式。在镜像过程中，将形成的组合模块进行二次相加，形成了具有较大面积的构筑形式。这类形式的多重组合，以折线式砌筑为主要表征对象，饰于建筑中檐口或檐下等部位。除此之外，落影模块也可分为单重砌筑和多重砌筑两种类型，以增加整体构筑的层次感与丰富性。经过平移相加组合之后的模块再经过镜像组合，从单一且面积较小的模块演变成满铺于建筑三角檐下的大面积砖构筑，便形成了具有折线特征的大面积的构筑形式。

② 内部相减构成与平移相加构成。

内部相减构成与平移相加构成的组合原则同样是一种多重变化的组合原则（表1.30）。模块首先经过内部相减形成另外一种具有镂空形式的新模块，新生成的模块再经过平移相加得出新的模块，饰于建筑转角、墙体、檐口及檐下等处。该组合以结点式砖构筑为表现对象。还可在此种类型的砖构筑的下部加砌倒斗形模块以增加层次。

表 1.29　平移相加构成与镜像构成

特征	具有折线形构筑特征
原则	先平移后镜像
对象	折线式砖构筑

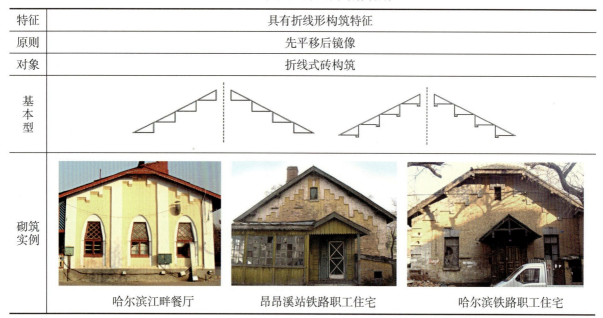

基本型	
砌筑实例	哈尔滨江畔餐厅　　昂昂溪站铁路职工住宅　　哈尔滨铁路职工住宅

表 1.30　内部相减构成与平移相加构成

特征	具有结点式构筑特征
原则	先内部相减，再平移相加
对象	结点式砖构筑

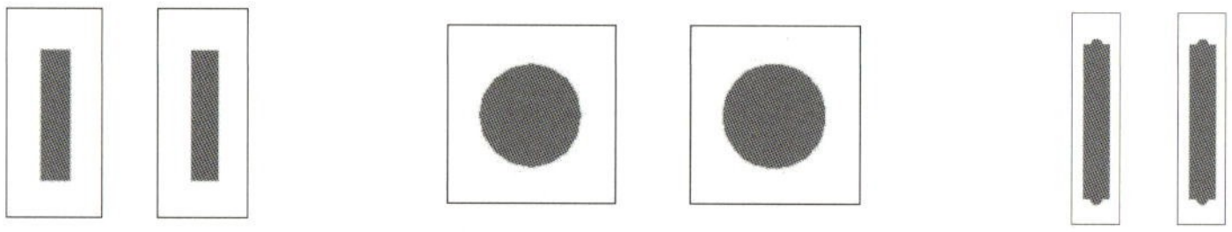

砌筑实例	 博克图站铁路职工住宅 　　扎赉诺尔站铁路职工住宅 　　博克图站警察署

通过调查可知，经过内部相减所得出的新模块具有多种外形形态，其内部镂空形状大多以形体简单的矩形或是矩形与圆形的交叉形为主。通常情况下，平移相加所形成的二次组合常经过两步或三步构成，形成二至三个装饰模块，并成组饰于建筑表面。而在一些建筑实例中，也可观察到外形类似壁柱的该组合类型的砖装饰构筑，分布于建筑转角及两窗之间，形成十分特殊的装饰纹样，并将建筑进行竖向分割。

③ 碎裂构成与镜像构成。

碎裂构成与镜像构成的组合原则也是一种多重方式的组合原则（如表1.31），与平移相加构成与镜像构成所形成的构筑形式颇为相似。模块首先经过碎裂形成具有断裂特征的多段模块，新生成的模块再经过镜像形成具有折线特征的砖构筑。这类砖构筑主要饰于建筑的檐口及檐下部位，但在门窗洞口周围也可观察到此种砖砌筑。通过调查可知，模块在碎裂运动过程中不仅发生断裂，还常在渐变变化规律的引导下，发生略微的变化。该组合以倒凸字形模块为主要表现对象，其最大的特征在于单一模块由较小的面积组合成为具有较大面积的构筑形式，适用性极强。

表1.31 碎裂构成与镜像构成

特征	具有折线式构筑特征		
原则	先碎裂，再镜像		
对象	折线式砖构筑		
基本型	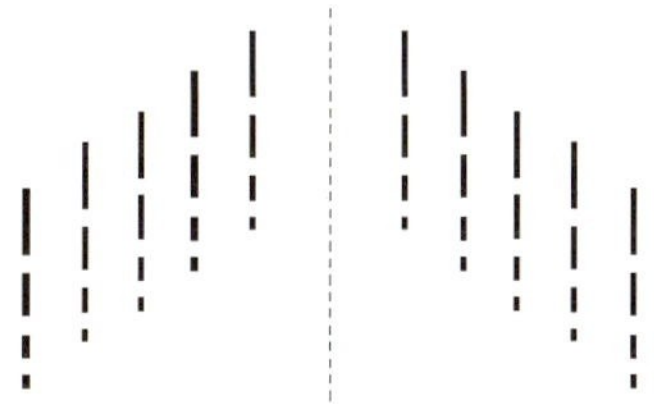	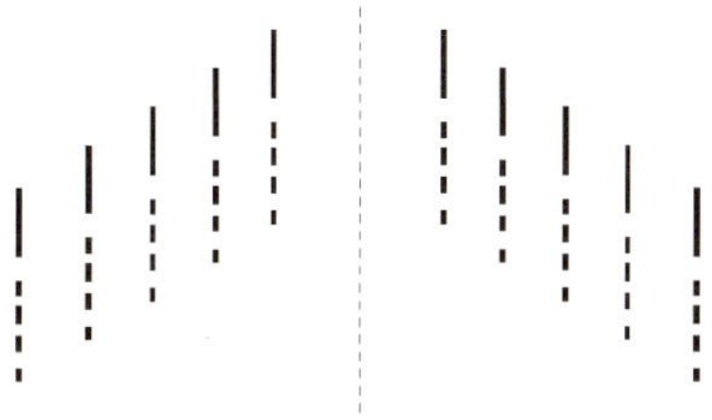	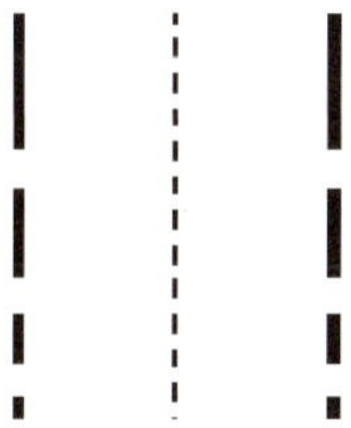
砌筑实例	 昂昂溪站铁路职工住宅	 昂昂溪站铁路职工住宅	 昂昂溪站铁路职工住宅

在这里需要强调的是，碎裂构成多以相同的频率与次数进行运算，但在部分折线形砖构筑中，模块可经过多重碎裂，形成并不一致的碎裂段数。通常情况下，模块碎裂段数多为一段或两段，而最上端模块的碎裂段数可达五段之多，并都以倒凸字形进行收尾。

④ 叠加构成。

上述提到的组合模式主要是由相同类型模块自身变化所得出的相加、相减或碎裂构成，而中东铁路历史建筑中所使用的模块还存在着另外一种相加组合模式。这种相加组合模式并不单指同一类型的模块的运算，其对应的是整个模块体系当中的不同模块之间的固定组合模式。例如，中东铁路历史建筑中不同类型砖构筑之间常进行组合砌筑，从而获得更为丰富的砖构筑形式。通常情况下，不同类型模块之间的组合可分为两种方式：一是相互拼贴的组合方法，即 A 加 B 式；二是相互叠加的组合方法，即 A 叠 B 式（表 1.32）。其中，相互拼贴组合方法的特征在于，不同砖构筑之

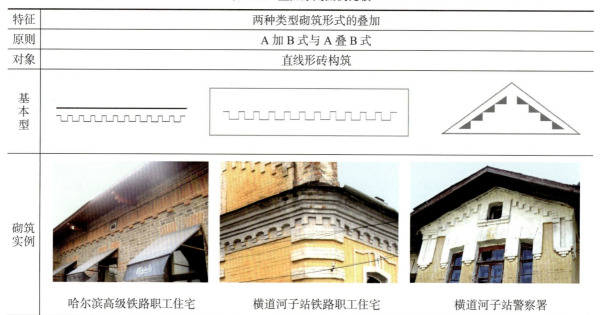

表1.32 叠加原则图例比较

特征	两种类型砌筑形式的叠加		
原则	A 加 B 式与 A 叠 B 式		
对象	直线形砖构筑		
基本型			
砌筑实例	哈尔滨高级铁路职工住宅	横道河子站铁路职工住宅	横道河子站警察署

间的组合模式可分为上下两个部分。上部分砖构筑常呈现出连续状态，并将处于断续形态的下部分有机串联起来，同时产生丰富且整齐的效果。斜砌式砖构筑是相加组合模式当中最常出现的构筑形式之一，具有较强的适用性。在线性砖构筑当中，常出现的组合方式有：斜砌式砖构筑加犬牙式砖构筑、斜砌式砖构筑加十字式砖构筑、斜砌式砖构筑加多重直线式砖构筑等。相互叠加组合方法所形成的相加组合模式较为特别，其特征在于两种砖构筑之间进行叠合相加。通常情况下，这种类型

的相加组合模式以二至三种砖构筑为组合要素，其中的一至二种砖构筑的拼贴组合是以另外一种砖构筑为背景叠加的。这种组合模式常用于建筑的檐下等处，突出装饰效果，在建筑中十分明显。

1.4 本章小结

本章以中东铁路历史建筑为研究对象，以砖构筑形态为切入点，通过归纳、分析、比较等方法，对中东铁路历史建筑用砖特色、砖构筑基本形态以及砖构筑模件化构成进行探究和分析，得出如下结论。

（1）丰富多样的砖构筑形态直观显示出了中东铁路历史建筑的鲜明的用砖特色，同时也体现了一种具有地域特色的砖构筑现象。从砖种类特征及砍磨砖基本形式上考察，青砖与红砖作为最基本的建筑材料，优良的力学性能为砖构筑的合理砌筑提供了最基本的保障。与此同时，多种规格的砍磨砖的出现也使砖构筑形态更为多样复杂。从砖的特质上考察，砖的本体属性与附加属性为丰富的砖构筑形态提供可参考性。从地域文化要素上考察，高寒地区的气候与地理条件造就了与自然地理条件相适应的砖构筑形态，体现了其独特的文化特征。

（2）多种类型的砖构筑形态不仅结合了砖本身所具有的本体属性与附加属性，而且与地域气候相结合，展现出了十分丰富的形态类型，具有较高的艺术水平，反映出了中东铁路历史建筑所具有的重要艺术价值和意义。在砖构筑的功能形态上，砖构筑的形式多样，在提供承重、保温、排烟等功能的同时，还具有紧密有序的逻辑特色，显示出了砖构筑实用、理性的一面。在砖构筑的装饰形态上，多种类型的线性砌筑形式为其主要表征对象，使其具备了直线式、折线式、曲线式三种装饰形态的特征。与此同时，多样变化的砌筑形式很好地满足了不同构筑中砖的排列方式以及建筑立面形式的需求。此外，砖材砌筑形态的不拘一格、组合方式的复杂多变，显示出了砖构筑浪漫的一面。在功能与装饰兼有的砖构筑形态上，砖构筑的砌筑以功能与装饰的紧密结合为基本宗旨，形成了以功能形态为主、附加装饰形态为辅的全新构筑形态，在保证砖构筑功能的同时，显示出了其理性与浪漫相统一的一面。

（3）砖的构筑形态隐含着模件化构成特征，其丰富的艺术处理手法，体现出砖构筑多样的外在形态特征。从砖构筑的模数构成角度考虑，砖构筑的构成规律以砖材固有的基本模数与扩大模数为基本变化单位，它们对砖构筑形式与砖构筑尺度产生直接的影响，以此为准形成的砖构筑具有整齐划一又不失变化的外观效果。从砖构筑的模块构成角度考虑，砖材作为最基本的模件，在构图上具有多样化的组合规律。相同类型模块或不同类型模块之间以基本模数为变化标准，通过隐藏的构成原则——加法构成、减法构成以及碎裂构成进行相互组合与拼贴，为建筑外观装饰提供最佳方案，是中东铁路历史建筑砖构筑形成及演变的集中反映。

2 中东铁路历史建筑木构形态与技术
Timber Construction and Techniques of Heritage Buildings along CER

2.1 中东铁路历史建筑木构基本属性

基本属性是对象本身所带有的性质，反过来基本属性也反映了对象的某些内涵。在中东铁路历史建筑中出现数量众多，形态丰富、多样的木构，是与其基本属性分不开的。

对于木构来说，其基本属性不仅反映了木构本身所固有的最基本的特征，而且也反映了木构形态在其形成变化过程中受到的一些制约或影响因素。正是木构基本属性中的某些特定因素，使得俄式木构形态在中东铁路历史建筑中表现得淋漓尽致。所以说，对木构的基本属性的分析有助于全面了解木构形态的深层含义以及影响其表现和传承的因素。本章权且通过分析中东铁路历史建筑木构形态的地域属性、功能属性、文化属性三个层面的内容，以此来诠释其本身带有的深层含义，并为更好地认识木构形态提供基础。

2.1.1 地域属性

中东铁路在中国东北地区修建，与其地理位置有关，反过来，中国东北地区特殊的地理因素也在有形和无形之中影响着铁路沿线附属建筑的各个方面，如建筑形态或建筑技术的选择与表达。影响中东铁路历史建筑中木构形态的地域特殊性主要体现在特殊的地理性质、地理特征及材料选择等方面，下面进行逐一解读。

（1）地理性质。

中国境内的中东铁路西起满洲里，东至绥芬河，而其沿线的土地则作为中东铁路附属地而存在，其中，哈尔滨就是以"铁路附属地"这种特殊的土地性质形成和存在的城市。

中东铁路附属地这种特殊的土地占有性质，使得当时铁路附属建筑具有特殊的建筑形态及木构形态。归结起来，这种特殊的地理性质对中东铁路历史建筑中木构形态的影响主要体现在两个方面：一方面，俄国人控制着当时的建筑用地；另一方面，随着中东铁路的修建，大量俄侨涌入中国东北地区，包括当时俄国著名的建筑师，他们带来了比较先进的建造技术。

为了在中国东北建立自己的"家园"，俄国人通过各种途径，极尽其所能地抢占铁路用地并控制用地内的各种建设特权。

①占据并扩大铁路附属地。

按照《合办东省铁路公司合同》（以下简称《合同》）及相关条约的规定，凡中国东省铁路公司（简称中东铁路公司）"建造、经理、防护铁路所需之地，又于铁路附近开采沙土、石块、石灰等项所需之地"，得以通过无偿占用、购买和长期租借等多种方式占用，形成特定区域。俄方将铁路两侧的这种土地称为"铁路用地""铁路专用地""铁路租用地"。实际上，通过各种合法的或非法的途径不断被扩大的中东铁路用地，远远超出了《合同》约定的土地面积，用地中还包括了沿线各站用作市街的土地，以及农场的土地，部分森林、矿山的土地。当时的俄国总督杜霍夫斯科依在探讨如何利用中国的土地来打通西伯利亚大铁路时指出，"购买铁路沿线的广阔地带，即令用高价亦在所不惜，以便在此一地带上面建立俄罗斯人的居住地"。这也奠定了俄国人在铁路沿线用地上建造适合他们居住的建筑及其他基础设施的基础。

②控制铁路附属地内的建设。

《合同》中提出成立负责中东铁路建造和经营的机构——中东铁路公司，并规定其董事长由中国政府任命。但是由于其驻地在北京，董事长鞭长莫及，因此公司实权最终还是掌握在俄国财政大臣任命的副董事长（会办）手里。中东铁路公司只不过是一种假借的名义，实际上全由俄国政府所经营。关于铁路用地，在《合同》第六款中规定："凡该公司之地段，一概不纳地税，由该公司一手经理。准其建造各种房屋、工程，并设立电线，自行经理，专为铁路之用。""铁路附属地实际上成为俄国在中国境内具有殖民地性质的'独立王国'，同时也是其向中国其他地区扩张和进行各种干涉中国内政活动的基地。"他们可以在铁路附属地里伐木、垦殖、开矿，经营交通、工商、市政、金融，从事教育和其他各种文化活动。例如，修建铁路时，中东铁路东西线（也称中东铁路主线、中东铁路干线）尚无邮局，而随着俄国人的不断增加，人们逐渐感觉到邮政的必要性。于是经中东铁路公司陈请于1899年哈尔滨开设了一个小规模的邮局；1900年俄国出兵东北时设有野战邮局；战后，哈尔滨及铁路沿线十二个站点于1908年1月正式开办俄国邮局。又如，1898年初，中东铁路公司确定铁路施工方案，决定以哈尔滨作为全线勘查、设计及组织施工的枢纽站。随即，中东铁路建筑工程局在哈尔滨市成立。到了1902年，中东铁路当局开始为哈尔滨编制城市规划并进行建设，此时，哈尔滨市区内南岗一带已建成教堂、原中东铁路中央医院、原铁路中央图书馆、原中东商务俱乐部、消防队、华俄道胜银行大楼等；俄国私人住宅及商业、企业亦在香坊、南岗、道里各区纷纷建立起来。

从以上两个角度来看，对于铁路属地内的城市与矿区的建设是巩固其统治的重要手段，且这些建设活动基本上都由俄国控制。

为了修建中东铁路，俄国方面派来了当时其国内比较有经验的工程师尤戈维奇担任中东铁路建筑工程局总工程师，他曾经主持修建过良赞—乌拉尔铁路。同时，为他配备的助手伊格纳齐乌斯、瓦霍夫斯基、波恰罗夫和斯维亚金也都是在铁路建设方面极富经验的工程师。据考证，尤戈维奇在招募修筑铁路的工人时进行了充分的考虑，他在把之前熟悉的、有工作经验的工程师纳入编制之中的同时，还聘请了大批从建筑专业学校毕业的青年建筑师，为修建中东铁路补充人才。

多数情况下，作为先进思想、前沿知识和技术的拥有者，学者、工程师等知识分子总会对所到国家产生一定的积极影响，并在文化、科学和技术的发展中发挥重要的作用。到中国来的俄侨也不例外，他们对近代中东铁路历史建筑形态的形成起到了极其重要的作用。一般来说，某些领域的专业技术人员的迁移本身就是一种技术进步的表现，而且这种现象由来已久。例如，早期莫斯科的建设就是邀请当时比较著名的意大利建筑师到俄国去进行建设的。

在中东铁路附属地，俄国专业技术人员及工程师的移民过程分三个批次。第一批为1920年以前，中东铁路修建时期从俄国来的工程师。他们不仅把铁路附属地当作自己的工作地，同时还把它当作生活的"家园"。第二批俄国工程师是俄国移民大潮中的部分侨民。成千上万的滨海边疆区、阿穆尔河沿岸地区、后贝加尔边疆区和东西伯利亚地区的俄国人由于拒绝接受当时的苏维埃政权，因此随同白军部队从俄罗斯中心城市、西西伯利亚、东西伯利亚等地辗转来到中国，其中包括相当数量的高级专业技术人才，如建筑设计师、工程师、画家和多个领域的工程技术人员。他们当中并不是所有人都找到了适合自己的位置，即与自己专业对口的工作，但仍有许多人能够继续从事他们之前在自己国内所做的设计和建设等工作。第二批俄国移民中的建筑工程师们为中东铁路附属地的发展建设做出了十分突出的贡献。第三批俄国工程师是在中东铁路附属地接受专业教育的俄侨。他们当中有些人是随父母一起来到中国的，还有一些是第一批俄国专家的子女。中东铁路完工之后他们留了下来，一直过着流亡生活。以哈尔滨为例，自20世纪20年代中期，哈尔滨工业大学就开始培养各类专业技术人才，包括建筑工程师等，这些人才为哈尔滨市的创建及这座城市规划格局的形成做出了重要贡献。

从整个时间进程来看，随着俄国人建设活动的增多，俄国专业技术人员以及大量俄侨不断涌入中国，为中东铁路附属地的建设注入了大量新的活力，为中国东北地区带来了俄国传统的建造技术、建造模式，甚至是建造理念，而这些技术与理念与当时中国本地的建造技术与理念是完全不同的。木构，作为一种重要的构筑形式，也不可避免地被"引进"中国，它与当地自然条件结合，产生出中东铁路沿线特有的木构形态。

（2）地理特征。

无论社会怎么发展，城市及建筑仍处于地理环境之中，仍然受到自然条件的制约和影响。在这方面，影响和决定木构形态的形成与发展的因素主要为中东铁路沿线地区的气候条件、地形条件等。

①气候条件。

在影响和决定建筑形态的因素中，气候条件是一个最基本，也是最具普遍意义的因素，它决定了建筑形态中最为根本和恒定的部分。是否适应当地气候环境，是衡量建筑形式存在合理与否的第一把"标尺"。

《建筑气候区划标准》（GB 50178—93）规定，1月平均气温低于或等于−10℃，7月平均气温低于或等于25℃的区域属于寒冷地区。东西线中东铁路西起满洲里，东至绥芬河，其沿线地区处于严寒地区的IB、IC区，因此对其沿线各地区的建筑的基本要求也会相对严格，同时其建筑形态与其他非寒冷气候区的建筑形态也会有明显不同。例如，该区建筑物必须满足冬季保温、防寒、防冻等要求，IB区同时还应考虑积雪对建筑物的危害等。

同时，在地理位置上，满洲里约为北纬49.58°，绥芬河约为北纬44.38°，因此中东铁路的大部分地区在地理位置上大致靠近或高于北纬45°。而美国科学家Dollfus曾经以欧亚大陆的北纬45°线作为分界，研究分界线南部与北部地区的不同建筑形态。研究表明，北部地区的建筑多为木结构，采用粗糙的砖石材料，但无论从结构上还是形态上考虑，屋顶都是决定性的因素，其屋面坡度较大，同时气候对于建筑的门窗洞口都会有影响。

这些现象都可以表明，气候条件与建筑形态之间有特定的逻辑关联。不同种族和不同文化背景人群在相同气候环境下的共同选择，即是气候条件对当地建筑及构件形态的影响结果。中国境内的中东铁路历史建筑也不例外。在当时的建设环境下，虽然建筑形态受俄国人带来的俄式建筑样式、建筑手法的影响，但是，正是中国东北地区特定的气候条件与俄国相似，才使得这样的建设得以顺利进行。

②地形条件。

自然环境是人类得以生息繁衍的基本条件，而其中的地形条件则是影响建筑形态发生和发展的一项基础性因素。从古至今，建筑都明显地表现出适应不同地形结构的形态特征，同时，历史上各个地区人们的理想空间图式在很大程度上都与当地自然地理的地形结构特征有关，但地形条件对建筑形态的影响又是有规律的。

中东铁路所跨越的地带是一个多山多林的区域。中国东北地区地形比较复杂，主要由山地、丘陵、平原构成。东北地区的地势大致是西北部、北部和东南部高，东北部、西南部低。中东铁路经过的东北大平原三面环山，包括大兴安岭山脉、长白山脉、小兴安岭山脉。这样的地形条件不利于树木的采伐，使得中国东北素以森林资源丰富而闻名。但这也为中东铁路历史建筑中木材的使用提供了基本条件。同时，由于中东铁路沿线各处多有高山、沙地、森林、河流等，环境优良，适合避暑、养病，因此俄国人在西线的兴安站、巴林站、扎兰屯站、富拉尔基站，东线的爱河站等，皆设立夏季气候疗养所，很好地利用了当地的地形条件。诸如此类，不胜枚举。这些都说明地形条件对建筑的影响力是非常大的，也充分说明地形条件与建筑特征之间是有直接对应关系的。

总之，无论气候条件还是地形条件，都会影响建筑形态，而建筑的组成要素或功能，也都表现出与当地环境之间的相互联系、相互作用。

（3）材料选择。

中东铁路修建于19世纪末，其附属地内建筑建造所使用的材料有石材、砖材、木材（混凝土还没有被大规模应用到建筑上），这些也是在现存中东铁路历史建筑中出现最多的几种材料。笔者认为，木材作为中东铁路历史建筑的主要材料选择具有一定的必然性与不可避免性。

通过上文对中东铁路附属地地理性质和地理特征的分析可知，中东铁路附属地内寒冷多林，这使得木材作为当时建筑的主要用材具有两个特点，分别是不可替代性和就地取材性。

中东铁路修建时期，木材是重要的原材料。中东铁路公司在铁路建设动工的同时就擅自采伐铁路沿线及其附近的森林，作为铁路枕木、建筑材料及燃料等。当时的中国政府方面为了加强对林业资源的控制，也设立了专门的木材公司，由其管理伐木行业并向伐木者抽取票费。清朝在齐齐哈尔与呼伦贝尔、布特哈（现扎兰屯）、墨尔根（现嫩江县）、呼兰城（现呼兰区）五地设立分局，负责为中东铁路工程提供木材。

以哈尔滨为例，1898年，其木材业开始兴起。此时，中东铁路总公司在哈尔滨建立了中东铁路临时总工厂，其中设有制材分厂，负责各种类型木材的生产和加工，如生产修建铁路用的枕木，建筑用的板材、方材等。同年，中东铁路公司还另外兴建了一处制材总厂。这两家制材厂是哈尔滨市最早的机械制材工业企业。另外，在民间，俄侨中也有人开办了木材加工厂，其中卡瓦里斯基在马家沟河畔开办的贮木场最为大型。这三家木材加工企业都是从制材开始的。这些制材的情况足以说明当时木材在中东铁路建设时期有不可替代的重要作用，是材料选择的必然结果。

中东铁路所跨越的地带是多林地区，森林资源非常丰富，在其西侧、东侧、南侧分别覆盖有大兴安岭森林、松花江及牡丹江流域的密林，以及拉林河流域的森林。另外，从哈尔滨至绥芬河间的铁路的东部沿线有很多小的市镇，如东宁厅（现东宁县）、横道河子镇等。由于这些区域都是盛产木材的地段，所以它们也是中东铁路供给站的首选。而从哈尔滨至满洲里间的铁路的西部沿线中有呼兰城（现呼兰区）、肇州县、安达厅（现安达市）、齐齐哈尔等木材产地，它们也为中东铁路大型站舍的建造提供了原料保障。

这些森林地带除了为中东铁路修建提供原料保障之外，其丰富的树木品种也为中东铁路建筑的就地取材提供合适的契机。中国东北地区不仅森林面积广大，而且木材质量优良。据统计，其树木种类有300余种，包括胡桃、黄波椤、水曲柳、红松等，这些树种都被用作建筑材料，出现在中东铁路历史建筑的各个木构件中。

2.1.2 功能属性

中东铁路历史建筑中，木材被广泛地应用于建筑的各个部位，如木质门斗、木地板、木质外墙等，每个木构件都各司其职，表达其独特的功能属性。从它们所表达的主要功能形式来看，这些木构件大致体现了三个方面的功能属性，分别是：独立的承重功能、独立的围护功能以及承重围护一体化。

不同功能属性的木构件具有不同的结构性能，不同的结构性能决定了不同的结构做法，而不同的结构做法又进一步影响木构件的形态，因此，从木构件材质的功能性能开始探讨是很有必要的。

（1）独立的承重功能。

承重结构，是指直接将本身自重与各种外加作用力系统地传递给基础地基的主要结构构件和其连接接点。在中东铁路历史建筑中,具有独立的承重功能的木构件主要包括木梁架、柱子,而木梁架则又由木屋架、楼板、梁等构件组成。木构建筑中的木质墙体则同时具有承重与围护双重功能属性,之后的内容将对其进行详细的探讨。中东铁路历史建筑中具有独立承重功能的木构件需要具备以下两方面条件:一是木材本身的力学性能要良好,即可以满足作为承重构件的力学要求;二是中东铁路沿线有丰富的木材品种,包括适合作为承重构件的木材品种,其具有很高的利用价值。

木材本身是有机各向异性材料,其顺纹方向与横纹方向的力学性质有较大差别。一般情况下,其顺纹方向的抗拉和抗压强度均较高,力学性能较好。但是,木材强度又因树种而异,并且与木材自身缺陷、荷载作用时间、自身含水率及温度等因素有关。由于木构件本身的木节尺寸、位置有所不同,其受拉或者受压的情况也有所差异,有节子木材的强度比无节子木材的强度降低30%~60%,因此选用好的木材品种、使用合适的加工与制作工艺,就能够很好地满足建筑中承重构件所需的力学要求。这一因素也使得木材被用作承重构件,经常出现在中东铁路历史建筑中。

对现存的中东铁路历史建筑进行调研发现,大多数砖木结构、木结构的建筑都使用木梁架来承担屋面方向传来的荷载,荷载的传递顺序依次为:由铁皮屋面或者瓦屋面向下传递到木屋架,然后经由楼板传递到大梁,大梁将其分散到墙体或者木柱,最后到达基础。这一承重体系也直接反映了当时的承重结构在跨度方向上还不是很发达,跨度稍大的建筑内部还需要利用木柱来分担一部分荷载,以保证结构的安全性。

中国东北地区森林资源丰富,森林面积广大,木材品种多样,是中东铁路历史建筑中木构件的天然原料基地。在这里,结构构件、使用构件、装饰构件等都可以找到最适合的木材品种,这不仅满足了木构件的功能需求,而且也使木构形态更为多样。据考证,当时国际木材市场中有重要位置的红松、珍贵的几种阔叶树种,如胡桃楸、水曲柳、黄波椤、柞树、紫椴等,在东北地区的森林区域中都出现过。

由于木材的力学性能与其材质和品种有关,因此,为保证木结构的安全可靠性,具有承重功能的木构件所使用的木材品种需要精心挑选,如针叶树一般树干高大、纹理通直、易于加工、易于干燥,且不易开裂和变形,是十分优质的结构用材。

基于以上条件,中东铁路历史建筑中,红松成为木结构承重构件的首选树种,当时很多俄式住宅的结构性构件都选用上等红松作为材料。因为红松本身具有很多承重结构所需的优良特性,如材质轻软、结构细腻、纹理密直通达、形色美观、不容易变形、耐腐朽力强等,所以可以保证结构的安全性。经勘测,中东铁路历史建筑中的红松木木构架的质量、性能至今仍旧良好,虽经历百年风霜,但未出现影响结构安全的损伤等状况,可以继续作为承重构件使用。而这种良好的结构性能,也保证了木构件在经历百年时间考验之后仍能以清晰有致、朴素完整的面貌呈现在世人面前,这是非常难得的。

(2)独立的围护功能。

围护结构,是指建筑及房间各面的围挡物,如门、窗、墙等,能够有效地抵御不利环境的影响。根据其在建筑物中位置的不同,围护结构分为外围护结构和内围护结构。本书研究的外围护结构包括外门窗、木质门斗、木质阳光房等,可用以抵御风雨、温差、太阳辐射等;而内围护结构,如木质隔墙、木地板和内门窗等,起分隔室内空间的作用。同样,在中东铁路历史建筑中,作为围护结构的木构件的形态也由两个因素决定:一是木材品种的选择,二是为满足围护结构的性能而采用的特殊的木构做法。

中东铁路历史建筑之所以存在大量的木围护结构,主要由两方面因素决定:一方面,适合做围护结构的树种丰富,取材方便;另一方面,这些树种的物理性能良好,适于做围护结构。

如前文所述,中东铁路周边森林资源丰富,木材品种多样,且产量大,尤其是极珍贵的几种阔叶树:胡桃楸、水曲柳、黄波椤,并称"东北三大硬阔",具有质地坚硬、纹理清晰、色泽美观的特点,特别适合做装修、围护用材。这些都为围护结构的选材提供了便利。另外,其他一些树种,如柞树、紫椴等,也具有很高的利用价值。

水曲柳的弹性、韧性好,则抗弯性能较好;材质略重、硬,则耐腐及耐水性能好,适合做外围护构件;纹理密直,花纹美观,有光泽,则可以提供良好的外观质感;切面光滑,则油漆和胶接性能较好,加工方便,如能用钉、螺丝及胶水进行固定,可经染色及抛光而取得光滑的表面。因此,水曲柳是中东铁路沿线建筑围护结构最常用的树种。

胡桃木的特点是易于手工和机械工具的加工,适于敲钉、螺钻和胶合;可以持久保留油漆和染色;可被打磨出特殊的纹理效果。同时,它有良好的尺寸稳定性,是密度中等的、结实的硬木,虽然其抗弯曲及抗压度中等、韧性差,但有良好的热压成型性能。胡桃木比较突出的特点是抗腐能力强,即使是在易于腐蚀的环境里,它也是最耐用的木材之一。胡桃木比较适合作为门、地板和拼板的材料。

黄波椤与柞木的油漆着色性能良好、握钉力良好、不易劈裂,适合用于木构件的制作;紫椴的材质纹理密直、结构细而匀、强度高、冲击韧性好,还具有耐腐、抗虫蛀、切削等加工容易、纵切面光滑等特点,它的油漆着色性能中等、不发亮、握钉力好、不易劈裂、较耐磨。

这几种树种的物理性能都比较好,适合于木构件的加工制作,在中东铁路修建时期被广泛使用。

总的来说,相比于其他建筑材料,木材可以大批量地加工成板材或方材,其易于加工的特性决定了其可以作为围护结构被大量使用。

然而,与砖石等其他建筑材料相比,木材自身也有很多材料局限性,使得木构件本身具有许多先天性的不足。因此,为了更好地满足建筑的各项功能要求,作为围护结构的木构件需要一定的保护措施,来改善木材的材料局限性,以确保木构件的耐久性与可靠性。

外围护结构是建筑隔绝室外空间的屏障,长期与外部环境接触,因此,外围护结构需要具备保温、隔热、隔声、防水、防潮、耐火、耐久等性能,并且需要各种措施来帮助其满足这些性能需要。中东铁路历史建筑地处中国东北地区,而中国东北地区位于寒温带湿润、半湿润气候带,其气候特点是冬季低温干燥、夏季温暖湿润,无霜期130~170d,全年60%的降水集中在7~9月,一年中将近3/5的时间处于霜冻期，夏季雨水充沛，冬季雪期较长。因此，中东铁路历史建筑中外围护结构应具备较强的保温、隔热、防水、防潮性能。

对于外围护结构的保温、隔热性能来说，中东铁路历史建筑中常用的保温措施有增加墙厚、选用保温性能好的材料、设置封闭的空气间层等；常用的隔热措施有设隔热层、加大热阻、采用通风间层构造、采用外表面对太阳辐射热反射率高的材料等等。因此，在考虑以木材作为围护材料的前提下，中东铁路建设时期出现了其特有的木门斗、阳光房等，这些构件具有双重作用：一方面，在获得直射阳光能量的同时，它们能够起到集热系统的作用，减少其他房间的太阳直射；另一方面，它们在接受自然光照的同时，还在室内外之间设置了一个温度缓冲区，减少了建筑的热损失。而单独来说，木门斗还可以与外门连接，作为具有挡风、御寒等作用的建筑过渡空间，调节室内外温差，也是一种取暖的方式；阳光房在冬季可作为花房，美化室内空间，在夏季可作为休憩、纳凉的场所，是可以调节室内小气候的外围护结构。另外，门窗是建筑外围护结构中与外界热量交换最快、最多的部位，因此，做好门窗保温与隔热显得尤为重要。在中东铁路历史建筑的门窗外侧常安装一种比较特殊的木构件——窗护板：一方面，它可以在白天室内需要阳光时，由人工开启，在晚上热量损失较快、需要保温时，由人工关闭；另一方面，在夜晚将它关闭并挂锁，还可以增加建筑的安全性。

对于外围护结构的防水、防潮性能来说，中东铁路历史建筑也采取了与之相适应性的外围护结构的做法。例如，在木屋架的望板之上覆铁皮屋面，雨水或雪水则可以通过合理的屋面坡度排出，保证望板不受侵蚀；在木质外门上方设置具有一定坡度的雨搭，一方面可以在一定程度上使雨水在与外门有一定距离的地方排出，方便使用者的出入，另一方面也可以有效地保护木质外门免受雨水侵蚀，延长木制外门的使用寿命；在木质雨搭之上同样包覆一层铁皮或者瓦件来保护木质的雨搭；等等。诸如此类对于木构件细节的处理措施，从另外一个层面上也反映了当时精湛的木构技术、丰富的木构形态。

与外围护结构相对应，内围护结构需要具备隔声、隔视线以及某些特殊功能需求的性能。例如，中东铁路职工住宅中的木质隔墙采用东北地区特有的板夹泥墙体形式，其具体做法为：以竖向木条做龙骨，外包交错的木质板条（大多呈斜向菱形交错），再在其内部填充锯末、木屑等材料，从而构成质朴的木质隔墙，最后，为了保证其美观性及防火性，在木质板条外进行抹灰处理。这种木质隔墙既具备了隔声、隔视线的性能，同时，又由于锯末良好的吸湿性和保温性能而起到防寒、隔潮的作用，再加之其构造相对简单，易操作，因此是建筑内围护结构的典范。而木地板也多出现在中东铁路职工住宅中，木地板一般覆在地面结构层上，可以有效地阻隔地下毛细水或地下潮气的上升。木地板通常铺设在卧室之中，而其他房间则是普通的瓷砖地面，这种做法很好地处理了建筑使用空间上的动静分区，避免了室内过多的木地板撞击声；同时，木地板上油饰的鲜艳的红色，在调节了整个卧室的色彩的同时也使得地板易于清洗，保证了木地板的耐久性。

尽管当今世界已发展和生产了多种新型建筑围护材料和装饰材料，但木材由于具有独特的优良特性，而木质饰面在保证围护功能的前提下，还给人以一种特殊的优美观感，这是其他装饰材料无法与之相比的，所以木材在建筑工程，尤其是围护、装饰领域中，始终保持着重要的地位。

（3）承重围护一体化。

木梁架、柱子等木构件具有独立承重功能，木地板、木墙裙等木构件具有独立围护功能，与这些木构件相比，木质外墙则同时具有承重与围护双重功能。由于木构件的每种功能属性都有不同的性能要求：考虑到木构件的承重功能，木质外墙属于受压或受弯构件，需要保证建筑的安全性；而作为围护功能构件，其在建筑中覆盖范围最大，围护构件所需要的保温、隔热、防水、防潮等性能也尤为重要。因此集承重与围护功能一体化的木质外墙需要同时满足这两种功能各自所代表的木构件的性能要求。

以木刻楞的外墙为例。木刻楞是俄罗斯民族典型的民居，是用原木搭建的井干式民居。在中东铁路历史建筑中主要有两种木质外墙做法：一种是木质外墙由原木两端的缺口互相咬合、衔接、垒叠而成，另外一种是在前一种外墙的基础上做一定的处理而得到的墙体。其方法为：在原木外墙的内外两侧各包覆一层平整光滑的木板，此方法开拓了另外一种外墙样式，丰富了建筑的形象。在这两种外墙样式中，第二种样式实则是第一种样式的变体，而外墙承重与围护结构一体化功能则是其最初始的内骨架，即以层层原木的刻槽、咬合、衔接、垒叠为基础，以确保其具有足够的安全可靠性。在这个层层组合的过程中，既有原木之间"力"的相互制约，又有"体"的围护，是承重与围护的结合。

具体来说，木质外墙属于受压或受弯构件，其墙体转角处由两根交叉垒叠的原木主要采用燕尾槽连接；上下原木之间对应钻孔，并用木棍连接、固定，一般不用铁钉连接；上下原木紧密咬合，保证其组成的墙体不致松散；每根原木至少应有三处打入木棍，钻孔位置上下错开，使墙体受力更合理。如此便可满足木质外墙的承重功能。

由于东北地区四季多雨雪，木质外墙同样也要做好其作为围护结构的各项保护措施。一般来说，引起木质外墙受潮的原因有二：一是雨水通过毛细管作用或风压作用向墙内渗透，二是地下毛细水或地下潮气上升到墙体内。因此，木质外墙需要做两个方面的防水、防潮处理。而在防水、防潮做法上，为了保证建筑外立面的美观性，维持木材特有的质感，木质外墙不能像木屋架或雨搭那样在外侧包覆铁皮或瓦件作为保护层，而只能在木材表面涂饰防火、防潮的保护漆，且保护漆还可以有效防止木构件自身的虫蛀、槽朽。基于第二点受潮原因，与其他外墙做法相同，木质外墙宜采用毛石、混凝土基础，在外墙墙基设置防潮层或在适当部位设隔气层，从墙体根部阻隔水汽上升。

木结构的防腐、防虫首先应从构造上采取良好的防潮和通风措施，因此，木刻楞的顶部需开设天窗，以加强通风效果，使木材含水率长期小于20%，防止木材腐朽和虫蛀。特别需要注意的是，与其他材料比较，木材自身有很多材料特殊性，需要特殊的保护处理。例如，木构件本身为燃烧体，需在其表面设保护层，将其改造为难燃烧体；木材耐久性又不及石材与砖材，因此，为了保证其耐久性，木材作为围护结构时要特别注意防止干湿交替与生物侵袭。在施工前，将选好的原木去树皮、去枝丫后，要对其表面进行防火、防腐处理，经晾干后备用。施工时，需先在原木上涂木蜡油，然后在两层原木之间铺树毛，树毛就压在了原木的缝隙中，这样做出的墙体不透风，还保暖，可防虫蛀、防腐蚀。

经调研勘测可知，在现有中东铁路历史建筑中，尚有一部分木质外墙能够在百年历史长河中，于非外力作用下保存良好，其独特的木构形态，是承重与围护功能一体化的完整体现。

2.1.3 文化属性

1999年通过的《北京宪章》指出："文化是历史的积淀，留存于城市和建筑中，融会在人们的生活中，对城市的建造、市民的观念和行为起着无形的影响，是城市和建筑之魂。"

1952年，美国的克罗伯和科拉克洪两位学者在《文化：一个概念定义的考评》一书中，对于"文化"一词提出了一个获得大众普遍接受的、全方位的概念："文化是人类在历史进程中为生活而创造的一切设计，包括外在的与潜隐的，理性、非理性的与反理性的。在特定的历史中这样的设计样本是一个人群行为所依据的内在指针。文化通过符号系统习得和传递。文化的核心由来自历史传统而积累的观念所构成。文化虽然是人工活动的产物，但也是制约人类行为的模式。"

从以上两个定义可以看出，文化对于一个地区的宗教信仰、传统习俗，以及在此基础之上所形成的人们的意识、观念、行为模式等有着一定程度的影响，这种文化因素也会进一步影响当地的建筑创作与建筑形态。在中东铁路附属地，文化因素主要体现在两个层面：一是精神层面的移民文化，二是物质层面的技术文化。二者在长期互相作用的过程中，共同影响着木构形态的发展、变化与定型。

（1）移民文化的再现。

20世纪初，俄国十月革命和国内战争爆发，成千上万来自于滨海边疆区、阿穆尔河沿岸地区、后贝加尔边疆区和东西伯利亚的俄国人，由于拒绝接受当时的革命和苏维埃政权，所以就随同白军部队，从俄国中心城市、西西伯利亚、东西伯利亚等地辗转来到中国。

德国哲学家B.舒巴尔特将当时俄国人的大规模迁徙活动称为具有划时代意义的事件。他在题为《欧洲与东方之魂》一书中写道："虽然现在很少有人意识到，但实际上，这次移民行动对于东方与欧洲的关系，乃至于西方的精神生活都会产生极其深远的影响，这要比1453年土耳其人攻占君士坦丁堡（土耳其城市伊斯坦布尔的旧称）所引发的高素质移民大规模涌入欧洲的事件的意义大得多……而且创造了一种当时对于欧洲来说还不为人知的文化。这样的民族大迁徙所引发的社会变化在几十年后就会为人们所发现。"

依照这个论述，建筑和建筑活动本身就是文化的组成部分，而人的住屋不只是一个遮风避雨的处所，也是一个体现了多种动机、欲望、情感的复杂的系统。同样，俄侨的"情绪"也通过建筑及建筑活动表达了出来。究其本质，这种建筑上的情绪表达有两种，一种是俄侨生活习惯的延续，另一种是俄侨宗教观念的表达。

生活习惯是人们在长期生活过程中积久养成的一贯的、稳定的生活方式。通常情况下，对于长时期生活在一个地方的人们来说，他们对于某种自然材料的认识、使用，已经不仅仅停留在物质层面上。这些材料的质地、肌理、色彩甚至气息与他们的日常生活水乳交融，共同构成了他们记忆和情感的深层次内容。这些因素常会影响人们的观念、行为，甚至是生活的每一个细节，从而对生活习惯中常居住的建筑、常进行的建筑活动产生内在与外在的影响。在建筑活动方面，这些生活习惯的延续主要表现在三个方面：对原有居住空间的延续，对木材喜好的延续，对娱乐、休闲空间的延续。

由于中国东北地区的自然因素与俄国比较相似，都为气候寒冷、多林、多雨雪，因此，大量俄侨到中东铁路附属地后仍然尽可能多地延续其原有的居住方式。以俄罗斯传统民居为例，大量中东铁路历史建筑中仍然保持其传统民居的人字形木屋架，且木屋架坡度较大，以便于积雪下滑；有的木构建筑还设有深约两米的地下室，主要用来储存食物、蔬菜和酒，兼有防潮、隔湿的作用；木构建筑的外门前大都设有木门斗，可以防寒，建筑一侧设有阳光房，可以作为休憩的空间或冬季花房；建筑外立面涂着鲜艳夺目的色彩，其关键部位还装饰有各种图案，样式沿袭俄罗斯传统民居；卧室铺着漆红色油漆的木地板；室内窗台宽大，可以摆设一盆盆鲜花。此外，在俄罗斯传统民居中，正房的旁边常建有侧房，用来存放家具或做仓库，而在中东铁路历史建筑中，正房附近会设有朴素的单坡式木仓房，作为仓储之用；建筑四周为用木栅栏围成的院子，院内设有菜园。在中东铁路历史建筑中还有很多诸如此类延续俄罗斯传统民居做法的实例，这些刻意或者不经意的做法无不表现了俄侨对自己家园的怀念，同时，这也是对俄罗斯传统文化的发扬，而木构传统正是其中一例。

俄国人向来喜爱木材，木构件是其生活中不可或缺的元素。从精美的室内外楼梯，有雕花的窗户，山花板以及各种类型的教堂、仓库、小桥等木构筑中，都可以感觉到设计者在设计它们时的喜悦之情。俄国的森林资源十分丰富，从历史资料来看，其最原始的民居就是木构建筑，包括后来发展起来的石构建筑也从木构建筑纯粹的人民源泉中吸取"营养"。对中东铁路沿线进行勘察可以发现，木构件总是会作为整个或局部空间的建筑构件而出现在中东铁路历史建筑中，有作为支撑结构性构件的木梁架及木柱等，有作为建构空间性构件的阳光房、木门斗等，有作为使用功能性构件的木地板、木墙裙等，还有作为表达装饰性构件的各类型木装饰等。通过这些精美的木构件，俄国的建筑师及工匠们表达了他们对木材的喜爱之情。

值得关注的是，俄国移民中除了众多具有丰富经验的专业技术人员之外，也不乏才华出众的学者、记者、演员等。这些各个领域的专业人才带来了俄国国内丰厚的艺术气息，加之俄罗斯民族本身就是个热情奔放、能歌善舞的民族，这些俄国国内的艺术氛围、传统风俗等促进了中东铁路附属地内各类型建筑的建成，如建起的高等院校、图书馆、博物馆、歌剧院、俱乐部等等，而之前提到的专业人才则为俄国移民"情绪"更好地表达提供了专业技术支持，这也使得俄国的"固有文化"很好地与中国东北地区的文化融合在一起，形成了中东铁路属地所特有的建筑文化。

俄国是一个崇尚宗教的国家，宗教在其社会生活中占有相当重要的地位。自从东正教被定为国教后，东正教思想广泛地渗透于俄国的政治、经济、文化乃至家庭、个人生活之中，并与他们的民族精神融为一体。而中东铁路附属地是俄国人在中国的"家园"，是他们在移民浪潮中的首选栖息之地。当时，有很多从后贝加尔边疆区、西伯利亚及远东地区逃亡或者流放到此的犯人、资产阶级，他们中的很多人都成为这里的永久定居者。因此，在中东铁路附属地，宗教成为当地文化的重要组成部分，是俄侨的重要精神寄托。这种文化上的宗教寄托对中东铁路历史建筑中的木构形态产生了深远的影响，表现在教堂建造、宗教元素、宗教色彩等方方面面。

教堂是俄侨寻求寄托、确立自我存在的场所。当俄国人背井离乡、颠沛流离地来到异地时，他们对于家乡的想念、对于未来的迷惘、对于新生活的企盼等所有有关于意志、情感、理想、恐惧、企盼的情愫都在教堂中得到寄托，或者解脱。流落在外的俄国人将教堂视为鲜活的俄国象征。东正教堂成为最具俄国人精神凝聚力的场所，俄侨在这里生活的各个方面都与其所信仰的东正教密不可分。在中东铁路沿线各个站点中可以看到，教堂总是最不可缺少的建筑类型。据查证，1898年，一位名叫亚历山大·茹拉夫斯基的东正教司祭在中东铁路开工建设之际，就将临时性工棚改建成教堂，并在那里开始了最早的祈祷仪式。1922年，哈尔滨成立了"哈尔滨独立教区"，到1941年为止，"哈尔滨独立教区"内的东正教堂数量几乎增长了四倍之多，已经升至五十多处，其中哈尔滨有二十一处，中东铁路东线地区有十九处，西线有十三处。建造教堂成为当时的一个热潮。而这些教堂的建造，很大程度上反映了当时木构建筑的形态。例如，当时哈尔滨的标志性建筑——尼古拉教堂，就是全木结构的。

在宗教"寄托思想"的推动下，其他一些非教堂类建筑中也有很多以"宗教"为主题的木构件表达。以哈尔滨江畔餐厅为例，其檐下有一系列与"轮子"有关的装饰，根据宗教方面的解释，其与纪念被皇帝处死的亚历山大圣女凯瑟琳有关，被称为"凯瑟琳之轮"（图2.1），寓意促进丰收，在许多地方一直沿用至今。

在中东铁路历史建筑中，除了自然原色的木构件之外，还有一些表面油饰色彩比较鲜明的特定位置的木构件。一般来说，工匠主要会使用红、黄、蓝、绿四种颜色，在某些建筑中或使用黑、白、灰等色彩。从建筑中红、黄、蓝、绿四色的大量使用情况来看，俄国人对这些色彩表现出极大的兴趣与喜爱。东正教中，红色是火的颜色，象征五旬节，代表热情，也可能意味着恨或者爱，不过通常是后者；黄色是光环的颜色，在西方教堂的彩画玻璃窗中经常可以看到；蓝色是天空的颜色，依照传统，其与圣母玛利亚和耶稣有关，代表神圣的爱；绿色是生命的颜色，寓意着生命

图2.1 带有宗教元素的装饰

战胜死亡。在中东铁路历史建筑中，木门的外侧及室内木地板多油饰成鲜亮的红色；很多木刻楞建筑的外墙都油饰大面积黄色，足见俄国人对黄色的喜爱程度；蓝色经常作为点缀色出现，门扇或窗扇靠近室内的一侧通常为蓝色；绿色是中东铁路历史建筑中使用比较广泛的一种颜色，通常整个门斗、阳光房等较为复杂的木构件多使用绿色油漆。白色代表纯洁和纯净，黑色代表疾病、死亡和邪恶，因此，黑色使用较少，且使用时一般都会与白色一起。

这些细节无不表明当时宗教文化的在中东铁路附属地的盛行。通过对宗教的寄托这种方式，俄侨也将木构件的精髓发挥到了极致，每一个木构件都是他们对家园的一份思念。这也从侧面反映了宗教寄托对木构件发展的推动作用，正是因为有这么强大的宗教寄托的推动力，才使得如此丰富的木构形态出现在中东铁路附属地中。总之，宗教寄托对中东铁路历史建筑中木构件的发展有重要的推动意义。

（2）技术文化的体现。

对于木构件的文化属性，除了隐形的移民文化，还包括实实在在的技术文化，二者从不同角度影响、决定着木构件的形态。其中技术文化对木构件的影响主要体现在两个方面：一是建造技术的决定性力量，二是建构技术的提升性力量。

按照不同材料来考量，中东铁路历史建筑的建造技术不仅有木构技术，还有砖构、石构、钢构等其他技术。这些建造技术不仅鲜明地反映了当时的构件形态，而且体现了当时工匠们的精湛技术，以及当时建造技术的发展情况，如有木材的各种雕刻装饰，有用砖砌筑的扶壁、小拱券，有楼板中钢轨的运用，有石头砌筑的墙面或冰窖，等等，类似这样展现独特的俄国建造技术的局部构筑形态还有很多。

中东铁路修建时期就已经形成了一整套的木构工艺流程，包括木材的采伐、运送、切削、加工等施工准备、施工建造及后续维护等，也包括木构的建造技术。

如前文所述，中东铁路公司在修建铁路时擅自采伐铁路沿线及其附近的树木，作为铁路枕木、建筑材料及燃料等，基于此，当时的中国政府方面为了加强对林业资源的控制，也设立了专门的木植公司，由其管理伐木工作并负责向伐木者抽取票费。而俄国与清政府于1896年签订了《中俄密约》，开始修筑中东铁路，并掠夺大量森林资源。俄国从"长白山脉之大森林，伐采木材，组以为筏，流而下江。至吉林，更合数组，以为大筏，流下哈拉宾"。

木刻楞大多建在台基上，木屋架为人字形，上托铁皮或瓦件，下面用桦树皮垫衬；正门前有门斗或围廊；室内有卧室、客厅、厨房和储藏室，墙角有土坯垒砌的火墙，冬天燃起壁炉时，热气环绕其夹层，可以确保每个房间都能得到采暖。而卧室的陈设一般则比较讲究，如木地板、精致木床等，给人以古朴典雅之感。

建造木刻楞时主要有三个步骤，建造内容由下向上分别为地基、墙体和屋顶。第一步是打地基。地基多用石头垒成并灌以水泥，然后垫一层从森林中采来的树毛，这种树毛压在地基中，水泥就如同夹在隔缝里一样，一点也不透风，使建成的房屋在冬天非常暖和，在夏天又非常凉快。第二步是用木头垒墙。

把粗一点的木头放在最底层，一层一层地向上叠垒。第三步是架设屋顶。木屋架设计成简单的大坡屋顶，可以减轻冬季积雪负担，同时，建筑山墙两侧设通风窗，用于检修与通风。屋檐滴水处有泄水槽承接，导引水流，作为排泄管道，使水流不与木质墙面接触。顶棚木板上覆盖锯末，以利于建筑保暖。修建木刻楞一般不用铁钉，而用木楔，工匠先在木头上钻出上下对位的孔洞，然后用木楔加固。木刻楞建好之后，工匠会在建筑外立面刷一层清漆，保持原木本色，而有些建筑也会根据居住者的习惯或喜好油饰一些色彩，一般以蓝、绿色居多。

值得注意的是，相同的木构件样式会同时出现在相同地区的不同建筑或者不同地区的部分建筑中，这也说明了当时的房屋建造有一套相对完整的模件替换、安装程序，本书后续章节将深入探讨其中的规律性。无疑，这种木构件的模件化处理，为当时快速、大量建造铁路修筑人员及移民所需房屋提供了莫大的便利，同时也反映了当时俄国领先的、独特的建造技术，而这些建造技术反过来也为之后形式丰富的木构筑形态提供了可能。

"建构"一词原意为木匠或建造者，后来，该词的意义得到进一步拓展，不仅涵盖特殊和物质意义上的木工技艺，而且也获得了更为一般的、与制作相关的含义。它不仅强调技术在建造过程中所体现出来的实用性，更强调建造技术在运作过程中与情感和艺术概念的协调及一致性。

仔细考察中东铁路历史建筑，其中不仅有木构、石构等多种建造技术的体现，还有木匠、石匠等对建造工艺的表达。在更深层面上，建筑构件之间的组织关系以及建筑之间的总体感觉也有其独特的魅力，这其中不仅包括体量、色彩、装饰等方面，而且也包括与建筑及其周围环境等有关的多个方面。整体来看，中东铁路历史建筑的魅力，已经是一种超越了技术和科学的美，是一种向更深层次美学迈进的、具有建构意味的美。而建构技术对于木构形态的影响，主要体现在三个方面，即"连接""编织""材料置换与模仿"。

①"连接"的艺术。

一件建筑作品的展现，与它的基础方式、基础及其上部的支撑、跨度、接缝、节点乃至饰面节奏和窗洞大小有关。这种关系，即是"连接"的表达。哲学家 Adolf Heinrich Borbein 曾经论述过："建构是连接的艺术。"中东铁路历史建筑中所表现的建造技术包含了很多对不同材料或相同材料的不同构件之间的组合秩序与连接形式的艺术思考，无论是表现结构本身还是装饰方式。前者见于建筑墙体从下到上反映荷载变化的材料组合，如门窗洞口处强调荷载变化与受力的砖拱券及券心石，突出材料反差与对比的空灵的钢架，等等。而后者的例子则为强调墙体和屋顶连接的山墙装饰，如将用于连接不同石砌体之间或木板之间的铁路道钉外置，将连接雨棚和墙体的铁轨隐藏在浇筑的混凝土中，等等。正是这些组成构件的秩序与连接方式，展现了建造建构之美。

②"编织"的美学。

"编织"是材料表现的一种"再现"艺术。建构技术就存在于这种对材料"编织"的艺术表现中。

中东铁路的附属建筑中,"编织"的技术美学随处可见。一方面是天然材料自身的肌理,无论木材还是石材,有些是其自身固有的肌理,有些是在岁月进程中被自然雕琢出的肌理,有些是与环境和植被交织在一起的肌理。另一方面是经人工建造形成的肌理,包括毛石墙面、石板路等花样繁多的砌筑体,由木材拼接而成的木墙体、木质天棚、木板障按照一定技术要求组合的铁轨枕木等。就材料本身特点而言,木材、砖材、钢铁本不具备叠置特性,而当它们以叠层、拼装等特定方式组合时,就表现出一种"编织"的形式,成为保持传统的价值符号。因此,不管是天然材料自身的肌理,还是经人工建造形成的肌理,或是二者交织后产生的肌理,它们无不成为"编织"的一种表达形式,体现建构之美。木构的"编织"美学形式如图2.2所示。

③材料置换与模仿。

"材料置换",即为了保持传统的价值符号,一种材料方式出现在另一种材料方式的表现之中的情况,如古希腊神庙中,石料的切割与砌筑的方式就是对木构建筑原型的一种诠释。同理,探讨中东铁路历史建筑时,在追溯到俄罗斯传统文化后可知,其很多砖石结构建筑形式都是从木构建筑艺术中吸取的,如在建筑入口、门窗洞口等部位保留整个木构件或者"模仿"木构的某些元素(图2.3)。这个过程体现了"材料置换"与"模仿"。通过这种方式,设计者将俄罗斯民

图2.2 木构的"编织"美学形式

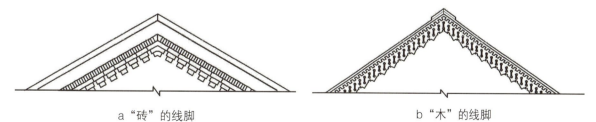

a "砖"的线脚　　　　　　　　　　b "木"的线脚

图2.3 砖材对木材的置换与模仿

族的精神价值附加到某些结构元素上，使得俄式传统的符号主题被沿用下来，并在建造过程中将其文化精神传承下来。

总之，这些俄式木构技术所体现出来的含义，不仅仅在于实用性，而且也是木构形态在形成与发展过程中，与情感和艺术概念保持协调一致的一种表达。而建筑中体现的建构技术之美，也是木构形态发展成熟的一种体现。

2.2 中东铁路历史建筑木构形态

由于继承了俄罗斯传统木构形式与木构技术，中东铁路历史建筑在建造之初就基本上形成了一整套完善的木构体系。木构体系由木构件要素构成，而每个木构件又具有一定的结构、使用、装饰功能。本节以木构件作为载体，通过分析其基本形态来完整展现中东铁路历史建筑木构系统的整体形态。

按照木构件不可缺少的某一优先功能作为划分依据，大致可以将其分为四种类型，分别是以支撑结构为主要功能的木构件、以建构空间为主要功能的木构件、以使用功能为主要功能的木构件、以表达装饰为主要功能的木构件。

2.2.1 支撑结构性木构件

支撑结构性木构件，即以表达其支撑建筑结构为优先功能的木构件，是表达建筑承重功能不可缺少的"骨架"部分。本书所探讨的俄式木构件主要包括建筑上部的木屋架、中部的木质外墙，以及一些木柱等。

（1）木屋架。

建筑屋架，一般在墙体或柱子的上部，主要由大梁和其他一些木杆件组装而成，用以支承屋面、檩条、楼板等构件，可以承受自重及其他外部荷载。不同的屋顶形式，决定了其梁架形态的不同。纵观中东铁路历史建筑，其屋面形式多样而规整，主要有单坡屋顶、双坡三角屋顶、四坡屋顶、非全高山墙四坡屋顶、复斜屋顶、复折屋顶等。因此，按照屋顶形式的不同，本节将中东铁路历史建筑的屋架形式相应地分为六类，并逐一讨论。

①单坡屋架。

单坡屋架，又被称为棚屋架，是建造方面较为简单和经济的屋架形式。在中东铁路附属地，有很多单坡屋架建筑，且它们大多是作为其他建筑的附属建筑而存在的，如仓房等。单坡屋架建筑的跨度较小，屋架长度因使用需求而异，有的为三榀屋架，有的则数量较多。另外，单坡屋架建筑的坡度也不固定，根据屋面材料、空间美学考虑而有所不同。但总的来说，单坡屋架建筑的屋架形式都较为相似，即沿着屋面坡度方向，按照开间大小设置一个或者多个屋面托梁，然后再在其上覆望板、铁皮屋面等其他屋面构件（表2.1）。

表 2.1 单坡三角屋架形态

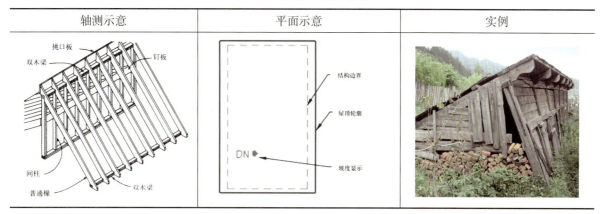

② 双坡三角屋架。

双坡三角屋架是中东铁路历史建筑中最普遍的屋架类型之一。简单来说，这种屋架就是在两个墙上，通过两个单坡屋顶的对称结合，勾勒出双坡三角屋架的简单轮廓。在这种轮廓框架下，不同的屋顶坡度可以建造不同的山墙，形成不同的屋面效果。同时，在相同的屋顶高度下，屋顶坡度的大小也决定了建筑的跨度及屋架内部杆件的布置情况。因此，按照屋顶坡度及屋架内部杆件的布置情况，每一榀屋架又可以分为以下三种不同类型（表 2.2）。

a. 无杆件式。

当建筑的跨度较小，仅作为住宅等小空间使用时，其木构件的尺寸相对符合木材的物理长度，因此，屋架内部不需要其他杆件作为支撑或衔接，屋架形态即为简单的双坡三角屋架。而按照屋架在立面中的相对比例来看，这种屋架的坡度也较大。横道河子站铁路职工住宅中即有这种屋架类型的典型代表。

b. 系梁式。

当建筑的跨度相对较大时，其对木杆件长度的要求也相应提高，这种情况下，屋架中就需要通过木杆件之间的相互组合来达到建筑跨度要求。因此，为保证屋架的稳定性，屋架的内部需要另外设立一些支撑杆件。而系梁式屋架则是在每榀屋架的中上部位用一根横向的系梁作为支撑，屋架下部的两侧各有一个小的立柱支撑两根斜向杆件，这样，这些构件就在屋架中构成局部的"小三角"关系，保证了整个屋架的稳定性。

c. 桁架式。

与系梁式相同，这种屋架形式也多出现在跨度要求相对较大的建筑中，方法同样为在屋架内部增加杆件，确保屋架的安全性。不同的是，这种屋架形式是在每榀屋架的底部向脊部支撑一个垂直杆件，然后从这个杆件的左右两侧铺设桁架式杆件，同样是构成一个个局部的"小三角"关系，使屋架更为稳定。

2 中东铁路历史建筑木构形态与技术 | 77

在这种屋架形式中，根据建筑性质的不同，工匠选择的杆件用材也有所不同。例如，在原中东铁路商务学堂中，屋架的三角杆件采用的是厚实的红松木，整个屋架显得饱满而稳重。而同样是在哈尔滨的一栋早期的中东铁路职工住宅中，由于建筑跨度相对较小，虽然同样是桁架式双坡三角屋面，其三角支撑杆件采用的则是两片相对较薄的板材，构件更为纤小而略显粗糙。可见，该栋建筑对木材质量的要求较低，这也是当时大规模建造这种住宅屋架形式的结果。

表2.2 双坡三角屋架形态

	无杆件式	系梁式	桁架式
特点	建筑的跨度较小，屋架内部不需要其他杆件作为支撑或衔接；屋架的坡度较大	建筑的跨度相对较大时，在每榀屋架的中上部位增添横向的系梁作为支撑；系梁的两端会增加小的立柱；屋架的坡度较缓	建筑的跨度相对较大时，在每榀屋架内部增添斜向杆件，形成桁架式布局；屋架的坡度较缓
图示	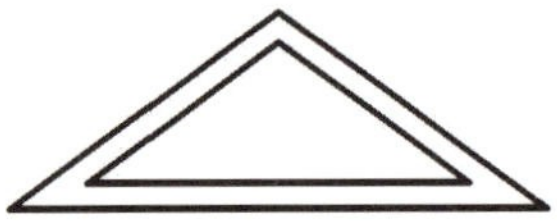	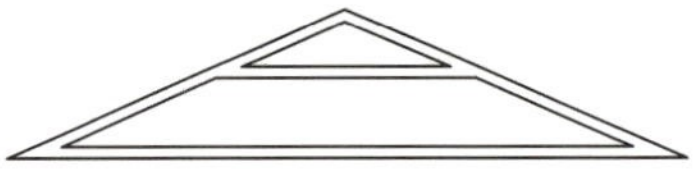	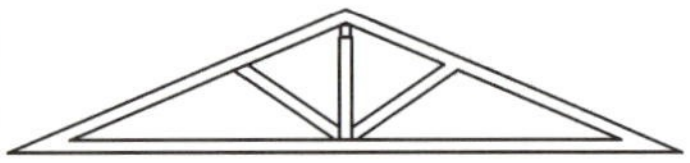
实例	 横道河子站铁路职工住宅	 一面坡站兵营	 原中东铁路商务学堂

③四坡屋架。

四坡屋架也是一个较为传统的屋架形式。其形态构成与双坡三角屋架很相似，从屋面外观来看，由四个屋顶表面代替了两个屋顶表面。这种屋面的外观形态会根据建筑平面的不同而有所差异，如果将其建造在一个方形平面上，四个坡面将聚到一点；而如果将其建造在一个矩形平面上，四个坡面将形成两个交点，交点的连线，即我们所说的屋脊。在中东铁路历史建筑中，有屋脊的四坡屋面比较多见。

四坡屋架不同于两坡三角屋架的特殊之处在于其每个山墙方向各增加一个屋顶表面，具体做法是：从每个坡面的底边分别向各自的屋架脊端及两个戗脊伸出相对较小的戗脊杆件作为支撑，这些小戗脊杆件在水平方向的投影是与建筑的纵墙相平行的，其后的做法类似于两坡三角屋架，只需在脊端支撑一垂直杆件或在戗脊中上部增加一个系梁即可。这种屋架形式在中东铁路历史建筑的住宅及公共建筑中均有出现。四坡屋架形态示意如表 2.3 所示。

表 2.3　四坡屋架形态

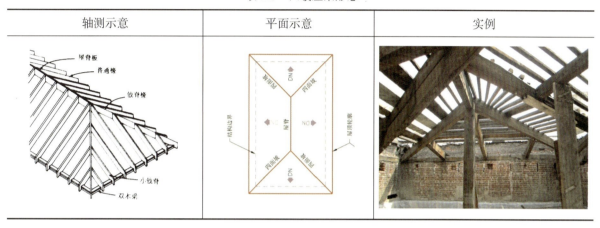

④非全高山墙四坡屋架。

非全高山墙四坡屋架形似在双坡三角屋架的脊端向两侧山墙方向各"抹去"一个小的三角空间，而形成的四坡屋架。由于其仍留有一部分山墙，并没有垂直到达脊端，所以本书中称这种屋架为非全高山墙四坡屋架。这种屋架形式多出现在各类中东铁路职工住宅中，其具体做法大致与四坡屋架相同，即在山墙方向的坡面底部向各自的脊端与两侧戗脊伸出小的戗脊杆件，同时在下部的山墙面平行于山墙做山墙端间柱，确保整个屋架的稳定性。非全高山墙四坡屋架形态示意如表 2.4 所示。

表 2.4　非全高山墙四坡屋架形态

⑤复斜屋架。

复斜屋架最鲜明的特点是：有两个斜坡，上层屋架举高较小、坡面较缓，下层屋架举高较大、坡面较陡。总体来说，这种屋顶在立面上所占的比例较大，屋架的净空高度较高，可以提供非常舒适的内部阁楼空间（表 2.5）。

不同于复折屋架，复斜屋架屋脊两端各有一山墙，且两侧坡度的折线都垂直于山墙，同时，其两侧山墙通常会有屋面挑出。观其内部，复斜屋顶的每一榀屋架都是一个沿正脊方向左右对称的五边形轮廓，仅在每榀屋架的折线处有一个小的梁，作为阁楼天花板的托梁；其两侧山墙处会有平行排列的山墙端间柱。这类屋架可以提供比较实用的阁楼空间。

另外，这种屋架受风的影响是有弹性的，而其比普通屋架的耐久性更好，由于硕大的屋顶空间可以有效隔绝外界的寒冷空气，所以其适用于极端的天气条件。同时，由于这种屋架有两个坡面，雨雪等可以很容易地从屋面滑落，不会积累，从而不会对屋架造成伤害，因此这种类型的屋架在农村很受欢迎。此外，许多专家认为这种屋架是美学和功能的完美结合体。

表 2.5　复斜屋架形态

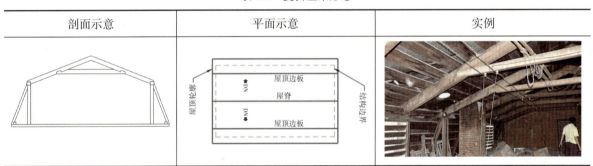

⑥复折屋架。

复折屋架的外形类似于复斜屋架，每侧有两个坡面，上层坡缓、屋架举高小，下层坡陡、屋架举高较大，可以开老虎窗，这种屋架同样适合阁楼空间。但是，与复斜屋架不同的是，复折屋架所有的四个面都是带角度的内倾屋面，屋架没有垂直的山墙面，也没有屋面挑出。据查证，这种屋架类型是在巴洛克时期由法国的一位名叫弗朗索瓦·芒萨尔（1598~1666年）的建筑师发扬光大的，他使这种屋架成为法兰西第二帝国拿破仑三世（1852~1870年）期间最时尚的建筑屋架。

从屋架的构成情况来看，屋架上层类似一个四坡屋架，纵墙上左右两个折线之间设置有系梁杆件，使其保持稳定；屋架下层空间则在四周的坡面内侧增加小的立柱，这样既可以扩大阁楼使用空间，又可以保证屋架的稳定性。复折屋架形态示意如表 2.6 所示。

表 2.6 复折屋架形态

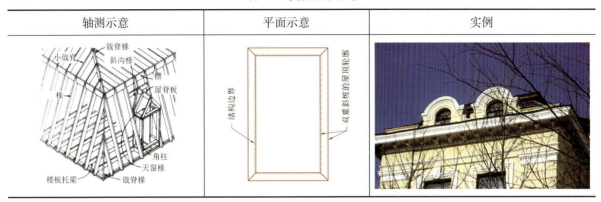

中东铁路历史建筑类型较多,分布范围较广,依据当地环境或自身使用功能的不同,其屋架的选择也比较多样。同时,正是由于不同地区的建筑屋架的广泛建造,使得各个屋架在原有屋架规制的基础之上有了一些相对自由的"创造性"建造,体现在屋架的加固措施,立柱的位置、数量等诸多方面。例如,木杆件之间的搭接可能不在同一个平面上,三角桁架之间的杆件有可能错开一个杆件的位置。又如,杆件有的是使用铁钉或扒锯子连接,有的则是使用类似中国式榫卯结构的穿插连接,还有的是直接用钢筋绑扎连接,情况不一。但总的来说,这些自由的处理方式并不会对我们认识屋架的整体形态构成大的影响,各种木质屋架的形态的特点及构成要素还是比较清晰明确的(表2.7)。

表 2.7 木质屋架形态比较

屋架类型	屋架特点	构件要素
单坡屋架	构造简易、经济;主要见于附属仓房	斜梁
双坡三角屋架	两个单坡屋顶的对称结合,中部结合处形成一个屋脊;使用比较普遍	主骨架 + 系梁 / 桁架
四坡屋架	比双坡三角屋架多两个坡面,在增加的两个坡面上设置垂直杆件或系梁;使用比较普遍	主骨架 + 小戗脊杆件 + 立柱
非全高山墙四坡屋架	两个脊端各"抹去"一个小的三角空间,山墙两个坡面伸出小的戗脊杆件;多见于各类中东铁路职工住宅	主骨架 + 小戗脊杆件 + 立柱
复斜屋架	有两个斜坡,上层屋架举高较小、坡面较缓,下层屋架举高较大、坡面较陡,可以提供比较大的阁楼空间	主骨架 + 系梁 + 立柱
复折屋架	所有四个面均有两个坡面,上层坡缓,下层坡陡,可提供较大的阁楼空间	主骨架 + 系梁 + 立柱

（2）木质外墙。

论及木质外墙不可或缺的结构功能时，主要以俄式木刻楞的外墙体为代表，木刻楞中既包括粗犷的原木墙体、精致的板条墙体，也包括简易的木仓房墙体。

①粗犷的原木墙体。

原木墙体的做法为：选择直径四五十厘米的松木或桦木作为材料，用手斧将这些挑选好的木料刻出来，有棱有角、规范整齐，然后再将这些原木一层层地呈直角叠垒、咬合（图2.4）。圆木和圆木之间还用树毛塞实，而这种丝状的树毛的生命力极强，即使是放在干枯的木头与木头之间，只要遇到水汽，仍能生长，并能长满木头之间的空隙，从而起到防风的作用。

从立面上来看，原木层层横向叠置，每层原木都露出半圆形的弧线，组合起来也别具美感。但是，由于这些原木都未经大的人工修饰，所以不免显得有些粗犷。一般情况下，工匠只在个别相对比较特殊的建筑的原木表面进行油饰，或局部挂一些装饰板，削弱粗糙的建造手法。例如，横道河子圣母进堂教堂作为当时小镇中一个比较重要的公共建筑，其部分墙体也为原木咬合墙体。但是考虑到教堂的整体效果，为了使教堂的形象更加优雅，工匠将包括原木墙体在内的整个建筑油饰成统一色调。油饰不仅起到防火等功用，而且也大大削弱了原木墙体原有的粗犷形象，这也是原木墙体在不断发展过程中的调整与进步。

②精致的板条墙体。

板条墙体的做法为：在原木外墙的内外两侧各包覆一层平整光滑的板条。墙体中起结构作用的部分同样还是墙体内部的原木"骨架"，板条则类似于"骨架"上的"表皮"，进一步增加了原木墙体的密闭性及美观性（图2.5）。如前文所述，结构功能是结构性构件不可或缺的功能属性，而在长期的发展过程中，板条墙体中的外部板条已经不单单是装饰"表皮"，而是最大程度地融入墙体的整体

a 横道河子站圣母进堂教堂

b 扎兰屯站某俄式建筑

c 横道河子站铁路职工住宅

图2.4 原木墙体形态示例

a 博克图站铁路职工住宅　　　　b 横道河子站铁路职工住宅　　　　c 满洲里站铁路职工住宅

图 2.5　板条墙体形态示例

概念之中，换句话说，这种样式的墙体俨然已成为一种成熟的墙体类型。

在建造条件允许的情况下，板条墙体也会通过一定的造型变化来为结构性构件增添一份美感。例如，在板壁的外侧增加一部分人工雕刻而成的小的木构件元素，这些木构件的排列组合使得同一建筑材料引起墙面效果的明显变化，使单一原始的立面形象转变为具有一定韵律感的、比较细腻的立面形象。一般来说，这些小的装饰构件都是一块块的单向板，板的一端雕刻俄罗斯风格的传统图案，例如：单尖角形、双尖角形、半圆形、圆形、弓箭形，等等。这些构件往往成队列出现，在排列组合时，有雕刻的一端垂直向下，横向相连，它们不仅是美丽的装饰，而且也能兼顾引导雨水和减少结冰锥的功能。排列好的"装饰队列"一般都位于山墙部分、墙体中部偏上部分、墙体底部部分以及山墙与中部墙体过渡的部位，等等。依据调研情况来看，建筑装饰一般是下简上繁，通过墙体下部的简洁来烘托其上部的华丽。

③简易的木仓房墙体。

不同于以上两种服务于主体建筑的墙体，木仓房墙体则是一种较为简易的木质墙体，因为它所属的木仓房本身即是其他主体建筑的配套附属设施。除仓储功能之外，木仓房没有其他过多的功能，因此，对于木仓房墙体来说，只需要满足围合一定的空间，能够遮风避雨的需要已经足矣。如前文所述，木仓房单坡屋架的构造极其简单，由若干屋面托梁按照坡度方向置于墙体之上即可，因此，木仓房墙体所要承受的由屋架传来的荷载并不大，与其他形式墙体承担的屋架荷载比起来更是微乎其微。

结合以上两方面内容可知，木仓房墙体只要能承担自重及屋架荷载，并能围合一定的空间即可，而现存的木仓房也证实了这两点（图 2.6）。在实际的调研过程中发现，这些木仓房墙体的形态都极其相似，就是简单的木板拼合。其具体做法是：将宽度不等的木板的大面朝外，横向拼合，每隔一定距离在墙体内外增加横向或竖向的木板，将拼合的木板墙体夹紧、钉牢，保持其稳定性。因此，从立面上看，木仓房的墙体极其简易，甚至可以看到明显的板间缝隙，更无从谈及其他类型墙体所拥有的

a 扎兰屯站某木仓房　　　　　b 肇东站某木仓房　　　　　c 哈尔滨站某木仓房

图 2.6　木仓房墙体形态示例

保温、隔热性能，等等，但它却满足了快速仓储的需要，因此在中东铁路历史建筑中使用极其普遍。

总的来说，这些木质外墙形态各异、特点鲜明，有的具有使建筑保持冬暖夏凉的特点，有的则简易而经济，适合于不同的建筑。这三类不同形态的木质外墙的使用需求不同，精美程度也不尽相同（表2.8）。但是，这些木构形态都是在充分施展其材质属性的基础上，进一步体现出的形式上的美，这样的结果正是设计师和施工匠人在反复施工的长期实践过程中对木构件形态进行探索的体现。

表 2.8　木质外墙形态比较

	原木墙体	板条墙体	木仓房墙体
形态特点	原木间呈直角叠垒咬合；原木之间以树毛塞实，用以防风；早期使用较多	在结构"骨架"的内外两侧各包覆一层平整光滑的板条，增加墙体的密闭性及美观性；装饰手法多样，常出现于住宅建筑中	简单的木板拼合；在主体建筑的配套附属仓房中使用，满足快速仓储的功能；使用极其普遍
视觉感受	粗犷	精致	简易
形态示意			

（3）木柱。

在中东铁路历史建筑中，有结构支撑作用的木柱并不多见，其基本只在开间或进深跨度较大的建筑空间中使用。当建筑跨度较大时，需要木屋架和柱子共同支撑荷载，以保证建筑结构体系的稳定性。因此，柱子的出现也主要集中在一些有较大空间的公共建筑之中，如俱乐部、车站、教堂等。

另外，柱子的形态样式与建筑类型、室内装修风格等有很大关系。例如，横道河子站圣母进堂教堂正殿是比较神圣的地方，其内部的柱子则进行了比较细致的装饰，柱头、柱座完整，线条与雕刻都比较规整，柱子风格与室内墙裙、小品等保持一致，色彩沉稳、肃穆庄严，很好地适应了教堂的氛围。而安达站中东铁路俱乐部内部的柱子形态则比较粗壮，类似于罗马时期的塔司干柱式，其柱头、柱础都只以简单的半圆线脚装饰，柱身光滑无凹槽，显得非常的饱满、大气，其色调选择了与室内装修一致的、较明快的乳白色，符合俱乐部舞厅的氛围。此外，安达火车站候车厅与扎兰屯站马厩内部的柱子则非常简洁，柱子下端为石质的柱础，防止柱子受潮，柱子上部与大梁之间有一些垫板或托手，柱子表面没有过多的装饰或雕刻，仅有简单的油饰，与前述的或肃穆，或饱满的柱子形成鲜明对比，这与火车站或马厩所属的建筑类型有关系。以上四栋建筑中的木柱形态比较见如表2.9所示。

表2.9 木柱形态实例比较

建筑实例	横道河子站圣母进堂教堂	安达站中东铁路俱乐部	安达火车站候车厅	扎兰屯站马厩
截面形式	方形	圆形	圆形	圆形
形态特点	厚实，有装饰，有柱头等构件	粗壮，有装饰，有柱头等构件	细长，简单油饰，无装饰	细长，简单油饰，无装饰
视觉感受	肃穆	饱满	简洁	简洁
实例				

2.2.2 建构空间性木构件

在中东铁路历史建筑中，有一些比较特殊的木构件，它们自身即为一定的围合空间，可以通过围合成的空间来满足一定的使用功能。例如，木门斗、阳光房、木质敞廊，等等。对于这类木构件，空间的建构则是其不可或缺的功能之一。本书将此类构件称之为建构空间性木构件。

（1）木门斗。

门斗是指在建筑的出入口位置设置的一个小的过渡性空间，用于隔绝外部冷空气，达到保暖功效。设置门斗，在建筑入口处形成双层外门形式，对于地处气候寒冷地区的建筑来说，是比较实用的，因此，在绝大多数中东铁路职工住宅中，建筑的出入口位置都会设置一个或者多个木门斗来保暖。这些门斗形态各异，但总体呈现出一些共同性的特点。一般来说，屋顶形式会影响建筑的平面形式、内部空间形式、整体造型等，因此，根据实际情况，本书讨论的多数木构件也是按照屋顶形式的不同来进行归纳整理和分析的。

按照屋顶形式的不同，木门斗大致可以分为四种样式，分别为双坡式、单坡式、多坡式及平顶式，这几种木门斗在细节处理上又分别呈现出不同的特点。

①双坡式木门斗。

双坡式木门斗是比较常见的一种门斗形式，其屋顶形式为对称的两个坡面，雨水可以顺着两坡从两侧排出，因此，其外门往往在山墙面上开启。总体来看，双坡式木门斗的构件样式的处理比较多样，其门斗样式呈现出多变的形态。按照木门斗山花样式的不同，大致可以将双坡式木门斗细分为六种不同的样式，分别为单一式、杆件式、杆件加山花板式、杆件加铁艺式、点缀式、组合式等（图2.7）。在这些双坡木门斗中，有些门斗的山花装饰比较精致，而有些门斗的山花装饰则是简单的结构构件所呈现的形态，没有多余的装饰构件，显得比较朴素而单一，本书称这种门斗为单一式双坡木门斗。杆件式双坡木门斗则是指门斗山花部位的装饰只有光洁的、纵横相交的木杆件，是俄式传统装饰手法中比较多见的样式。在木杆件装饰的基础上，有些门斗的木杆件之间添加了经过雕刻的山花板，组合起来呈现出一定的花纹或韵律，增添了门斗的美感，这种门斗即是杆件加山花板式双坡木门斗。铁艺作为新艺术运动的一个鲜明要素，其铁件的艺术通过模仿植物、昆虫等自然事物来表达，把铁艺有机的抽象线条运用到木门斗之上，门斗则显得更为精致，这也是木材与其他材质巧妙结合的表现之一，这种木杆件间添加铁艺的门斗为杆件加铁艺式双坡木门斗。有些门斗的山花部位既没有木杆件，也没有山花板或铁艺装饰，只是在山墙挑檐的边缘密密地装饰一排或两排线脚，其边缘形态是俄式传统的装饰样式，有半圆式、尖角式等，这些线脚装饰同样为门斗增添不少色彩，为点缀式双坡木门斗。另外，在双坡木门斗样式中，还有一种相对较为复杂的形态，本书称之为组合式双坡木门斗。这种门斗几乎集合了以上几种山花装饰构件要素，有木杆件、铁艺装饰、点缀线脚等，因此，这种门斗样式是比较考究的一种双坡木门斗。

a 单一式　　　　　　　　b 杆件式　　　　　　　c 杆件加山花板式

d 杆件加铁艺式　　　　　e 点缀式　　　　　　　f 组合式

图 2.7　双坡式木门斗的形态

②单坡式木门斗。

单坡式木门斗并没有双坡式木门斗那么广泛地被使用，但其使用情况则比较灵活。由于这种门斗的屋顶坡度是单向向外的，因此，其外门的位置一般不固定，按照实际使用情况，有的位于门斗的侧面，有的则位于门斗的正面（表2.10）。这样的外门布置使得建筑的流线设计比较多变，能够使门斗最大限度地被使用。从外形来看，单坡式木门斗显得比较简易，屋架形态同单坡式屋架样式，且没有双坡木门斗上的任何装饰要素，只是简单的板条拼合，建造时相对省时、省料。可见，这种木门斗并不追求华丽的外形，只满足了最基本的功能需求。

表 2.10 单坡式木门斗形态比较

	正开门式	侧开门式
特点	门斗屋顶坡度单向向外，入口位置较为灵活；外观一般比较简易，不如双坡式木门斗使用普遍	
入口位置	位于门斗正面	位于门斗侧面
形态示意		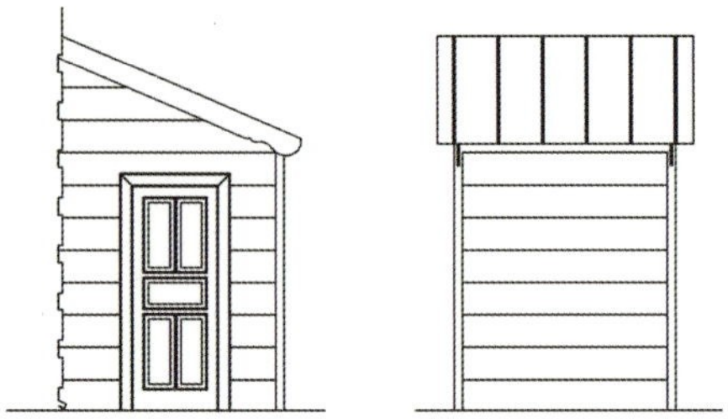
实例	 	 

③ 多坡式木门斗。

多坡式木门斗在中东铁路历史建筑中并不多见。其屋面形式有正多边形式多坡顶，也有简单的三坡顶。与此相对应，其平面形式有和屋面形式一致的正多边形，也有常规的矩形。例如，一面坡站原俄国领事馆的平面及屋面都是正多边形，其檐部向外挑出，屋身镶嵌面积较大的玻璃，整个门斗显得比较轻盈。同时，此门斗的檐下挡板及门斗基部都装饰有花饰，并配合比较鲜明的色彩油饰，使得门斗整体看起来比较独特。与此相对比，烟筒屯一俄式住宅的门斗则比较简洁，门斗平面为矩形，屋面为三坡顶，屋身为朴素的木板拼合（图 2.8）。

④ 平顶式木门斗。

相比于其他形式的木门斗，平顶式木门斗并不多见。以哈尔滨一平顶式木门斗为例，其檐部层层向外出挑，没有建筑檐部常见的装饰线脚或花饰；中部墙体为板条拼接，采用了 45°花式拼接方式，板条的外侧增加一定的"骨架"，确保板条的牢固性及整个门斗的墙身的稳定性。总体来看，整个门斗的构件的线条较粗大，外形比较敦实（图 2.9）。

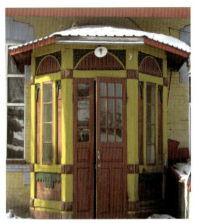 

图 2.8　多坡式木门斗形态　　图 2.9　平顶式木门斗形态

（2）木质阳光房。

阳光房，又名太阳房，是可以利用太阳能来调节建筑室内温度的空间。在中东铁路职工住宅中，多数房屋一侧都会布置阳光房，这种模式不仅可以调节室内温度，同时也与俄国人的生活习惯有关。阳光房表面的玻璃比重较大，因此，在冬季，阳光房白天像集热器一样，可以吸收并保存太阳能，使建筑室温下降速度减慢，从而达到保暖的作用。居住者可以将其布置为花房或是休憩的场所；在夏季，它又可以作为建筑室内与外界环境的一个缓冲区，当把阳光房与室内相连的门窗关闭时，室内其他空间可以保持一个相对温和的环境，达到隔热的功效。

按照屋面形式来看，阳光房可以大致分为四种样式，分别为单坡式、双坡式、三坡式和四坡式。

①单坡式阳光房。

单坡式阳光房是比较常见的一种样式，在中东铁路沿线各附属地均有出现。多数阳光房会位于建筑朝阳一侧的山墙面上，坡面向外。其中，在单坡屋面的基础之上，又出现了两种不同的单坡形式：一种为传统的单坡屋顶，屋面是单一的坡面；而另外一种则是在垂直坡面的方向上穿插一个小的双坡屋脊，这样的做法不仅为屋面提供了两条分水线，起到部分有组织排水的作用，同时也为传统的单坡屋面增加了动态感觉，且不影响单坡屋面主要的坡度走向，本书称之为"起脊式"阳光房。类似这种穿插屋脊的做法在其他样式的阳光房中也比较常见，本章后面将对其进行讨论。

除了单坡屋面之外，阳光房的中部墙身都会做大面积的玻璃进行采光，因此，相对于木门斗及厚实的建筑墙体，整个阳光房就会给人以非常通透的感觉。另外，由于阳光房的下部墙身也为木质，所以通常阳光房会坐落在一个台基之上，形成一定的室内外高差，保护阳光房免受地面湿气的侵蚀（表 2.11）。

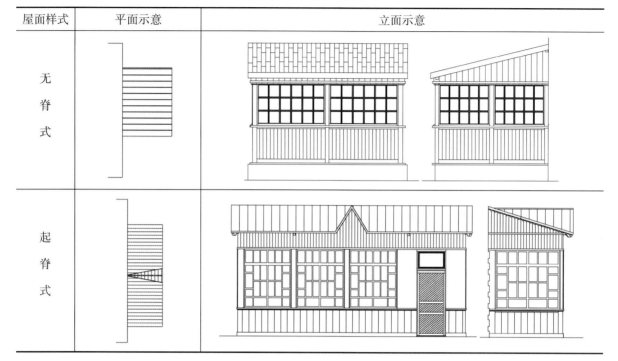

表 2.11 单坡式阳光房形态

②双坡式阳光房。

双坡式阳光房的屋架为双坡式三角屋架，从整体来看，这种阳光房就像一个小的双坡式建筑，和主体建筑的形式类似（图 2.10）。由于其与主体建筑的结合感觉不是很贴切，有时甚至显得有些突兀，所以，这种类型的阳光房并不多见。

和大多数阳光房类似，双坡式阳光房中部墙身也会运用大面积玻璃来保证良好的采光，上部和下部墙身则由木板拼接而成，外形比较朴素。

③三坡式阳光房。

三坡式阳光房是比较传统的一种样式，一个面靠在建筑外墙上，三坡顶的屋面就很好地贴合在建筑的一侧，而不显突兀，所以这种阳光房也经常被使用。

与单坡式阳光房相似，这种类型的阳光房也有两种不同的屋面形式，一种是朴素的三坡屋面形式，另一种是在坡面起脊的形式。由于这种阳光房有 3 个坡面，因此，其起脊的数量也不止一个，有的时候在 3 个坡面都会穿插一个小脊，形成颇具动感的屋面。

另外，在此类阳光房的表面有时会有一些俄罗斯传统的装饰要素，使得阳光房的形象更加精致，由此也可以看出，这种样式的阳光房发展得相对比较成熟（表 2.12）。

a 满洲里站铁路职工住宅　　　　　　　　　b 横道河子站铁路职工住宅

图 2.10　双坡式阳光房形态

表 2.12　三坡式阳光房形态比较

屋面形式	屋面示意	实例	
无脊式			
起脊式			

④四坡式阳光房。

由于这类阳光房并不是依附于建筑的某一侧墙体,而是作为建筑上层空间的一部分而存在,因此它可以保留完整的4个坡面。此类阳光房已经不是传统意义上的阳光房,而是阳光房的一种变形,其仍然可以吸收大量的阳光,但功能已经转变。例如,原中东铁路中央医院妇科病房的阳光房就落在建筑一层之上,功能也已不再是冬季花房;原中东铁路官员住宅的二层阳光房为全木构造,墙身已没有传统阳光房那么通透,但其玻璃窗的面积仍比同类建筑要宽敞很多,仍有阳光房的痕迹保留(表2.13)。

表2.13　四坡式阳光房形态

屋面示意	实例	
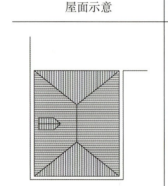	 原中东铁路中央医院妇科病房	 原中东铁路官员住宅

(3)木质敞廊。

敞廊,即位于建筑物的正面或侧面开放的、带有屋顶的廊道。在不同类型的建筑中,其功能不尽相同。例如,住宅中的敞廊主要供人们遮阳、小聚、摆放花卉等,餐厅中的敞廊主要为人们提供吃饭、小聚、休息的空间,俱乐部的敞廊主要为供人们休闲、集聚的场所,车站中的敞廊主要为旅客提供等候、集散的空间,等等。但是,这些敞廊都有一个共同特征,即都是为人们提供不同程度的集会场所的空间。而在不同类型的建筑中,敞廊的形态、与建筑的关系等要素都不太相同。按照敞廊不同的围合形态,可将其分为三类,即侧廊式、半周围廊式、独立式。

①侧廊式敞廊。

侧廊式,即敞廊位于建筑的一侧,正面或者侧面,形成的开敞的空间。这种类型的敞廊在住宅建筑中比较多见,也是比较常见的一种敞廊样式。这种侧廊式敞廊自身的形态也比较多样,有单层落地型、单层架空型、双层并连型等多种类型(表2.14)。

扎兰屯一铁路职工住宅的正面一侧的敞廊就是单层落地型敞廊的典型代表。其敞廊直接落于地面,廊架一侧贴于建筑墙面,另外三面由立柱支撑,廊架底部围有栏板,柱顶之间有装饰格栅,屋面为三

表 2.14　侧廊式敞廊形态比较

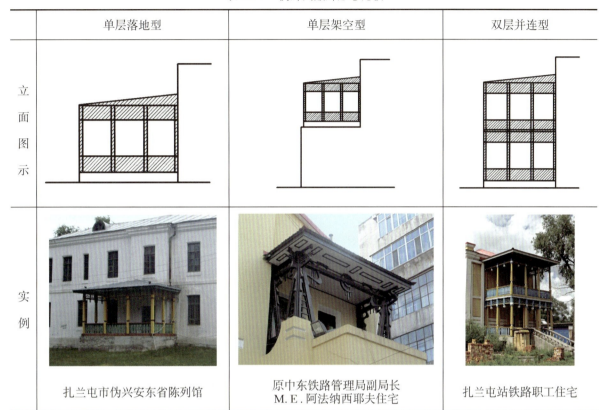

坡顶，整个廊架面对一片开阔的绿地，是一处具有怡人风景的休憩场所。其实，这种单层落地型的敞廊实例还有很多，如肇东车站站房一侧的廊架，既没有下方的栏板，亦没有上方的装饰格栅，仅仅是简单的立柱、单坡屋面，为旅客提供等待的空间，形态非常简洁大方。

对于单层架空型敞廊来说，其格局与阳台很相似，可以看作是开敞的阳台。从目前收集到的资料来看，这种类型的敞廊中有一种极具特色的新艺术风格样式的廊架，其四角支柱、屋面托手、线脚装饰等都是模仿花卉等植物的曲线，表现出浓郁的新艺术风格特点。其屋面类型有单坡顶和拱顶两种。由于这种类型的敞廊造型精美而时尚，因此只在中东铁路高级官员府邸中才会出现。另外，在中东铁路历史建筑中，也有一些比较简易的单层架空型敞廊，它们的四角是比较规整的立柱，只在屋面檐部或檐下做简单的俄式传统装饰，屋面大多为单坡顶。

双层并连型敞廊并不多见。其上下两层廊架垂直并置，共用同一个屋面，但每层敞廊又比较独立，具有各自的立柱、下部的栏板、上部的格栅、局部的装饰等。上下两层廊架合在一起置于建筑一侧，通透而大气，使得廊架在提供使用功能的基础上，也为建筑增色不少。例如，扎兰屯一铁路职工住宅的侧面山墙各有一个双层并连型敞廊，为每一层的职工宿舍使用者提供一个与室外接触的平台，其在某种程度上丰富了职工宿舍的使用环境。每层敞廊都有俄式传统雕刻构建装饰的栏板与格栅，且在檐下及两侧敞廊连接的部位都有层层的俄式线脚作为装饰，非常精美。

②半周围廊式敞廊。

不同于侧廊式敞廊，半周围廊式敞廊至少要与建筑的两个墙面紧密贴合，与建筑形成半包围的关系，其围合性更强，与建筑的关系更为密切。哈尔滨松花江沿岸的江畔餐厅敞廊就是这种敞廊的典型代表，该建筑原为松花江站的站舍，因此，其敞廊具有候车、人员集散等功能。这个敞廊的形态非常引人注目，其廊架四周的柱子、上部的托手及檐下等的装饰，都是色彩比较斑斓的孔雀开屏式木构件，极具特色（图2.11 a）。

而同在江边的原中东铁路游艇俱乐部的敞廊也是半周围式敞廊，但风格与公园餐厅则不甚相同。该敞廊的立柱比较有特色，为两个一组成对出现的立柱。敞廊的下方没有木质栏板，上方的格栅板沿着敞廊密密地连成一排，其上同时嵌有玻璃。整体来看，整个敞廊沿着建筑的一侧向各面延伸，围合了建筑的3个侧面，比例适中，像一条飘带一样束在建筑的腰部，非常优美。像这种半周围廊式敞廊还有很多实例，随着其围合长度的增加，敞廊可以为建筑提供更多的室外开敞空间。因此，这种敞廊更适合稍大型的建筑，可用于餐饮活动、集会休闲等（图2.11 b）。

③独立式敞廊。

与前两种敞廊形式不同，独立式敞廊并不附属于建筑的正面或者侧面，而是站立在独立于建筑之外的一定的空间中，因此，其规模大小不受建筑平面的限制，形态也比较自由。例如，原中东铁路游艇俱乐部中有一处木质廊架高高地建在建筑之上，而没有与建筑形成围合或侧立之势，其形态相对不受建筑立面或平面的影响，屋面形式比较自由，形成起伏之势。这种敞廊可以形成比较大的规模，适合于较大范围的聚会或休闲活动，多出现在文娱建筑中（图2.12）。

2.2.3 使用功能性木构件

使用功能性木构件，即使用功能是其不可或缺的特点之一的木构件。在中东铁路历史建筑中，表达使用功能性的木构件的类型比较多，在建筑的室内与室外均有出现，下面对出现频率较高的木构件类型分别进行重点讨论。

（1）入口木质雨搭。

入口雨搭，即建筑入口部位设置的、用以遮雨的木构件。这个构件一方面可以保护木门免受雨水侵蚀，另一方面可以为使用者在走出建筑时提供一个缓冲的空间。木质雨搭在中东铁路历史建筑中比较多见，形态非常丰富，也比较有特点。按照其结构支撑形式的不同，大致可以分为柱廊式、承托式、

a 哈尔滨江畔餐厅敞廊

b 原中东铁路游艇俱乐部敞廊

图2.11 半围合式敞廊形态示例

图2.12 独立式敞廊示例

挑檐式3种类型。

①柱廊式雨搭。

柱廊式雨搭是利用柱子支撑的雨搭屋面，使室外与建筑形成一个过渡空间。雨搭下部空间的大小可以依据柱间跨度进行调整，空间格局相对比较自由。而随着雨搭支柱样式及其屋面形式的变化，柱廊式雨搭也会呈现出多样化的形态。

从雨搭的屋面形式来看，中东铁路历史建筑中有单坡顶、双坡顶、三坡顶、拱顶等形式的雨搭，如横道河子站圣母进堂教堂的入口雨搭即是单坡柱廊式雨搭；安达火车站调度楼的雨搭是单坡起脊型柱廊雨搭；肇东站候车厅的入口雨搭则是双坡顶式雨搭，同时还连接有一木质敞廊。另外，在中东铁路一些高等职工住宅中，则会有拱顶式、三坡顶式的柱廊雨搭，原中东铁路官员住宅与原中东铁路理事公馆即是典型代表。讨论到柱廊型雨搭，特别需要提到的是其支柱形态。在中东铁路历史建筑中，这些作为支撑的柱子形态多样，既有简单的竖直支柱，也有端部及腰身部位有一定线脚变化的支柱，同时还有特点鲜明、轮廓优美的新艺术风格的支柱。

总的来说，柱廊式雨搭在中东铁路历史建筑中比较多见，且通常会出现在一些大的公共建筑或者高等住宅建筑中。以横道河子站圣母进堂教堂的雨搭为例，该建筑采用柱廊式雨搭作为入口雨搭形式，雨搭屋面形式为单坡顶，与建筑主体形成半围合状态，巧妙地引导建筑的入口位置。其支柱是简洁的竖直形态，支柱的局部进行了线脚装饰，在支柱与屋面之间装饰了比较精美的挡板，支柱装饰风格与雨搭檐下保持一致，使整个雨搭成为一个完整的柱廊式木质雨搭。原中东铁路管理局宾馆入口雨搭是拱顶柱廊式雨搭的典型代表，雨搭样式是典型的新艺术风格，其柱子下部的栏板及柱子上部的托手都做成植物般自由的曲线形式，与简洁的柱廊形成鲜明的对比。由于装饰细致、形态优雅，所以这种新艺术风格样式的雨搭大都出现在比较高等的中东铁路官员府邸中，这也侧面体现出拱顶柱廊式雨搭的与众不同。安达火车站调度楼的雨搭则是单坡起脊型的柱廊式雨搭，其屋面形式为中央突起一个屋脊的单坡屋面，屋脊正好位于建筑入口的中心位置，可以起到强化建筑入口的作用。这个雨搭以外端两根柱子作为支撑，屋面和山花处用板条拼合成面，边缘处做俄式传统的尖角雕饰，其他部位则再没有任何装饰，整个雨搭的造型非常简洁、利落。这种样式的雨搭在中东铁路历史建筑中并不多见，其屋面样式与上文提到的阳光房的屋面样式的做法非常类似。而肇东火车站候车厅的雨搭则是双坡顶柱廊式雨搭，它与建筑的单坡敞廊相连，为车站提供更大的候车空间。这个雨搭的形态比较简洁、大方，柱子与双坡屋面之间设计了一定高度的挡板，可以更好地防止雨水从两侧侵入。同时，雨搭的挡板与柱间还设置了十字托手，可以更好地保证雨搭的整体稳定性（表2.15）。

表2.15 柱廊式木质雨搭形态

屋面形式	单坡顶	拱顶	三坡顶
雨搭形态	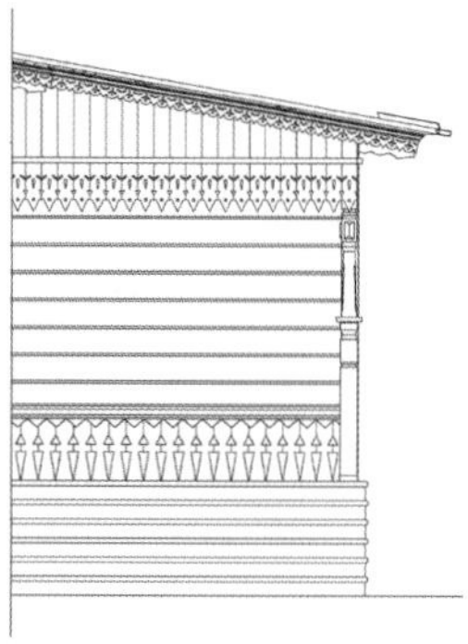 横道河子站圣母进堂教堂	 原中东铁路理事公馆	 原中东铁路官员住宅
屋面形式	双坡顶	单坡起脊型	双坡顶
雨搭形态	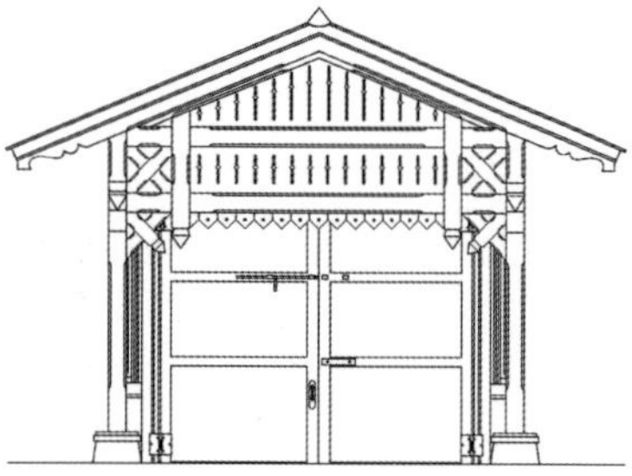 安达火车站行包房	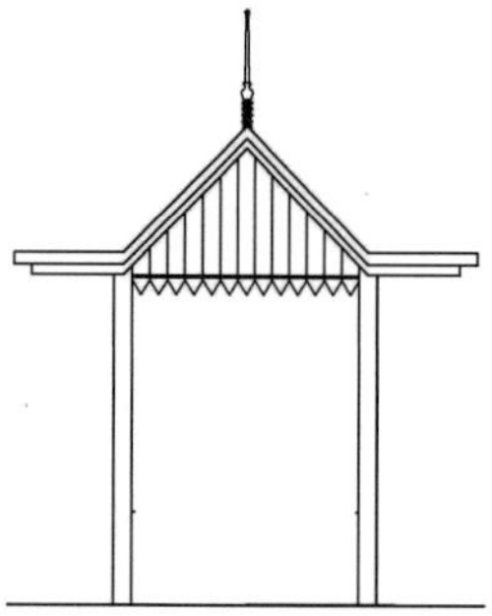 安达火车站调度楼	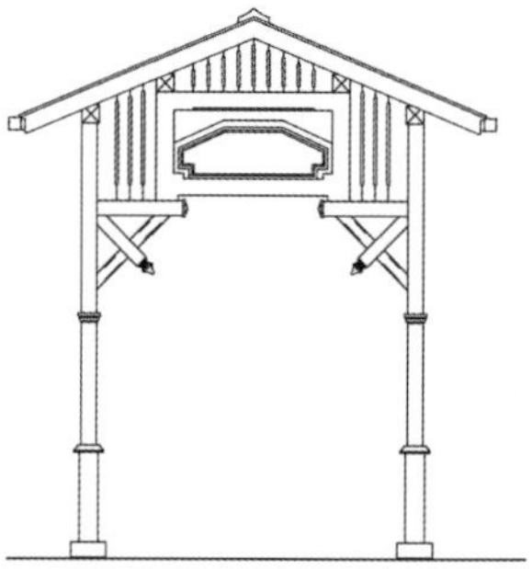 肇东火车站候车厅

②承托式雨搭。

相比于柱廊式雨搭利用柱子作为支撑结构，承托式雨搭则是利用雨搭下方的三角杆件作为支撑体。其中，最简易的三角杆件则只是利用一个紧贴墙面的立柱和一个支撑雨搭屋面的斜撑，与雨搭挑檐共同构成稳定的三角框架。另外，一些承托式雨搭则还在三角杆件上进行一定的装饰和变形，有的在三角杆件的尾部进行雕刻；有的在三角杆件之间增添木板，这些木板在一定程度上可以防止雨水从雨搭的两侧侵入，同时，使用者还在这些木板上做一些俄罗斯风格的雕刻，与建筑风格相互统一；有的则将平直的斜撑转变为优美的弧线型，为雨搭增添一份美感。

除此之外，由于雨搭屋面形式不同，如单坡顶、双坡顶、拱顶等，所以承托式雨搭的形态也不尽相同。其中，单坡顶承托式雨搭与双坡顶承托式雨搭比较常见。单坡顶承托式雨搭比较简易，仅在檐下做简单的雕刻。与单坡顶承托式雨搭相比，双坡顶承托式雨搭的设计更为合理，因为雨水可以沿着雨搭的坡面从两侧排出，方便人们使用。同时，双坡顶承托式雨搭也能够覆盖相对较大的雨搭空间。另外，在雨搭的装饰方面，双坡顶承托式雨搭有更大的装饰空间。在双坡顶承托式雨搭中，其两坡之间的山花部分及檐下部分都是装饰的重点，装饰手法与双坡式木门斗类似，有的简单点缀装饰线脚，有的利用垂直相交的杆件做出十字式，有的则在杆件之间增加山花板，并在板上进行雕刻。因此，相比于单坡顶承托式雨搭，双坡顶承托式雨搭通常做得更为精美。拱顶承托式雨搭与单坡顶承托式雨搭类似，形式比较简易，这种雨搭在中东铁路历史建筑中出现的频率较小，仅在一些住宅建筑中出现（表2.16）。

③挑檐式雨搭。

不同于柱廊式和承托式雨搭，挑檐式雨搭的檐下既没有柱子作为支撑，也没有三角杆件作为支撑，从外形来看，这类雨搭只是简单的檐部挑出，样式简洁（图2.13）。

图 2.13 挑檐式雨搭形态示意

表 2.16　承托式木质雨搭形态

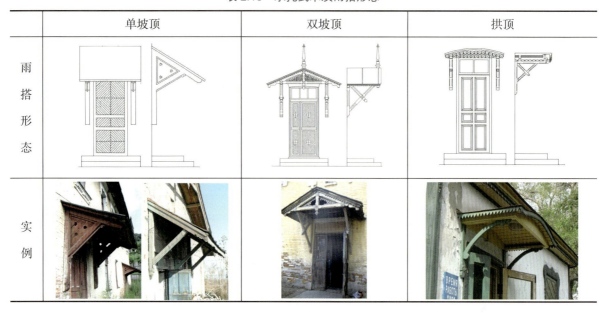

昂昂溪火车站候车室的入口雨搭即是拱顶式挑檐型雨搭的典型代表。其屋面形式为拱形，雨搭正面檐下用纵横交错的木杆件作为装饰，是俄国建筑的传统装饰手法，样式简洁、大方。挑檐式雨搭的另一实例则是哈尔滨原吉黑榷运总局的入口雨搭，其屋面形式为三坡，上面覆有瓦件，雨搭内侧用光洁的木板拼接，形成了良好的外观效果。

（2）立面木质门窗。

门窗，是建筑立面中表现力最为丰富的一部分。对于大部分窗来说，木材并不是作为主要表现部分，而只是作为窗框及窗的连接杆件而呈现的。对于木门主要组成部分的门扇来说，木材在其中占有很重的分量。中东铁路历史建筑中木门有多种不同形态的门扇，其中有些类型的门扇还具有鲜明的俄式特色。那么，按照门扇的不同构成形态，大致可以将立面木门分为拼花木门、木板门、棋盘木门、镶玻木门 4 种类型。

①拼花木门。

拼花木门，即木门的门扇由一条条细长的木板花式拼接而成，形成具有一定规律的木门纹理，包括 45°斜式对称型纹理、向外辐射的回字形纹理等。在中东铁路历史建筑中，拼花木门非常常见，其经常被使用于各种住宅、公共建筑中，是俄式建筑特有的木门类型。拼花木门的开启方式也很多样，有单开门式、子母门式、对开门式（图 2.14），甚至还有门连窗形式的拼花木门。在木门的构成方面，有的木门只具有结构单一的拼花门扇，有的木门的门扇上方有可以透光的、带有亮子的拼花门扇，而亮子的形态可依据门洞形式的不同而有矩形、弧线形、三角形等不同样式。

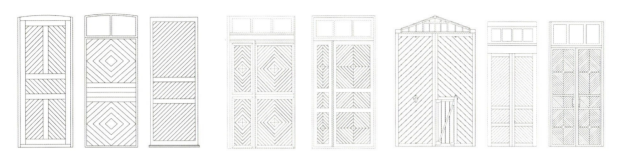

a 单开门式　　　　　　　b 子母门式　　　　　　　c 对开门式

图 2.14　拼花木门形态比较

②木板门。

木板门，其门扇基本是由宽度不等的纵向木板拼合而成的，门扇周围还围合有一圈边框。有的门扇上还会有长短不等的、横向钉牢的铁条，以保证门扇的牢固性。木板门是比较朴素的一种木门，做法简单，但气密性差。相比于拼花木门，木板门在中东铁路历史建筑中的使用不是很频繁，常见于一些仓库建筑的外门或者院落的大门等。按照门洞大小，木板门有单开门、对开门等不同形式（表2.17）。从构成形态来看，木板门没有额外的亮子，只有单纯的门扇。

表 2.17　木板门形态比较

	单开门式	对开门式		
立面图示				
实例	姜家站舍仓库	姜家站舍仓库	横道河子站冰窖	扎兰屯站仓库

③棋盘木门。

棋盘木门，其结构部件由空心门梃和大梁构成，平面或凹面门板在其位置上由门梃和大梁固定住，形成棋盘格式布局。与拼花木门类似，其开启方式有单开门式、子母门式、对开门式等不同样式（表2.18），门扇上方也有可以透光的亮子，亮子的形态依据门洞形式的不同而有平直形、弧线形、尖券形、圆券形、马蹄形等不同样式。棋盘木门在中东铁路历史建筑中也比较常见。

表2.18　棋盘木门形态比较

	单开门式	子母门式	对开门式
立面图示			
实例	 哈尔滨江畔餐厅	  烟筒屯站铁路职工住宅 / 扎兰屯站铁路小学	  横道河子站铁路职工住宅 / 哈尔滨俄式住宅

④镶玻木门。

镶玻木门，即在门板局部镶嵌玻璃，形成可视窗，视线可以透过玻璃。不同的镶玻木门上，可视窗的大小、数量、形态、位置等要素都不尽相同，如有常规的窗口，也有格栅式的窗口；有矩形窗口，也有自由曲线形窗口；有的窗口位于门扇上方，有的则位于门扇的一侧。可视窗的这些要素都是根据需要进行变化的。门板有凹板、凸板等样式，在其上也会有一些雕刻或花纹以增加门扇的美感。与拼花木门和棋盘木门类似，其开启方式也比较多样，有单开门式、对开门式、子母门式等样式，门扇上方有可以透光的亮子。镶玻木门在中东铁路历史建筑的住宅与公共建筑中均有出现（图2.15）。

| a 一面坡站原铁路医院 | b 原中东铁路管理局 | c 哈尔滨俄式住宅 | d 原哈尔滨中俄工业学校 |

图 2.15 镶玻木门形态示例

（3）木质气窗。

为了防止建筑上层屋架因闷热、潮气等霉变或腐朽，在坡屋面建筑中常会设置通风用的窗，称为气窗。这种窗通常一年四季都开着，主要作为建筑内部与外界换气的通道。在中东铁路历史建筑中，木质气窗的使用不在少数。按照其在建筑中的不同位置及形态，可以将木质气窗分为 3 种类型，即屋顶老虎天窗、屋顶凸起式天窗、山墙气窗。

①屋顶老虎天窗。

在屋顶部分的天窗中，老虎天窗是比较常见的一种类型，它的作用主要有两个方面：一方面，其有利于建筑屋架部分的通风换气，可以保持木屋架部分的干燥；另一方面，在有些建筑中，它也有采光的作用。但本书只讨论屋顶老虎天窗的形态而不讨论其功能，因此，按照最原始属性，可将老虎天窗归于木质气窗的一种类型讨论。按照屋面形式的不同，老虎天窗大致有单坡式、双坡式、券式、三角式等不同的类型。

a. 单坡式屋顶老虎天窗。

老虎天窗的屋面为单坡顶；在不同的建筑中，老虎天窗窗扇的类型不同，有单纯的木板拼接的窗扇，也有百页型窗扇；老虎天窗的面宽也不尽相同，有单个窗扇的，也有横向延伸 3 个甚至 4 个窗扇的。由于单坡屋面可以很好地解决老虎天窗自身的排水问题，所以老虎天窗墙体部分都为直接裸露在外的木材，没有铁皮包覆，仅在屋面做铁皮保护。同时，在有些建筑中，老虎天窗的檐部会有一些简单的装饰，外观更为精致（表 2.19）。

表2.19 单坡式屋顶老虎天窗形态

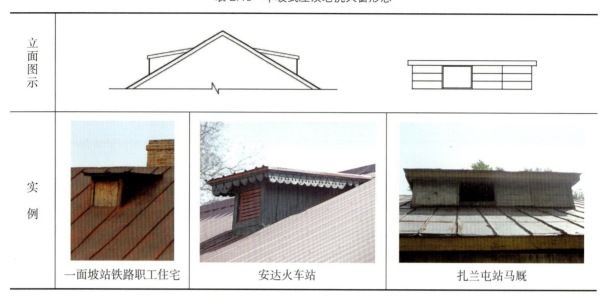

立面图示		
实例		
一面坡站铁路职工住宅	安达火车站	扎兰屯站马厩

b. 双面坡式屋顶老虎天窗。

老虎天窗的屋面为双坡顶；老虎天窗的窗扇形式多样，有简单的木板拼接形式，有镶装玻璃的形式，同时也有百叶形式等；老虎天窗的窗扇不局限于单开门式，有些建筑中也会出现对开门式窗扇。由于该类型老虎天窗为双坡屋面，其檐部周边会有挑檐向外挑出，以利排水，因此，与单坡式屋顶老虎天窗相同，此类型老虎天窗的木质墙身大都裸露在外，仅在屋面做铁皮保护，并没有整体包覆铁皮等保护构件，所以可以很直观地看到木质墙身。双坡式屋顶老虎天窗形态示意如表2.20所示。

c. 券式屋顶老虎天窗。

老虎天窗的外部轮廓是一个木质拱券，而内部则是由木板沿着券身拼合而成的"骨架"。不同建筑中，发券的类型有很多，有半圆券式、券身式、尖券式等（表2.21）。此类老虎天窗正面的窗扇主要有两种类型：一种是简单的木板拼合而成的窗扇，有横向拼合，也有纵向拼合；另一种是镶装玻璃的窗扇。一个比较有趣的现象是，与前述两种老虎天窗不同，券式屋顶老虎天窗外侧都包覆一层铁皮，与整个建筑的铁皮屋面连在一起。其原因在于，券式屋顶老虎天窗没有檐部向外挑出，虽然其"骨架"部分是用木板拼合的比较光滑的半圆券或尖券，但是并不利于老虎天窗自身的排水或者防水。所以，为了避免雨水从木板拱券的缝隙侵入，同时也使雨水快速排出，券式屋顶老虎天窗木质券身的外侧都包覆有一层铁皮。

表 2.20 双坡式屋顶老虎天窗形态

	板门型	百叶型	镶玻型
立面图示	 	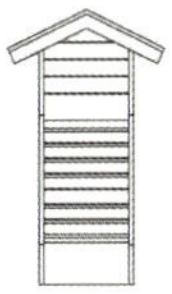 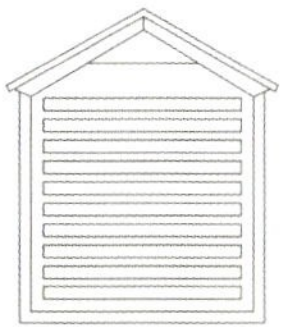	 
实例	 		 

表 2.21 券式屋顶老虎天窗形态

	半圆券式	券身式	尖券式
立面图示	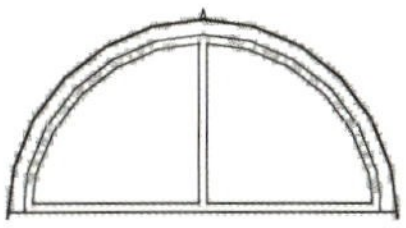 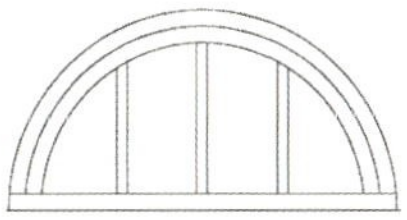	 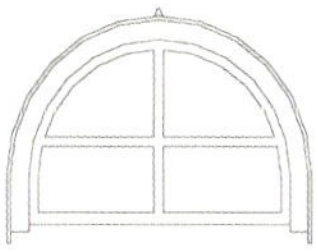	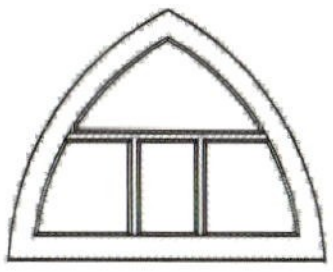
实例	 	 	

d. 三角式屋顶老虎天窗。

在中东铁路历史建筑中，有一类老虎天窗比较特殊，它的屋面形式是双坡式，但却没有屋身，从外观来看，其屋面直接落于建筑的屋面之上，形成正面为三角形轮廓的老虎天窗形式，本书称之为三角式屋顶老虎天窗（图 2.16）。三角式屋顶老虎天窗窗扇开于建筑正立面的中央部位，窗扇周围用木板拼合。由于其直接落于建筑屋面之上，没有所谓的"墙身"之说，所以其屋面直接与建筑屋面连在一起，并包覆铁皮或者配置瓦件。在中东铁路建筑中，相比于其他样式的老虎天窗，该种类型的老虎天窗并不常见。

②屋顶凸起式天窗。

除了老虎天窗，在中东铁路建筑中，还有另外一种天窗具有为建筑木屋架通风换气的功能，其天窗结构是竖向直立于屋面之上的，不同于类似横向插入屋面的老虎天窗。这种凸起式天窗的通风作用较之老虎天窗更突出，但其采光作用不强。相比于老虎天窗，凸起式天窗并不多见，但也表现出多种不同的形态。依据屋面形式来分类，屋顶凸起式天窗有双坡顶式、四角攒尖顶式、平顶式等（图2.17）；依据墙身形式来分类，屋顶凸起式天窗有百叶形式、镶装玻璃形式等。

图2.16　三角式屋顶老虎天窗

③山墙气窗。

还有一种气窗位于两侧山墙的屋架位置，本书称之为山墙气窗。山墙气窗非常有利于木屋架内部的空气流通。在中东铁路历史建筑中，山墙气窗的形态非常丰富。按照其扇窗的不同构成形态，可以将山墙气窗大致分为板条拼接型、玻璃扇窗型、百叶型三类。

板条拼接型是山墙气窗比较常见的一种气窗形式。顾名思义，它主要是由板材按照一定的方式进行拼接形成的具有不同扇面花纹的气窗形式，有竖直拼接、45°斜向拼接等不同方式。在不同的建筑中，山墙气窗洞口的类型也不同，有矩形、半圆形等。有的山墙气窗还会在板条拼接的基础上添加一些俄式传统装饰，使得气窗更加精致，横道河子站圣母进堂教堂的山墙气窗便是如此（图2.18 a、b、

a 双坡顶

b 四角攒尖顶

c 平顶

图2.17　屋顶凸起式天窗形态示例

c、d）。玻璃扇窗型山墙气窗的窗扇不是全木质的，其窗扇上镶嵌有玻璃。这种类型的山墙气窗洞口也不局限于单一的矩形洞口，部分建筑中也会出现半圆形洞口等（图 2.18 e、f）。百叶型山墙气窗的窗扇为隔而不透的百叶。百叶扇窗的设置，不仅可以达到通风和空气流通的目的，而且还可以利用百叶的斜面阻挡部分雨水的侵入。百叶型山墙气窗洞口有矩形、圆形等不同样式（图 2.18 g、h）。

（4）木质楼梯及栏杆。

楼梯是建筑中必不可少的部分。在中东铁路历史建筑中，木质楼梯并不少见，在室内与室外均有出现。按照一般楼梯制式，木质楼梯也主要包括踏步、栏杆、扶手等部分。写文章讲究"起、承、转、合"，楼梯的设计亦是如此。对于踏步来说，其设计样式比较中规中矩，形态不会有过多的变化；而楼梯栏杆与扶手则是设计师可以自由发挥的构件，他们可以在楼梯"起、承、转、合"的不同部位进行亮点设计。

因此，在楼梯设计中就会有各种形态优美生动的栏杆样式搭配扶手出现，如有宝瓶形式、束柱形式、梭柱形式、新艺术风格的曲线形式等，在此基础之上，一些栏杆样式还会衍生出许多不同比例的宝瓶、

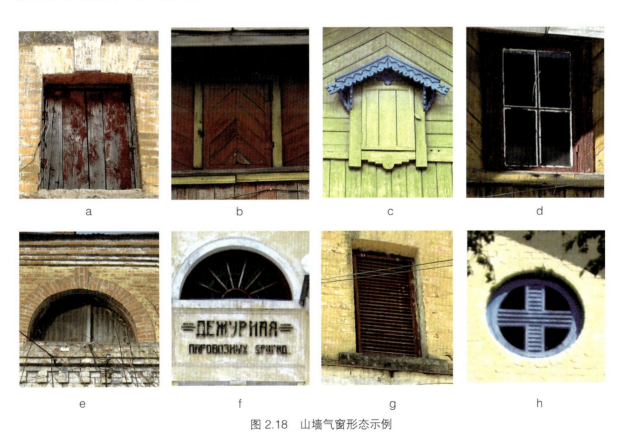

图 2.18 山墙气窗形态示例

束柱、梭柱等形态，因此，按照其单一形态分析，很难一一道尽。但是，按照栏杆的构成方式来看，其形态则比较清晰，大致可以概括为两种类型，分别是柱型和板型。

①柱型栏杆。

柱型栏杆，指除了上部扶手与下部挡板以外，楼梯栏杆由基本一致的柱型杆件组合而成，只在"起、转、合"三个部位有局部形态变化的栏杆，不影响整体构件的构成方式。如上文所述，单个柱型杆件的形态比较多样，有宝瓶型、束柱型、梭柱型、直柱型、新艺术风格型等，它们沿着楼梯走向，按照一定间距进行排列，形成韵律感。柱型栏杆是比较常见的一种栏杆样式（图2.19）。

②板型栏杆。

板型栏杆，指除了上部扶手与下部挡板之外，楼梯栏杆由雕刻好的板材单元拼合而成，同时形成一定的图案或花纹的栏杆。其中，每个板材单元并不是以自身形象的完整为雕刻要领的，而是作为组合序列的一部分而存在的，也就是说，各个板材单元组合必须按照一定的规律拼合在一起，才会显现出其真正要表达的完整形态。这也是木构件模件化构成的一部分，本书下一节将会对其进行深入讨论。这种板材拼合手法在中东铁路历史建筑的其他构件也经常出现，例如，木质墙面上部的、由板材拼合的装饰带，木质长廊下部的、由板材拼合的栏板，等等。可见，这种板材拼合手法是俄式建筑中常用的一种栏板做法，拼合成的构件在发挥各自使用功能的基础上，同时也具有很强的装饰作用（图2.20）。

（5）木质地板与吊顶。

地板与吊顶是建筑内部比较突出的两大木构件，其风格也主导着建筑的室内整体格调。而这两种木构件有一个共同的特点，即它们都是由小的板材单元拼合而成的。通过板材单元的变化，

图 2.19　柱形栏杆形态示例

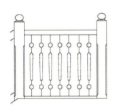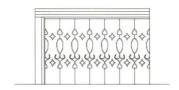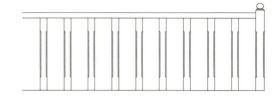

图 2.20 板形栏杆形态图

两大木构件可以表达出不同的地板或吊顶形态。

一般来说，木质地板的形态比较多样。按照板材单元的长宽比例及尺寸大小的不同，大致有两种木质地板类型：一种为条木地板，另一种是拼花木地板。在中东铁路历史建筑中，条木地板是比较大众化的一种地板类型，常见于普通的铁路职工住宅的卧室地面。它主要是由一些尺寸相对较大的条形木板作为板材单元进行拼合而成的地板。条形木板的宽度范围为 60~200 mm，但板材的长度较长，且条板的长宽比一般大于 6:1，同时，板材单元一般为平口，这使得拼合的地板不是很紧密（图 2.21 a）。另外一种拼花木地板是相对较高级的室内地面装修形式，多出现在哈尔滨中东铁路高级官员住宅建筑中。这种木地板的板材尺寸相对较小，一般来说，其板材长度在 250~300 mm 之间，宽度在 40~60 mm 之间，且板材单元一般带有企口，使得地板之间的拼接更为紧密（图 2.21 b）。总的来说，不管哪种类型的木地板，都要选用不易腐朽、变形、开裂的优质板材，如水曲柳、柞木、榆木等硬质木材。

吊顶是在屋顶或楼板层结构下另外吊挂的顶棚，用以遮挡楼板底面的不平整或者楼板底部敷设的管线等，因此，吊顶也属于使用功能性构件。在有木质吊顶的建筑中，吊顶的设计往往与地板的格调相配合，整体上给人以和谐的感受。中东铁路历史建筑的吊顶样式比较单一，主要是条木拼合的吊顶，且条木带有企口，可以紧密拼合（图 2.21 c）。

a 条木地板　　　　　　　　b 拼花木地板　　　　　　　　c 条木吊顶

图 2.21 木质地板与吊顶形态示例

（6）木质墙裙。

墙裙，即建筑内墙下部用木材、瓷砖或大理石等材料做成的墙面护板。一方面，墙裙即是内墙的"裙子"，它可以避免人在活动时摩擦到纯色墙面，保护内墙体；另一方面，通过与室内其他装修配合，墙裙也具有一定的装饰作用。它常出现于卧室和客厅，是20世纪90年代非常流行的室内装修做法，现在已经不多见。中东铁路历史建筑中有很多的木质墙裙，它们与室内装修风格统一，同时具有易擦洗等优点。中东铁路历史建筑中木质墙裙大致有三种样式，分别是竖直拼接式、井格交错式、板块凸起式。

竖直拼接式木墙裙比较朴素，也是比较常见的一种墙裙样式。其做法为：选择一根根细长的板条，将这些板条竖直按照内墙走向进行密密地排列，最后，在板条的上部和下部用层层向外突出的横向收条压边。这样形成的竖直拼接式木墙裙就会具有很强的韵律感，且在墙裙表面不会因为板条物理长度的限制而形成多余的接缝，同时墙面也不会因为墙裙而显得拖沓（图2.22）。

井格交错式木墙裙是竖直拼接式墙裙的一种变体。它的做法是：在原有竖直拼接的板条之上增添一些封条板，这些封条板按照一定比例进行井格交错，使得墙裙表面在简单木板拼接的基础上多了一些变化，形成上简下繁的墙裙效果，显得室内装修更为讲究（图2.23）。

其实，在中东铁路历史建筑中，还有很多其他木构件，如窗台板、窗护板以及室内的木质隔墙等（图2.24），这些木构件在建筑中也起着重要的功能作用。由于功能是这些木构件不可或缺的属性，因此这些构件也都属于使用功能性构件。但是在中东铁路历史建筑中，这些木构件没有形成规模，且自身形态也比较单一，因此在本书中不做逐一讨论。

a 一面坡站　　　　　b 安达站中东铁路俱乐部　　　　　c 肇东站　　　　　d 横道河子站

图2.22　竖直拼接式木墙裙形态示例

a 横道河子站圣母进堂教堂　　　　b 哈尔滨耀景街 43 号　　　　c 一面坡站原铁路医院

图 2.23　井格交错式木墙裙形态示例

2.2.4　表达装饰性木构件

"装饰"一词，对于俄罗斯传统建筑来说，并不陌生。在中东铁路俄式建筑中，装饰性的木构件作为一种艺术的表现手段凸显和强调着建筑的主要部分和细节部分，使得每个建筑因此而独具特色。通过勘察可以发现，这些装饰性木构件主要集中体现在三个部位，三个部位的装饰对应三种不同的装饰类型，即门窗洞口装饰、檐口及檐下装饰、三角山花及檐下装饰。

（1）门窗洞口装饰。

门窗洞口是一个建筑较为显眼的部分，在俄罗斯传统建筑中，一些较为重要的建筑的门窗洞口周围都会增加一些具有不同层次的保护性装饰构件，以显示建筑的与众不同。一般来说，每个建筑的门

a 木质窗台板　　　　　　　　　b 木质隔墙　　　　　　　　　c 木质窗护板

图 2.24　其他木构件形态示例

口装饰与窗口装饰是相互协调、风格一致的；特殊情况下，为了使主入口在视觉上更为突出，主入口处的装饰会更为细致，主要通过在基本的装饰要素基础上再增加一些其他装饰性要素加以强调。

对中东铁路俄式建筑进行考察后可以发现，俄式建筑中门窗洞口的装饰性木构件的形态非常丰富，每个木构件都由檐部、中部和端部组成。按照檐部的不同形态，可以大致将其分为六种样式，分别为整体山花式、中部山花式、坡顶挑檐式、平顶挑檐式、直角式、轮廓式（表2.22）。

表2.22 门窗洞口装饰构件形态比较

类型名称	整体山花式	中部山花式	坡顶挑檐式	平顶挑檐式	直角式	轮廓式
特 征	檐部为整体山花形式，装饰丰富	檐部为山花与平顶的组合	檐部顶面为四坡顶，且层层向外挑出	檐部顶面为平顶，且层层向外挑出	檐部为无山花、无挑檐的直角面板	围绕洞口轮廓进行装饰
立面图示						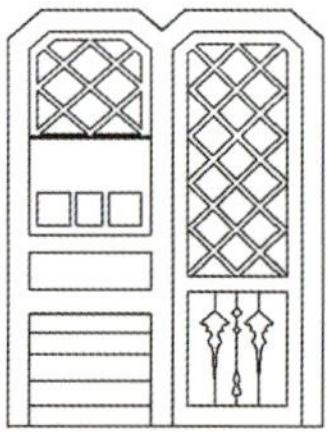
实例						

①整体山花式。

整体山花式的檐部的整体是一个大的三角山花，其又可分为两种类型：一种是山花紧贴在墙面上，且山花两腰边缘处有丰富的线脚装饰，如有的为锯齿状轮廓，有的为半圆式轮廓，其端部各有一个边缘柔和的柱状构件作为檐部的结束，这种样式主要见于昂昂溪地区。另一种类型是山花向外挑出一定距离，罩在门窗洞口之上，且山花自身有孔雀开屏式的木构装饰，色彩艳丽，如原中东铁路游艇俱乐部的门窗洞口装饰就属于此类。

②中部山花式。

中部山花式的檐部由中间一个小的山花和左右两侧的平顶组成，山花水平投影约占檐部总长的1/2左右。这种构件主要有两种做法：一种是檐部本身线脚层层向内凹进，最内侧边缘处改为锯齿状装饰，檐部的两个端部都有类似帷幔的下垂装饰性构件作为檐部的结束，同时，在窗洞口的底部也有放大的结束处理，如横道河子站俄式木屋的檐部装饰即属于此例。另一种是构件的檐部没有层层的线脚，仅是在山花处做镂空的花纹雕刻，檐部下边缘做成锯齿状与半圆形交替的装饰。

这种中部山花式构件的做法较为复杂，主要用于一些较为重要的建筑之上，如教堂、原中东铁路管理局高级员工住宅等。同时，它的形式可以根据门窗洞口的宽窄程度做相应的单元组合和主次变化，如横道河子站圣母进堂教堂。

③坡顶挑檐式。

坡顶挑檐式门窗洞口装饰构件的檐部共分为三层，最上端为一个四坡式的平顶，中部是一个上下方向凹凸的齿状装饰，最下端是类似帷幔的、上面有镂空花纹雕刻的围合件。整个檐部由下向上层层向外挑出，形式简洁而有层次感。这种样式主要出现在一面坡和横道河子，两个地方的装饰构件的细部也有一些差异，突出表现在最下层围合件的边缘处理上，一面坡的围合件边缘大部分都是半圆形构件轮廓，上部带有圆形凹槽，而横道河子的围合件边缘大都处理成锯齿与半圆形交替出现的构件轮廓。

④平顶挑檐式。

平顶挑檐式门窗洞口装饰构件就是在坡顶挑檐式的基础上将檐部最上层换成平顶，使其与下部的装饰结合成一个整体，同时在窗框与窗洞口的交接处再增加一层装饰处理所形成的构件。这种平顶挑檐式门窗洞口装饰构件无论是从下向上，还是从里到外，都是层层向外挑出的，多见于一面坡和横道河子。

⑤直角式。

直角式门窗洞口装饰构件的檐部既没有山花构件，也没有层层向外挑出，檐部位置只有一块装饰板，板面或板的边缘做简单的装饰线脚。这种样式在横道河子和一面坡都有出现，虽形式各异，但基本符合上述条件。

⑥轮廓式。

轮廓式门窗洞口装饰构件是大致围绕门或窗的洞口轮廓进行装饰，且包含较少线脚变化或细节装饰，仅在局部进行集中点缀的构件。其整体样式较为简洁，主要出现在哈尔滨地区。

（2）檐口及檐下装饰。

檐口是结构外墙体和屋面结构板交界处的部位，也是檐部结束的位置，因此，檐口及檐下就成为需要装饰的重要部位，且这里可以形成很好的建筑轮廓剪影。根据调查勘测结果，可以将中东铁路历史建筑中的檐口及檐下的装饰性木构件大致分为三种：一是结合檐部承托构件的木杆件式，二是双层挑檐式，三是单层挑檐式。

①木杆件式。

木杆件式主要是由4根相对较长的、横向贯穿整个檐部承托构件的木杆件与3根或5根相对较短的木杆件组成的。较短的木杆件纵向搭接在较长的木杆件之上，基本上是3根居中、2根至于端部的形态。相对较长的木杆件由外向内以"2+2"或"2+1+1"的方式出现（图2.25 a）。这种类型的装饰性木构件多见于原中东铁路高级官员住宅，受新艺术运动影响较多。

②双层挑檐式。

双层挑檐式装饰木构件不与檐部的承托构件结合，其檐口边缘处为内外两层装饰，内部一层装饰样式基本重复上一层的装饰样式，而每一层装饰构件又由两层装饰构件组成，形式基本上是锯齿状轮廓、半圆形轮廓或者二者结合（图2.25 b）。这种类型的装饰性木构件在横道河子和扎兰屯等地都有出现。

③单层挑檐式。

单层挑檐式装饰木构件大致就是双层挑檐式的简化版，它的檐部装饰只有一层，但是装饰样式却更为自由，有半圆形轮廓、半圆形与锯齿结合的轮廓、梯形锯齿轮廓、马蹄形锯齿轮廓等，同时，又在这些装饰轮廓上进行很多的雕刻装饰，包括镂空的花纹雕刻、凹凸的花纹雕刻等（图2.25 c）。这种类型的装饰性木构件由于装饰方式比较自由，因此在昂昂溪、扎兰屯、横道河子、一面坡等地均有大量应用，使用较为广泛。

（3）三角山花及檐下装饰。

三角山花，即建筑上部的三角形山墙所在区域，是建筑立面构图的重点部位。按照三角山花及檐下装饰性木构件的形态及构成元素的不同，可以将其分为四种类型：杆件式、杆件加山花板式、点缀式和组合式（表2.23）。

a 木杆件式

b 双层挑檐式

c 单层挑檐式

图2.25 檐口及檐下装饰构件形态示例

表 2.23　三角山花及檐下装饰构件的形态比较

类型名称	杆件式	杆件加山花板式	点缀式	组合式
特征	成直角交错搭接的两个木构件从山花顶部沿着山墙向下扩展	在杆件式的基础上，添加山花板进行装饰	山花面上无长的杆件或山花板，只有较小的木构件或细长的装饰线脚	综合以上3种类型，由杆件、山花板、点缀式构件组成
立面图示	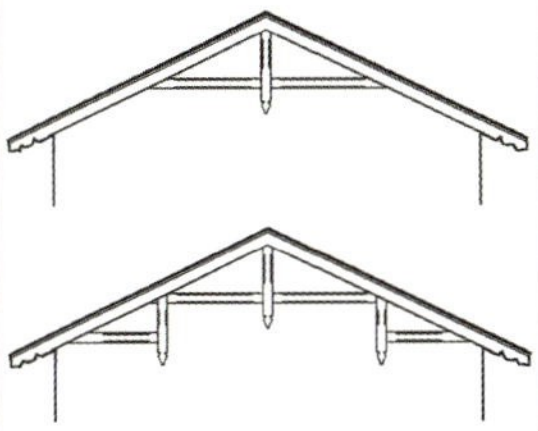	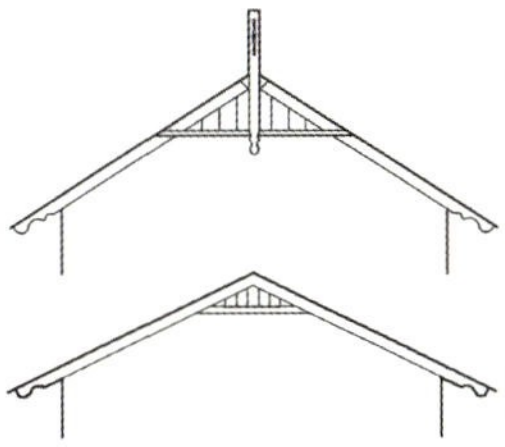	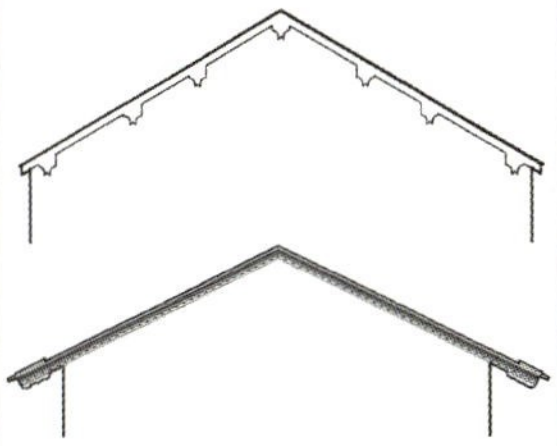	
实例			 	

① 杆件式。

杆件式装饰性木构件的基本要素是：一个单独的竖向木构杆件或者是成直角交错搭接的横竖两个木构杆件。纵向木构杆件从山花顶部出发，横向木构杆件与山花两侧相交，未搭接的部分做端部处理，处理形式各异，包括菱形、曲线形、火焰形等。在此基础上又发展了很多扩展类型，即在上述做法的基础上，沿着山花两侧继续按原有搭接方式添加杆件，使得屋面和墙体的交接处有很好的过渡。杆件式装饰木构件在哈尔滨、扎兰屯、昂昂溪、横道河子等地均有出现，其中杆件层数最多的实例是昂昂溪火车站，其竖向杆件有 7 个之多。

② 杆件加山花板式。

杆件加山花板式装饰性木构件就是在杆件式的基础上添加山花板进行装饰的构件。这类木构件中只有横竖两个基本杆件，但竖向杆件的端部处理方式会有不同，最大的特色在于山花的"编织"与雕刻。"编织"分两种：纵向小木板的依次排列、横向小木板的依次排列。在"编织"基础上的雕刻包括镂空的花纹雕刻、镂空的几何线型雕刻等。

③ 点缀式。

点缀式山花面上既没有长的杆件，也没有山花板，而只有比较短小的木构件或者细长的装饰线脚，它们沿着山花两侧对称布置，像是对山花进行点缀式的装饰，本书中称之为点缀式。其中的小的木构件的样式也有所不同，有倒钩形，有尖角形，形态各异，但基本特点都是较为短小，本身不突出。这种构件类型主要出现在扎兰屯。

④组合式。

组合式即综合以上三种类型装饰性木构件的特点而组成的构件形式，其基本要素有杆件、山花板、点缀式构件。这种组合形式主要出现于一面坡和扎兰屯。

2.3 中东铁路历史建筑木构组合方式

通过之前对单个木构件形态的分析及归类，我们对单个木构件形态已有清晰的认识，能够从更深层次的角度探讨单个木构件形态表象背后所蕴含的深层次组合现象。

中东铁路历史建筑中包含木材、砖材、石材、金属等多种建筑材料。在这些材料中，由于木材更易于加工，因此，不论是在木材自身的构筑组合上，还是在木材与其他建筑材料的构筑组合上，木构筑都表现得较为灵活、多样。此外，相较于砖构、石构等构筑形态，木构筑形态的组合方式更为多样，是非常值得研究的。而这种特点鲜明的木构筑的组合方式主要包括两个方面：一方面为木材自身的构筑组合；另一方面为木材与其他材质的构筑组合。

2.3.1 木材自身的构筑组合

通过初步对木构件基本形态的大量调查与归类可知，木材在构筑组合上存在一定的规律和特点，这也决定了木构筑的规律性和系统性。例如，在中东铁路附属地，不同地区、不同建筑的相同部位会出现较为相似的构件或形态；相同地区、不同建筑的相同部位也会出现木构形态相似的状况。再如，各地中东铁路历史建筑中，木质外墙的做法、山墙面的装饰等往往如出一辙。扩大到整个俄式木构体系后可以发现，各个地区、相同建筑的不同部位也会有相类似的木构形态的表达，只是尺度改变了，但大致比例却仍很均衡。例如，建筑檐部及檐下的装饰构件，同样也适用于木门斗、木质雨搭、阳光房、木质敞廊等多种木构件等。这些看似"不约而同"的木构形态表达，内部其实存在着约定俗成的或者成形的规律与构筑组合方式，这是木构形态特质决定的模件化的系统组合方式。

"模件"一词最初由一位德国教授雷德侯于1999年提出，他认为："零件可以大量预制，并且能以不同的组合方式迅速装配在一起，从而用有限的常备构件创造出变化无穷的单元。"他把这些构件称为模件。

整体来看，中东铁路历史建筑中，木构件的构成即是如此。无论是何种外观形态、在何处使用，木构系统中总是会有一些很少发生变化的基本要素的出现，它们可以根据某种相应的组合规则进行连接与拼装。这种方式有别于西方古典建筑形象主要以雕塑手段获得最后的建筑形态成果的方式，通过某种模件的生产,使之可以大量、快捷地被装配到相应位置,从而为整个俄式木构体系的运作提供条件。换个角度来说,这个条件也为中东铁路时期短时间内建成数量众多、变化丰富的俄式建筑提供了保障,中东铁路时期大量建筑的建造除了与当时大量的中国劳工有关之外,与模件系统也是分不开的。从中,我们可以提取出一套完整的俄式木构体系。

(1)组合要素。

模件系统是一个相对较为复杂的系统概念,而分析模件化的构成,则有必要从其最基本的构成要素入手。总结上文中对于木构模件系统中各类木构件形态的考察,我们认为,木构模件系统基本是由5个由简到繁的要素构成的形式系统,它们分别为元素、模件、单元、序列、总集(表2.24)。

表2.24 模件系统构成

分类名称	元素	模件	单元	序列	总集
特点	不可再被分割	单独的木构件	相对独立的个体	一套完整的装饰木构件	
门窗洞口装饰	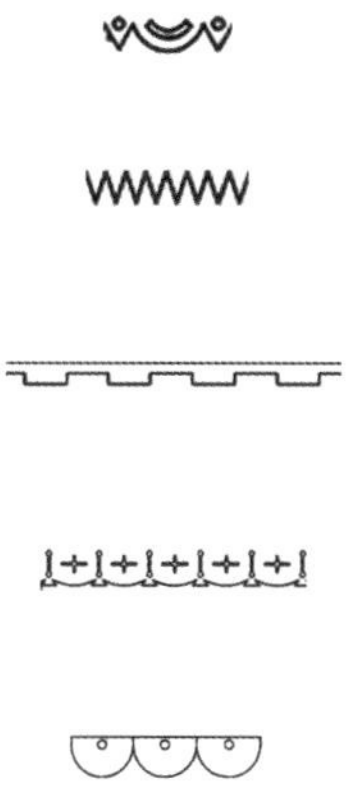				木构体系
檐口及檐下装饰					
山花及檐下装饰		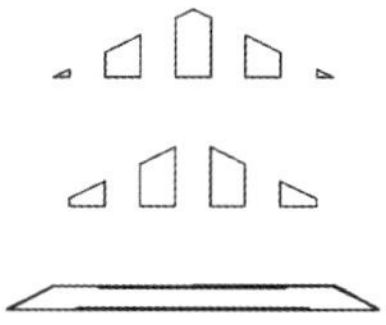	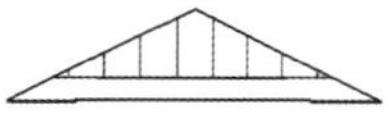	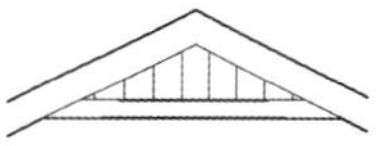	

①元素。

元素,是不可进一步分割的木构件要素,其自身不能构成一个完整的模件,是下一层次模件构成的基本要素。前文提到的装饰构件中的一个"半圆""三角""锯齿"等,即为元素;木质外墙的"矩形""圆形""45°斜切"等均属于元素的范畴。

②模件。

模件，是介于元素与单元之间的一个不太复杂的中间层面要素。它是一个相对完整的木杆件，即每个最小的木杆件都以模件单元的形式存在。这些模件在整个大的木构模件系统中趋于反复出现，常以不同的组合方式被应用于不同的单元之中。前文所说的每个"杆件""锯齿形装饰构件"即是一个模件的概念；木质外墙的每一个"矩形的板条""圆形的原木""45°斜切的板条"等，皆属于模件的范畴，且每个模件自身都带有元素的痕迹。

③单元。

单元，是由各个模件按照一定限制和规则组合而成的、相对较为复杂的个体。例如，门窗洞口装饰构件中一个单独而完整的檐部，即是一个单元；各个板条组合而成的山花板，也属于单元的范畴。模件只是单元中的一个部分，而每个单元都是相对独立的个体。

④序列。

序列，是由各个单元进一步组合而成的，连贯的、相对完整的个体。序列个体具有连续性。例如，一个完整的门窗洞口装饰，即是一个序列个体。由于序列是单元通过一定的秩序组合而成的，因此每个单元都不能随意被替换，否则序列将不成立。

⑤总集。

总集，是各个序列的总和。在本书中指中东铁路建筑中整个木构件的总和，即一套完整的木构体系。这个集合既包括结构性的木屋架的序列、木质墙体的序列，也包括功能性的木地板的序列，同时还包括各种装饰构件的序列。

以装饰性木构件为例。不同部位的装饰性木构件具有一些简单的元素；这些元素赋予木杆件最基本的特征，并形成一个基础模件；基础模件经过一定规律的拼装组合，形成一个相对复杂的装饰单元；然后，各个装饰单元再次进行进一步的拼合，形成一套完整的装饰序列；最后，每一套完整装饰序列都作为装饰总集的一部分呈现出来。扩大到整个木构体系中，不管是装饰部位、结构部位，还是围护部位的木杆件，都是由元素、模件、单元、序列等基本要素，汇集于木构体系这个大的总集之中而形成的一套完整的木构模件系统。

（2）要素特点。

如果整个木构体系要按照木构模件系统进行生产、加工、建造，则需要将以上5个层面的基本要素进行合理组合。然而，在这个组合的过程中，各个模件、单元以及序列并不是随意出现的，这些要素自身也具有一些规律和特点，如各单元中模件的尺度、数量，各序列中单元的次序、方向，以及各要素的位置及层次等。正是这些规律和特点的制约，才初步保证了木构系统模件化构成的正常实施。

模件组合为单元有很多可能性，但是这些可能性又被规则与惯例所限定和制约。当建筑的尺度为一个确定了的框架时，所有序列的尺度必须与建筑主体的尺度相匹配，推而广之，单元的尺度必须与序列的尺度相匹配，模件的尺度也必须与单元的尺度相匹配，这样才能实现一个好的搭配。因此，木构模件系统中每个要素的尺度都不是随意的，要根据建筑尺度形成的惯例而定。

相应的，各个单元中模件的组合数量也不是可以无限度增加的，它们需要与建筑尺度、比例等各方面因素协调，最终也会形成一个特定的惯例，之后的模件化生产建造需按照此惯例来进行。例如，建筑山墙山花处的木杆件装饰，其最简单的形式是两根杆件横纵交叉成十字形。在此基础上，其后又衍生出多种样式，如把杆件从中央十字的两侧分别向外做出十字交叉等。按照这种原理，十字交叉的杆件可以无限制地从两侧向外延伸，但很显然，实际情况并非如此。这种装饰构件的真实情况是，从中央出发，每侧杆件的十字交叉数量都不会超过 4 个，即这个序列中，单元的数量是有范围限定的（图2.26）。这个原则适用于笔者调研过的所有中东铁路历史建筑。

在木构模件系统中，每个模件、单元、序列等要素都具有特定的次序。以三角山花装饰序列和门窗洞口装饰序列为例，二者除了都是由大量各不相同的单元组成的序列以外，它们之间很难再找出其他的相似性，但它们之间的差异却相当显著。其实，正是由于每个单元的组合都有特定的次序，才使得如此众多的单元在各自的序列中不会迷失方向。反之，如果改变单元组合的次序，那么序列也将不再成立。

在木构模件系统中，每个模件、单元或序列的方向也是确定的。如果擅自改变其中一个模件的方向，该模件所在的单元、序列都将不再成立。以支撑结构性构件中的木屋架为例，每一榀屋架都可以看作是一个单元，只有一榀榀屋架按照大梁走向排列，才会形成一个完整的木屋架，也就是说，只有每个单元都按照一定的惯例进行排列，序列才得以正常存在。

图 2.26　不同数量的山花杆件示例

在木构模件系统中，某些特定的模件可以占据单元的哪个部分并没有严格的规定。例如，木质墙体的矩形板条既可以位于建筑的正立面，也可以位于建筑的侧立面。然而，大多数模件的位置是相对固定的。例如，木质墙体的45°斜切板条只会出现在建筑的山墙面，而不会出现在建筑的正立面；线性的镂空装饰构件只会出现在檐部，而不会出现在其他位置；山花位置的模件也只会在不同的山花位置进行变化，从不会出现在木质墙体或建筑的其他位置，等等。这就为模件组合中的替换手法的使用提供了可能性。由于模件的位置是相对固定的，因此，如果将模件的位置改变，模件自身形态也会发生稍许变化。例如，建筑主体与建筑一侧的阳光房或门斗的檐部都具有挑檐檩，不同部位的挑檐檩构件属于同一类模件，但是由于在使用过程中其位置发生了变化，为了适应各自单元中的尺度、比例等条件，模件大小等形态因素都发生了变化。

另外，模件中也存在着不同复杂性的层次，复杂的模件可以包含较为简单的其他模件。例如山花装饰构件中的竖向杆件既可以作为一个模件出现，与其他模件一起组成一个单元，也可以单独作为一个单元，出现在山花装饰体系之中。显然，木构模件系统的五个层面中的其他要素，也可以具有多重层次。

（3）组织方式。

具备了完整的模件化要素之后，模件之间需要根据某种相应的组合规则进行连接与拼装。前文中提到，元素、模件乃至单元等要素的数量都是有限的，那么如何利用有限数量的要素形成无穷无尽的组合方式就显得尤为重要。在实际调研过程中可以发现，要素的组织方式是非常多样的，本书仅选择其中比较常用的"连接""编织""置换"等手法进行说明。

①"连接"组织手法。

从建构层面讲，"连接"是一门艺术，而对于木构模件系统中模件的连接组合方式来说，其意义仅在于狭义的"连接"层面。纵观整个木构系统，模件之间、单元之间无不存在着"连接"。在遵守模件惯例的基础上，通过"连接"的方式，将各要素有序组合在一起。例如，支撑结构性构件中的木屋架的形态比较多样，有双坡式、四坡式等，但是，不管是哪一种类型的木屋架，其构成方式都是利用各个杆件进行"连接"来完成的；每一个小的立柱、斜撑都是一个模件，模件之间通过"连接"构成单元，即一榀屋架；而每一榀屋架又与大梁进行"连接"，形成一个序列。这种"连接"手法不仅存在于结构方面，也见之于装饰的表达方面。以建筑檐部及檐下装饰为例，每一个线状的木杆件即是一个模件，模件与模件之间通过"连接"的手法形成更为完整的单元，即围绕檐部排列的装饰木杆件。同理，单元与单元之间也同样形成各自的序列。木构模件系统中，正是在这种"连接"手法的组织下，模件间、单元间、序列间等要素才得以快捷地组合在一起。

②"编织"组织手法。

在木构模件系统中，除了"连接"，"编织"也是不可或缺的组织方式之一。而这种"编织"手法主要体现在两个方面：一是通过"技术"进行"编织"，二是利用"色彩"进行"编织"。

以木质墙体为例。不管是木板条墙体中一层层的板条拼接，还是原木墙体中原木的层层叠置，其中的各模件之间都有"编织"手法的运用。此为"技术"的"编织"，即模件在拼合的横向与纵向之间展示了"编织"原则。而这种"编织"手法的表现形式也是多样的，在建筑的不同位置一般可以采用不同的"编织"手法，但在多年的木构系统发展过程中也形成了具有一定惯例的"编织"手法。有别于材料自身的天然肌理，"编织"构件是经人工创造形成的肌理。

色彩的"编织"主要体现在色彩的选择与色彩的配置方面。在中东铁路历史建筑中，因俄侨的宗教信仰，建筑中色彩的运用呈现出独特的一面。在色彩选择方面，除了用材料的自然原色表现木构件之外，工匠还使用红、黄、蓝、绿等比较鲜明的色彩对木构件进行油饰。在色彩配置方面，不同色彩的位置选择与搭配方式都呈现出一定的规律性。一般来说，色彩"编织"会出现在建筑的可见位置与边界位置。例如，建筑外部的木质墙体、门斗、阳光房、雨搭、敞廊以及各种装饰等部位，都是色彩"编织"的装饰重点（图2.27）。另外，在构件或建筑界面发生变化的位置，即边界位置，也会有刻意的色彩"编织"表达。例如，作为门窗洞口与建筑的交界位置，建筑檐下及檐口等位置通常都会用色彩进行表达，以达到"编织"的效果。在色彩的组织搭配方面，色彩"编织"要遵循对比设色原则。例如，"黄与红"对比，"黄与绿"对比，"红与蓝"对比，"绿与红"对比等几种主要的对比设色组合。中东铁路历史建筑中的设色对比主要有两种类型：一种是木构件自身的设色对比；另一种是木构件与建筑主体形成的设色对比。但不管是哪种形式的设色对比，都在木构件组合过程中运用了色彩"编织"的手法。

其实，木构模件系统的"编织"过程体现了木构的特质。正是由于木构形态的易于组合性，使得木构在技术上和色彩上的"编织"得以发展，为建筑提供了更为丰富的层次，同时也延续了俄侨心中的"家园"梦想。

图 2.27 色彩"编织"示例

③ "置换"组织手法。

特定的模件可以占据哪一个单元并没有严格的规定，它可以在类似的单元结构中变换到相应的位置，此为模件组合方式中的"置换"手法。"置换"手法体现在元素、模件、单元等各个要素层面。相同的元素会出现在不同的模件中，形成尺度上的差异；相同的模件也会出现在类似的单元中，形成位置上的对应，如门窗洞口的檐部装饰中的锯齿状元素，也会以同样的形式出现在建筑其他构件的檐部，如阳光房、门斗、雨搭等构件，只是在尺度上会根据檐部的尺度进行一定的调整。因此，"置换"手法一般体现在存在"类似"的位置，如类似的檐部、类似的山花等位置。

创造新组合的一个最主要的原则就是要素的"置换"，将某些元素或者模件进行互换。例如，将山花装饰构件中山花板的模件进行互换，或将有镂空雕刻的板材与没有镂空雕刻的板材进行互换，就将产生另外一个新的单元，同样适合于原来的序列。因此，通过模件的"置换"，可以为单元或整个序列的创新提供可能。然而这种组合又不是任意的，规则和惯例限制了部分可能的选择，因为类似模件之间应有相对固定的位置，如前文所说的门窗洞口的檐部装饰也仅是"置换"到建筑的檐部装饰而已。木构模件系统中，正是在这种"置换"式的组织方式下，有限数量的模件才能形成丰富的木构单元、序列，为自如地建造建筑提供便利。

2.3.2 木材与其他材质的构筑组合

由于木构筑具有易于组合性，因此木材形态在构筑表达过程中，除了有自身构筑形态的表达之外，还有与中东铁路历史建筑中的其他材质，如金属、砖、石、玻璃等材料进行广泛性的构筑组合的表达。这些材料在性能上的差别很大，在构筑组合的过程中，它们不仅有材料表面质感上的差异表现，同时也有功能需求上的不同表达，它们的结合是功能与表现的结合。本书仅列举比较常见的材料组合进行说明。

（1）"木材-金属"构筑组合。

木材质轻，金属质硬，因此"木材-金属"构筑组合可以体现刚柔对比。在中东铁路历史建筑中，这种构筑组合比较多见。例如，阳台栏杆、楼梯栏杆等多以形态各异的铁艺表达，而木质门窗中的合页、铁制护板等也均属于这种组合类型，等等。按照表现形式的不同，"木材-金属"构筑组合大致可以分为3类：作为连接构件出现、以铁艺装饰的形式出现、作为保护装置出现。

受木材物理长度的限制，要组成一个复杂的木构件，木杆件之间不可避免地要进行连接，而金属构件以其良好的韧性成为建筑中不可多得的优质连接构件。在中东铁路历史建筑中，具有连接作用的金属杆件有铁钉、铁板、扒锯子、合页、铁链、拉手、插栓等（图2.28），通常会出现在建筑的门、窗、屋架等部位。虽然这种金属连接构件尺度一般都比较小，但却是建筑中不可缺少的构件，因此建筑中金属连接构件的使用是比较频繁的。

以木板门为例，其门扇由一条条的木板拼合而成，做法比较简易。为保证门扇的牢固性，工匠通

图 2.28 "木材-金属"构筑组合之连接构件示例

常会在门扇一侧固定若干细长的铁板，并用较粗实的铁钉钉牢，将木板很好地连接在一起。而在建筑的木屋架部分，木杆件比较多，因此，为保证屋架的整体稳定性，通常会在木杆件之间使用比较粗实的大铁钉将它们钉牢，即扒锯子。

以横道河子站机车库为例，其入口木门即是木材与金属组合的典型代表。木门的各边都用金属构件固定，四角部位又用金属板与铁钉钉牢。其使用的金属构件样式多、数量大，显示了当时工匠对于不同材质构件的运用手法的纯熟（图 2.29）。

19 世纪末期，铁艺成为当时非常流行的一种装饰手法。受新艺术运动的影响，这些铁艺构件多以植物、花卉和昆虫等自然事物作为装饰图案的素材，并呈现出各种富有动感的、曲线优美的装饰形态。

在中东铁路历史建筑中，这些铁艺表达经常出现，除了单独作为点缀装饰之外，与木构也能很好地结合在一起。通常来说，这种结合在建筑中主要有 3 方面的体现（图 2.30）。一种是阳台栏杆、楼梯栏杆部位。通常来说，除了全木质楼梯的栏杆不用铁艺之外，其他材质楼梯的栏杆扶手大都会选用

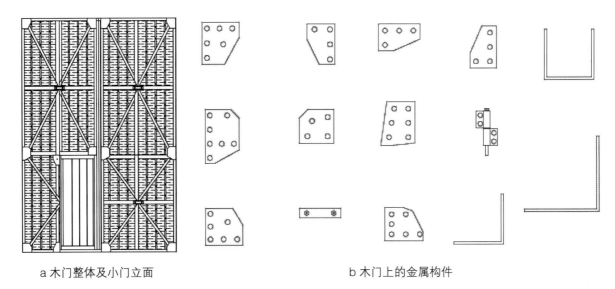

| a 木门整体及小门立面 | b 木门上的金属构件 |

图 2.29　横道河子机车库木门中金属连接构件示例

金属作为栏杆护板，金属的护板也会选用比较讲究的铁艺表达，以体现"木材-金属"的混搭风格。一种是建筑外窗的护窗部位。为了保证安全性，工匠通常会选用金属作为护窗材料。而在中东铁路的部分附属建筑中，工匠还会比较刻意地选择形态优美的铁艺护窗，与护窗内侧的木质窗户相映成趣，此为"木材-金属"构筑组合的第二种体现。另外，还有一种"木材-金属"构筑组合的铁艺表达体现在一些木构件的装饰上。例如，某些双坡顶门斗的山花部位常会选用铁艺作为装饰，与木杆件进行搭配，相较于全部木板拼合的山花，铁艺山花则显得更为通透、空灵。

受自身物理特性的影响，木材易于干缩湿胀，这就导致了其尺寸、形状和强度的变化，进而容易发生开裂、扭曲、翘曲等现象；同时，木材也有色变、虫蛀和在潮湿的空气中易腐朽等弊病。因此，在构筑时需特别注意对木材采取保护措施。一般来说，除了在木材表面刷涂防火、防腐的保护漆之外，铁皮等金属材料也可作为其外部的一道强有力的保护屏障。

在中东铁路历史建筑中，这种金属材料保护主要体现为在木材表皮或者外围做铁皮包覆（图 2.31）。一方面，可以在建筑的屋面及其雨搭、阳光房、木门斗、老虎天窗等构件的屋面铺设红色或者灰色的铁皮对木构件进行保护。从外部来看，铁皮屋面在保护木构件的同时，与温暖、柔和的木材在质感上形成刚柔对比；而从内部来看，以木屋架为例，由于内部的木质构架比较粗实，而铁皮屋面则相对比较光洁、轻盈，因此二者在体量上形成对比。以上两种比对也正是"木材-金属"构筑组合的主要特点之一。另一方面，金属作为木构件的保护材料主要体现在对木材表皮进行金属包覆上。以肇东火车站的木质廊架为例，木质柱廊的每一个木柱都立于一个小的台基之上，然后再在立柱底部用铁皮进行

图 2.30 "木材-金属"构筑组合之铁艺表达示例

包覆,这样的处理使木柱的底端隔绝了地面湿气。为了进一步避免雨雪天气的水汽侵蚀,常采用耐腐的金属制品完全包覆木柱,这样的细节同时也体现了"木材-金属"构筑组合手法可以发挥不同材料各自的优点,以弥补单独一种材料的某些不足,是巧妙而合理的组合方式。

(2)"木材-砖石"构筑组合。

不同材料给人不同的视觉、触觉和心理感受。木材在质地上给人以柔美、温暖的感受,而砖石则给人以坚固凝重、纯朴粗犷的感受,因此,"木材-砖石"构筑组合可以形成某种程度上的轻柔与牢固的对比以及精致与粗放的对比。

在中东铁路历史建筑中,除木刻楞之外,大多数建筑都选用砖材作为建筑外墙的砌筑材料,少部分建筑使用石材作为建筑外墙的砌筑材料,也有一定数量的建筑会同时使用砖石材料作为建筑外墙的砌筑材料。按照木构与砖石之间的关系处理方式的不同,大致可将"木材-砖石"组合归为两类,即

图 2.31 "木材-金属"构筑组合之保护装置示例

嵌入式构筑组合和穿插式构筑组合。

①嵌入式构筑组合。

嵌入式构筑组合主要体现在木质门窗与砖石墙面的关系处理上。不论是建筑正立面的门窗,还是建筑山墙面的通风气窗,都是通过在建筑的砖石墙面上开设洞口而达到木材与砖石的碰撞和融合的(图2.32)。在这几种不同材料的组合中,除了不同材料之间质地上的对比外,它们在面积表现方面也形成了强弱对比。在大面积的砖石墙面中,门窗的面积显得较为弱势,但是以序列形式表达的门窗洞口中的精美的木质门窗可以给凝重的砖石外墙以点睛之效。另外,"木材-砖石"构筑组合的构成方式也会有所不同。从构成方式上看,木材较易于加工,在门窗杆件拼合的过程中具有多种形态丰富且程

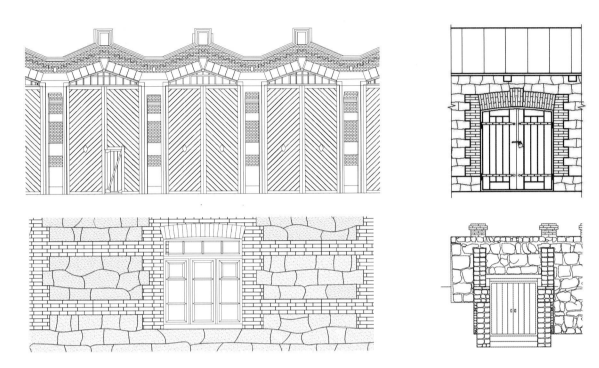

图 2.32 嵌入式"木材-砖石"构筑组合示例

式化的构成方式。例如,木质外门有简易的木板门,也有精美的拼花木门。而对于砖石墙面来说,砖材有自身的加工"单元",石材本身不易加工,因此在砖石墙面中,砖石材料呈现出来的是层层叠砌的形态。这样,砖石材料在形态表达上就形成与木材完全不同的风格,这也是"木材-砖石"构筑组合的另一特色。

②穿插式构筑组合。

在中东铁路历史建筑中,"木材-砖石"穿插式构筑主要体现为两个方面:一方面,阳光房、雨搭、门斗等较为复杂的木构件并没有与砖石墙面形成嵌入式关系,而是通过自身空间感与建筑的砖石墙面形成穿插的关系来体现"木材-砖石"的构筑组合。另一方面,砖石构筑主要以台基的形式出现(图 2.33)。对于木刻楞来说,其建筑外墙为木质,而外墙之下往往会使用规整的条石作为台基,从而形成"木材-砖石"构筑组合的形态。然而,这种构筑组合的样式也是多变的,如有的木刻楞也会选择自由形状的石材作为台基基层,再在其上叠砌几层砖材,最上部才是木质墙体,这样可以形成更自由的"木材-砖石"构筑组合形态。而对于室内的木柱来说,有的木柱下方也会使用石材作为基础,在弥补了木材长度对于建筑高度的限制的同时,也体现了"木材-砖石"构筑组合的特点。

（3）"木材-玻璃"构筑组合。

"木材-玻璃"构筑组合主要体现了建筑中"虚"与"实"的对比。相较于砖石或者金属材料等"实"的部分来说，木材显得柔美而脆弱；而相较于木材来说，玻璃材料比较通透，属于"虚"的部分，此时木材则变换为"实"的部分。

一般来说，在建筑门窗以及阳光房、门斗、老虎天窗、山墙气窗等木构件的门窗部位都会用到玻璃（图2.34）。玻璃既可以在室内与外界环境之间形成一道屏障，又可以将室外景观引入室内，加强室内外空间的交流和对话。而对于阳光房来说，其"木材-玻璃"构筑组合方式则比较特殊。由于阳光房在功能和形式上对光照的需求都较大，所以其中玻璃占有很大的比例。阳光房中，玻璃不仅出现在门窗位置，而且出现在整个阳光房的墙体部分，且面积较大，同时与木材进行组合。

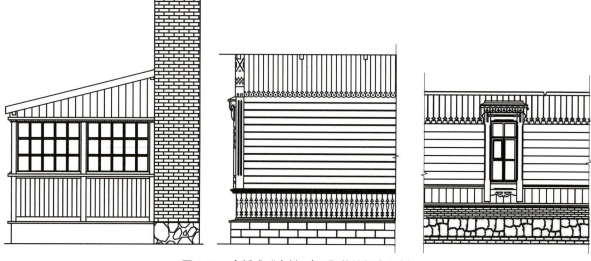

图2.33 穿插式"木材-砖石"构筑组合示例

图2.34 "木材-玻璃"构筑组合示例

2.4 本章小结

在中东铁路历史建筑中，木构形态是众多建造体系中形态非常独特的一支。它丰富的形态与灵活的构成方式显示出俄国木构传统的精湛技艺，并表现了当时的时代特征和地域特色。

木构件的特有基本属性反映着木构形态在形成变化过程中受到的制约或影响因素。在地域属性方面，中东铁路附属地特有的地理性质以及中国东北地区特殊的地理因素等在有形和无形之中影响着中东铁路历史建筑中木构形态的表达，也为俄式木构在中国东北地区的传播提供保障，可以说，木构在中东铁路历史建筑中的出现是不可避免的。在功能属性方面，不同功能属性的木构件具有不同的结构性能，不同的结构性能又决定了不同的结构做法，而结构做法又进一步影响木构件的形态。在文化属性方面，精神层面的移民文化与物质层面的技术文化在长期互相作用的过程中共同影响着木构形态的发展、变化与定型，其中移民文化对中东铁路附属地建筑中木构的发展有重要的推动作用，而技术文化则是形成木构筑形态的有力保证。

"各司其职"的木构件组织在一起，展现出丰富的木构形态。支撑结构性木构件包括多样的木屋架、木质外墙、木柱等，分别从建筑的上、中、下三个部位展现建筑承重功能不可或缺的"骨架"体系，保障了建筑的安全性，然而，它们的形态与中国传统木构架则完全迥异。建构空间性木构件通过自身围合而成的空间来为建筑服务，并表达各自不同的功能，如形态多样的木门斗、木质阳光房、木质敞廊等构件。使用功能性木构件，在建筑室内与室外皆有出现，种类较多，包括入口木质雨搭、立面木质门窗、木质气窗、木质楼梯、木质墙裙、木质地板、木质吊顶等皆以多样的形态在建筑中频频出现，为建筑提供舒适的使用功能。表达装饰性木构件，分别位于门窗洞口、檐下及檐口、三角山花及檐下等部位，用丰富的形态为建筑提供强大的视觉力量。

木材特有的构筑组合与表达方式体现出木材构筑形态的深层特质。在木材自身的构筑组合方面，其系统化的模件构成使得木材的构筑组合变得更有逻辑、更为明了，木构的形态也更为自如、多样，并使其能够大量、快捷地出现在中东铁路附属地的各个地区。在木材与其他材质的构筑组合方面，不同材料的构筑组合体现了它们的功能与表现的统一。不同材料在充分发挥各自使用功能的同时，通过刚与柔、凝重与柔和、虚与实的对比等，形成多样化的表达。这也是木构特质的一种更为直接的表达方式。

本章对木构的基本属性、基本形态、组合方式等方面进行了深入讨论，阐述了中东铁路历史建筑中木构形态的表征形式与特质。本章研究可以得出两方面结论：一方面，证实了中东铁路历史建筑中存在木构体系，并从形态角度将这个体系清晰地呈现出来；另一方面，通过对木构件形态的分类、整理，梳理和分析了中东铁路历史建筑中木构件的类别及形态，建立了一套相对完善的木构件分类系统，可以为之后的相关研究工作提供一份清晰的基础参考资料。

中东铁路历史建筑石构形态与技术
Stone Construction and Techniques of Heritage Buildings along CER

3.1 中东铁路历史建筑石材应用特性

3.1.1 就地取材性

中东铁路沿线存在着大量以石材为主要构筑材料的建筑。由于石材本身的热膨胀系数较大，所以用石材砌筑的建筑墙体较砖墙体、原木墙体更为厚重，且其保温、隔热性能也不及这两者。天然石材的密度较大，所以石材的使用具有运输不便、费用较高等问题。中东铁路沿线的矿产资源储藏量大，石材可以通过就地取材的方式获得。这样既能节省人力、物力，又能融入丰富多彩的地方特色。中东铁路沿线的矿石种类众多，且大多具有优良的材料性能，能够适应不同的建筑部位对石材的要求。此外，中东铁路历史建筑中采用的石构技术既有来自历史传承的技术，又有从当时国外引进的先进技术。石构筑展现了当时人们特有的审美情趣，打开了中东铁路历史建筑石构技术的更广阔的天地。

（1）中东铁路沿线的地理特征。

中东铁路东西线横跨我国森林、矿藏丰富的东北地区，地形以丘陵、平原、山地为主。东北地区位于我国地势第三阶梯，大兴安岭、小兴安岭和长白山分别位于西、北、东三面，呈现向西南开口的马蹄形结构，山环水绕，平原居中。优越的地理环境和气候条件为中东铁路历史建筑建造时石材的选用提供了便利条件。同时，中东铁路沿线丰富多样的矿产品种，也为当时俄国匠人营造石构建筑以及石构件创造了更多的发挥空间。

①地质和地貌。

地质和地貌能够揭示区域地下构造带的组成及当地的地形特征，对岩石等矿产资源的形成有很大影响。自满洲里经哈尔滨至绥芬河的中东铁路东西线构成了中东铁路线T字形的一横，其所跨越地区的地形较复杂，西部为大兴安岭褶皱带，东部为吉黑褶皱带，其间还包括张广才岭优地槽褶皱带等。全线平原交叉分布，地势大体为西北部、北部和东南部高，西南、东北部低，其山地包括东部山地、小兴安岭和大兴安岭三部分。东部山地以花岗岩为主，并有大面积玄武岩分布，平行山脉及谷地众多，著名的有张广才岭与老爷岭之间的牡丹江谷地，老爷岭与太平岭之间的穆棱河谷地等。

这样的地质、地貌是造就矿石的温床，为中东铁路的修建以及铁路建筑中石材的选用创造了天然便利的条件。因为石材的开采与沿线铁路车站周边地形、地貌也有着密切的联系，而采用就地取材原则充分利用了当地的资源，既能够节约成本，又能够节省时间。在中东铁路修建时期，呼伦贝尔地区内矿产十分丰富，全市探查到的各类矿产达 40 余种。伊列克德车站与乌固诺尔车站之间，石灰石的储备量巨大。伊列克德车站是位于中东铁路西线的四等站，在伪满时期又称作小岭子站，是火车爬兴安岭前加挂补机的必经之站。1906 年（光绪三十二年），俄国人开始在两站之间开采石料，后来集中在乌固诺尔站以西开采。东北地区冬季较长，解冻期来得较晚，当时每年的开采工作自 5 月起至 10 月份停止。铁路线外的开采主要集中在海拉尔南 100 km 的地方。该处有大窑，可以将石灰石烧成生石灰，于海拉尔附近一带销售。除此之外，中东铁路沿线还有许多地区因当地石材储备量丰富、采石方便，而建造了不同规模的采石厂，供应铁路建设用石。玉泉镇（现玉泉街道办事处），原名二层甸子，地处低山丘陵区，属于张广才岭西麓边缘地带。镇内矿产资源丰富，仅建筑石材与石灰石的储量就达到 2 亿 m³ 以上，并且还有大量的大理石矿产资源。中东铁路通车以后，镇内采石和烧石灰等建材工业兴起，成为中东铁路修建时期的小集镇式的采石厂。

②气候条件。

气候条件是地质条件形成的一项影响因素，进而也影响着当地建筑的形态发展以及与其相对应的建筑建造材料的选择。中东铁路东西线横跨的两个省，内蒙古自治区属于温带大陆性气候，黑龙江属于温带季风气候，两个省的共同气候特点为：冬季漫长、严寒、干燥，夏季短暂、湿润。这就要求建筑要适用于严寒天气，在建筑材料的选择上要更注重保温、隔热性能。

木刻楞、砖构与石构建筑是中东铁路历史建筑的三大类型。木刻楞采用厚重的圆木作为建筑墙体，保温、隔热性能好，但是这种建筑类型的应用范围较窄，常见于当地森林资源比较丰富的地区。砖构建筑墙体具有保温、隔热性能好，导热、散热慢等特点，能够有效保证室内温度的恒定，适于东北地区的寒冷气候。同时，砖材还有运输方便、价格便宜、经久耐用的特点，是当时应用广泛的一种经济型建筑材料。但是砖构建筑还存在自重大、热膨胀系数大等特性，在寒冷地区的冬季，其容易热胀冷缩，从而导致墙体纵向开裂。中东铁路沿线以石材作为构筑主体材料的建筑，其墙体多采用无规则的毛石直接进行垒砌，或是采用经过半加工的、不规则的多角石进行拼接砌筑，由于组成墙面的石块并不像砖材一样可以上下整齐错缝，而是根据石材不规则的边缘自由错缝，没有一定的规律可循，所以避免了墙体的纵向贯通式裂缝。石材本身具有硬度大，耐久、耐火性能较好等特点，石墙作为围护墙体还能够起到抵御外力冲击的作用。中东铁路历史建筑中还存在外石内砖的混合砌筑型墙体，其中，砖材起到良好的保温作用，石材则可以抵御外力冲击，两种建筑材料相辅相成，各显其能。

此外，东北地区温度常发生剧烈变化，并易发生土地冻融。水冻成冰时会对岩石缝隙产生挤压，当冰融化时，又会使石壁两侧向中间缩回。在这种反复的冻结和融化作用下，岩石的缝隙逐渐增大、加深，石块因此被分割开来，变为棱角状的碎石。俄国的气候、环境条件与中国东北地区相似，俄国人设计建造的中东铁路石构建筑体现出的建筑形态，也反映出气候条件对于石构建筑形态的影响。这些综合因素都为中东铁路沿线利用地形优势就地获取石料提供了条件，同时也为以石材为构筑主体的建筑的建造创造了便利，激发了俄国匠人更多的想象力，为营造更为丰富的石材建筑形态提供可能。

（2）中东铁路历史建筑石材选择。

中东铁路历史建筑中石材的选择基本上受两方面因素影响：一是便捷性，即便于取材。以扎兰屯、满洲里为例，它们背依大兴安岭，山地环绕，矿产资源丰富，不仅能供应当地建筑用材，还能够满足沿线其他站点的使用需求。二是岩石自身的物理性能、力学性能。物理性能、力学性能良好的石材能够有效保证建筑的质量。同时，石材由于自身的耐久性，作为建造材料能够为建筑留下更多时间和历史的烙印，石构建筑如同一本史书，帮助人们追溯当时特殊的文化历史背景，体会当时俄国侨民带来的异国风俗和较为先进的建造技术。

①沿线石材的品种与特性。

中东铁路沿线复杂的地形、地貌与特殊的气候特点，都对天然石材的产生形成潜移默化的影响。岩石是应用于中东铁路建设及沿线建筑建造的石材的最原始形态。岩石由各种造岩矿物组成，组成岩石的造岩矿物主要包括石英、方解石、白云石、黄铁矿等，每种造岩矿物都有其专属的颜色、特性、晶形等。由于它们在岩石中的含量决定了岩石的自然属性，因此可以根据岩石中造岩矿物的种类判断岩石的种类。不同的岩石种类具有不同的天然性能，可以满足铁路建设工程的不同需求。中东铁路历史建筑所用石材品种众多，根据岩石的种类、成因以及石材硬度划分，最常见的有花岗岩、石灰岩、大理石等。

一般来说，石材的表观密度越大，孔隙率就越小，材料吸水率也就越小，其抗压强度越高，耐久性就越好。根据表观密度的不同，可将石材分为轻质石材（表观密度≤1 800 kg/m³）和重质石材（表观密度＞1 800 kg/m³）。重质石材多应用于建筑基础、承重墙、桥梁以及构筑物的砌筑中，而轻质石材则多用于保温墙体的外表面。石材的孔隙率与吸水率的大小成正比，且石材的吸水率越小，其抗冻性就越好。石材的抗冻性也是衡量石材耐久性的一个重要标准。中东铁路东西线位于东北严寒地区，而石材作为主要建筑砌筑材料，其抗冻性会直接影响建筑的整体稳定性。此外，虽然天然石材的抗压强度相对较高，但它却属于脆性材料，其抗拉强度比抗压强度要低得多。

"花岗岩"一词由日文翻译而来，其中"花"表示这种岩石有美丽的斑纹，"岗"则表示这种岩石很坚硬，也就是有着花斑的刚硬岩石的意思。天然花岗岩主要由长石、石英和少量云母组成，岩石的外观会随这些造岩矿物含量的不同而呈现各异的粒状结构、深浅斑点，中东铁路沿线常见的花岗岩有黑色、灰色、黄色、棕色和白色等。花岗岩质地坚硬，表观密度为2 800 kg/m³左右，抗压强度为120~250 MPa，吸水率和孔隙率较小，具有良好的抗冻、耐磨、耐久性。在中东铁路修筑时期，花岗岩被大量应用于建筑物、构筑物基础及墙身的砌筑中。此外，在中东铁路沿线，石灰岩产量也很大，并且设有多个石灰岩加工厂。这些石灰岩呈块状构造，多为深灰色，表观密度为 1 000~2 600 kg/m³，质地较软，抗压强度为 22~140 MPa，常被用作铁轨下的道砟石。沿线出产的大理石具有明亮的色泽，表观密度为 2 600~2 700 kg/m³，硬度较软，抗压强度为 70~300 MPa，吸水率小，易加工、打磨，中东铁路沿线常见的大理石有纯色和花纹两大类，如纯色的汉白玉石楼梯，花纹的大理石常用于中东铁路沿线中公共建筑室内地面。

②石构技术的传承与引进。

关于俄式石构建筑的起源，要追溯到 10 世纪末，罗斯与拜占庭（东罗马帝国）交往增多，受传入的基督教文化影响，开始兴建大量石构建筑。从东罗马帝国发展来的石构建筑，经过几百年的传承，其建造技术上并没有太大的改变。1570 年，意大利建筑师安德烈亚·帕拉第奥在其所著的《建筑四书》中，提到早期欧洲的几种石墙构筑形式（图 3.1）。书中介绍了砖与石混砌的构筑方式和多种石材组合的构筑方式。从转角处砖与石的咬合交接，可以看到中东铁路历史建筑砖石转角的雏形：一种是不规则石材拼贴墙体，其立面转角处都有整齐的方石；另一种是利用木质的模具，将灰浆与石材一同倒入模具中，待凝固后就形成了坚固的石墙；还有一种用人工加工整齐的方石进行垒砌的，形成上、下层之间石块彼此错缝的石质墙体。中东铁路沿线石构建筑不仅继承了以上几种构筑方法，同时还融入了俄国匠人独有的民族文化审美和当时先进的石材加工技术等，使石构的艺术与技术得到发展。

在中东铁路修建时期，大量俄国人涌入，其中有众多的俄国商人，他们对于铁路建筑事务表现出

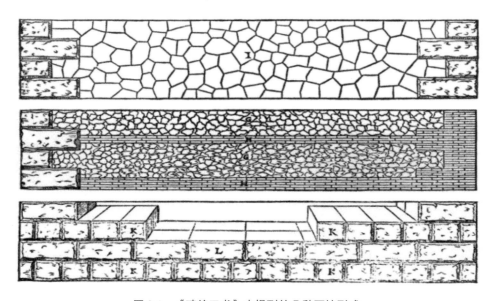

图 3.1 《建筑四书》中提到的几种石墙形式

很大的热情。在哈尔滨众多的建筑公司和建筑事务所当中，伏尔加建筑公司是一家规模最大，而且声誉良好的建筑公司。这家公司的老板 И.Л.拉波波特经常引进国外建筑领域的最新成果。他在美国获得了人造大理石的专利证书，并将这种产品推广到了许多国家。伏尔加建筑公司用人造大理石技术生产出楼面装饰板、理石地砖及相关产品。此外，这家建筑公司还是满洲里地区一系列外国建筑公司的代理机构。这为大理石地砖在中东铁路历史建筑中的广泛应用奠定了基础。在中东铁路修建时期，工业水平发展迅猛，这也影响了建筑技术的应用。随着铁路的修建，俄侨从先进的欧洲国家带来了当时盛行的人造石技术、砖石建造技术等，打开了中东铁路历史建筑石构技术的更广阔领域。

3.1.2　形态多样性

中东铁路历史建筑中，石材以单体出现的形态变化表现出其具有丰富多样性，既包含多种形态的天然石材，又包含采用当时的先进石材加工技术加工而成的人造石材，体现了当时人们对审美的追求，也是中东铁路建造技术与艺术有机结合的体现。天然石材占中东铁路沿线建筑中石材应用比例的绝大部分，并且存在原始形态和人工加工形态两种表现类型，为形成石构件的多样形态，以及石材在建筑中与其自身或其他材料形成的多样组合构筑形态，奠定了基础，是中东铁路沿线建筑石材的代表之一。

（1）天然石材形态。

天然石材在中东铁路沿线建筑材料的应用中占主导地位，其种类多样，表现形态十分丰富。本节主要针对中东铁路沿线建筑中石材以单体存在的表征形态进行分析。天然石材可分为未加工石材、粗加工石材和精加工石材三种形态类型。

①未加工石材。

未加工石材是指直接开采下来的毛石形态石材，通常没有固定的大小、形状，在建筑中通常采用直接砌筑的方式，常以厚实的砂浆填补缝隙，形成的墙面一般凹凸不平。石构建筑形态往往给人粗犷、质朴之感，但可以采用砌筑灵活的砖材对其进行细节上的补充。中东铁路沿线建筑中常见的未加工石材可简单归纳为三大类：一类是条石形态毛石，其厚度较薄、宽度较宽、分层较多，大体上呈现长条状片石形态。在砌筑墙体时，一般将条石较宽的一面进行竖向叠垒，接触面涂满砂浆。条石朝向墙外的一侧具有天然石材的粗糙、凹凸感，形成的墙面也起伏不一。一类是，"好面石"形态的毛石，也是中东铁路沿线建筑中常见的一大类型。这种毛石的体量有大有小，边缘参差不齐，特点是：一面相对平展，另一面具有直接开采下石材所具有的原始形态，形状毫无规律。中东铁路沿线建筑在采用这种毛石进行砌筑时，通常将平展的一面放置在墙面一侧，毛石缝隙之间挑选较小体量的石块进行补砌，形成的墙面相对平整。一类是碎石状毛石，这一类的毛石形态毫无规则可言，但应用十分广泛，常用于中东铁路历史建筑石质基础的砌筑，也能够用于砌筑斑驳的毛石墙面，也能够充当"好面石"墙面内部的填充石料，适用于营造多种石材墙面效果（图3.2）。

中东铁路沿线还有一些毛石经过打碎处理，形成碎屑石的形态，其主要应用于铁路的石碴，其形态各异，十分容易碎裂，能够起到保护铁轨等作用。此外，在中东铁路沿线的一些地区，因河川众多、水系发达而形成大量的鹅卵石，工匠将这些鹅卵石因材致用地与建筑砂浆混合，作为骨料，供公共建筑室内的楼梯梯段使用。未加工石材作为中东铁路建设用石，能够有效地简化施工过程，缩短建设时间，是一种经济节能的工程用石。

②粗加工石材。

粗加工石材是中东铁路历史建筑中应用比例最高的一种石材形态。经过粗加工的石材通常只有一定的轮廓形状，没有明显的棱角界限。相对于未加工石材，其形态更为细致，砌筑成的石质墙面也较有秩序性。在中东铁路历史建筑中主要存在不规则多角石和方形块石两种粗加工石材形态（图3.3）。

在中东铁路历史建筑中出现的不规则多角石形态分为粗加工形态和精加工形态两种类型。不规则多角石通常表现为不规则的几何多面体，边长、边数都是随机的，是根据毛石的大体形状进行斩凿形成的，不拘泥于一定的形式，因材制宜，能够有效地节约石料。粗加工不规则多角石相对于精加工不

a 条石形态毛石

b "好面石"形态毛石

c 碎石状毛石

图3.2 未加工石材形态类型

a 不规则多角石

b 方形块石

图3.3 粗加工石材形态类型

规则多角石而言，边缘显得不够整齐，在进行墙面拼贴砌筑时，石块与石块之间形成的缝隙也比较大，只能通过用小一些的不规则石块或砂浆进行填充，确保形成的墙体表面较为平坦。这种常见的不规则多角石料多由沿线的花岗岩加工而成，具有硬度大、耐磨性强等特点。各地花岗岩因所含造岩矿物不同，呈现出的颜色也各不相同，因此利用这种粗加工石材可形成虎皮墙面，极具特色。在中东铁路沿线的满洲里地区常见到这种形态的石材，以及用其砌筑成的石质墙面。

经过打磨、斩凿等较为简单粗略的加工方法形成的方形块石，在中东铁路沿线的建筑物、构筑物中都得到广泛的应用。这种方形块石没有规则的横平竖直的矩形轮廓，只有大致的几何形状，有时甚至带有斜边。从组成墙体的单体方形块石的外观来看，其每块石料的表面都较为平坦，但存在局部凹凸不平的情况；从砌筑形成的墙体表面来看，其墙面平整度并不高。其在墙体中的排布方式类似于砖材的层状排布，上、下层石块之间彼此错缝，从整体上给人一种整齐的方石的视觉效果。这种粗加工方形块石常见于建筑墙体、扶壁及水塔石质勒脚中。除此之外，方形块石中还有将石材的中心位置故意保留，并加工成中心凸起的石材的形态。这种加工做法的一个主要目的就是增加装饰效果。满洲里中东铁路职工住宅门窗洞口及转角隅石采用的就是这种石材，工匠在方形块石的中心有意地做出一个不规则的方形突起，增加立面转角的细节，丰富了墙面肌理。

③精加工石材。

为了满足更高标准的审美需求，中东铁路历史建筑未止步于石材的粗加工形态，进而针对不同类型建筑，或建筑中不同的功能部位采用石材精加工技术，加工出更加精致的石材形态。精加工石材是指经过凿切、打磨等一系列精细的加工程序，加工成的边缘整齐分明、表面平坦的石材，或者是在加工过程中有意在平整的表面进行一些凹凸、纹理等变化处理的石材精加工的目的是达到细腻中又保持石材本身粗犷特点的材料性格。中东铁路历史建筑的石材单体形态中，精加工石材的形态尤为多样，体现了特殊时期下高超的石材加工工艺。按照精加工石材形状的不同，可将其分为整齐方石和异形石两种形态（图3.4）。

精加工制作的整齐方石均为轮廓、棱角分明的标准矩形形态，其表面十分平坦。与粗加工方形块石不同的是，同一墙面上的整齐方石平整到基本保持在一个平面上，并且几乎每块整齐方石的高度都基本相同，具有高度的统一性。这种整齐方石由于边缘加工细致，彼此拼合的灰缝也相当细窄。在墙体的砌筑中，同样采用成层式彼此错缝的构筑方式，但与粗加工方形块石构筑方式不同的是，精加工方形块石更讲究错缝的精确性和石块尺寸的准确性，在海拉尔火车站的石质墙面中可以清晰地看到隔层的灰缝和石材排列形态，基本都是能够整齐对应的，不禁让人感叹特殊时期背景下石构工艺之高超。

异形石是指不常规的石材形态，包括经过精细加工的不规则多角石形态和意在迎合建筑形式或是加强建筑墙面光影变化，在表面经过精细的加工形成凹凸或转折变化的石材形态。经过精细加工的不规则多角石不同于前面提到的粗加工不规则多角石形态，与其相比，精加工的不规则多角石具有边线

THE HISTORICAL BUILDING CONSTRUCTION AND TECHNOLOGY ALONG CHINESE EASTERN RAILWAY

图 3.4 精加工石材形态类型

清楚、棱角分明的轮廓形态，甚至有些还被加工成了规则的几何形状，但绝大多数的精加工不规则多角石也没有固定的边数和相对规则的形状。其表面都经过细致的打磨加工，显得十分平整，并且没有凹凸不平的状况，砌筑形成的石构件整体性也较强。精加工不规则多角石在加工时更多考虑的是砌筑形成的整体形态，采用边加工、边组合、边砌筑的方式构筑墙面，相邻的不规则多角石间基本不存在缝隙，彼此咬合紧密，灰缝严丝合缝，整体性很强。这种形态的不规则多角石可见于哈尔滨中东铁路管理局办公楼以及原中东铁路中央医院妇科病房的外墙面。

对石材进行精加工的主要目的就是增添其装饰性，增强其视觉表现力。按照表面形态，可将其分为表面经过切割、打磨形成的具有多个截面的石材形态和中心具有凸起的石材形态。多个截面的石形态类型多用于门窗洞口或是桥梁拱券的券心石部位，起到强调中心的装饰性作用，有工字形、X形、口字形等多种截面形式。轮廓分明的石材中心加工处理出凸起形态也同样分为两种形式：一种是石块的四周边界清晰，中心轮廓是石块外轮廓的偏移，另一种是石块的中心凸起，故意夸大石块的粗糙感，与石块精致明朗的轮廓形成鲜明对比，有些石材甚至打磨出棱角分明的斜面形成层次上的过渡。这两种石材形态常见于中东铁路历史建筑的门窗洞口贴脸石、转角隅石、勒脚等部位。

此外，中东铁路沿线还存在个别为了起到建筑立面围合装饰作用的石材形态，如应用于水塔勒脚的弧形分层线脚石，打磨出整齐斜面的直线、折线形的线脚石，曲线形态转折柔和，直线形态硬朗分明。

（2）人造石材形态。

在中东铁路历史建筑中，多种形态的人造石材同样占有重要地位。常见的人造石材包括水磨石和大理石板两种。这两种石材需经过诸多加工程序，在加工过程中，工匠既可以根据需要调配所需表现颜色，又能通过一定加工技术制作出多变的纹理效果，形成了中东铁路沿线丰富的人造石材形态（图3.5）。

水磨石在中东铁路历史建筑中多应用于楼梯的梯段、室内的窗台及地面等部位，是利用大理石或花岗岩的碎屑混入砂浆制成的一种人造复合材料。其制作过程中还有煅烧、打磨、抛光等一系列的加工工序。水磨石的一大优势就是塑造灵活。其因表面光滑，易于清洁，并且具有石材的耐老化、耐腐蚀性，所以多用于中东铁路历史建筑室内。除此之外，它还具有比一般天然石材强大的抗压性能，不易收缩变形。同时，其装饰性也十分出色，水磨石不仅表面光亮，而且能依据人们不同的审美需求，在制作过程中随意调配所需色彩。在中东铁路历史建筑中常见的有红色和黑色两种水磨石。

在中东铁路历史建筑中应用的大理石板的做法和来源目前还没有找到明确的史料记载，但经过实地调研发现，当时的大理石板的生产技术已经十分成熟。以现代建筑中常见的人造大理石板作为判断标准，可知中东铁路沿线的大理石板基本为人造大理石板，是采用大理石的荒料，经过打碎，锯切，混入灰浆等黏结材料所形成的装饰石板。其在加工过程中还要经过一定的打磨、抛光处理，还可以添加颜料，得到不同的颜色。这种人造石材形态常作为大理石地砖铺筑于建筑的楼梯间及地面。由于大理石材料相对硬度较低，抗腐蚀性较差，因此在中东铁路历史建筑中，大理石板常用于室内地面铺筑。因其具有良好的耐磨、耐火性，一般都铺筑在建筑的门厅、走廊和厨房的地面位置。中东铁路历史建

a 满洲里站俄国商务处门厅台阶　　b 安达站中东铁路俱乐部楼梯平台　　c 昂昂溪站铁路医院地面

图 3.5　人造石材形态

筑中的大理石板颜色、样式丰富，作为地砖有纯色和压花两种形式。纯色大理石地砖有的表面光滑，无纹理变化；有的表面呈现斑状纹理。压花大理石地砖是由机械加工形成的，与当时俄国建筑公司从国外引进的石材加工技术密切相关。各种大理石板样式，丰富了中东铁路沿线人造石材的形态。

（3）灰缝形态。

"在古高地德语中，'Fuge'（灰缝）一词既表示两个砌块连接的位置，也表示制作灰缝的灵巧和技巧。"砂浆是由一定比例的水、细骨料和胶结材料混合而成的黏结物质，既是不可或缺的黏结结构，同时也具有一定的表现力。白色的石灰砂浆是中东铁路历史建筑的一大独特的代表性构筑材料。作为建筑中关键的结构性材料，它具有强大的承载力和黏结力，能够有效地使周围砌块更加牢固，防止风、雨侵入墙体内部。同样，对于灰缝形态的多样处理也成为增强中东铁路沿线建筑墙面的表现力的手段之一。中东铁路沿线建筑中，具有表现力的灰缝形式多种多样，有的相对墙面凹进或凸出，有的具有各异的形状，都不同程度地增强了墙面的肌理和质感，形成了丰富的阴影变化，具有丰富的视觉表现力。

根据中东铁路历史建筑中石材间灰缝的不同形态，大致可将其分为平缝、沟槽缝、V形凸缝和圆形凸缝四种形式（表3.1）。平缝的做法：砂浆一般沿石材间缝隙找平，使墙面形成一个平整的表面，并完全地填充石块间的缝隙。沟槽缝在填充及墙面抹平的做法上与平缝基本相同，只是多加入了一道划痕程序，即在石块之间的灰缝上用工具划出一道细窄的凹槽，这种做法能够增强墙面的阴影和纹理变化。另外，V形凸缝和圆形凸缝两种灰缝形式的做法相似，都是在石块交接的位置，将填充的灰浆向墙面方向挤压出规则的成V形或成圆形的条形缝，这种做法同样能够丰富墙面的阴影变化，增强墙面表现力（表3.1）。

表3.1　灰缝形态类型

类型	平缝	沟槽缝	V形凸缝	圆形凸缝
形态示意	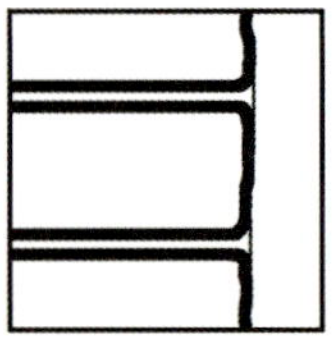	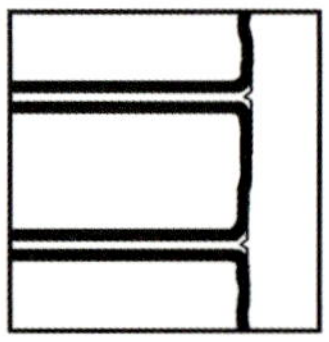	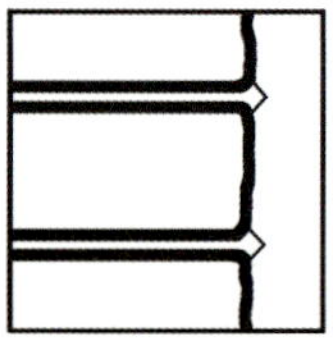	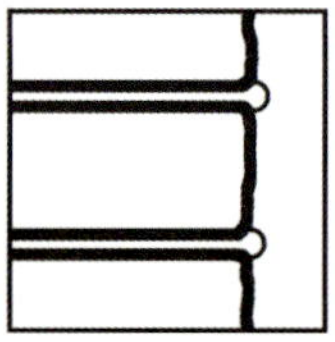
实例				

3.1.3 用途广泛性

石材作为中东铁路沿线重要的建设材料之一，被广泛应用于各种类型的建设之中。在不同的建筑类型中，石材又表现出不同的用途，而应用于不同的建筑部位，同时也赋予石材不同的功能属性，从而产生出不同的构件形态。中东铁路东西线的桥梁隧道建设多采用大量的方石作为砌筑用石，在中东铁路历史建筑中最为常见的则是未经加工的不规则毛石，而在铁路路基的建设中常采用碎屑石铺路。天然石材具有的颜色、肌理等特征使以石材砌筑的建筑呈现出自然、亲和的材料表现力。此外，中东铁路沿线矿产资源丰富，取材便捷，而就地取材获取的天然石材又具有密度大、硬度强、耐久、耐火性好等优良的物理性能，这些都为石材的广泛应用提供了有利条件。

（1）建筑用石。

石材作为重要的构筑材料之一，广泛应用于中东铁路历史建筑中（图3.6）。石材与其他材料混合搭配的构筑形态特色鲜明，并反映了当时人们特殊的审美情趣。

在中东铁路历史建筑中，以石材作为构筑主体的建筑类型十分丰富。这些不同性质的建筑决定了石构件丰富的形态，包括石质围护墙体、石拱券结构构件、石扶壁、石勒脚、装饰性石构件等。这些形态各异的石构件有些采用人工精细加工的方石或边缘斩凿整齐的不规则多角石砌筑，有些采用加工粗糙的方形块石砌筑，有些则采用未经过加工的天然毛石直接垒砌，还有少数应用于室内楼梯、窗台等的使用性功能构件采用的是人造石。除此之外，石材还广泛应用于中东铁路历史建筑室内的铺装，最常见的是大理石铺装，一般常见于中东铁路沿线内级别较高的各类公共建筑中，具有实用、美观等特点。

中东铁路历史建筑中主要有砖、石、木、钢铁四种材料。其中有以砖、木或石材分别作为主要构筑材料，以其他材料作为辅助材料。由于石材具有较弱的吸水性和较强的抗腐蚀性，因此以砖构件为构筑主体的建筑和木刻楞建筑常采用石材作为建筑的基础，有时也采用整块或是表面平整、形状不规则的毛石作为建筑勒脚。此外还有一些砖构建筑将石构件作为装饰性结构的例子。在中东铁路以石材构筑墙体的建筑中，砖构件是起到的装饰性作用强于结构性作用，混合砌筑于石构建筑的转角、门窗洞口及檐口位置，形态多样。钢铁材料常被用作屋面或是建筑易积水面的维护构件，有时也作为代表建筑风格的铁艺装饰构件，如中东铁路具有代表性的钢轨常被直接拿来用作石构建筑的钢梁。木材与石构建筑存在多种搭配形式，如木材常以雨篷、阳光房的形式附属于石构建筑的入口或两侧，或作为山墙面通风窗、木板门镶嵌于墙体。多种材料混合的构筑形式创造了丰富的石构件形态及石构建筑形态。

（2）构筑物用石。

在20世纪初，中东铁路建造时期，工匠除使用石材建造居住、公共建筑外，还建造了许多以石材为构筑主体的、对主体建筑具有辅助作用的构筑物，以满足日常生活、工作需求。这些制作精良的石质构筑物不仅具有一定的功能，而且具有一定的纪念性或实用性，它们见证当时巨大变革时期人

THE HISTORICAL BUILDING CONSTRUCTION AND TECHNOLOGY ALONG CHINESE EASTERN RAILWAY

a 满洲里站机车库

b 昂昂溪站马厩

c 昂昂溪站兵营

d 原中东铁路中央医院妇科病房

e 满洲里站铁路仓库

f 九江泡站铁路浴池

图3.6 建筑用石形态实例

们的社会生活，记录了工业化时代的历史信息，并且还具有重要的审美和艺术价值，同时也向现代人揭示了当时历史建筑形成的、无可替代的建筑艺术与技术。

①水塔用石。

至今，中东铁路沿线仍遗留下了大量具有历史、社会、科学、艺术价值的工业文化遗产。水塔作为中东铁路工业遗存的一个重要组成类别，散落在沿线各地，其主要由顶部木质板材的水箱和砖、石砌体组成的塔身构成。石材具有稳定、出色的物理性能和化学性能，能够满足水塔塔身及基础的坚固性、耐久性要求。在材料的性格方面，石材能够突出水塔线条的粗犷、敦实和稳重。石材在水塔中的应用形态多样，有作为水塔塔身和勒脚部分出现的类型，也有作为檐下、门窗洞口等具有装饰功能的结构构件及多边形水塔塔身转角处的隅石构件出现的类型，甚至有利用石材本身的天然色彩作为塔身的纯装饰性构件出现的例子（图3.7）。喇嘛甸站水塔的勒脚位置有一圈颜色各异的天然石材环绕，是中东铁路沿线彩色石材应用的唯一实例。

中东铁路沿线较为常见的石质塔身是采用未加工的粗糙毛石和边缘经过人工斩凿的不规则多角石

a 喇嘛甸站水塔　　b 满洲里站水塔　　c 扎赉诺尔站水塔　　d 雅鲁站水塔

e 伊列克德站水塔　　f 完工站水塔　　g 哈克站水塔　　h 巴林站水塔

图 3.7　水塔用石实例

两种类型石料砌筑。纯石质墙体的塔身一般都呈圆筒形向上收分，毛石垒砌的塔身表面粗糙、灰缝粗大，不规则多角石垒砌的塔身表面规整平坦、灰缝细窄。在中东铁路沿线，砖材与石材组合构筑水塔也是常见的一种类型。其中砖材具有砌筑灵活性，可以砌筑圆柱形、六边形等多种平面类型；石材往往用于砌筑基础及勒脚部分。根据塔身的不同形态，石质勒脚形态也有收分式和直筒式之分，其中较为常见的勒脚石材有经过粗加工的方形块石和不规则多角石两种。另外，在石质勒脚与砖的交接部分，还可采用一圈加工细致的细窄条石环绕。进入水塔的门洞周围多采用具有一大块石材包边或石材与砖材配合叠砌成拱券的支撑结构。这些石材边缘都十分整齐，表面也经过精致的打磨和加工，既起到结构性作用又与审美艺术相结合。

②石碑用石。

中东铁路修建时期，还存在将石材作为石碑的应用实例，但这种用法并不多见。这些石碑或是作为具有纪念意义的构筑物，或是作为装饰性构件，在砌筑方法上主要有采用加工粗糙的毛石直接垒砌和选取整块巨石进行人工雕琢两种类型。

石材作为纪念用途出现要追溯到人类文明的起源。早期社会，石头仅作为使用工具出现，随着社会文明的进一步发展，人类赋予石材更复杂的纪念性意义，对于人类来说，其具有不可或缺的作用。一方面，石材具有稳定的物理性能和化学性能，能够满足人们对于耐久性和坚固性的要求；另一方面，石材本身具有厚重、质朴、结实等特点，适宜纪念性氛围的营造。莎莉碑是为了纪念中东铁路修建时期，设计兴安岭隧道的女工程师莎莉所竖立的纪念性石碑，同时它也是开凿兴安岭隧道工程的坐标点（图3.8a）。整个石碑基本采用加工粗糙的方形块石层叠垒砌，碑底是一个正方体石质基座，碑身分为若干段，呈阶梯状向上收分。毛石平整的一面朝外砌筑，组成的每级阶梯都棱角分明，越往上砌筑，毛石的体量越小，组成越密集。这种砌筑方式构成的石碑质朴、大气，与周围的树林交相辉映，十分具有感染力。

由整块巨石雕琢而成的石碑类型，可见于哈尔滨的霁虹桥上（图3.8b）。这座桥于19世纪末由俄国修筑，桥上通行人和汽车，桥下通火车。桥面呈弓形，桥体为木质结构，在桥面的四角竖立有4座巨大的方形石碑，形似古埃及新王朝时期的方尖碑。石碑的底座正面雕刻成两端对称的涡卷式纹样，上部的方形石碑不断向上收分。这4座石碑主要起到装饰桥梁的作用，在碑上还设置有桥灯，增强实用性。

③围墙用石。

在中东铁路历史建筑中，常见的围墙形式有砖质围墙、石质围墙和砖石混砌围墙三种。在矿产资源较为丰富的地区，遵循因地制宜、就地取材的原则，石质围墙应用广泛。围墙作为一种空间隔断结构，附属于建筑存在。在中东铁路历史建筑中，不同的建筑类型，赋予了围墙不同的功能属性。在中东铁路沿线存在着一些小规模建筑组群，如护路军兵营、工区、给水所等，是具有军事防御功能和封闭性较强的特殊建筑群体（图3.9）。因为特殊的功能要求，这些建筑外部经常砌筑带有连续射击孔的

a 中东铁路莎莉碑　　　b 哈尔滨霁虹桥石碑

图3.8　石碑用石实例

a 满洲里站俄国监狱围墙　　　　　　b 山市站铁路工区　　　　　　c 石河站铁路工区

图 3.9　围墙用石实例

围墙。由于石材具有密度大、硬度强的特点，能够抵抗子弹等的强烈物理冲击，因此这些围墙多采用石材砌筑。这些围墙有纯石材砌筑和砖石混砌两种类型。附属于护路军兵营的砖石混砌围墙中，砖材主要应用于窗洞口处，有些甚至砌筑在围墙的内层，石材则砌在围墙的外侧，防御目的十分明显。在石墙的砌筑方式上，由于石块大小不一，因此没有一定的规则，但一般将石块较平整的一面朝外砌筑。满洲里监狱的院墙为 3 m 高的石质围墙，采用与监狱墙壁统一的不规则多角石混合砌筑方式。这种石材砌筑得较厚重的围墙存在材料和结构优势，能够避免出现砖砌围墙由于荷载过大造成的上下通缝。

（3）桥梁隧道用石。

19 世纪末，俄国人为了极尽所能地瓜分东北地区的各种资源、控制铁路用地，在中东铁路西起满洲里，东至绥芬河的这段线路里，建设了大量桥梁、涵洞、隧道（图 3.10），以便于交通运输的畅通，达到对东北地区的全面掌控和资源顺利掠夺的目的。这些桥梁和隧道都以石材为构筑主体材料，建造技术精湛。

采用天然石材砌筑桥梁，纵观世界石质桥梁建筑史，这种做法已存在了上千年。在中东铁路修建时期，石质桥梁的砌筑理论和技术都达到了一定的水平。根据沿线石质桥梁形式的不同，可将其分为石拱桥和石墩桥两种。石拱桥整体都采用石材砌筑，以石质拱券作为承重结构。石拱桥桥身的砌筑，有些采用形状不规则但表面平整的毛石砌筑，一般有两种做法：一种是先用未加工的、形态各异的毛石砌筑主体，再以砂浆粗糙填充缝隙；另一种则是选用边缘斩凿整齐的石材，砌筑严丝合缝。有些则采用经过加工的矩形条石成层排列砌筑，因为条石基本具有相同高度，但长度不一，所以条石之间的灰缝密实、细窄，上、下层石与石之间彼此错缝。其中，有的条石表面做过人工打磨，砌筑的石质桥身平整、规矩；有的条石只在高度和矩形轮廓上做过加工，砌筑的石质桥身表面凹凸有致。石墩桥的做法为：采用体量较大的方石砌筑成独立的支承结构砌体，配合其他材料的梁或是悬索等结构共同组成桥梁整体。其石构筑主体通常由石质桥台、桥墩和基础三部分组成。石质的桥墩和桥台都采用加工

THE HISTORICAL BUILDING CONSTRUCTION AND TECHNOLOGY ALONG CHINESE EASTERN RAILWAY

a 一面坡站附近的铁路大桥

b 穆棱河铁路大桥

c 哈尔滨松花江铁路大桥

d 免渡河铁路大桥

e 绥阳站铁路大桥

f 绥芬河站铁路桥

g 望哈站附近的铁路涵洞

h 新南沟站铁路涵洞

i 沙力铁路涵洞

j 山洞站铁路隧道

k 绥芬河站一号隧道

l 兴安岭隧道

图 3.10　桥梁、涵洞、隧道用石实例

精细的矩形方石砌筑，这些方石形状标准、棱角分明，可依据桥墩平面的不同有角度地垒砌，垒砌的桥墩表面平坦，纹理整齐、有序。此外，石材本身具有吸水性弱、硬度大、物理性能稳定等特点，石桥梁能够充分利用这些材料优势，有效抵抗常年河水冲刷造成的桥身侵蚀。

石质隧道与石拱桥的结构相同，都以石材砌筑的拱券形式作为承重结构。由于拱券底部多采用大块的不规则多角石砌筑，所以隧道的内墙面呈现出裂痕式的纹路。拱券上部起拱的部分则采用成层式排列的、经粗糙加工过的方形块石砌筑，砌筑时，方形块石一块抵一块地起拱，形成的灰缝狭窄、密实，使整个拱券结构能够均匀受力。石质隧道立面墙体有多种形态的石块砌筑方式，有的采用加工精致的石材以整齐排列的方式错缝砌筑，有的采用规则的多边形石材彼此拼贴砌筑，但在拱形洞口周围通常都镶嵌一圈券石。虽然整个石质构筑物的体量较大，选用的石材也显得厚重，但其整体形态上粗中有细，大气又细腻。

（4）铁路建设用石。

在中东铁路修建时期，铁路建设用石需求量巨大，石材被广泛用于路基、隧道护坡以及地面的石铺装等处（图3.11），其中铺设铁路路基的碎石是需求量最大的一项。铁路的路基用石一般都为品质优良、成分稳定的石灰石。当时在铁路沿线建有大量石窑，用于将石灰石烧成碎屑石，粒径平均在20~40 mm之间。这种特地经过人工煅烧、凿碎的碎屑石专为火车铺设铁轨而用，又称道砟或石碴，它们看似平常，却有着不可小觑的作用。首先，由于中东铁路沿线森林、山地众多，地形较为复杂，火车的铁轨建于硬度不强的松软土地上，极有可能会因火车自重过大而导致整体的塌陷，所以为了平衡荷载，铁道采用了枕木，并用石碴间接分散压力，防止受力不均。其次，中东铁路多用木质的枕木，其抗拉能力和耐久性不强，而在枕木和钢轨间铺设大量的石碴能够缓解火车通过时的震动，保证铁轨不会因震动而产生偏移。再次，石碴的形态没有一定规则，堆垒时缝隙松散，有助于铁轨处雨水的排出。最后，石碴的体量较小、棱角较多，且容易碎裂，能够消减火车通过时的高热量，保持铁轨的稳定运行。

为了防止隧道及铁路两旁土坡难以抵抗雨水等的冲击，要进行防护式的挡土加固，因此常将石材

a 隧道护坡　　　　　　　　b 铁路路基　　　　　　　　c 地面石铺装

图3.11　铁路建设用石类型

砌筑为铁路护坡。中东铁路沿线护坡多采用一侧平坦的不规则毛石砌筑，并以灰浆填充缝隙，使护坡表面平整。有的隧道两旁有陡峭的山峰，为防止雨水冲刷形成滚落的碎石，威胁火车安全，工匠还在坡身用石材砌筑阶梯式收分护坡，护坡层层向上收敛，每层之间层次、边角分明。中东铁路沿线室外地面的石铺装多采用质地坚硬、耐磨性好的花岗岩，如铁路两侧的站台、机车库前转盘等处，其实用性和美观性都较强。

3.2 中东铁路历史建筑石构功能及形态

3.2.1 承重功能石构件

石材是传统的建筑砌筑材料之一，具有硬度大、耐水性好、吸水性弱、抗压能力强等特点。由于石材具有坚固耐久的力学性能，因此结构性石构件在中东铁路历史建筑中得到广泛应用。同时，石材抗弯性和抗拉性较弱，所以在建筑中常作为竖向承重构件出现。承重功能石构件主要是指在中东铁路历史建筑中以构件形式出现的承重结构，从类型上分为石砌基础、石砌拱券和石砌桥墩三种形式。

（1）石砌基础。

石砌基础主要是指利用多种不同方法用石材垒筑的支承式砌体，以基础或是地下室墙壁的形式出现，支撑、承受上部竖向荷载的结构构件。中东铁路沿线产石地区众多，石材种类丰富，其大量使用的毛石具有质地坚硬、耐水性好、不易风化等特性，这也是毛石基础在中东铁路修建过程中得到广泛应用的原因之一。石砌基础是中东铁路历史建筑中常见的一种刚性基础。毛石与砂浆砌筑的基础不仅造价低廉，而且适用于地下水位高且表层土质软弱，需要基础埋置较深的情况。根据毛石大小、层次等砌筑组合形式的不同，可将其大致分为整体式石质基础和分层式石质基础两种形态（表3.2）。

①整体式石质基础。

整体式石质基础是中东铁路历史建筑中应用最为广泛的一种基础形式，适用于砖构主体，石构主体以及木构主体等各色建筑。整体式石质基础是以清一色的不规则毛石砌筑成的一个整体的支承构件，其中毛石形状不规则，石材之间采用砂浆黏结。一般铁路职工住宅中地下室内的石质基础在接近基础底面的位置选用的毛石尺寸较大，上部毛石尺寸则相对较小，毛石间以较小的碎石和砂浆填实。地下室内的墙面十分平整，墙面毛石都较为平整、光滑，毛石之间通常采用平缝砂浆砌筑形式。地下室的地面与室内地面间距离基本在1 800~2 000 mm，其基础埋置的基本深度都大于600 mm。这一类型常见于昂昂溪、横道河子的砖构铁路职工住宅。中东铁路历史建筑中，公共建筑的基础与住宅建筑的基础相比，砌筑方式相似，只需根据建筑规模和地理因素的不同，相应调整毛石基础的宽度和深度即可，一般情况下，公共建筑的地下室深度通常在2 000 mm以上。

表 3.2 石砌基础形态类型

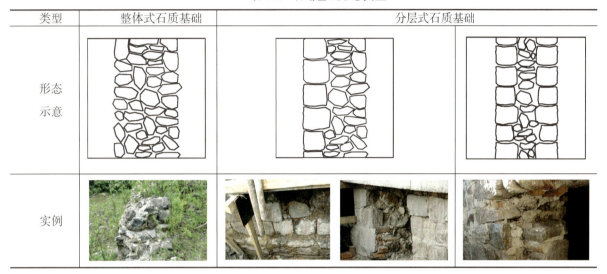

类型	整体式石质基础	分层式石质基础	
形态示意			
实例			

②分层式石质基础。

分层式石质基础形式是中东铁路历史建筑中另一种基础形式。这种分层式基础形式指的是毛石砌筑的基础可分为多层，主要有两种做法：一种做法是将较为整齐的毛石砌筑在外侧，内部混砌不规则的毛石；另一种是将基础分为三层，两侧的毛石层由较为平整的石料加砂浆垒砌而成，两侧毛石层所夹的中间部位采用散乱无序的毛石填充。其中，前一种类型的分层式石质基础多与墙体、勒脚相结合，在中东铁路沿线较为常见；后一种类型的分层式石质基础多见于地下室的墙体，外形十分规则。昂昂溪站马厩的地下室就是"三层夹心"式分层石质基础的一个典型实例。整个地下室基础部分以花岗岩为主要构筑石材。地下室室内的毛石墙体中的毛石无固定、规则形状，大小不一的毛石均匀砌筑，没有一定的分布规律。毛石之间采用砂浆而不是较为零碎的石块填缝。尽管室内墙体毛石大小混杂，但都较为平整，是一个基本垂直的墙面。两侧的毛石夹层厚度在 100~150 mm 之间，中间夹有碎石，在地下室入口处还有几块较大的整石封堵夹层，整石宽度在 200~300 mm 之间。整个分层式基础符合受力规律，砌筑技艺高超。

（2）石砌拱券。

拱券技术是古罗马对欧洲建筑最大的贡献。在公元前 2 世纪，假券被淘汰，在陵墓、桥梁、城门、输水道等工程上广泛使用真的拱券，且建造技术已经相当高。随着千年来建造技术的发展，拱券技术不仅没有退出历史的舞台，还一直得到建筑师们的钟爱，在中东铁路历史建筑中得到广泛的应用。拱券结构在建筑结构中是受压结构和连续结构的完美结合体，它不仅创造了拱下的丰富空间，还营造了优美的曲线线条。同时，石材具有出色的耐久性和抗压性，作为拱券结构的材料，其更能加强拱券的承载能力，使石材的材料潜力得到很好的发挥。

①建筑门窗石砌拱券。

在中东铁路历史建筑中，石块砌筑的拱券都是承重结构，每一块都有规定的尺寸，有专门的匠人制作，广泛应用于建筑的门窗洞口，起到承托上部荷载的作用。它们在外部形态上有着共同特征，基本上都是由突出的券石和券心石构成的，券石成放射线状分布在门窗洞口四周，券心石的做法多样，有的做成与券石相同的素面，有的做成X形的4个截面，还有的精心打磨出下凹的整齐边框，中心突出。按照拱券结构的整体形态，大致可将其分为V形拱券和弓形拱券两种。

V形拱券中间有一块标志性的券心石，两侧的券石呈笔直的斜线放射状排列，如同一个倒置的V字。每一块券石都是大小相同的方形块石，门窗洞口的收尾处干净利落，没有多余的过渡石块。两侧端石的下角正对门窗洞口的两条边线，风格十分简洁、大气。在中东铁路历史建筑中，扎兰屯站机车库门洞和横道河子站机车库门洞是这一类型的代表（见图3.12 b、c）。二者做法基本相同，其中，券石的做法质朴，且只有尺寸上的严格控制，没有过多的表面修饰，券心石也只做了简单的收边处理。也正是这种简单、质朴的做法，使机车库建筑具有标志性。另外，海拉尔站机车库窗洞也是很好的一例。其券心石凸出墙面，为X形截面，两侧的券石呈放射状向窗洞两侧延伸，券石为扇形块石，中间细窄，收尾处宽大，在V字形的两端各有一块三角形石块收尾，既符合力学原理，又大方、美观（图3.12 a）。

弓形拱券多见于中东铁路机车库和水塔建筑中，其中间有一块凸出的券心石，两侧有延伸到洞口两肩的券石，外观看上去就像是一把向下弯曲的弓。海拉尔站机车库门洞就采用了这种拱券样式，其两侧的券石收尾处为优美的弧线，券石交错嵌入砖墙中，有力地承托着上部荷载。同时，这种石质拱券形式还被频繁地应用在中东铁路沿线的水塔门洞中。这些水塔门洞上的弓形拱券的规格基本相同，都采用石材或是石材与砖材配合的方式砌筑而成，所选用的石块尺度较大且十分规整，能突显建筑的稳重感。相似的实例还有满洲里站水塔门洞、博克图站水塔门洞、哈尔滨水塔门洞等（图3.13）。

a 海拉尔站机车库窗洞

b 扎兰屯站机车库门洞

c 横道河子站机车库门洞

图3.12 V形门窗石砌拱券形态实例

a 满洲里站水塔门洞　　b 海拉尔站机车库门拱券（外侧①）　　c 海拉尔站机车库门拱券（外侧②）　　d 博克图站水塔门洞

图3.13　弓形门窗石砌拱券形态实例

②桥梁隧道石砌拱券。

中东铁路修筑初期，沿途人烟稀少，劳动力匮乏，除了有少量的俄国员工从事技术相关工作外，所有土、木、石工及其他体力劳动都由中国工人承担。1900年，中东铁路东线中，土工人数达6.5万人，石工人数达3 000人。从满洲里至绥芬河，共有大、中、小桥梁362座，涵渠333座，其中20 m以上的大、中桥梁67座（到1949年为74座）。中东铁路西线有大、中桥梁39座，可分为石拱桥、石墩桥两大类型，都采用石材作为主体构筑材料。石拱桥是最为常见的一种桥梁类型。中东铁路沿线大小河流众多，而石拱桥的结构灵活多样，其拱券结构能够根据河流跨度进行灵活调节，如可调节券洞的跨度和数量等。在跨度较大的石拱桥的拱券两侧有时还留有拱形小洞，一般情况下河水都从大拱券流过，在遇洪水时，拱形小洞能够分流河水，以减弱水流对桥身的冲击。中东铁路沿线矿石资源丰富，为石拱桥的建造提供了有利条件。中东铁路石拱桥石券大都采用整石起拱的方式砌筑，券洞的外表面进行抹灰处理，具有找平和防腐的作用。大多数拱券都砌筑券心石，有的券石表面整齐并与墙体平齐，有的券石被刻意处理成中心粗糙的装饰样式，砌筑时凸出墙体。根据券洞形状的不同，大致可将石拱桥分为坦拱、半圆拱、尖拱三种类型（表3.3）。

大兴安岭隧道始建于1897年，全长约3 077 m，是中东铁路沿线较大的建设工程之一，位于哈尔滨以西516.262 km处，海拔972.6 m，线路标高920~960 m，隧道宽8 m，隧道高7 m。砌筑该隧道时，由于俄国石匠缺乏，因此特地从意大利招募了500名石匠。兴安岭隧道整体由纯石材砌筑而成，石拱券采用基本规整的花岗岩起券，在隧道内部可以清晰地看到石块与石块间的严丝合缝，可见隧道内部墙面砌筑之精细。另一个典型的实例是大观岭隧道，其位于黑龙江省牡丹江市磨刀石镇大观岭村，体量规模上比兴安岭隧道要小，整体采用精加工的方条块石错缝砌筑，只由一个筒拱形隧道组成，券洞四周还有一圈规则的券石，既起到承重作用又起到一定的装饰作用（图3.14）。

3　中东铁路历史建筑石构形态与技术 | 149

表 3.3 桥梁石砌拱券形态类型

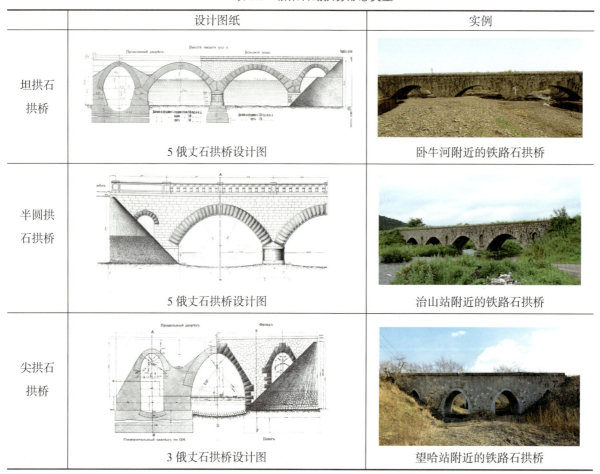

	设计图纸	实例
坦拱石拱桥	5 俄丈石拱桥设计图	卧牛河附近的铁路石拱桥
半圆拱石拱桥	5 俄丈石拱桥设计图	冶山站附近的铁路石拱桥
尖拱石拱桥	3 俄丈石拱桥设计图	望哈站附近的铁路石拱桥

注：1 俄丈约为 2.13 m

a 兴安岭隧道用石

b 大观岭隧道用石

c 绥芬河站二号隧道用石

图 3.14 隧道砌筑用石形态

（3）石砌桥墩。

石砌桥墩是指以石材作为主要构筑材料，在桥梁中起到独立承托竖向荷载的承重结构砌体。在中东铁路历史建筑中，桥墩是独立支撑结构的主要表现形式。在两孔和两孔以上的桥梁中，除两端与路堤衔接的桥台外，其余的中间独立支撑结构就是桥墩。按横截面形状不同，石砌桥墩分为矩形石砌桥墩和圆端形石砌桥墩两种（图3.15）。

矩形石砌桥墩采用浆砌料石和人工加工方形块石砌筑而成，体量很大，整体刚度较大、强度较高、稳定性也较高。由于矩形形态规则，所以施工便捷。整个桥墩采用石材砌筑，凭借矩形桥墩较大的横截面和自重，能够有效地抵御水流和冬季北方地区冰块给桥墩带来的冲击力。但是，由于桥墩自重较大，因此其不适用于跨度很大的河流。扎兰屯市吊桥公园中的吊桥就是石质与木质桥板、钢质吊索与石质矩形桥墩结合的典型范例。其中，矩形桥墩既是独立支撑结构也是桥台，铺筑桥台面的方石的尺度基本统一，并彼此横向错缝连接，桥台的四周围合铺筑长度较长的方石，与中心铺筑方石横竖交错。对比轻巧的钢质吊索及木质桥板，矩形桥墩显得更为稳重、质朴。

圆端形石砌桥墩比矩形石砌桥墩形态轻盈，通常与钢梁等材料构件共同组成桥梁整体。桥墩由规则的方形块石砌筑，中间为长方形，两端有圆角，圆角采用经过弧度处理的方石围合构成，比矩形桥墩更节省材料，也合理减轻了自重。这种桥墩迎水流方向的边长短，并采用圆角形式，能够保证水流可以顺利绕过桥墩，减小对水流的阻力，减缓河流从各个方向对于桥墩的冲击力。若桥梁跨度较大，水流较湍急，还有在圆端的两侧增设半圆墩柱的做法。在中东铁路石砌桥墩中，在圆端形石砌桥墩的顶部通常会有凸出的石材墩帽用以连接上部的梁等其他构件。

a 矩形石砌桥墩

b 圆端形石砌桥墩

图3.15 石砌桥墩类型

3.2.2 围护功能石构件

在中东铁路历史建筑中，石材与砂浆混合砌筑的石质墙体作为承重结构的同时，其围护性功能更为突出。石质墙体作为建筑外的围护性砌体，具有良好的保温、隔热性能，能够适应早晚温差变化剧烈的寒冷区域。除此之外，石材作为墙体砌筑材料的另一大优势就是防火性能优越。石材属于不可燃物，在高温环境中不会发生形变。在中东铁路历史建筑中，石砌墙体可分为石砌墙身和石砌扶壁两部分。

（1）石砌墙身。

中东铁路历史建筑的墙身中，砌筑石材有些未经加工，保留了其开采出来时的天然形态，有些经过加工，形成规则或不规则的形态，由多种石材砌筑的石砌墙身具有不同的墙面纹理和强烈的表现力。根据不同的石质墙面纹理，可将石砌墙身分为方格式、裂痕式、网眼式和随机式四种类型（表3.4）。

表3.4　石砌墙身形态类型

类型	方格式	裂痕式	网眼式	随机式
形态示意	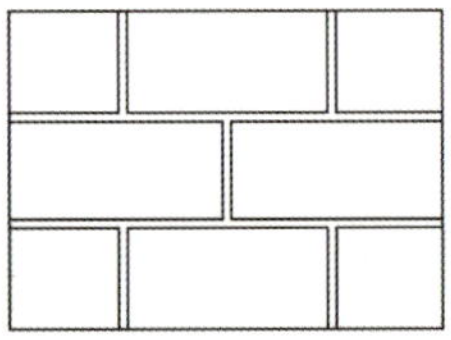	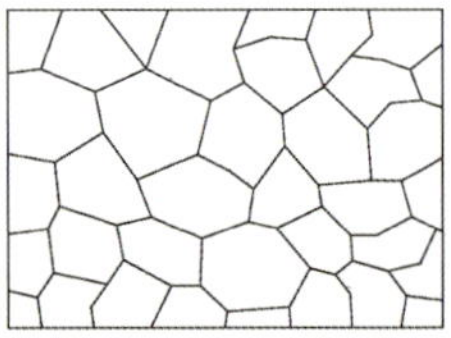	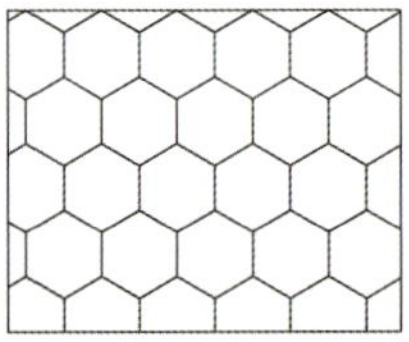	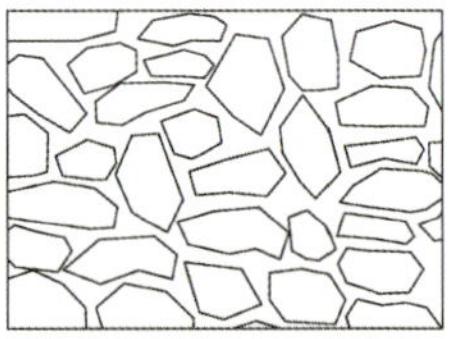
实例				

①方格式石砌墙身。

方格式石砌墙身的砌筑石材基本都经过加工处理，大致为两种类型的方石：一种是经过精细加工的方石。表面经过打磨，边缘整齐，具有一定的规格，如每块方石的高度基本相同。海拉尔火车站墙面采用了这种精细加工的方形石块，石与石之间的灰缝十分狭窄，灰缝与墙面浑然一体。从整个墙身来看，上、下层之间的方石彼此错缝，而隔层之间的整齐方石由于规格相同，因此灰缝位置上下相对，具有一定的砌筑规律。另一种是仅经过粗略加工的方石，只有大致的方形轮廓，没有整齐的边缘。方格式石砌墙身主要靠灰缝来找平，石材大小相近，有些建筑墙面上还做了抹灰处理，以提高其耐久性，但其凸出的灰缝形成的方格式纹理还依稀可见。这种形式的石砌墙身在横道河子、北林等地区十分常见。

②裂痕式石砌墙身。

不规则多角石的边缘被斜向切割，斜边之间相互咬合，构成了裂痕式的墙身砌筑纹理。不规则多角石通常为一面平坦的毛石，常以拼贴砌筑的方法进行砌筑，可根据毛石边缘彼此调整，达到最后严丝合缝贴合于墙面的效果，就像墙面上打碎的裂痕向四周扩散一样。在中东铁路历史建筑中，这种形式的石块本身大都没有规则的形状，其砌筑在墙体表面的一侧较为规整，内侧形状则不规则，石与石之间的灰缝细窄、紧密。这种裂痕式墙身砌筑时多采用边加工、边组合、边砌筑的方式，通常将较平整的一面砌筑在墙体表面，而墙体内部多采用填充碎石和砂浆混合物的方式砌筑。不规则多角石的整齐边缘互相固定，各个斜边相互锁住，十分符合竖向受压要求。这种形式的石砌墙身具有较高的稳定性。

③网眼式石砌墙身。

网眼式石砌墙身的结构十分精巧，墙面采用规格统一的六角形石板拼贴而成，从整体纹理上看，六角形石板彼此交错咬合，如同一张密织的大网。这种结构做法不仅能够减少石材的加工程序，缩短施工时间，还大大节省了建筑材料。这种网眼式结构具有很高的强度和刚度。位于中东铁路东线的兴安岭隧道的墙面上就能看到清晰的网眼式墙面纹理。此外，石材本身还具有很好的防潮性、抗腐蚀性和耐火性，使隧道的安全性和实用性得到保障。大面积规则石板的拼贴使整个墙面具有一种韵律感。

④随机式石砌墙身。

随机式石砌墙身多采用粗糙的毛石砌筑，从墙面上来看，毛石的分布十分随机，有大有小、有零有碎，没有一定的规律。砌筑墙体的毛石在形态选择上也采用较为随机的方法。大块不规则石材采用粗糙的垒砌方式叠加在一起，大块石材中间的缝隙填充体量较小的粗糙毛石，石与石之间的缝隙再用砂浆填实。这种形式的墙体表面因石块加工精细程度和安放位置的不同，可形成墙面或平整，或凹凸不平的情况。墙体中的毛石与砂浆紧密联系，加之大、小石块的相互配合，有效防止了石块间的移动。这种形式的墙体对于石材的要求不高，加工过程也比较简单，建造的成本也比较低。同时，这种形式的墙体还有砌筑方式简便、建造的建筑平面比较灵活等优点，可用于营造较大的建筑空间。

（2）石砌扶壁。

石砌扶壁一般为依附并凸出于墙面的构筑，能够起到扶持墙壁、平衡土体等对外墙的推力、减轻墙体所受压力的作用，同时能够提高墙面的整体刚度。中东铁路历史建筑中，石砌扶壁存在三种分布规律，分别是以一定距离均匀分布在墙体表面、以独立的形式位于建筑的转角处、以两个为一组呈直角相交式位于建筑的转角处。当墙体的长度或高度超过一定的限度，影响到墙身的稳定性时，应沿墙体在适当的位置均匀设置若干石砌扶壁，给墙体提供一个支撑点。

一般情况下，在中东铁路历史建筑中，考虑到石质墙体在梁方向的稳定性及局部受压等因素，石砌扶壁会紧靠墙体设置，并且极有可能是与墙体同时建造的，增加结构的侧向刚度，具有抗震效果。在石质墙体厚度、高度等因素较为稳定的情况下，石砌扶壁通常被设置在墙体的四角，提高建筑的坚固性和整体性，提高结构的抗震能力。石砌扶壁在中东铁路职工住宅、机车库等多种类型建筑中较为常见。根据其形式的不同，可将其分为曲线式和直线式两种形式（表3.5）。

表3.5 石砌扶壁形态类型

类型	曲线式石砌扶壁			
形态示意	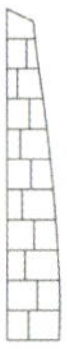			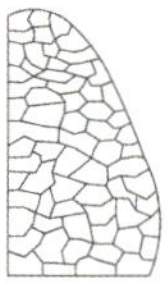
实例				
类型	直线式石砌扶壁			
形态示意	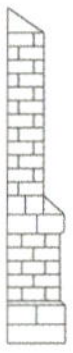		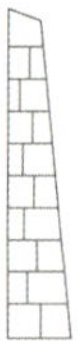	
实例				

曲线式石砌扶壁是中东铁路历史建筑中一种常见的形式，这种类型的石砌扶壁的侧面轮廓线为柔和的曲线。其上部往往以曲线形式与墙壁交接，下部则以曲线或是直接以直线收尾，整体形式上窄下宽。这种曲线式石砌扶壁应用于住宅类建筑时，往往凸出墙体较浅，一般在 200~360 mm 之间。此外，房屋高度也决定石砌扶壁的高度，一般距离檐下 300~600 mm 不等。

石砌扶壁的砌筑石材往往为与墙体相同的石材，如昂昂溪俄式建筑 7 号、满洲里站俄国监狱、扎兰屯站铁路职工住宅等建筑，其中的石砌扶壁都采用与石质墙体相同的石材，它们或是粗糙的毛石，或是外表平整的虎皮石，或是参差不齐的片岩石等。由于使用石料的不同，因此石砌扶壁表面的平整度也不同。另外，昂昂溪铁路工区的石砌扶壁采用与石质墙体不同类型的石材砌筑，墙体为不规则毛石砌筑，而石砌扶壁采用有一定规格的整齐方石叠砌而成，并且对其轮廓线进行了精细的打磨，每个石砌扶壁都具有相同的规格。同时，其轮廓线采用由上至下的曲线贯穿首尾，且在建筑的转角处采用两个石砌扶壁相交的形式巩固墙身。在满洲里站俄国监狱的石质围墙中，其四角处采用横截面为三角形的曲线石砌扶壁，与整段冗长的石质围墙相比，显得十分敦实、稳定。

直线式石砌扶壁是指整个扶壁的轮廓线为一条条直线的扶壁，其侧面的轮廓线没有曲线式石砌扶壁那样的柔和弯曲，同时，为遵循结构力学原理，石砌扶壁的上部都较为细窄，下部较为粗大，一般凸出墙面 200~600 mm 不等。从侧立面上看，石砌扶壁的外轮廓呈一条向墙体倾斜的笔直斜线，其最上端基本上都处理成一个倾斜面，避免积雨雪。除了整段直上直下的石砌扶壁外，还有一些两段直上直下的石砌扶壁类型，上段是石砌扶壁的主体，下段较之上段壁身更为凸出，下部一般沿用墙壁勒脚的砌筑方法，实例见于满洲里站机车库和扎赉诺尔站铁路职工住宅。此外，还有一种做法是将石砌扶壁的下半段打斜加宽，跨度大致为上半段宽度的 2 倍，实例见于博克图站机车库。直线式石砌扶壁与曲线式石砌扶壁的石材砌筑规律大致相同，且都应用于以石材为砌筑主体的建筑中，存在石砌扶壁砌筑石材与墙体砌筑石材保持一致和与墙体砌筑石材形成对比两种类型。扎赉诺尔站铁路职工住宅石砌扶壁采用与墙体一致的石材作为砌筑材料，在扶壁表层还加了一层 10~20 mm 厚的抹灰层，使之看上去整齐平整，与墙体和谐统一。满洲里站铁路职工住宅和博克图站机车库石砌扶壁则采用了整齐方石，与毛石墙面形成鲜明对比。

3.2.3 装饰功能石构件

19 世纪末至 20 世纪初，石材作为早期中东铁路历史建筑的重要建造材料，不但使石质结构构件具有鲜明的特征，同时也逐渐显露出其作为装饰性材料的独特一面。在中东铁路修建时期，铁路沿线的俄国传统建筑装饰形式丰富多样，是具有民族创造力的独特的、多元化的装饰风格。在这些民族习惯和时代的影响下，石材在中东铁路沿线各类建筑中不仅表现出出色的结构性功能，还展现出独特的装饰性特征。中东铁路历史建筑装饰功能石构件主要为门窗洞口装饰石构件、建筑墙面装饰石构件以及室内地面装饰石构件。

（1）门窗洞口装饰石构件。

门窗是建筑立面的重要组成部分，也是建筑立面重要的装饰构件。门窗洞口石质装饰构件风格及组合形态对于表现建筑艺术特色起到尤为重要的作用。中东铁路历史建筑的门窗风格与建筑主体的风格相统一，汇集了俄国民间样式和时代影响下的装饰样式。大量调研发现，中东铁路历史建筑门窗洞口位置的装饰性石构件数量众多，且形态多样，产生出装饰性石构件独特的敦实质朴又不失精美的丰富装饰特效，其大致分为口字形贴脸、点状形贴脸、U字形贴脸、一字形贴脸四种类型（图3.16）。

①口字形贴脸。

口字形贴脸是指在门窗洞口的四周，贴脸石与窗台形成一个完整的四周包围式的装饰结构，有三种形式：第一种形式是将每一块贴脸石都处理成标准角度的扇形，排列成一个严丝合缝的大半圆，再在其正上方砌筑一个雕刻精美的、层次丰富的券心石作为视觉中心。第二种形式是窗洞上1/3部分为一个半圆形，正上方为券心石，券心石由多层次线脚和梯形石组成，梯形石石身上处理出对称的两道弧形切面，丰富光影变化。在券心石两侧为对称的两块独立弧形贴脸，在贴脸石的外侧边缘有凸出的一层线脚做层次变化，弧形两端分别有多层次线脚与下方贴脸石分割。洞口两侧为均匀的方形贴脸石，与墙面石板的纹路相对，与窗台相交、围合。第三种形式多见于方形门窗洞口，主要围绕门或窗的边缘进行装饰，风格较为简洁。窗洞贴脸的正中是券心石，做了简单的切面处理，两侧的贴脸石呈拱形分布，与方形窗洞形成对比，在视觉上形成一种平衡感。两侧垂肩并排垂下，在窗洞贴脸1/3处由墙身的装饰线脚分割开来，下方是与墙身贴面石相对应的整齐方石，与窗台形成围合。门洞的风格与窗洞协调统一，但券心石的制作更为细腻，有较为明显的凸起，并且带有风格式的线脚。两侧的贴脸石

a 口字形贴脸　　　　b 点状形贴脸　　　　c U字形贴脸　　　　d 一字形贴脸

图3.16　门窗洞口装饰石构件类型实例

较为平坦，又不失厚重，没有线脚的分割，使门洞的线条更为直接和大气。口字形贴脸多见于海拉尔地区的门窗立面。

②点状形贴脸。

点状形贴脸装饰石构件往往是石材与砖材相结合的装饰结构，它不以石材的组合作为门窗贴脸的形式出现，而以点状形装饰作为券心石或端石出现。点状形贴脸装饰石构件按照石材分布位置的不同大致有三种样式：第一种是石构件同时作为券心石和端石的形式出现，中间用起拱的砖穿插，正中的券心石为 X 形切面，两侧对称的端石打磨有整齐的外框，并制造出中心部分向外凸起的效果，整体上看造型简洁又不失细致，常见于满洲里站铁路职工住宅。第二种是石构件作为与砖构件配合的券心石的形式出现，既可以以与砖构的门窗套组合的形式出现，也可以单独以砖构的门窗贴脸的形式出现。这里的券心石大致有两种做法：一种是将整块表面已基本处理光滑的石材打磨出棱角，直接镶嵌；一种是将石板打磨出整齐的边框，中心突起部分保留原有凹凸变化，作为石墙贴面。第三种类型是石构件作为窗洞贴脸的转角构件形式出现，这种石构件做法类似机车库中出现的券心石的做法，都有精致的切面，能够打破连续的砖砌筑的单调，创造节点式装饰。

③U 字形贴脸。

U 字形贴脸指的是贴脸式装饰性石构件沿着洞口成折线趋势分布，两侧的贴脸石下垂到窗梁部位以下。U 字形贴脸装饰性和适用性都很强，可用于中东铁路历史建筑的各类洞口形式中，如方形洞口、弧形洞口以及多边形洞口等。石材围合砌筑在洞口的上半部分，形成一个倒置的 U 字形。U 字形贴脸的样式主要有两种：一种是在方形洞口的窗头位置直接布置一个方整的长条石，再分别采用较小的方石分布在窗的两侧。这种类型的贴脸可见于哈尔滨原中东铁路管理局办公楼的窗洞中，其上部的长条石中间有一段较窄的、贴石的层次变化，两侧垂石沿窗洞两肩下垂，分为上、下两个层次，上层较宽一层的石板凹槽增加到 4 个。另一种类型是以一块凸出的券心石作为视觉中心，两侧拱形石贴脸对称分布，最外侧有两块较长的石质贴脸垂在窗洞的两肩。这种类型的门窗贴脸的应用较为广泛，可见于中东铁路总工厂水塔及伊林火车站等沿线各类工业、民用建筑。

④一字形贴脸。

一字形贴脸装饰的窗洞多为高窄型，贴脸位置集中在洞口两肩以上，有独立的券心石，两侧贴脸呈拱形或直线形按一定次序排列在券心石两侧，窗梁以上的位置。一字形贴脸与 U 字形贴脸相比，没有两侧垂石的表达。一字形贴脸有三种常见形式：第一种常见形式是将石材统一加工成尺寸相近的扇形进行砌筑，其中间券石相对较大，贴脸石总数为奇数，拼凑在一起组成一个类似拱形的构件，整体凸出墙体，如满洲里站职工住宅窗洞石贴脸装饰。第二种常见形式的做法相对细腻，是将每块贴脸石打磨出整齐的边框，使中心部位的石料较为突出，增加贴脸层次上的变化。其中，不同位置的石块的大小也不尽相同，两侧的贴脸石相对较大、较方，且内侧有与拱形贴脸石相交接的斜边，而两侧的拱形贴脸石的尺寸相对较小，中间的券心石呈长条状凸出于其他券心石。这种形式可见于满洲里现铁路第二公寓和满洲里站铁路职工住宅。第三种常见形式的一字形贴脸并不凸出于墙面，而是与墙面齐平，整体被分割成类似扇形的几个部分，但是贴脸石的上边缘是以直线形式出现的。为了增加墙面的层次变化，在窗贴脸中间位置，设计师设计了一段多层次的直线线脚，以增加其立面的造型变化。门窗洞口石构件装饰四种类型图示及图片见表3.6。

表3.6 门窗洞口石构件装饰类型分类

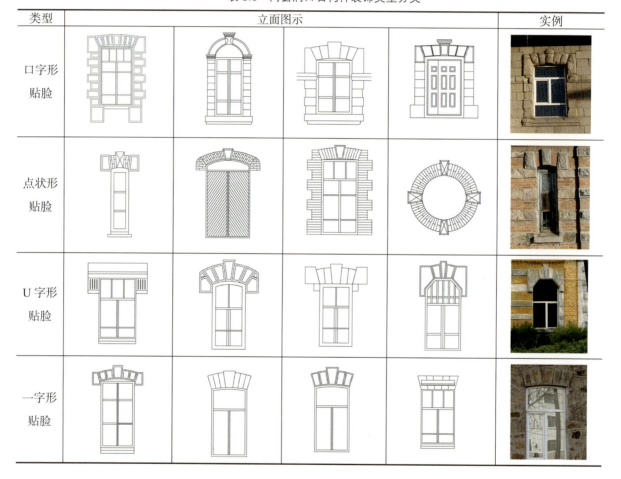

（2）建筑墙面装饰石构件。

经过大量调查可以发现，中东铁路历史建筑中，石材不仅能够用于构成承重、围合构件，经过加工的石质板材还具有装饰墙面的作用。建筑墙面装饰石构件主要是指，加工后的石材通过石材间的组合、石材与砖材间的组合，在墙面的不同位置进行装饰的石材构件。根据装饰石构件在墙面位置的不同，大致可将其分为绣边式、填芯式和拼贴式三种形式。

①绣边式。

建筑边界反映的是建筑墙面的外形轮廓，建筑边界的装饰对于整个建筑立面来说具有重要意义，它可以帮助人们形成对于建筑的第一视觉印象。绣边式石构件指的是墙面边缘，包括檐下落影石、建筑转角、勒脚等部位的装饰石构件（图3.17）。

檐下落影石是对于墙面上边缘的一种修饰。从昂昂溪地区出现的一种绣边式装饰石构件来看，其石材经过粗加工，达到了基本相近的尺寸，墙面外侧的一面被打磨得非常平整，从立面上看这些石块的对角线连线基本与屋檐坡度平行，如同一个个上升的梯段。中间的窗洞有其独立的砖质拱形贴脸，而石贴脸如同围巾般环绕其两侧，风格与整栋建筑协调统一。由于每一块石材都做了尺寸上的调整，因此它们的边缘十分整齐又留有一定的厚度。两端处以两块较小的石块收尾，给立面构图以合理的过渡。中东铁路历史建筑中，除了有单层落影砌筑之外，多层次落影也很常见，这种砌筑形式可以巧妙地完成建筑檐口和墙面之间的过渡，扎兰屯站中东铁路森林警察大队就是这一类型的代表性的一例。扎兰屯站中东铁路森林警察大队的山墙面落影是石材与砖材两种材料的组合，形成的落影有上、下两个层次，为递进关系。上层砖质落影较厚、距离屋檐较远，下垂的锯齿装饰比例小且密；下层的石质落影较薄且内收1/3。整个石落影层都采用与墙身统一的条形石，石料相对较碎，整体上看像黏合在一起，只有边缘能够看到由若干石块组成的直角线条，有些比较标准，有些则只有大概形状。整个落影坡度较缓、锯齿较密，中间出一扇作为山墙视觉中心的窗打断，分为对称的左右两面。

隅石是建筑转角的石构件，是建筑立面的竖向边界，是建筑师们热衷于使用的一种墙面装饰手法。根据隅石在墙角的竖向分布形式，可将其简单地分为错位式、平齐式和长短式三种形式。错位式是中东铁路历史建筑中出现的最典型的一种隅石形式，即上下两块隅石交错布置，上边的隅石在一个立面上的一边长，在另一立面上的一边短，下边的隅石与上边的相对应，但布置相反，长的一边对应其短

a 昂昂溪站铁路职工住宅　　b 扎兰屯站中东铁路站　　c 满洲里站水塔　　d 满洲里站铁路职工住宅
　　　　　　　　　　　　　　　森林警察大队

图3.17　绣边式墙面装饰石构件实例

的，短的对应其长的。这种做法可见于哈尔滨中东铁路管理局办公楼，满洲里站铁路职工住宅，满洲里站水塔等民用、工业建筑中。哈尔滨中东铁路管理局办公楼转角隅石采用精工细造的花岗岩贴面，每一块隅石的大小都相同，使3层的建筑体量看上去更富有韵律感。横道河子站仓库采用粗糙、质朴的蘑菇石作为转角隅石贴面，与勒脚采用风格统一的石材，由于石材的规格相同，因此建筑墙角处的整体效果十分敦实。这种做法除了应用于建筑外，也可用于中东铁路沿线的水塔中。满洲里站水塔为六边形塔身，建筑转角为钝角，隅石为人工打磨的边框，中间的石材向外突出。值得一提的是，其上的每一块隅石都为一块整石，可见当时建造工艺的高超。平齐式是指隅石上下是等宽的，一般这种形式的隅石都有相同的规格。中东铁路历史建筑中有多种平齐式隅石的做法：第一种做法是在墙面转角处形成一个凸出层，隅石在各个立面上的延伸尺寸相同，表面也比较平整，能够增加立面的层次效果，如海拉尔火车站转角隅石。第二种做法是与砖材混搭，转角部位隅石与砖相间砌筑并凸出于墙体，其中转角石材为一块整石，有打磨分明的边框，中间部位向外凸起。由于隅石尺寸、样式相同，石与石之间均相隔四皮砖，因此转角部位的装饰井然有序，如满洲里站铁路职工住宅。第三种做法是人造贴面隅石。材料并非真正的石材，而是使用砂浆等材料制作的人造贴面石，单纯为了起到装饰效果。人造贴面石的凸出部分加工有粗糙的石质纹理，较长隅石是有中心划分的，营造出错缝效果，这种做法常见于满洲里站铁路职工住宅。长短式是中东铁路历史建筑中的另一种常见的隅石形式，上下隅石长短相间布置，长、短隅石都有各自相同的尺寸，长的通常宽度更大些，短的往往较为细窄，如一面坡火车站的转角隅石就是很好的一例，其转角隅石为表面光滑的剁斧石，短石与长石都为统一的灰色调，且都各自等长、等宽，其中短石较为细窄，宽度大致为长石的1/2，使整个隅石的形式富于变化。

  勒脚作为建筑立面与地面的交界线，进行一定的装饰后能突显建筑整体敦实、稳重的形态，更能反映设计师对建筑细节的重视。中东铁路历史建筑中的石砌勒脚主要有两种形式，即人造石饰面勒脚和石质板材贴面勒脚。人造石饰面勒脚是当时的俄国匠人为了达到一定的美观目的，对于砖构勒脚或是石构勒脚，用砂浆、抹灰等手法营造出的一种仿石处理的形态。例如：横道河子站机车库勒脚的外侧部分做了一层厚约3 cm，高度约70 cm的砂浆层，围合的范围包括墙面、转角以及壁柱。砂浆层做仿石处理，平均分为上、中、下3层，层与层之间做石砌筑的勾缝，类似于沟槽缝，像一块块切割整齐的"石板"，每块"石板"尺寸相同、彼此错缝。从远处看，"石板"井然有序、难辨真假，这种做法既丰富了墙面的材料构成，又打破了红砖颜色的单调。肇东火车站候车厅采用真正石块砌筑勒脚，表面附加砂浆层，并配合抹灰，来达到一定的装饰效果。肇东火车站候车厅的勒脚是规整长条石和方形石的组合砌筑，两种石材的规格大致相似，且每个石块的外围一侧都用砂浆处理出比实际石块小一圈的平整方形凸起，长条石为长方形凸起，方形石为方形凸起，凸起与凸起间上、下边缘是齐平的，层与层间长短凸起彼此交错，隔层间又彼此相对。勒脚的外侧还做了抹灰层，使这种人造纹理更加自然，更具真实感；石质板材贴面勒脚是石材作为勒脚部位装饰构件的另一种形式，即在勒脚部位布置一些更具厚重、敦实效果的石材贴面，以表示其与墙体的区别。做法是在勒脚部位贴饰表面打磨光滑且有天然石材纹路的花岗岩石板，石板间彼此错缝、相互搭接，如一面坡火车站勒脚石构件装饰。

②填芯式。

填芯式指的是建筑的主体为砖构筑，在砖墙面的中间部位填充石材作为立面装饰的形式。这些石材或碎或整地填充在建筑转角与砖质门窗套之间，在建筑外立面的一侧保留基本平整的一面，且石块嵌在砖墙里并与墙面基本持平，中东铁路沿线浴池建筑中常见这一形式（图3.18）。石材应用于浴池建筑中，既能满足功能上的防潮、防水要求，又能产生符号性的形态识别性。

填芯式在里木店站铁路浴池建筑中得到了很好的体现。该建筑的主体结构全部为砖材砌筑，但在建筑墙面的中间位置镶嵌有灰色的花岗岩。镶嵌石材的部位由檐下整齐的砖线脚和锯齿形的建筑转角围合，中间穿插锯齿形的砖质门窗套。石材基本为统一的灰色调，每一块石材都经过了一定的加工，基本都是宽度相近的方形石。层与层之间的方形石长短不一、上下错缝，从整个立面角度看，整体性很强。其中一侧的立面在转角处嵌有仅一石宽"串"字形方形石，与同侧大面积的填充石形成了鲜明的对比。在浴池另一侧的立面上，方形石整齐地围绕在全包围砖质窗套的周围，规矩地镶嵌在砖质墙体中，一定程度上达到了放大窗口的视觉效果。同样采用填芯式墙面装饰形式的还有姜家浴池，但其与里木店站铁路浴池不同的是填充石材的形式，其填充所用的石材基本为加工粗糙的花岗岩，且这些石材没有统一的形状和尺寸，仅通过堆积的方法拼凑在一起。虽然其砖的砌筑更具灵活性，但是通过全包围式的砖窗套和两侧的砖筑转角来规范填充石材的范围，使得用这些杂乱的石头填充的墙面看起来也十分规整。姜家浴池的立面也存在细窄的串字形石材的填充，此处的填充石与填充其他部分的碎石不同，是采用一横一纵的整石构成的。这些整石每一块都是独立石材，且都被加工为大小统一的形状，填充在砖质门套和墙转角之间。

③拼贴式。

石材间的组合砌筑形式和石材与砖材之间的组合砌筑形式统称为拼贴式墙面装饰。拼贴式墙面装饰针对的建筑主体大多为砖构筑，仅在墙面采用石材拼贴外包，或者采用石材与砖材两种材质遵照规

a 里木店站铁路浴池	b 姜家站铁路浴池	c 大观岭站站长住宅	d 城高子站站长住宅

图3.18 填芯式墙面装饰石构件实例

律彼此相互拼贴（图3.19）。

哈尔滨中东铁路管理局办公楼就是不规则青石板组合装饰墙面的精品，由俄国建筑师德尼索夫设计。作为当时著名的行政中心办公建筑，其整栋建筑都采用石板饰面，凸显其别具一格的造型与精致的工艺技术。整栋建筑的主体墙面，设计师都统一采用不规则的青石板饰面。可以毫不夸张地说，在建筑精美的石墙面上找不到两块相同的石板。这些青石板的边缘都不尽相同，且毫无砌筑规律性可言，但是极为精妙的是，它们边缘彼此搭接，构成一个完整的平面，青石板间的灰缝都是非常细致均匀的，石板契合得十分完美，建造水平可见一斑。还有一种拼贴形式是位于其过街楼二楼墙面的方条石板饰面，这些石板大致与上述的青石板板材相近，但出于造型考虑被加工成了方条形，并有一些尺寸上的规律，层与层间石板错缝搭接，隔层之间的缝是相对应的，从整体上看非常简洁、规整，造型也十分优美，毫无沉重之感。

与砖材相间砌筑的砖质墙面贴面石是墙面石质装饰构件的另一个类型，大致分为两种做法：一种是将石材贴面沿砖墙竖向布置，另一种是将石材贴面沿砖墙横向布置。墙面装饰石构件沿墙体竖向布置的例子见于一面坡火车站。该建筑的主体为砖构筑，石构件采用打磨光亮的花岗岩，风格与转角隅石相统一，采用相同规格的长方形隅石相间的形式，砌筑一条竖向的装饰石贴面，与砖构筑的墙体竖向穿插。满洲里站铁路职工住宅的石材贴面则是石构件沿墙壁横向布置的很好案例，采用的贴面石不是加工好的、完整的一块块石材，而是由不规则形石材拼贴在一起组成的长石板，内部石材只进行表面和边缘的加工，达到表面整体的基本平整和边缘的整齐。这些与砖墙相间的长石板，彼此之间也存在一定的分布规律，每个这样拼凑而成的长石板的宽度基本相同，且两长石板之间均相隔四皮砖，分布十分匀称。这种形式的石板贴面的优点是砌筑比较灵活，可以根据建筑面阔长度任意增减。

（3）室内地面装饰石构件。

室内地面装饰石构件是中东铁路装饰功能石构件的另一种表现形式，即石质地砖以平面式铺

a 哈尔滨中东铁路管理①   b 哈尔滨中东铁路管理局②   c 一面坡火车站   d 满洲里站铁路职工住宅

图3.19 拼贴式墙面装饰石构件实例

筑形式提升室内地面耐磨、耐久性，并着重增加室内的装饰效果。在中东铁路历史建筑中，室内地面装饰石构件主要体现为在室内所铺垫的石质地砖。这类石质地砖大都为大理石，并且有统一的形式与规格，常见的有红色、白色、黑色、黄色四种，大都经过抛光处理，或雕花压线处理，展现了当时高超的工艺技术。根据其铺筑方式的不同，室内石质地砖主要有平行铺筑和斜向铺筑两种形式（表3.7）。

表3.7 石质地砖铺筑形式

类型	平行铺筑	斜向铺筑
形态示意	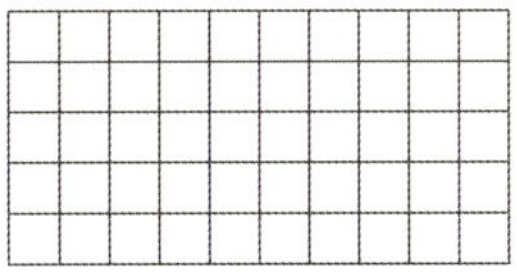	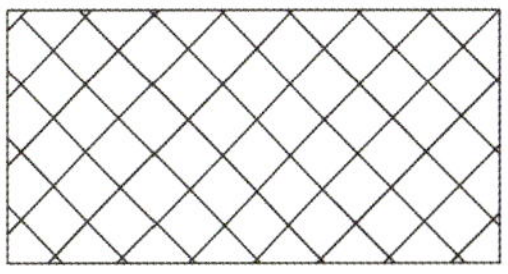
实例 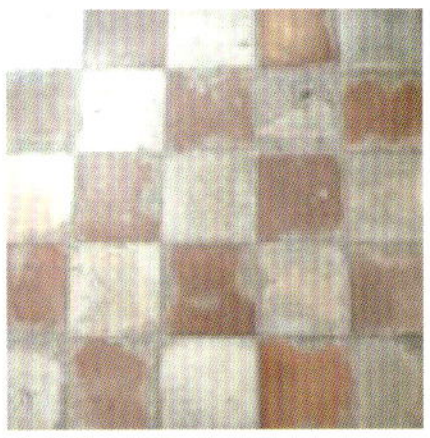   		

平行铺筑采用方砖石材，有纯色石地砖、纯色压花地砖和大理石地砖三种类型，常见于中东铁路公共建筑中的楼梯平台、门厅、走廊、教室等的地面。这种类型的地面装饰铺筑的特点是：以平行墙边的方式进行铺筑，砖缝对齐且细密，使整个空间显得宽敞明亮。平行铺筑式既适用于小面积的点缀，也适用于大范围的装修，可通过不同颜色石质地砖的搭配，使地面整体效果清爽、大气。安达站中东铁路俱乐部和一面坡站机车乘务员公寓的石楼梯平台都采用了方形地砖平行铺筑的形式，打破了石构楼梯的单调形象。其中，前者采用黑、红方砖拼贴，后者则采用颜色统一的土黄色地砖。昂昂溪中东铁路俱乐部和昂昂溪站铁路医院的门厅和走廊均平行铺筑红、白和黄三色石质地砖，其中医院的走廊与房间入口处还拼贴有黑色石质地砖，起到提示、强调入口的作用。满洲里站铁路第一宿舍楼也铺贴有统一的黑色石质方形砖。特别值得一提的是，一面坡站机车乘务员公寓走廊铺地采用的黑、黄相间的石质地砖上还有精致的雕花压线图案，而靠近墙壁处采用的两排黑色方砖的上面也雕刻有精美的方形压线图案。中间的部分是几排排列整齐的土黄色石质地砖，每四块砖拼贴成一个完整的圆形压线图案，与两侧黑色方砖形成强烈的对比。大理石地砖采用当时先进的石板加工技术，色泽较前两种光亮，呈斑状纹理。这种类型见于一面坡站原铁路医院，有红、白两种颜色，使整个空间显得雅致、美观，

充分地展现了当时特殊时期下先进的建材建造技术。

斜向铺筑多应用于小面积的地面点缀。中东铁路历史建筑中，斜向铺筑所采用的石质地砖为规则的正方形地砖，规格为 160 mm × 160 mm，留缝在 3~5 mm 之间。一般采用与墙边成 45°角的方式排列铺贴，这种方式相对而言比较费砖、费工。从视觉效果上看，这种斜向铺筑方砖所组成的几何线条纵横交错，不会显得呆板，使室内整体效果十分鲜明和统一，给空间增添强烈的立体感。斜向铺筑石质地砖多用于门厅和走廊等小面积空间，因为大面积的使用会带给人琐碎的感觉，而合理的使用则会使空间显得活泼和现代。这种类型的铺筑可见于横道河子站铁路职工宿舍楼和博克图站段长办公室。横道河子站铁路职工宿舍楼采用斜向铺筑式铺砌门厅地面，且门厅是 2 500 mm × 1 800 mm 的小型过渡空间，所采用的石质地砖为统一的砖红色，与其他房间的大红地板形成鲜明的对比，既实用又美观。博克图站段长办公室采用斜向铺筑式铺砌宽度为 1 500 mm 左右的狭长走廊地面，采用红、白、黑三种颜色石质地砖交错铺贴，整体线条感十分强烈。同时，在每个房间与走廊交接位置，还着重用红白两种颜色拼贴成倒三角形以强调入口，使空间气氛简约、活泼。

3.2.4 其他功能性石构件

石材除了具有上述几种功能作用以外，还具有广泛的使用功能。由于石材本身具有良好的耐磨、耐久性，因此在中东铁路历史建筑中，石材还常用于砌筑室内的一些功能构件，以及室外的个别结构受力构件，主要包括踏步功能石构件和节点功能石构件两种类型。

（1）踏步功能石构件。

天然石材本身不仅具有很高的硬度和抗压强度，而且还有良好的耐久性和耐磨性。基于此，石材可以作为中东铁路沿线人流密集类建筑中踏步材料，而沿线丰富大量的石矿资源也为踏步功能石构件的应用奠定了有利基础。根据铺筑的不同形式，其大致可分为石砌楼梯和石砌台阶两种类型。

①石砌楼梯。

中东铁路沿线矿产丰富、河流众多，为石材的开采提供了便利，进而也为俄国匠人发挥丰富的创造力提供了条件。石砌楼梯是中东铁路历史建筑中采用石材叠砌方法砌筑而成的竖向空间立体交通石构件，具有多样化的整体表现形态。中东铁路历史建筑石楼梯根据其所在地理条件的不同，使用不同种类的石料，进而产生出丰富多样的楼梯样式。

石材稳定、坚固的特性，决定了这些石楼梯既可以在室内使用，也可以在室外使用。它们具有固定的模式，基本上都是由石质楼梯踏步、钢梁或木梁、铁艺栏杆、铁艺或是木艺的扶手组成的。其中，一些铁艺构件还做成具有新艺术运动风格的曲线形态，使石砌楼梯不仅可以满足联系垂直方向交通的需要，而且也使其自身成为形体富于变化的、具有装饰性的建筑组成部分。从石砌楼梯的石料类型选择上，大致可将其分为水磨石楼梯、混合材质楼梯、石灰石楼梯和装饰石板楼梯四种（表 3.8）。

表 3.8　石砌楼梯形态类型

类型	水磨石楼梯	混合材质楼梯	石灰石楼梯	装饰石板楼梯
形态示意				
实例				

水磨石是碎屑石与灰浆混合而成的一种人工复合材料。中东铁路历史建筑中，以水磨石构筑的楼梯一般都应用于公共建筑中。在安达中东铁路俱乐部及一面坡机车乘务员公寓都能看到这种类型的楼梯。在以上两栋建筑中，水磨石楼梯呈现出黑、红两种颜色，反映出水磨石材料制作的灵活性，即能够根据人们的审美需求，在制作的过程中选择想要的颜色，灵活地塑造出想要的梯段形态。在安达中东铁路俱乐部中，水磨石楼梯的最后一阶梯段边缘还做了弧形处理，造型别致。

混合材质楼梯是当时俄国匠人的又一个智慧结晶。中东铁路沿线自然资源丰富，俄国匠人就地取材，以未经加工过的鹅卵石和灰浆混合黏结起来砌筑楼梯梯段，有时也掺些碎石粒或碎石片。横道河子铁路职工宿舍楼是一座为中东铁路专家及技术人员所建造的二层俄式宿舍楼，其倚坡而建，有一座人字形的室外石砌楼梯，由两排对称的横截面为三角形的梯段构成。每个独立梯段都是由灰浆掺和着鹅卵石和一些小碎石黏结铺筑的，经济又实用。但砂浆和鹅卵石混合砌筑的方式还存在着一些不容忽视的问题，与其他砌筑方式相比，这种楼梯的结构很不稳固，一旦一块鹅卵石坏了，往往会导致整体结构的坍塌。于是又出现了混合材质梯段与石质梯段交替搭配的铺筑方式，有效地利用石头本身的重量来达到整体的稳定性。横道河子铁路治安所的室内石楼梯就采用了混合砂浆梯段和石灰石梯段交替的形式，其踏步均镶嵌于楼梯的斜梁上，横截面为方形，有凸出的边沿。其中，混合砂浆梯段由砂浆和鹅卵石混合黏结砌筑，石灰石梯段则为一块完整的、人工雕琢的石灰石，二者规格统一、相互搭接。

基于当时国外先进建造技术的互通，装饰石板得到广泛应用。在中东铁路历史建筑中，最为常见的是大理石石板楼梯。大理石本身结晶细密、质地坚硬，并且具有较高的耐磨性，经过加工的大理石石板除了自身材料优势外，经过抛光处理还能形成镜面效果，将其应用于楼梯踏步上能够突显室内装修的精美与华丽。一面坡铁路疗养院的石楼梯就是很好的一例，它由红、黄两色大理石石板砌筑而成，红色分居在两侧，黄色位居中间，厚度为 10~20 mm，包裹在石质踏步外侧，踏步边沿还做出了细致的弧形倒角，且最后一级台阶也以弧形结束，十分具有代表性。

②石砌台阶。

台阶是建筑入口处与室内之间防止雨水倒灌、调节室内外高差的交通联系部分。建筑的入口是人流相对较为集中的部位。石砌台阶能够有效减缓人流穿梭造成的台阶表面磨损和雨水等自然因素造成的台阶的腐蚀。中东铁路历史建筑石砌台阶大体分为单面式踏步和多面式踏步两种类型（表3.9）。

表3.9　石砌台阶形态类型

类型	单面式石砌台阶		多面式石砌台阶
形态示意	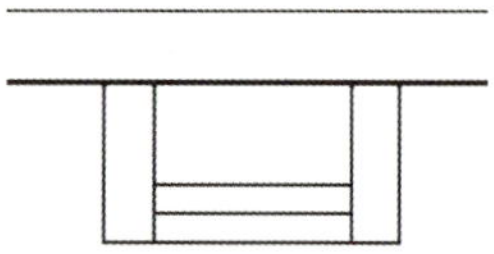	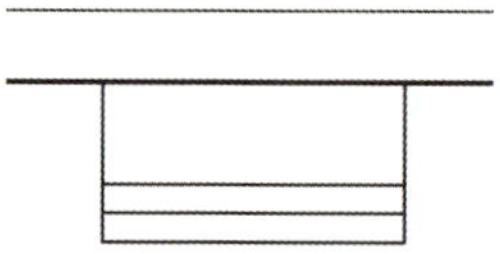	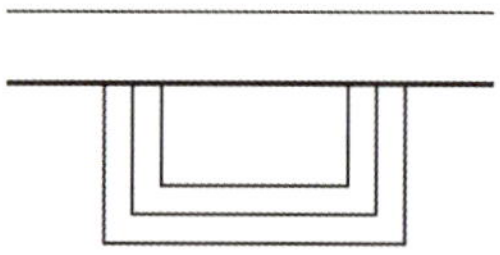
实例			

单面式石砌台阶有多种形态，有一大块整石凿琢成的单面石砌台阶，有两侧附带扶手的单面石砌台阶，有两侧砌筑垂带的单面石砌台阶。扶手式单面石砌台阶两侧的扶手形态各异。满洲里站铁路第二公寓采用具有新艺术风格的曲线式扶手，整个扶手的线条婉转流畅，扶手端还有凸出的弧形线脚。从平面上看，两侧的扶手呈迎接状向外张开，两级台阶为圆弧形向外打开。一面坡站兵营的扶手式石砌台阶线条就相对硬朗，扶手上端为弧线，以增加整体的线条感。附带垂带的石砌台阶有整体和分体两种形式。整体式垂带石砌台阶的垂带与石台阶由一块整石打造，两侧石质垂带与最上层踏步平齐。分体式垂带石砌台阶的石台阶与垂带由不同的石块砌筑而成，垂带采用整齐的方条石混合叠砌。阿城站中东铁路护路军兵营和一面坡火车站是这两种形式的典型实例。

多面式石砌台阶在中东铁路历史建筑中最常见的类型是层层递进式，即由后一阶向上一阶层层收进。这种递进式石砌台阶大都应用于公共建筑中，满洲里站俄国商务处、一面坡站铁路医院、扎兰屯站东正教堂都采用这一类型的石砌台阶。因为公共建筑体量通常较大，所以采用尺度也相对较大的石砌台阶来营造建筑入口。楼梯中每一阶通常由一块整石雕琢而成，较长阶的台阶多采用两块或多块石材拼接的方法砌筑。这种类型的石砌台阶每一阶都雕琢有线脚，使这种体量的台阶粗犷中还有细节，打破大体量石砌台阶带来的单调感。一面坡铁路疗养院的石砌台阶中的每一阶台阶还做了双层线脚和弧形转角，显得精致、细腻。

（2）节点功能石构件。

在中东铁路历史建筑中，节点功能石构件是建筑系统的构成元素之一，是指石材以块或体等形态出现的独立构件形式，节点通常位于结构的接合点或是结构的支撑点上，常见的构筑接合方式为镶嵌和咬合两种，在砌筑上多与砖材配合完成。节点功能石构件种类繁多，其中既有作为结构性构件出现，用来增加抗压性、抗拉性的石质构件，也有作为功能性构件出现，用来增强耐磨、耐腐蚀性的石质构件。石材的结构致密、抗压强度和表面硬度大、耐腐蚀能力强等物理性能决定了其作为节点式构造材料的优越性。因此，节点功能石构件无论是在室内，还是在室外都得到广泛的应用。在中东铁路历史建筑中，节点功能石构件形态丰富，有顶梁石、门轴石、柱础石、窗台石等多种形式（图3.20）。

顶梁石是承重柱的一部分，石块镶嵌在承重柱的顶端，用来支撑上部的梁，承托竖向荷载。顶梁石的做法为：将一块长宽与砖砌柱身相近的、基本归整的方形石镶嵌在砖柱的顶端，方形石上端直接与梁相抵，顶梁石镶嵌在砖柱的中心位置，四周由砖包裹。这种做法既能够加强承重柱的整体性，又能在关键的受压部位增加砖柱的抗压强度，能够避免直接由砖体承重造成的劈裂现象。在中东铁路历史建筑中，昂昂溪马厩的地下室的承重柱就是顶梁石的出色应用，建筑中顶梁石的两面都包裹有砖层，

a 顶梁石　　　　　　　　　b 门轴石　　　　　　　　　c 柱础石

d 窗台石①　　　　　　　　e 窗台石②　　　　　　　　f 窗台石③

图3.20　节点功能石构件形态类型

能有效防止受压过大造成的侧向位移。顶梁石的上端承托地下室顶棚的钢梁。砖砌拱顶的钢梁与承重柱的接触面较小，从而带来较大的压强，顶梁石的应用则能较好地抵消压力带来的形变和破坏。

中东铁路历史建筑中，门轴石一般与砖材配合出现，在关键的受力部位砌筑与间墙等规格的石块，石块一侧或两端嵌入大门的铁质门轴，用以安装大门。门轴石多见于中东铁路机车库和水塔类建筑中。它们的门的尺度相对较大，从而门轴对墙体抗拉能力要求也较高。如果直接将门轴嵌于砖缝之间，这种集中的点式受力必定对砖墙产生破坏。这种节点功能石构件不仅能够增强砖墙的抗拉强度和整体性，而且能够使整个建筑造型在视觉上更加有力量，并打破单独砖构筑带来的单调性。在海拉尔机车库门洞、横道河子机车库门洞以及满洲里水塔门洞都有这种节点功能石构件。

柱础石作为建筑节点功能石构件之一，无论是在西方建筑中还是在中国传统建筑中的应用都有着悠久的历史。柱础石是结构构件与艺术构件结合的杰出代表，是一种依赖于结构功能的艺术形式。作为结构构件，柱础石的功能是作为支撑房屋构造柱的奠基石，将柱子承受的房屋上部荷载传递到地基。同时，柱础石一般略高出地面，从构件本身和材料特性上都能起到隔绝地面潮气的作用，避免柱脚被腐蚀或受磕碰。在中东铁路历史建筑中，柱础石多见于大跨度的公共建筑中，如博克图站宪兵队、一面坡站兵营、一面坡站铁路医院等。柱础石或是出现在室内构造柱中，或是出现在室外大门两侧的装饰柱中，大都采用一块整石雕琢而成。对于柱础石的形态，工匠还做了相应的装饰化处理，如博克图宪兵队室内采用线条直接、简洁的圆形单层柱础石；一面坡兵营和疗养院的柱础石高度不高，但分多层叠置，每层线脚都做了磨边处理，外形十分美观、精致。

窗台石是中东铁路历史建筑节点功能石构件中又一个具有特色的代表性构件，有整块石材雕琢的石窗台和水磨石窗台两种形态。整块石材雕琢的石窗台形式常见于石构筑建筑主体，如满洲里中东铁路职工住宅室外窗洞。整块石材雕琢的石窗台也有两种形式：一种形式的石窗台直接采用一块较厚的花岗岩石板，石板体量不大且与窗等宽（窗台檐厚为50~60 mm），镶嵌于墙体，并有较缓的排水坡度；另一种形式石窗台则有了更多的细节处理，石窗台造型如同一个伸出的凹字形，中间的低洼部分打磨处理成排水坡。还有一种石窗台采用人造水磨石混合材料砌筑而成，这种石窗台多应用于公共建筑的室内，具有耐磨、耐久等诸多优点。

3.3 中东铁路历史建筑石构方式及艺术

3.3.1 石材自身的构筑方式

中东铁路沿线的石构建筑中，不同样式、品种的石材与各式的砂浆组合砌筑成形式各异的石构砌体和丰富多样的建筑立面。由于中东铁路沿线的石构建筑基本上是采用就地取材的方式砌筑而成的，因此不同区域选用的不同石材，也直接在建筑立面上有所体现。同时，石材的加工方式和砌筑方式的不同，也对建筑的形态特征有很明显的影响。在中东铁路历史建筑中，由石构筑作为主体的墙面，按照石材砌筑组合方式的不同，大致可分为有序式、无序式、有序与无序结合式三种石材构筑方式。

（1）有序式石材构筑方式。

有序式石质墙体的构筑石材在形态上较为规整，砌筑时常按成层式分布秩序进行叠砌，每层块石之间基本都保持相似或相同的高度，构筑成的石墙从整体上看较为规律、整齐。这种类型的石材组合构筑方式既应用于石质墙体的砌筑，也广泛应用于建筑的石质勒脚的砌筑（图3.21）。按照石材加工精细程度的不同，有序式石材构筑形式基本分为精加工的块石有序式组合和粗加工的块石有序式组合两种类型。

①精加工的块石有序式组合。

精加工的块石，一般都是按照一定标准的具体尺寸进行加工和打磨的，形态上通常以长方体为主。从块石的单体形态上看，其具有打磨光滑、平整的外表面，笔直、整齐的边缘和鲜明的棱角。从这种精加工块石整体组合构筑形态上看，每块石材种类都统一，并具有相同标准的高度和宽度，整体上有着一定的砌筑规律，基本采用与砖材相似的砌筑方法进行错缝组砌。这种整体的石材往往耗费的人力较大，还造成了一定程度材料的浪费，但是由于其具有较大面积的有效接触面，保证了块石间的紧密贴合程度，所有标准相同的块石在受到外力时能够共同作用、均匀受力，因此大大加强了墙体结构的稳定性和整体性。

②粗加工的块石有序式组合。

粗加工块石与精加工块石相比，没有分明的直线轮廓和棱角，只有毛石粗略加工出的、大致的矩形轮廓。粗加工的这些块石通常采用一层叠一层的方式砌筑，相同层的块石基本保持相似的高度，但形状上没有一致的标准，形态各异，且上、下层间的石材高度也常常相差较大。虽然块石本身没有一定的标准大小，但是从墙面纹理能够很明显地看到其平行于地面的石层纹理。这种构筑方法能够加大块石间的接触面积，均匀传递上部荷载，使下部结构受力均匀，避免局部集中受力过大导致墙体崩塌，能够有效提高墙身整体结构的稳定性。这种粗加工块石组合构筑方式由于块石尺寸、颜色、形状和排列的不同，配合灰缝的处理，使石质墙体更具有艺术表现力。

a 海拉尔火车站　　　　　　b 横道河子站铁路职工住宅　　　　　c 横道河子站冰窖

图3.21　有序式石材构筑方式实例

（2）无序式石材构筑方式。

无序式的石质墙体在石材的选择上没有固定的规律，在墙体的垒砌方式上也没有一定的构筑秩序。无序式石质墙体的石材大致分为轮廓经过斩凿的不规则多角石和没有加工过的毛石两种形态。不规则多角石以拼贴式砌筑法营造的墙面都较为平整，而未加工过的毛石垒砌的墙面往往凹凸不平。按照墙体石材构筑组合纹理的不同，无序式石材构筑方式基本分为平整无序式和自由无序式两种类型。

①平整无序式。

平整无序式石质墙体采用的不规则石块，大都没有经过太多的打磨、加工，只是根据石料轮廓大致形状斩凿而成的不规则的多角石，石块一侧往往较为平坦，使组合砌筑出的墙体表面显得相对平整（图3.22）。中东铁路沿线常见的一种墙体砌筑方式是将这些"好面石"较平整的一面沿石块边缘以拼贴的方式砌筑在外墙面。一般情况下，这些不规则多角石的边缘不见得非常整齐，石间参差的缝隙则用砂浆来填充。还有一种更为典型的磨缝式做法，是将这种不规则多角石以装饰层的形式砌筑在墙体表面，这种组合砌筑的不规则多角石之间采用边加工、边组合、边砌筑的方法彼此咬合、严丝合缝，其中灰缝挺直、细密，具有一定的韵律感，但在整体砌筑上并没有一定的秩序和规律，因此最终呈现平整无序式的石墙砌筑纹理。这种加工和构筑方法能够有效防止石料的浪费，提高材料利用率。

平整无序式石质墙体通常为"夹芯式"的结构，墙体的内外两侧采用表面平坦的不规则多角石砌筑，中间填充碎石、碎砖等与砂浆的混合物。这种构筑方法从建筑保温与节能的角度上看，能够形成空气间层，从而提高建筑的保温、隔热性能，尤其适用于温差变化较大的寒冷地区。从力学角度上看，石质墙体常因为沉降等原因造成受力不均，形成墙身纵向裂缝，这种裂缝往往沿门窗洞口由中间向下开裂，从而导致整个墙体的

a 博克图站护路军司令部

b 哈尔滨中东铁路管理局

c 山市站铁路职工住宅

d 代马沟站铁路工区

图3.22 平整无序式石材构筑方式实例

坍塌。不规则多角石构筑的墙体则具有较强的稳定性。在砌筑墙体时，不规则多角石沿墙面竖直方向相互交错、咬合分布，在竖直方向发生形变时，能够有效预防贯穿上下的竖向通缝的产生。在受到水平外力时，由于不规则多角石间缝隙狭窄、联系紧密，因此可以防止发生墙面由受力点向周边裂开的情况。

这种类型的构筑组合常见于中东铁路沿线的多种类型的建筑中，博克图站护路军司令部、山市站铁路职工住宅以及代马沟站铁路工区建筑等都是很好的例子。从博克图护路军司令部墙面可以很清晰地观察到：构成墙面的每一块不规则多角石表面都打磨得十分平整，它们形态各异、大小不一，但边与边之间严丝合缝、咬合紧密，灰缝只有 5~10 mm 宽。不同的不规则多角石组合在一起，配合灰白色的灰缝，丰富了墙面的颜色，如同虎皮上的斑纹，形成了中东铁路历史建筑独具特色的"虎皮墙"。

②自由无序式。

自由无序式石质墙体多采用直接开采下来的毛石垒砌，对于墙面石材的选择通常没有形状、品种等的要求，在砌筑方式上也没有任何规律性，如采用没有经过加工的碎石进行叠砌，再用砂浆进行黏结（图 3.23）。在砌筑石墙时，通常将碎石较宽的平坦部分平行于地面放置，即将石块较平坦的一侧沿墙面布置。垒砌时，大石块间往往会形成较大的缝隙，需要使用较小的碎石进行填充，并灌注砂浆黏结、填实，使墙面基本保持平整。这种自由无序式的石墙，由于砌筑石块大小不尽相同、密集程度也不一致，有些石块的朝墙面一侧光滑、平坦，有些则粗糙凸出，造成墙面的凹凸起伏，因此在墙身的转角大都采用较大、较整的石块进行砌筑，增加墙身稳定性。无序式的墙面肌理层次，根据每天光照的不同，光影变化十分丰富。石墙的这种砌筑方式在欧洲早已有几百年的发展历程。这种做法不仅能够加强墙体的牢固程度，

a 免渡河站尼古拉耶夫基卡娅教堂

b 满洲里站俄国监狱围墙

c 满洲里站俄国监狱

d 扎兰屯站马厩

图 3.23 自由无序式石材构筑方式实例

保证石块间的联系,增加墙体的抗压程度,还能有效预防石块因受力不均而造成的滑动、脱落现象,在中东铁路历史建筑中得到了广泛应用和发展。

在中东铁路历史建筑中,这种自由无序式的石质墙体的砌筑处理做法有两种:一种做法是将石质墙体结构直接裸露在外,让人对其构筑方式和建筑结构一览无余;另一种做法是在石质墙体表面涂抹一层较薄的抹灰,既能使墙体免受雨水等的腐蚀性破坏,也能使整个建筑外观在大体上统一,掩盖石墙表面纹理给人带来的凌乱感,给人以干净、整齐的感觉。前一种做法多用于小型构筑物或建筑中,如冰窖、围墙、监狱等,使用、居住功能较弱。后一种在石墙表面抹灰的方法多见于住宅等使用人群较多、居住功能较强的建筑。

(3)有序与无序结合式石材构筑方式。

有序与无序两种石材构筑组合方式的结合可以在同一墙体中呈现出多种不同效果的墙面肌理形式。这种类型的石质墙体有多种组合方式:一种是建筑墙面的上部分呈现层状整齐、有序的石材组合形式,墙面下部分石材则随机布置;另一种是与前一种相反的情况,即下部分整齐有规律,上部分则没有一定规律;还有一种是在建筑的转角或是门窗洞口砌筑规则的方形石,墙面的其他位置以不规则石块砌筑(图3.24)。从整体上看,墙面石材无规律中又混合着有序的组合,十分生动。

a 横道河子站水牢

b 红房子站铁路工区建筑

c 博克图站铁路职工住宅

d 让胡路站铁路职工住宅

e 昂昂溪站铁路职工住宅

f 满洲里站铁路职工住宅

图3.24 石材有序与无序结合式构筑方式实例

在墙体的砌筑中，上半部分的不规则多角石或是粗糙的毛石以随机的方式垒砌成凌乱没有规律的墙面形态，下半部分石材有一定的整齐轮廓，并结合成层分布的砌筑方式与上部分石材形式对比，产生上部无序下部有序的石材构筑组合形式。在中东铁路历史建筑中，这种建筑石材构筑组合形式有多种组合形态：一种是由整个墙面上下分隔，形成的两种石材的构筑组合形态；另一种是勒脚的砌筑石材与墙面的砌筑石材间的构筑组合形态。横道河子站铁路职工住宅是前一种形态的表现实例。从它的山墙可以很清晰地观察到上、下两种石材纹理的不同，两种纹理样式大致从山墙的中间开始分开，各占面积的1/2。上半部分使用不规则的毛石砌筑，没有一定的砌筑规律，下半部分采用较为整齐的粗加工方形石块进行一层一层的垒砌，上、下两部分形成强烈的肌理对比。此外，墙面与勒脚石材的组合形态也是相对较为常见的一种构筑形式。横道河子站水牢、满洲里站机车库等都属于这一类型。它们的勒脚多采用整齐的方形石砌筑，有的做凸出的灰缝处理，有的在石材表面打磨凸出的中心，与上部凌乱的墙体石材形成鲜明的视觉对比。

在上部整齐有序、下部随机无序式的石材砌筑组合样式中，墙面的最上部分通常砌筑整齐的方形石，这些方形石有些经过细致的加工，有着分明的棱角，有些则只有大致的方形轮廓，但这些方形石都拥有大致相同的高度，采用成层式砌筑方式，整齐地排成一行，而下部分墙面则混合砌筑不规则的石材，与上部分形成不同的肌理对比。在大观岭站和博克图站的铁路职工住宅中都有这种形式的石材砌筑组合。大观岭站铁路职工住宅石质墙体的上部为清晰的方形石块，下部则砌筑着不规则多角石，这些不规则多角石之间相互咬合，大石间填着小石，色彩丰富，营造出多彩的墙面效果。

整齐、厚重的建筑转角具有实用的功能特质，不仅能够稳固建筑墙身，还能局部增加墙体厚度，减少屋内热量流失；门窗洞口边缘布置规则方形石的做法，能够便于砌筑，降低施工难度；在建筑石质墙体中使用不规则多角石和粗糙毛石，同时在转角和门窗洞口采用整齐的方形石收边的构筑方式，既适当降低了材料成本、节约了用材，又强调了建筑边界的作用，给人以丰富、整齐之感，与单纯毛石砌筑变化带来的凌乱感形成对比。

3.3.2 石材与砖的构筑方式

随着人们对于建筑稳定性和审美要求的提高，中东铁路历史建筑的墙体的砌筑发生了变化，不再是单一材料的砌筑，而是产生了多种材料混合的、丰富多样的砌筑。其中石材与砖材两种材料在属性上都具有密度大，硬度高，耐久性、耐压性出色，耐火性能好等特点。同时，砖材较石材还具有较强的保温、隔热性能和较高的砌筑灵活性。石材与砖材的构筑组合方式不仅可以丰富建筑的色彩，还能形成独特的建筑肌理，满足使用需求的同时还能展现两种材料特有的形态。在中东铁路历史建筑中，石材通常用于砌体建筑的主体，砖材则作为辅助建筑材料，常在转角或门窗洞口周边出现。但是，中东铁路沿线还存在相当一部分建筑将石材直接作为装饰材料的例子，这成为当时俄国匠人追求营造天然材料的独特自然纹理和色彩表现力的重要见证。

（1）咬合式砖石构筑方式。

咬合式是中东铁路历史建筑中最普遍的一种砖石构筑方式，砖材与石材呈相互交错的马牙槎形式。这种类型的构筑方式多见于建筑的门窗洞口、立面转角和山墙落影等处。在构筑中，两种材料可互换角色，既存在砖材作为墙体主要材料，石材作为辅助材料的例子，又存在石材作为墙体主要材料，砖材作为辅助材料的例子（图3.25）。

在以石材为主要材料的墙体中，门窗洞口对边缘整齐程度要求较高，需要一定的石材砌筑、加工技术。砖材本身形状规则、模数规范，在砌筑时具有较大的灵活性，对于整齐洞口边缘的构筑具有材料优势，能够有效简化加工程序，同时也能丰富墙面效果。在中东铁路历史建筑石构墙体中，砖构门窗洞口通常是由洞口顶部的拱形贴脸、两侧的咬合锯齿和砖砌窗台三部分组成的。墙面上洞口两侧的咬合锯齿的齿口凸出及凹进部分均匀、等大，厚度在3~4皮砖之间，在大多数中东铁路沿线建筑中都与石质墙面保持同一平面咬合构筑，还有些是在水平构筑的基础上，增加砖的凹凸变化，如在洞口上方拱形贴脸上附加砖构造型、砖锯齿相间凸出墙面等。除此之外，砖构山花与立面转角在石构墙体中也常采用这种错位咬合式的构筑形式，达到结构的稳定性要求和立面的审美需求。砖构转角主要是起抓合并加固墙体的作用，其中跌落错位的砖构落影不仅可以起到规矩山墙上边缘的作用，便于屋架和顶棚的无缝安放，而且可以形成多种形态，丰富墙面变化。有些与石质墙面齐平，相互咬合紧密；有些在墙面齐平的基础上再进行多层次的叠加；有些直接在下部石落影的基础上构筑砖落影，进一步强化装饰功能。

此外，在同一建筑中，门窗洞口与建筑转角的砖构锯齿常采用相同的厚度和长度、宽度，两者的锯齿还有两种不同墙面位置关系：一种是两部位锯齿彼此交错，形态上如同拉开的拉链，中间缝隙填充整块石材或碎石；另一种位置关系是齿与齿相对，多见于门洞锯齿与转角锯齿处，中间缝隙的距离通常很窄，采用与齿状凹槽等宽的石块或碎石填充。石材与砖材交叉咬合，在立面上形成一个加长版

a 博克图站兵营　　　　　　　　b 高岭子站　　　　　　　　c 黄花站工区

图3.25　咬合式砖石构筑方式实例

串字形砖石纹理。

在以砖材为主要材料的建筑墙体中，砖材之间缺乏紧密的联系，建筑的转角抗拉能力较弱，并且极易形成立面沿窗口的垂直通缝。在中东铁路沿线建筑中，石材作为辅助构筑材料用于门窗洞口周围以及建筑转角部位有效地加强了材料之间的互相联系。与砖材不同的是，由一定规格的石块组合构成的门窗洞口的构筑形式，其更多的是起到装饰作用。这些石块的形状、表面大都经过加工处理和修饰，且在构筑时并不延伸到整个墙体厚度，只沿着建筑墙面洞口的外层面进行镶嵌排列，墙体的室内对应部分还是砖构主体。在作为砖构墙体的转角隅石时，每块隅石规格、形态相同，上、下层隅石之间彼此交错，隔层隅石两两对应，具有规律性。这种构筑形式的隅石在外观上通常经过轮廓以及表面的加工，石块具有整齐的边缘和中间不规则的凸起，凸起外侧一周具有平整、利落的"边框"，给细腻的砖质墙面带来一丝粗犷、豪放。

（2）嵌入式砖石构筑方式。

嵌入式砖石构筑组合是中东铁路历史建筑中的一种常见形式。在中东铁路沿线砖石建筑的墙体的构筑中，石材或砖作为辅助材料的一方以点或线的形式有规律地镶嵌在墙面以及门窗洞口，形成点缀嵌入式和围合嵌入式两种变化丰富的砖石构筑类型。

①点缀嵌入式。

点缀嵌入式主要用于建筑墙面的构筑，少数用于结构性构件的构筑；大多数点缀嵌入式砖构件或石构件都是以结构装饰性功能为主，少数具有结构功能。

在中东铁路沿线，砖材主要以按一定规律构筑形成的砌体形态嵌入石质墙体。中东铁路沿线石构建筑转角中，砖构隅石的形态具有高度统一性。从立面上看，由砖砌筑成的L形砌体依附于建筑墙角，具有整齐、笔直的边缘。位于转角位置的砖块上下交错、嵌入墙体，整个砖构隅石嵌入墙体较深，大致只凸出墙面2~3 cm。根据建筑高度的不同，砖构隅石通常为4~5皮砖的宽度。墙角每块砖构隅石之间的缝隙也大致与其宽度相等，经若干数量排列，形成点缀式的墙面效果。

在中东铁路历史建筑中，石材以单体形态嵌入砖砌体中具有多种的构筑形式，其既能满足结构功能需要，又能达到一定的装饰效果。由于石材具有硬度、抗压强度大，耐久性好等优良性能，在中东铁路沿线建筑中，单体石块常嵌入砖构砌体中担任结构构件，用于承担局部过大的压力或拉力。在昂昂溪站马厩地下室内，承重柱的顶部镶嵌有一块完整的方形花岗岩，承托上部的钢梁。承重柱的柱身为方形的砖砌体，其顶部方形石的周围包裹有一皮厚度的砖层，石身嵌入柱内，与柱顶部平齐。此外，在中东铁路沿线还存在将单块方形石嵌入门洞两侧砖垛作为固定钢制门轴的载体的例子，单块方形石有两种形态：一种方形石是具有平坦的3面，嵌入砖门垛后两种材料构筑在一起，如同一个整体；还有一种方形石是具有中间突起的蘑菇石形态，宽度与两侧墙垛厚度相等，中心凸起突出砖墙面。这种以结构性构件嵌入砖墙的石材能够解决砖砌体抗压、抗拉能力弱，整体性不强的问题。此外，以单体石块出现的表面经过加工的石窗台，也是点缀嵌入式的一种构筑形态。

石材以装饰功能节点的形式镶嵌于门窗洞口、砖质墙面等位置，充当门窗贴脸的券石及墙面装饰性节点石构件。其中券石镶嵌于砖贴脸的中间或两端，常作为券心石出现。在中东铁路砖构建筑的墙面位置以单体形态镶嵌的石材多作为装饰功能石构件，常采用完全嵌入式的构筑方式，只露出一个与墙面齐平的方形表面。这种砖石构筑形式可以打破大面积砖墙带来的单调感，使两种材料混砌的墙面风格得到统一，增加视觉效果及跳跃、活泼感。在扎兰屯站铁路医院的入口位置还出现了砖柱表面嵌入装饰性石质单体的例子。这些石块大小相近、长短不一，在砖柱表面并没有严格的分布规律，大都镶嵌于砖柱的转角位置。石块表面没有过多的修饰，自然突起的石块分布柱体表面，突显其装饰功能（图 3.26）。

②围合嵌入式。

围合嵌入式砖石构筑组合方式常见于中东铁路沿线以石材作为主要材料的建筑墙体中，以围合建筑的砖线脚和围绕门窗洞口的贴脸为主要表现对象。砖线脚常应用于墙身和檐口等部位，种类丰富、

a 横道河子站机车库　　　　　　　　　　　　b 红花岭站　　　　c 满洲里站水塔

d 满洲里站铁路职工住宅　e 扎兰屯站机车库　f 扎兰屯站铁路医院①　g 扎兰屯站铁路医院②　h 扎兰屯站铁路医院③

图 3.26　点缀嵌入式砖石构筑方式实例

形态多样，大致分为直线式、叠涩式和斜砌式三种类型。直线式砖线脚做法较为简单，只需将砖较长的一面平行于石墙，嵌入墙体 1/2~1/3，砖材彼此首尾相接，凸出于墙面，常见的有单层和多层的砖线脚形态。叠涩式砖线脚在石墙构筑中，最下层的砖砌体层完全嵌入墙体，与墙面齐平，其他部分逐渐向外突出叠涩。斜砌式砖线脚能够丰富石墙面的凹凸变化，增强视觉表现力。在中东铁路沿线石构墙体中，这种斜砌式砖线脚的两边部分采用直线式单皮砖的排列方式，中间部分将砖侧立，相互错位并与墙面呈 45° 偏移，同时保证所有砖斜角的连线与墙面平行，打斜镶嵌于石质墙体中，露出墙面的部分只占砖面积的 1/3~1/4。

在中东铁路历史建筑墙体中，常有以围合形式嵌入的砖材或石材，用来整齐门窗洞口边缘，可将其划分为半包围嵌入式和全包围嵌入式两种，具体指的是砖材或石材经过一定加工以拱券的结构形式镶嵌于墙面之中，同材质之间相互抵压、依靠彼此，产生的侧推力稳固，起到窗梁作用，承托上部传来的荷载，一般采用半包围和全包围的形式开启洞口（图 3.27）。在门窗洞口砖质贴脸的外观形态上，其拱券的中间通常有用砖材模仿制作而成的券心石造型，尺度多以三皮砖为宜。在以砖材为主要材料的建筑的门窗洞口还存在与砖质拱形贴脸如出一辙的石质贴脸，是结构功能与装饰功能完美的结合体。这些贴脸是由单块石材嵌入墙体组成的承重拱券结构，是存在不同墙体表面的多样化石材。

（3）叠合式砖石构筑方式。

叠合式砖石构筑方式主要体现的是石材与砖材在墙面上的分布砌筑关系，主要表现为石材与砖材交替作为墙面主体或辅助材料进行叠垒接合构筑，结合位置的边缘具有整齐的、平滑的交接形态。在中东铁路沿线砖石混砌建筑中，砖材与石材的衔接构筑关系主要可划分为砖石相间式、上砖下石式和上石下砖式三种形式。

①砖石相间式。

砖石相间式指的是砖石两种材料以轮流交替的方式相互叠合成的具有层次的墙面构筑形式（图3.28）。在中东铁路砖石建筑墙体中，砖石相间式主要有垂直叠合和水平叠合两种基本构筑形式。

图 3.27　围合嵌入式砖石构筑方式

垂直叠合构筑形式是指石与砖两种材料以交替相间的形式沿垂直方向进行的垒砌。其中每种材料先各自组成层状组合，再进行彼此交替垒砌，形成相间效果的墙面层次。这种砖石相间式构筑形式依托于以石材为砌筑主体和以砖材为砌筑主体的两种墙体。在石质墙体中，砖材只是以相对较为细窄的条形形状相间分布于大面积的石墙之间。石砌体层采用不规则的毛石砌筑，每一层都保持近似的宽度，但相隔的砖层都具有相同的皮数，主要起到划分立面的装饰作用。在砖质墙体中，石材主要作为面材拼贴于墙体表面，组成的条形石材之间等宽，相隔的砖皮数相等，主要起装饰作用，砖石交接处边缘笔直、分明，具有强烈的墙面视觉表现力。

图3.28　砖石相间式构筑方式

水平叠合构筑形式指的是石与砖两种材料以交替相间的形式沿着水平方向进行的垒砌、叠加。其中每部分石质或砖质墙体都具有一定的标准尺度限制，以一列较窄的砖砌体叠加一列宽大的石砌体的形式进行相间式接合构筑，每两列结合形成一个小的单元，单元再进行横向砌筑组成建筑立面，其长度可以根据砌筑分布规律任意增减。位于中东铁路东线的马桥河站粮仓就是这种构筑形式的典型范例。其建筑墙体的构筑以石材占更大比例，石与砖两种材料交接整齐，其中砖构件呈纵向凸凹相间的形态，更多作用是丰富立面造型，起到装饰作用。

②上砖下石式。

上砖下石式构筑方式通常见于墙身。山墙的山花部分用砖材砌筑，主要出现在中东铁路东线的穆棱、大观岭等石材资源丰富的地区。墙身采用石材砌筑，常为就地取材，造价低廉，而山花部分则采用砖材砌筑，因其施工便利且有利于降低墙身的荷载，可以使结构更加安全。再者，石材加工困难、装饰作用较低，山花部分采用砖材则可以雕饰出各种装饰图案，增加立面的美观性（图3.29）。

图3.29　上砖下石式砖石构筑方式

③上石下砖式。

上石下砖式构筑形式是中东铁路沿线建筑中比较少见的一种砖石叠合构筑方式。在建筑的山墙面上，石材作为上半部分的砌筑材料叠垒在砖质基底之上，但由于石材本身具有密度大、荷载大等特点，从结构方面讲，建筑上部的荷载大，下部的承载力低，这种构筑做法并不符合建筑力学原理，因此这种做法的主要目的就是为了达到装饰性的效果（图3.30）。

安达站中东铁路俱乐部就是极具代表性的一例。其为二层建筑，以砖材为主要材料，在其山墙的二层位置上为一整面的毛石砌筑墙体，下部的建筑一层则是与整栋建筑

图3.30 上石下砖式砖石构筑方式

主体统一的砖构墙体，毛石墙面凹凸不平，基本与下部砖墙处于同一平面。毛石叠砌于下部砖墙上方，二者接合部位整齐、平直，墙角通过隅石将两侧砖石墙体接合。从整个山墙立面来看，这种增加建筑材料的做法，丰富了立面色彩和肌理，是细腻与粗犷风格的结合。

（4）拼接式砖石构筑方式。

拼接式砖石构筑方式更多反映的是石材作为主体材料的构筑形式，砖构筑成为建筑功能性的一部分，以平直接合的方式拼接于建筑主体上，中东铁路沿线常见的表现对象包括砖质门厅、扶壁、女儿墙、浴池水箱、围合房间及建筑转角等。穆棱站中东铁路俱乐部、横道河子站铁路职工住宅、青云站铁路浴池等建筑中都有这种构筑方式的体现（图3.31）。

在中东铁路沿线建筑的建造中，人们不满足于单一建筑材料的应用，于是出现了许多以石构建筑主体，砖材拼接其中的建筑。砖材作为主体的一部分，与石材共同组成建筑墙体，与建筑整体功能难以分割。在石质墙体建筑中，女儿墙或装饰墙头是建筑造型和风格的代表，是立面的重要组成部分和表现对象，砖材相对石材具有砌筑灵活的特点，所以常以拼接的方式构筑于石质墙体之上。石构建筑四角还常见有砖材砌筑的4个笔直的转角，棱角分明。在中东铁路沿线的浴池建筑中，石质墙体形式已经成为建筑功能的象征符号，因建筑功能特殊需要，二层位置应设置安放水箱的空间，而砖材质地轻、荷载小，形成规矩的方形砌体较为容易，从而将砖拼接砌筑于下层石质墙体之上，围合水箱空间。此外，中东铁路沿线还存在相当一部分砖材作为石构建筑附属房间砌体的构筑形态，可见于扎兰屯站机车库办公楼、铁路职工住宅的附属房间等。在扎兰屯站原路立俄侨子弟小学冗长的石墙中央是一个由砖材砌筑的门厅，其成为整栋建筑的视觉构图中心。在中东铁路沿线建筑中，砖材还常作为独立构件拼接于石构建筑中，有砖质门斗、砖扶壁等，既具有一定建筑结构上的辅助作用，又具有灵活的造型可塑性，为石质建筑的粗犷增添一份精致、细腻。

a 穆棱站中东铁路俱乐部　　b 横道河子站铁路职工住宅　　c 青云站铁路浴池

d 冷山站铁路浴池　　e 扎兰屯站铁路职工住宅　　f 扎赉诺尔站铁路职工住宅

图 3.31　拼接式砖石构筑方式

3.3.3　中东铁路历史建筑石材艺术表达

石材本身具有坚韧、沉稳的天然性格，同时也具有厚重、粗犷的属性特征。在中东铁路沿线，石材广泛应用于建筑、构筑中，具有很高的艺术价值。

（1）力与形的调度。

从石构建筑的整体效果来说，材料的比例、尺度直接影响着墙面的视觉特征，这些综合因素统一称作材料的形。从立体构成的角度分析，中东铁路历史建筑墙面装饰石构件按照外观的组合形态大致可分为线材、块材和面材三种形式，其不同的视觉特征反映了不同的心理特征。同时，石材本身的物理性质决定了其形体和结构之间需要相应的协调组织出现，所以砌筑的形态也多以几何形式或对称布置的形式出现，如中东铁路沿线建筑的门窗洞口贴脸总是以券心石作为视觉中心，两侧券石对称分布；山花墙面的落影石由中间分别向两侧跌落；等等。这些都体现了石砌筑形式和力学的合理关系。在石构建筑的形体表达中，往往采用对称式的平面布局，给本来显得沉重的建筑形态以平衡的艺术形象。同时，石材作为一种天然的建筑材料具有独特的天然气质。中东铁路修建时期，俄国人利用沿线丰富的矿产资源，开采当地价格低廉的石材，且大多数都只进行很简单的加工处理就直接应用于建筑主体的建造中，因此建筑中的石材大都保留了原始的天然形态。此外，中东铁路沿线地形、地貌复杂，山林、河流丰富、密集，自然环境优良，以天然石材形态构筑的建筑能够作为自然的一部分有机地融入周围环境中，体现出其独特的亲和力和强烈艺术表现力。

中东铁路装饰石构件通过在墙面上的各种组合形式带来了墙面的诸多形态变化，因为石材单体本身具有厚重、质朴的性格特征，给人十足的力量感，所以装饰石构件具有强烈的感染力（图3.32）。石材的感染力，有多种表现方法：将石材表面加工成中心凸起的粗糙蘑菇石形态，是石材力量的表现；在水塔等构筑物中采用尺度巨大的方形石垒砌勒脚，是强化石材力与形的表现力；在建筑的整体构图中，石材常作为勒脚及基础布置在建筑的下部，带给人"头轻脚重"的建筑稳定感；在中东铁路沿线个别建筑中，石质勒脚还进行了向上的收分处理，下部宽大，上部与墙身紧密结合，彰显了石材在建筑中的力量表现和坚固性。

（2）色与质的协同。

石材作为砌筑材料具有其独特的表现力，不同的色彩、质感和肌理都能给人以不同的感受。中东铁路沿线矿产资源丰富，造岩矿物的多样性使石材天然的颜色众多。那些起到装饰作用的石材除了拥有其材料天然的表现力外，还融合了俄国匠人的高超技艺所带来的肌理变化的表现力。

①色彩表现。

建筑材料的色彩不仅能够提升建筑整体的美观程度，同时也能够引起人们对于建筑尺度、氛围等的心理感受的变化。在中东铁路历史建筑中出现的天然石材基本都维持了材料的天然色彩，能够营造一种易于亲近的自然感，俄国匠人们善于发掘和利用这一点，发挥他们丰富的创造力，将这些具有天然色彩的石材做成装饰构件，镶嵌在建筑表面（图3.33）。

喇嘛甸站水塔就是对石材天然色彩的巧妙运用实例。在水塔的石质勒脚的中间部位，工匠有意做出一圈凸出墙面的毛石层，其中砌筑的毛石都色彩丰富，颜色光鲜、艳丽。在毛石之间还用细小的白色大理石碎屑按照一定排列规律填充缝隙，从整体看上去，如同用一条白色的麻绳将这些五彩石串在了一起，其丰富的色彩起到装饰塔身的作用。此外，"虎皮墙"形态也具有强烈的视觉表现力，是具

　　a 磨刀石站附近的铁路桥　　　b 博克图站水塔门洞　　　c 满洲里站水塔勒脚　　　d 满洲里站铁路职工住宅

图3.32　石材的艺术表达

a 喇嘛甸站水塔五彩石　　　　b 哈尔滨中东铁路管理局　　　　c 代马沟站铁路职工住宅

图 3.33　石材色彩的艺术表达

有中东铁路沿线建筑特色的一种色彩表达的载体。中东铁路沿线以石材为构筑主体的建筑常采用"虎皮墙"形式，墙体色彩斑斓，富有地域特色。这些构筑墙体的毛石因所含造岩矿物金属元素的量不同而展现出丰富的天然色彩。"虎皮墙"正是利用毛石所具有的天然颜色，将毛石表现出的红、黄、棕、白、青五色混搭，采用形状不规则的天然毛石进行砌筑，毛石之间用白色的砂浆勾缝，墙面多种颜色的搭配可产生强烈的视觉感染力。其中，灰缝与石块轮廓连接紧密，众多的石块颜色犹如虎皮上的斑纹，带给人以自然的亲近感。哈尔滨中东铁路管理局办公楼采用不规则的暗绿色青石板饰面，此外，石材与砖材在构筑时，也表现出强烈的色彩反差，其产生的视觉表现力，无论对于建筑功能性质的表达，还是对于建筑形态的表达，都具有十分重要的意义。

②质感表达。

石材的质感和肌理能够反映墙体的表面特征和物理特性，能够加强墙面的视觉效果。而同一种类的石材，通过不同的加工和组合，也能体现出不同的视觉质感。例如，哈尔滨中东铁路管理局办公楼采用精心打造的石质板材贴面，石板表面光滑平整，拼贴纹理成裂缝状，灰缝绵密、分明，给人一种精致、细腻的质感。而由未经加工过的天然毛石砌筑的墙体，由于石材粗糙，因此墙面凹凸不平，给人粗犷、质朴的感觉，这也是石构建筑最为常见的一种石墙构筑肌理（图 3.34）。

中东铁路历史建筑使用一种或多种不同形态石材在墙体结构的表面形成各异的肌理，并取得了不错的艺术效果。石材本身密度较大，在石构墙体中，大块的石材往往被放在墙体下方，上部垒砌体量较小的石材，用以适当减轻上部墙体的荷载，从而产生了下大上小、下整上碎的石材墙面肌理。此外，在中东铁路沿线石构建筑的山墙面上通常都能看到这种肌理形式：整齐的方形石作为檐下装饰部位的落影石，与墙面形成上整下碎的肌理形式。哈尔滨中东铁路工区石头房子山墙面的石质肌理别具特色，其山墙面檐下落影石采用整齐的方形石砌筑，而整个山墙面则采用大小不一的碎石砌筑，形成鲜明的肌理对比。昂昂溪俄式建筑 81 号山墙面上，檐下的落影石只有边缘采用了阶梯式的方形石，其内侧

图 3.34 石材质感的艺术表达

采用较小的碎石填充。此外，在中东铁路沿线中还常见"边整面碎"的石质墙面肌理，即墙体转角采用整齐的方形石砌筑，而整个墙面则使用碎石砌筑，两种不同质感的石材形成了对比强烈的墙面肌理效果。

（3）实与虚的对比。

建筑外墙的虚实处理手法不仅能够增强立面效果的视觉冲击力，还能带给人们美的享受。光影变化和材质对比都是构成建筑立面虚实对比的有效手段。石材通过一定构筑方式形成墙面丰富的光影变化，石材与其他多种构筑材质的对比转换也能够形成立面强烈的虚实对比效果。

①光影变化。

光影是建筑艺术的重要表达方式，光影变化不仅可以强化建筑形体，同时还能起到丰富立面效果的作用。中东铁路沿线建筑中石构件所营造的光影变化多指建筑室外立面的表现，主要包括两种营造手段：一是通过将石材单体表面加工成凸起或是凹槽增加阴影变化；二是天然石材在墙体砌筑过程中自然生成的墙面凹凸或是人为装饰的墙面凹凸产生的光影变化（图 3.35）。

图 3.35 光影变化的艺术表达

3 中东铁路历史建筑石构形态与技术 | 183

俄国匠人为了营造光影变化，有意将单体石材进行加工和打磨。门窗贴脸、突出的隅石等都是增强光影变化的手段，有的处理成边缘平整中间凸起的表面效果，有的处理成棱角分明带有几何形截面的石块形态。这些加工石块通常作为券心石等嵌入到门窗洞口的中间位置，随时间不同带来不同的光影改变，强化视觉效果。横道河子站机车库的窗洞装饰石材被处理成十字形交叉的4个切面，能够在一天中的不同时刻产生出不同的光影变化。哈尔滨中东铁路管理局办公楼檐下装饰上的竖向凹槽同样打破了其立面的单调性，增加了光影变换。山墙上檐下的落影石多被做成阶梯式的锯齿形，同样是丰富光影的做法。转角凸出的隅石产生光线的微妙变化，体现出富有动感的光影变化和明暗对比。

以石材作为主要材料的建筑墙体中，石材在结构允许的范围内经过悬挑、偏移，达到与墙面层次上的错位，从而可以产生强烈的光影效果。变换的光影与结实的墙体常形成强烈的虚实对比，檐下的落影石、墙面突出的线脚等都是增强光影变化的常见形式。此外，石构墙体中石材的形态也是墙面光影、明暗变化的影响因素之一。以粗糙毛石砌筑的墙面往往凹凸不平，参差不齐的毛石可以形成具有动感的层次变化。石构墙体产生的灰缝也能够适当地增强墙面的光影变化，使墙面的形象更为立体。中东铁路沿线建筑墙面中有些灰缝突出并呈网状分布在砌体表面，当光线照射到砌体表面时会使其形象更为立体，具有强烈的视觉效果。

②材质对比。

材料的不同形成立面的虚实对比，加强了建筑立面的美学效果。在中东铁路历史建筑中，石材常与木材、砖材搭配组合构筑建筑墙体。石材本身较为厚重且具有一定的沉稳感，构成立面中"实"的部分；木材较为轻盈，并且具有强大的可塑性，可以做雕花、镂空等精细的加工处理，营造通透的效果，组成功能多样的木构件形态。砖材与石材相比也较轻巧，具有砌筑灵活性，组成的砌体形式十分规整、理性，同时，当时俄式红砖颜色的鲜艳、明亮，与粗糙灰暗的石质墙面也形成了鲜明的对比。木材和砖材在石构为主的墙面中，主要充当"虚"的部分。

建筑立面"实"的部分使整栋建筑显得坚韧有力，"虚"的部分使整栋建筑显得通透、轻盈，二者缺一不可，在合理的、有机结合的情况下，它们能够增强墙面的视觉表现力。"虚"的部分的木构件以及砖砌体在石构建筑立面所占比例只有很小的一部分，与"实"的部分在层次上主次分明，从而既增强对比又不显沉闷。满洲里站铁路职工住宅主体为砖构筑，立面上表现为石材与砖材相间咬合的砌筑形式，外表面平整的石材与四皮砖呈带形排列，石材的粗犷、质朴和砖的细腻、优雅形成强烈的对比，石材本身的天然色彩与砖材的红色也形成了明暗的变化。里木店站铁路浴池建筑采用填芯式的石材墙面装饰形式，砖材环绕在石材周围，石材均匀分布在墙面中央，灰色的石块与鲜艳的红色砖墙形成了对比，还对砖质窗套包围的窗洞起到了一定的放大作用。在中东铁路沿线的石构建筑中，木材常作为大门、通气窗和山墙上半部分围护墙体等形式出现，木材加工细致、排列井然有序，与自然、古朴、返璞归真的石质墙体形成强烈的材质对比和虚实对比。

3.4 本章小结

中东铁路历史建筑采用各异的石材砌筑方式，展现石材独有的特性，呈现其特殊时期背景下的多元构筑形态。本章通过大量的实地调研，对中东铁路历史建筑中石构筑的构筑形态和类型进行总结和分析，主要得出以下几条结论。

（1）在中东铁路沿线出现数量如此众多、形态各异的石构建筑，从材料角度显示了石材所具有的独特属性。通过对中东铁路沿线地形、地貌以及出产的石材品种进行分析，发掘石材取材的条件和途径。在建筑中以单体形态出现的石材还直观地表现出其形态多样化的一面。从天然石材、人造石材以及墙面多种的灰缝三个角度予以阐释，呈现了石材以自然或加工后形态出现时的各种丰富样式。此外，中东铁路沿线不同的石材种类还具有广泛的用途，适用于各种构筑物以及铁路工程的建设。

（2）石构件是中东铁路沿线建筑中石材存在的主要形式，石构件的形态往往影响着整栋建筑的结构稳定性和外在整体形态。不同的石构件基于自身特点，可以承担多种不同的功能，有针对性地应用于建筑的不同部位，这一方面反映出其丰富的外部形态特点，另一方面也展示了当时特殊时期下高超的石材构筑技术。根据石构件在建筑中胜任的不同功能，本章主要从结构、围护和装饰等几个方面切入并予以阐释，将中东铁路沿线的石构件大致分为承重功能石构件、围护功能石构件、装饰功能石构件以及将少数构造性作用归结其中的其他功能石构件四大类型，从四个层面展现中东铁路沿线形态各异的石构件类型，进一步反映石构技术特色和地域建筑文化特征。

（3）完全由石材砌筑的墙体形态以及石材与砖材组合构筑的墙体形态是中东铁路沿线石构建筑常见的两种墙体形式。在这些组合式的墙面上，石材自身或石材与其他不同材料组合构筑的墙体形态都具有丰富多样的构筑方式，同时反映出一定的构筑规律性。本章通过找寻石材构筑方式的外在规律性，发掘石构技术影响下的石构筑形态变化。同时，总结石材自身构筑或与其他材料配合构筑时所表现出来的艺术特色，主要从石材的外在形态、色彩，墙面的质感肌理以及形成的墙面的光影变化等角度，予以进一步阐释，反映石构筑形态的性格特征。

4 中东铁路历史建筑金属构件形态与技术

Iron Component Construction and Techniques of Heritage Buildings along CER

4.1 中东铁路历史建筑金属材料概述

4.1.1 金属材料的来源及种类

（1）金属材料的来源。

由于中东铁路是俄国修建的西伯利亚大铁路东部线的一部分，因此其金属材料的供货情况直接受整条西伯利亚大铁路供货情况的影响。西伯利亚大铁路的修筑是一项极其庞大的工程，为此需要大量的金属材料。也正是这个原因使得大量的炼钢厂看到了大赚一笔的好机会。但俄国政府基于扶持本民族工业发展以及其他一些原因，将大量的别国工厂拒之门外。当时的工厂、公司把握时机，为获得西伯利亚大铁路金属材料的供应权进行了激烈的竞争。

俄国政府通常会将以下几个因素作为衡量标准来分配钢轨订单：①工厂生产水平；②以往订单的完成情况；③工厂的地理位置；④各工厂间的金融与技术联系；⑤扶持老牌钢轨和冶金加工厂。综合上述因素，俄国政府对钢轨订单进行了分配：乌拉尔工厂——42.6%，南部地区工厂——38.8%，波罗的海工厂——13.7%，波兰工厂——3.0%，中央地区工厂——1.5%，西伯利亚工厂——0.4%。

乌拉尔工厂拿下了最大比例的中东铁路钢轨订单，但它并没有为贝加尔至符拉迪沃斯托克段的铁路供货，所以在此不对其进行赘述。贝加尔至符拉迪沃斯托克段铁路（包括中国境内的中东铁路）共使用 830 万普特（1 普特约为 16.38 kg）钢轨及其扣件，总价值 1 200 万卢布。其中，南部地区工厂供应 500 万普特（价值 730 万卢布），波罗的海工厂供应 260 万普特（370 万卢布），波兰工厂供应 70 万普特（100 万卢布）。从以上数据可以看出，最有竞争力的钢轨供应商是南部地区工厂，其次是波罗的海工厂以及波兰工厂，而中央地区工厂与西伯利亚工厂几乎没有得到任何好处。

各国垄断集团也将铁路钢轨及其扣件的供应权作为争夺的对象。当时在钢轨供应方面最具影响力的两大阵营为辛迪加成员与非辛迪加成员。1884~1891 年，俄国成立了钢轨扣件工厂联盟辛迪加，除法俄工厂和亚历山大厂外，包括波兰、波罗的海、南部地区和中央地区在内的所有工厂都成为西伯利亚大铁路钢轨扣件的供货商。非辛迪加成员则包括乌拉尔和西伯利亚地区的各工厂。在总量 300 多万普特、总价值 700 多万卢布的钢轨订单中，辛迪加成员占总供货量的比例为 48.5%，而非辛迪加成员则占到51.5%。

俄国政府原本有意借修建铁路之机在西伯利亚地区建设新炼铁厂，从而带动俄国东部地区工业的发展，但这种构想最终还是没能实现。造成这种局面的原因很多，主要有以下几方面：①东部地区落后的经济以及陈旧的经营理念是主要因素，而与外界工业发达地区缺乏联系与沟通、面临巨大的国外竞争压力、俄国政府没有积极的扶植政策是次要因素；②西伯利亚本身地理位置偏僻、人烟稀少，对东部地区的发展形成了阻碍。以上原因最终导致俄国东部崛起计划落空。

根据现场勘测与资料搜集、整理可以发现，很多金属构件都来自于国外。①英国。在1891~1899年这个时间段，西伯利亚大铁路所需的1 850万普特钢轨中，有7.53万普特来自于英国。②比利时。哈尔滨松花江大桥中的8孔下承钢桁梁由比利时多永工厂制造。③中国。1919年3月，中东铁路暂代铁路总办拉琴诺夫向中国表示"中东路财政、工程及车辆，均不赖人协助，自不愿人监管"，并对中国抗议各国监管深感高兴！中俄双方此时都不想多国监督中东铁路。优先考虑依靠中东铁路自身工厂以及中国境内与中东铁路最近的京奉铁路的材料供应。当年的京奉铁路大量使用了汉阳造铁轨。1919年3月27日，中东铁路督办郭宗熙给哈尔滨铁路交涉员傅疆密电："惟人才、材料、财力三项亟待筹备"；技术人员经交通部向其他铁路局调用；"惟材料、财力诸形缺乏。假定收回自办后，向美国或他国借款，似难启齿"。在这种情形下，刚刚摆脱帝制的中国人有强烈的民族意识，为了摆脱列强的控制，使用国货是中东铁路修建工作的首选。因此，中国当时唯一的国产铁路钢轨——汉阳造也就顺理成章地用到中东铁路上。④美国。在安达发现的废弃钢轨上面印有"К.В.Ж.Д"的字样，其中К是中国，В是东方，后面英文字M.A是MARYLAND的缩写，可推断其为美国马里兰州出产的钢轨。

（2）金属材料的种类。

根据金属材料形式的不同，可将其分为两大类：型钢（钢轨、角钢、工字钢等）、其他金属材料（钢板、铁皮、钢拉杆、门把手、铆钉以及一些装饰杆件等）。

①型钢。

型钢是一种有一定截面形状和尺寸的条形钢材。中东铁路中的型钢主要有钢轨、角钢和工字钢三种。

a. 钢轨。

钢轨在中东铁路中扮演着举足轻重的角色，许多建筑物的重要部位都选择使用钢轨这种建筑材料。究其原因，除了与当时过剩的钢轨供应量有关外，最主要的原因还是其优越的性能。中东铁路的钢轨是铁路的基本承重结构，用于列车车轮的导向和承受车轮传来的压力及其他荷载，并将它们传到支座（轨枕、道床）上去。钢轨是以轧制法用酸性转炉钢或平炉钢的钢锭制成的。其中，碳含量为0.42%~0.82%，锰含量为0.6%~1%，磷含量不大于0.04%（平炉钢中）和0.06%（酸性转炉钢中），硅含量为0.13%~0.28%（平炉钢中）和0.1%~0.3%（酸性转炉钢中）。根据钢轨的含碳量可以推知钢轨均属于中、高碳钢，具有高强度、高硬度以及很好的抗冲击性。在建筑中，钢轨主要用作建筑的承重梁、柱，较为常见的形式是钢轨梁与小砖拱结合作为建筑屋面及楼地面，而钢轨作为承重柱使用时多以双钢轨或多根钢轨的组合柱形式出现（图4.1）。

b. 角钢。

角钢俗称角铁，是两边互相垂直成角形的长条钢材。有等边角钢和不等边角钢之分。由于角钢的形状灵活，适用于作为许多受力构件的组成元素以及构件之间的连接杆件，因此它在建筑结构中的应用相当广泛。角钢属建造用碳素结构钢，是简单断面的型钢钢材，主要用于金属构件及厂房的框架等。在使用中，角钢具有良好的可塑性及可焊性，且其强度等级也较高。角钢为将低碳方钢坯热压成型，在中东铁路历史建筑中扮演着举足轻重的角色。不论是在桥梁中，还是在工业厂房建筑中，桁架结构的主要组成材料都是角钢。角钢组合柱如图4.2所示。

c. 工字钢。

工字钢，又称工字铁，因截面为汉字工字形而得名。按照欧拉-伯努利梁理论，这种结构的抗弯曲和抗剪切刚度很强，但抗扭转刚度则较差。与钢轨相比，工字钢的强度、硬度以及抗冲击性都要有所下降，所以在很多情况下都采用钢轨来代替这种材料，但在中东铁路历史建筑中还是可以看到这种材料的身影。笔者在调研过程中发现，中东铁路沿线使用工字钢的建筑物有扎兰屯原路立俄侨子弟小学，工字钢在这座建筑中扮演了承重梁的角色。桁架中的工字钢如图4.3所示。

② 其他金属材料。

除上述所提到的几种主要金属材料外，在中东铁路历史建筑中还有许多其他类型的金属材料。虽然它们所占的比重较小，作用也似乎没有那么大，但却是不可或缺的。在建筑物的主要结构中，除了有钢轨、工字钢、角钢等型钢外，还有许多辅助性金属材料，包括钢拉杆、钢板、铁皮、铆钉、门把手以及一些装饰杆件等。

图4.1　钢轨柱　　　　　　　图4.2　角钢组合柱　　　　　　图4.3　桁架中的工字钢

钢拉杆是由钢制杆体和连接件等组件组装的受拉构件，可作为建筑材料使用。在中东铁路历史建筑中，这种材料主要应用于建筑构件之间的拉结、连接。在坡屋顶中，它是连接屋面桁架、保持屋面整体稳定性的重要建筑材料。在桥梁建筑中也可以见到钢拉杆，作用是保持构件之间的稳定性（图4.4）。

在中东铁路历史建筑中，铁皮作为重要的维护材料存在于建筑物的很多部位。其中出现频率最高的建筑部位是建筑物的屋面（图4.5）与窗台。此外，水塔的蓄水池也是由铁皮围合而成的。

钢板、铆钉在建筑构件之间主要起到连接和固定的作用。在建筑物的装饰构件中，金属材料是非常重要的组成部分，如楼梯栏杆（也起围护作用）以及金属雨棚（图4.6）等。

4.1.2 金属材料的应用

在中东铁路历史建筑中，金属材料的应用范围很广，从工厂车间到铁路桥梁，甚至在普通民宅中都可以见到金属材料的身影。

（1）金属材料在工业建筑中的应用。

工业建筑通常对建筑空间的要求很高，普通的建筑材料已经不能满足其使用要求，而金属材料由于具有优良的力学性能，所以恰恰为工业建筑的建造提供了良好的物质前提。中东铁路的工业建筑中，对金属材料的使用主要集中在建筑结构方面，包括机车库的钢框架结构以及工业厂房中的桁架结构等。

中东铁路沿线的大型机车库统一使用了金属框架结构。这种结构由空间桁架钢柱以及钢梁组成，其拱形屋面为钢筋混凝土结构。以横道河子站机车库为例（图4.7a），它由11榀钢梁以及44根钢柱组成，这种结构体系使得其总高度约为9 m，单跨跨度约为6 m。中东铁路沿线许多工业厂房也采用金属材料作为主要结构的构成成分。以哈尔滨中东铁路总工厂为例，其中绝大多数车间都以钢桁架作为主体结构，工厂的铸造车间（图4.7b）使用了豪式钢屋架结构，其跨度为8.5 m；而使用芬克式钢屋架的哈尔滨中东铁路总工厂机车分厂跨度达到21 m。这些实例都足以显示金属结构在构建建筑空间时的优势。

图4.4　吊桥钢拉杆

图4.5　铁皮屋面

图4.6　金属雨棚

a 横道河子站机车库　　　　　　　　　　b 哈尔滨中东铁路总工厂铸造车间

图 4.7　工业建筑中的金属材料实例

（2）金属材料在公共、民用建筑中的应用。

金属材料在公共、民用建筑中的应用范围非常广泛，并不局限在建筑结构中，金属材料还大量应用于建筑的围护构件、装饰构件中。

金属材料在建筑结构中主要以建筑的梁、柱的形式出现。其中，梁的应用包括建筑的屋面梁、楼梯梁、阳台和雨棚的承重梁以及门窗过梁等（图 4.8），而柱的应用则包括支撑建筑屋面的柱以及支撑阳台和雨棚的承重柱（图 4.9）。

普遍应用于屋面中的金属梁通常与砖砌小拱结合，形成一种砖与金属结合的屋面，它的组成单元是由俄国的传统红砖发扁平的券，最后架在两边的钢轨上。这种组合形式常见于各种民用及公共建筑中，如昂昂溪站马厩地下室屋面和一面坡某民居屋面。除这种常见的梁形式之外，还有一些裸露在外的金属梁形式，如昂昂溪某民居地下室使用钢轨作为承重梁，上部直接承托屋面；昂昂溪中东铁路俱乐部观影台使用双轨组合梁作为承重结构。

金属楼梯梁的使用是中东铁路历史建筑的一大特色。它的做法为：先由 2 根工字钢与砖拱结合组成楼梯平台，然后分别将 2 对工字钢搭在楼梯平台梁上作为踏步的承重梁。这种形式的楼梯显示了中东铁路建筑师创造性的设计思维。

阳台及雨棚的承重梁分为简单与复杂两种形式。简单形式的承重梁由单一截面的型钢（工字钢、钢轨或角钢）组成；复杂形式的承重梁使用空间桁架结构，由于其制作工艺复杂，因此只在等级很高的公共建筑中才会出现。门窗过梁多采用钢轨作为构造材料，在中东铁路历史建筑中的应用较少，只在个别公共建筑中有所体现。

THE HISTORICAL BUILDING CONSTRUCTION AND TECHNOLOGY ALONG CHINESE EASTERN RAILWAY

a 屋面梁①　　　　　　　　b 屋面梁②　　　　　　　　c 楼梯梁

d 雨棚梁　　　　　　　　e 阳台梁　　　　　　　　f 门过梁

图 4.8　各种形式的金属梁

a 屋面支撑柱①　　　　　　b 屋面支撑柱②　　　　　　c 雨棚支撑柱

图 4.9　各种形式的金属柱

建筑屋面中使用的金属柱以型钢类型为主，其中包括钢轨柱和圆钢柱。例如：扎兰屯原路立俄侨子弟小学的室内使用了双钢轨组合柱，哈尔滨犹太会堂室内的回马廊立柱使用了圆钢柱。阳台及雨棚使用的钢柱多采用截面较为复杂的立柱形式，如原中东铁路管理局宾馆室外雨棚和哈尔滨眼科医院室外雨棚立柱。

除以上所讨论的建筑结构中有金属材料的应用外，建筑其他部位也大量应用了金属材料来满足使用要求。中东铁路历史建筑中的绝大部分屋面都覆有铁皮,这种铁皮屋面也是中东铁路历史建筑中特有的屋面形式。建筑中的阳台及楼梯栏杆、雨棚多由金属材料组成,它们常被加工成当时非常流行的装饰纹样,如加工成当时盛行的新艺术风格等。除此之外,所有建筑的门窗把手、合页、门钩等也都是由金属材料加工而成的(图4.10)。

(3)金属材料在桥梁中的应用。

金属材料在桥梁中的应用非常广泛,根据统计,中东铁路沿线共有桥梁668座,其中使用金属材料的桥梁有406座,占桥梁总数的61%,可见金属材料在桥梁建造中应用之广泛。金属桥梁一般有工字钢桥和钢桁架桥两种形式,前者跨度较小,一般不超过10 m,后者跨度较大,最大可达78 m,如著名的哈尔滨松花江铁路大桥,共计19跨,单跨最大78.48 m,全长1 050.87 m,迈入千米级别桥梁行列,具有极高的技术水平。其他采用金属桁架结构的桥梁还有很多,如富拉尔基的嫩江铁路大桥、牡丹江的牡丹江铁路大桥、海拉尔站附近的伊敏河铁路大桥等(图4.11)。

金属悬索结构桥梁在中东铁路建设时期也比较多见,常出现在各类风景秀丽之地,如扎兰屯、一

a 阳台栏杆

b 铁皮屋面

c 门把手

图4.10 金属材料在建筑其他部位的应用

b 哈尔滨松花江铁路大桥

c 富拉尔基嫩江铁路大桥

a 高岭子站附近的工字钢桥

图4.11 各类金属桥梁

面坡等地（图4.12）。金属悬索桥优雅的结构形式与其周围的自然环境相得益彰，现存扎兰屯市吊桥公园中的吊桥就是一个案例，该桥跨度32 m，由4根立柱支撑两条铁链式悬索，营造出轻盈、飘逸的桥梁形象。

4.1.3 金属材料的属性

属性是事物本身所固有的性质，是物质必然的、基本的、不可分离的特性，又是事物某个方面质的表现，而一定质的事物常表现出多种属性。金属作为一种建筑材料依赖于其拥有的区别于其他事物的属性。金属作为建筑材料使用起于19世纪末至20世纪初，这是它的时代属性；金属材料用于建筑必须以科学技术为基础，反过来也反映了当时先进的科学技术，这是它的技术属性；同时，它还具有一定的文化内涵与审美取向，即金属材料的艺术属性。本节主要通过对三方面属性的描述来让读者更加了解中东铁路历史建筑中金属材料运用的深层含义，为读者更好地认识这种建筑材料提供帮助。

（1）时代属性。

建筑材料的发展已经成为人类文明进步的重要标志之一。从原始社会以自然界中较容易找到的木材、石材作为建筑材料开始，经过几千年的演变，人类社会已经可以自行研制出多种性能优越的建筑材料，金属就是其中最为重要的一种。而金属作为建筑材料在建筑中得到大量应用也标志着建筑技术的发展已经达到了一个崭新的起点。金属应用于建筑已经有上千年的历史，我国古代很早就已经将铜及铸铁等金属材料应用于建筑中，只是由于当时技术水平的限制，金属材料并没有得到广泛的发展与应用。金属作为主要建筑材料出现在建筑中还要追溯到18世纪的欧洲。不论是1851年英国举办的世界博览会的展示馆——"水晶宫"的出现，还是新艺术运动中的铁质装饰性构件的流行，无不展示了金属材料即将作为建筑材料被大量应用的趋势。中东铁路的建设处于19世纪末至20世纪初，这个阶段正是金属材料在建筑中快速发展的时期。作为当时发展较为落后的东欧国家，虽然先进的建筑技术在这里的起步较晚，但这时的俄国也正处于对金属材料的广泛应用时期，以至于在这一时期修建的中

a 扎兰屯市吊桥公园吊桥　　　　　　b 一面坡蚂蚁河吊桥

图4.12　金属悬索桥

东铁路建筑中随处可见金属材料的身影。此时建筑中金属材料的使用带有明显的时代特色。

19世纪末，金属材料的生产能力已经达到前所未有的高度，加之新的结构形式如雨后春笋般层出不穷，这就为金属材料大量应用于建筑提供了充足的准备。这主要体现在冶金生产力的提高、新结构形式的出现、新建筑形式的出现与施工周期的影响、对时代潮流的顺应等四个方面。

①冶金生产力的提高。

冶金技术是金属材料应用于建筑的前提。随着社会的进步，人类在金属冶炼技术方面的实践逐渐完善，金属产量也在大幅度地增加，这就为建筑中使用金属材料提供了充足的准备。由于中东铁路历史建筑属俄式建筑风格体系，因此本节主要讨论俄国冶金技术的发展。

在俄国冶金家的著作里，可以找到一些非常有趣的数字，这些数字证实了俄国在18世纪冶金量的增长情况。18世纪初，俄国鼓风炉生产的生铁是15万普特，而在18世纪末，这个数字已经增长到1000万普特。也就是说，在一个世纪里，其生铁的产量增长了66倍之多。俄国冶金工业的发展速度，使他的铁产量超过了其他所有国家，成为了当时的世界第一。

俄国冶金工业发展强大的基础是由彼得一世奠定的。这位伟大的改革家很清楚，只有大力发展工业——首先是冶金工业，才可以让俄国在世界强国之中立于不败之地。所以，他在他的命令里不止一次提到，"俄国需要金属的地方比别国多，幸而它的矿产也很丰富"，因此需要"努力建立矿场"。在彼得一世的努力下，俄国出现了新的冶金中心——沃龙涅什、夫雅席姆等，并且特别发展了乌拉尔，在彼得一世时期，那里就已经开设了16家工厂。在整个18世纪里，乌拉尔地区建立了123家冶铁工厂。

俄国的金属采冶业在这段时期得到了极快的发展。当时的俄国乌拉尔铁是世界上最好的铁。形成这种局面的原因主要有两个：第一个原因是乌拉尔人使用最好的铁矿——磁铁矿来炼铁。这种矿石含铁成分高且不含有害杂质。虽然其他国家也出产这种矿石，但他们的冶炼技术与俄国相比却是望尘莫及的。第二个原因正是俄国人高超的冶炼技术。俄国的冶铁匠很早就掌握了冶炼磁铁矿的技巧。另外，为了让冶炼出的铁不含杂质，乌拉尔人学会了用烧制极纯的碳来炼铁的方法。这使其他国家的人对这件事表示了巨大的惊奇。当时从磁铁矿提炼出来的铁被运到荷兰化验时，荷兰人给予的评价是："再好没有了。"

②新结构形式的出现。

人们对事物的认识都是从感性认识升华为理性认识的，力学也不例外。材料力学与结构力学的发展也要遵循这样的规律。

梁这种结构很早就被应用到建筑工程之中了，但它的内部受力规律是经过很长时间才逐渐为人们所熟知的。17世纪初，伽利略曾研究过梁的强度问题。他指出，简支梁受到集中荷载时，荷载下面弯矩最大，其大小与荷载距两支座的距离成正比。他还得出了梁的抗弯强度与梁的高度的平方成正比这一结论。但在那个时期，人们还不了解应力与应变之间的关系，所以还不能解决梁的弯曲问题。一直到 19 世纪，工程师才开始慢慢认识到梁这种结构的内部规律。1856 年，法国力学家圣维南对各种截面棱柱杆弯曲进行了精确解答，并考虑了弯曲与扭转的联合作用，他在梁的弯曲方面做出了卓越贡献。而之后的俄国工程师儒拉夫斯基发展了梁弯曲时的剪应力理论，并给出了组合梁的计算方法。到 19 世纪中期，梁的理论与计算方法基本达到成熟。

18 世纪后期，随着钢铁材料在桥梁工程上的广泛使用，连续梁这一结构形式研究逐渐发展起来。19 世纪初，德国工程师欧捷利温把连续梁看作是放在刚性支座上的弹性杆，得出双跨连续梁在自重和集中荷载下支座反力的计算公式。但此公式十分繁杂，不适合在实际中应用。1849 年，法国的克拉贝隆研究了连续梁的计算问题。他认为，对于 n 跨的连续梁，应列出 $2n$ 个方程组以及 $2n-2$ 个补充方程，但这样计算仍然烦琐，之后他还提出了三弯矩方程。1855 年，法国工程师贝尔托提出了简化的三弯矩方程，与其同期出现过类似方法的还有 1857 年出版的《钢桥结构的理论与实际》《桥梁结构》等。之后德国工业学院教授布雷塞进一步完善了连续梁理论。1868 年，德国工程师摩尔提出了三弯矩方程的图解法，使得计算方法更加简便。至此，对于连续梁的计算已经趋于完善，这就为实际工程的运作提供了很大的帮助。

桁架及其理论是在建造铁路、桥梁的过程中发展完善起来的。在铁路出现初期，美国与俄国常用木料搭建铁路桥，在钢桥逐渐代替木桥之后，桥杆件截面变小、节点构造简化。金属材料的优良性能促进了杆件力学体系研究的发展。19 世纪中期，美国与俄国出现了初步的桁架理论。美国工程师惠普尔在 1847 年提出了静定桁架的计算方法。同时期，俄国工程师儒拉夫斯基提出了平行桁架的分析方法，并于 1850 年发表了桁架分析的论文。到了 19 世纪 70 年代，桁架分析方法经过一系列的完善与简化，已经可以用于计算当时所用的一般静定桁架了。之前，人们为了简化桁架计算方法，把结点假定为理想铰，但实际工程中结点一般都为钢结点，杆件除受到轴力外，还有少量的弯矩。由于这是比较困难的超静定问题，故很长时间都没有得到解决。直到 1892 年，摩尔提出了较为精确的近似解法，才得以在工程中应用。

如果说成熟的金属炼制技术与近代建造技术的发展是中东铁路历史建筑中大量使用金属材料的外在因素，那么施工周期的影响则是建筑中使用金属材料的内在因素。

③新建筑形式的出现与施工周期的影响。

伴随工业时代的到来，陈旧的建筑样式已经不能适应社会发展的需要，许多新的建筑形式随着需求的增长应运而生，如一些铁路、桥梁、机车库等。由于这些工业时代带来的建筑形式必须满足大空间、大跨度的要求，因此需要一种能够适应这种需求的建筑材料，而金属材料的力学性能正好满足了实现这类建筑形式的条件。

施工周期的因素也在很大程度上促进了金属材料的使用。在当时大环境的影响下，建筑师必须用最短的时间完成整条铁路的建设。金属材料具有易加工、可预制、装配速度快等特点，而这些特点恰恰与俄国短时间完成铁路工程建设的想法相吻合。这就使得金属材料在建设中被大量应用。

④对时代潮流的顺应。

随着工业时代的到来，世界建筑潮流发生了翻天覆地的变化。从1851年的"水晶宫"到1889年的埃菲尔铁塔、机械馆，这些建筑无不展示着钢结构优良的结构性能及其惊人的施工速度，新材料与新结构的发展给建筑带来了新纪元。在这种潮流的带动下，中东铁路及其附属地的建设引入了大量的金属材料。从这个角度来讲，中东铁路历史建筑跟随并且表达了当时的世界建筑潮流。

建筑材料是具有时代性的，特定的时代会出现特定的建筑材料。随着英国工业革命的爆发，世界范围内的科学技术的发展日新月异。经过了近百年的发展，金属这种建筑材料的加工与应用已经有了长足的进步。但与同时期的其他建筑材料相比，金属材料的使用并没有达到成熟阶段，它更多展现出的是一种试探性的、打破原有思维的积极态度。而这种态度反过来也影响了那个时代金属材料在建筑中的地位，也为即将到来的新时代留下了非常宝贵的物质财富。

（2）技术属性。

金属材料具有优良的力学性能，具体表现为良好的抗弯性与抗拉性。在中东铁路历史建筑中，金属材料是所有大跨度空间结构构件使用的主要材料。在工厂车间等需要大跨度空间的建筑中，金属梁架作为主要受弯构件承受着上部传下来的巨大重力，创造出了惊人的跨度。以哈尔滨中东铁路总工厂锻造分厂为例，其桁架单跨跨度达到21.33 m，这在当时的建筑中是非常难得的。而中东铁路沿线的几座大型铁路桥梁（图4.13）则更能说明金属材料在力学上的优势。哈尔滨松花江铁路大桥桥身完全为金属桁架体系，其主航道桁梁单跨跨度超过78 m。另外，中东铁路时期出现的大跨度悬索结构桥

a 巴林河铁路大桥

b 阿什河铁路大桥

c 伊敏河铁路大桥

图4.13 中东铁路钢桁架铁路桥

梁也体现了金属材料良好的抗拉性能。扎兰屯市吊桥公园内部的吊桥桥身由铁锁链吊起，其重量由铁锁链传给两侧的混凝土柱墩。桥身结构历经百年仍保存完好，足见金属材料性能的优越性。与抗弯性和抗拉性相比，金属材料的抗压性较弱，但金属材料的组合形式能够很好地解决这个问题。中东铁路沿线大型工业建筑中常用到一种比较特殊的空间组合钢柱，这种钢柱由若干单独的金属材料组合在一起，形成一个截面为矩形的空间桁架形式。这种空间桁架柱的组合方式符合力学规律，在克服了金属材料抗压性弱的缺点的同时，也创造了一种开敞通透的空间。

（3）艺术属性。

建筑材料在满足了遮风避雨以及承受重力这些最基本的原始需要以后，就与美学结下了不解之缘。金属材料的艺术属性就在于技术与艺术的结合，有些结合是建筑师有意为之，而更多的则是在建筑建造过程中的无心插柳。此外，金属材料特有的坚硬、冷酷的质地也赋予了建筑不同的质感，使之更加打动人心。

金属材料自身条件的优越性给它提供了无限的艺术发挥空间。金属材料不仅可以进行铸造、锻压，还可以进行切削与热处理加工，从而几乎可以给使用者提供任何他们想要的样式。金属材料较其他材料更加轻盈、小巧，这使得它们在建筑中可以呈现出一种与众不同的形式美，让空间变得更具张力，使建筑物更具灵活性。

①艺术风格的表达。

19世纪末到20世纪初正是新艺术运动最为活跃的时期，它由俄国传到中国，就像根深蒂固的思维一样根植于建筑师的脑海中。这种风格最重要的特征就是充满活力的、波浪形的、流动的线条。它使得传统的装饰迸发了新的活力，表现形式也像从植物中生长出来一样。金属材料的这种特性恰恰为金属的表现提供了最好的用武之地。设计师在中东铁路历史建筑中大量使用金属曲线作为建筑的装饰元素，这些装饰物主要位于建筑的楼梯、阳台、女儿墙、窗棂及雨棚等部位（图4.14）。

a 雨棚装饰　　　　　　　　b 阳台装饰　　　　　　　　c 楼梯栏杆装饰

图4.14 新艺术风格的金属装饰物

中东铁路的建设正值世界工业化大发展时期，新材料与新结构的使用深入人心。在这种思想的指导下，建筑师已经不再拘泥于传统的建筑形式，而是极尽所能地将金属材料的特性表现出来。在这一背景下就形成了一种造型统一、比例均衡、色调稳重的建筑风格，其所表现出的是一种稳重而严谨的理性美。

②材料表现手法的多样性。

首要的材料表现手法是材料的同质异构。美学上最早出现的同质异构是由美国心理学家鲁道夫·阿恩海姆提出的。他从心理学的角度分析美学，认为不应该用社会文化关系解释艺术，并建议从形式的角度重新建构艺术本体。同一种建筑材料在经过不同的方式处理后，会呈现不同的艺术效果，这就是同质异构所要表达的含义。以中东铁路历史建筑中的装饰构件为例，由于当时世界范围内各种新风格、新思想层出不穷，使表现在中东铁路时期建筑中的艺术风格丰富多样，因此中东铁路历史建筑中的装饰构件主要以新艺术风格居多，除此之外，还有装饰主义风格以及折中主义风格等。

另外，对于金属材料这种新兴建筑材料而言，建筑师并没有完全使用符合此种材料的处理方法，而是在许多情况下沿用了传统的技术工艺，这种做法也可以看成是传统工艺向现代工艺的过渡。

4.2 中东铁路历史建筑金属构件类型

根据金属构件在建筑中承担的作用，可以将金属构件分为结构性金属构件、围护性金属构件以及其他金属构件。

4.2.1 结构性金属构件类型

结构性构件，顾名思义，是组成建筑结构的基本单元，如梁、柱、拉杆、缆索等。这种构件主要承担的是建筑是否能够"站起来"的任务，所以它们是建筑中最为重要的构件。根据这类金属构件的特点，可将其分为桁架结构中的金属构件、框架结构中的金属构件以及其他结构中的金属构件三类。

（1）桁架结构中的金属构件。

在中东铁路历史建筑中有许多完全由金属材料构成的桁架结构形式。由于其具有受力合理、结构简单、施工方便、适应性强以及对支座没有横向力等特点，因此在建筑结构中得到大量使用。中东铁路历史建筑中的金属桁架结构体系可分为两大类，即用于工厂车间的钢屋架以及用于大型铁路桥的钢桁梁结构体系。

中东铁路历史建筑中的钢屋架以三角形屋架为主，主要有豪式屋架、芬克式屋架、复合屋架以及直角三角形屋架四种（表4.1）。

表 4.1 中东铁路总工厂屋架类型模式分析

名称	示例图示	结构节点	位置
豪式屋架	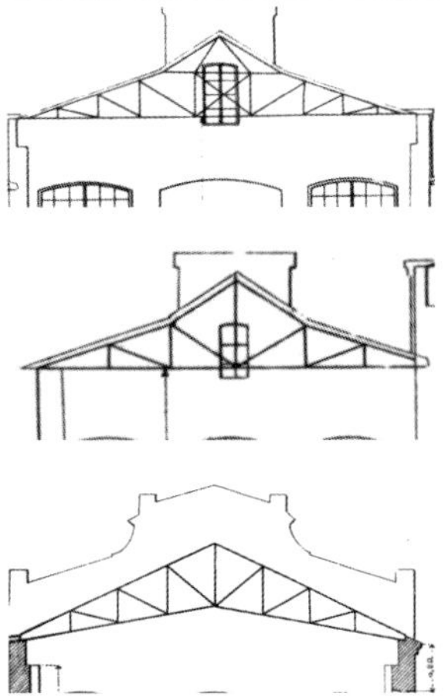	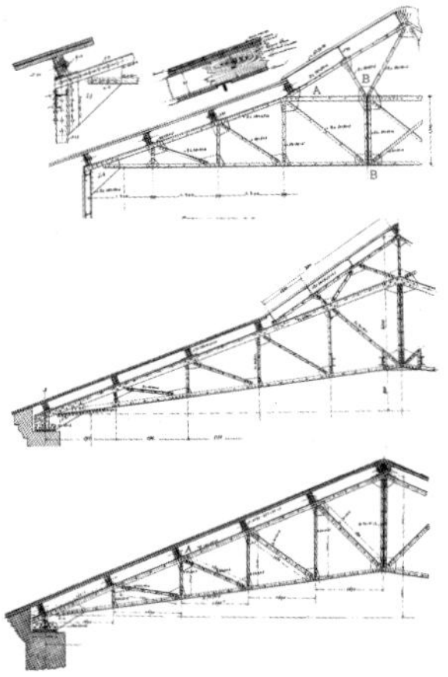	机检分厂
芬克式屋架	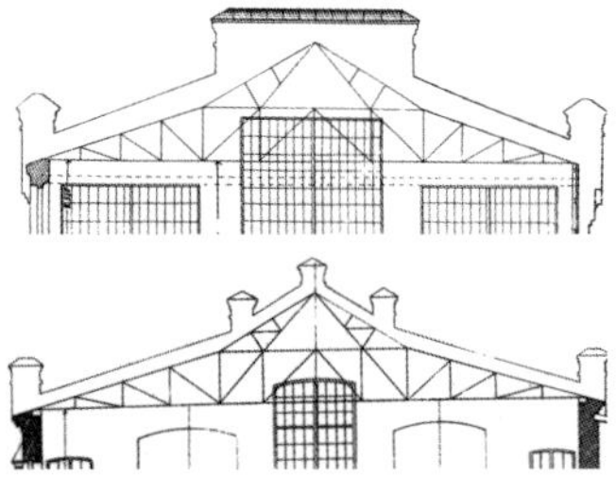	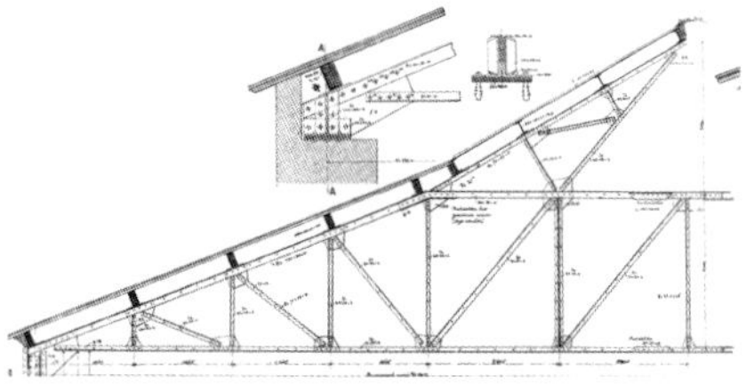	机车分厂
复合屋架	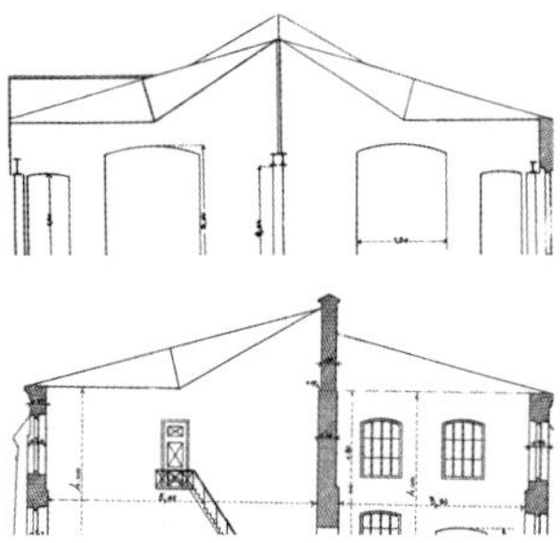	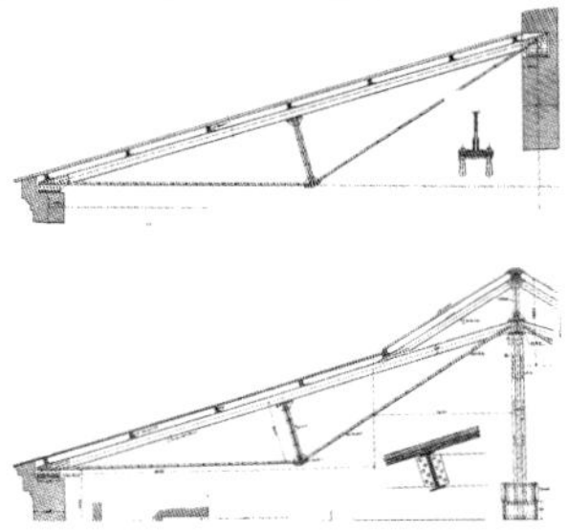	车轮分厂
直角三角形屋架	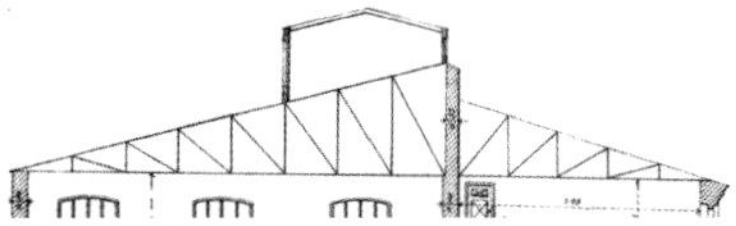	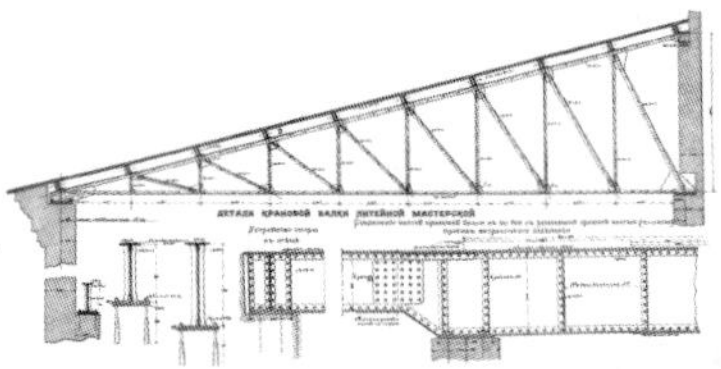	铸造分厂

豪式屋架是一种较为简单的三角形屋架形式。这种屋架的节点大小均匀，杆件内力突变不大。而且它的腹杆长度与其杆件内力的变化相一致，两者协调而不矛盾。但当其杆件长度过长时，对框架的受力非常不利，故这种屋架只适用于跨度不太大的建筑空间。中东铁路历史建筑中存在三种形式的豪式屋架：第一种形式是最基本的，也是最简单的一种屋架，如哈尔滨中东铁路总工厂中的机检车间就采用了这种形式的屋架，其屋架矢高为 0.8 俄丈（1 俄丈约合 2.133 m），跨度达到 4 俄丈。这种跨度并不能满足大多数工厂车间的需要，故这种屋架的应用范围不广；第二种屋架是在第一种屋架的基础上增加了屋架中部的横杆、立杆和斜杆，这种做法大大增加了屋架的矢高，跨度也随之加大了，如同一车间高跨上的屋架就采用了这种形式；第三种屋架同样是在第一种屋架的基础上增加了屋架中部的立杆与斜杆，但与第二种屋架不同的是，它将下弦杆的中点向上折起一段距离，这样就形成了特殊的豪式屋架，哈尔滨中东铁路总工厂的货车装配车间就采用了这种屋架形式。屋架中部矢高为 1.35 俄丈，下弦杆折起距离为 0.48 俄丈，其总跨度达到 7.75 俄丈。与前两种屋架相比，这种屋架的稳定性增大、挠度变小，而且更加节省钢材，所以在哈尔滨中东铁路总工厂中被广泛应用，成为这座工厂中应用最多的一种屋架。

芬克式屋架由于很好地克服了金属材料的力学弱点而备受欢迎。钢材是一种柔性材料，强度高，但其抗弯性远远弱于其抗拉性。钢屋架上弦部分恰恰是受弯部分，为了克服钢材的这个弱点，芬克式屋架将上弦分为左右两个小桁架。这样做的好处是缩短了桁架内杆件的长度，使其更加稳固。屋架的下弦中段虽然较长，但它是受拉构件，且钢材的抗拉性极好，所以这种屋架具有优良的结构性能。由于这种屋架可以做到相当大的跨度，因此在中东铁路历史建筑中有着独一无二的地位。哈尔滨中东铁路总工厂某车间曾用到这种屋架形式。与之前讨论过的豪式屋架不同，它的中部增加了两个大的斜杆和附属的斜向立杆及横杆，形式非常像两个翻转的豪式屋架的合成，只是在中间多了一根下弦杆。这种芬克式屋架的矢高为 2.1 俄丈，跨度可达 10 俄丈。作为哈尔滨中东铁路总工厂中单跨跨度最大的屋架，其矢高及跨度都达到了极限。在哈尔滨中东铁路总工厂机车分厂中，两个高跨部分也采用了这种屋架形式，跨度为 10 俄丈。由此可见，这种形式的屋架在提高空间跨度方面有着明显的优势。

复合屋架是一种较为特殊的钢屋架形式。它的腹杆非常少，故其要承受同等跨度下更大的弯矩。因为这种屋架的下弦杆的中间是断开的，所以不能发挥出金属材料抗拉性能好的优势。为了克服这一缺陷，屋架的中部会有一根钢柱作为支撑构件，以缓解屋架承受的重力。在中东铁路历史建筑中，这种屋架形式比较少见。具体来说，它可以分为两部分：屋架部分以及立柱部分。屋架部分形式简单，非常像两个翻转的豪式屋架的组合。但与芬克式屋架不同，这里所说的豪式屋架只有一根腹杆，且两个豪式屋架之间是断开的。立柱部分顶在屋架的正中央，也分为两部分，下粗上细。粗柱部分由一系列金属材料连接围合而成，内部中空；细柱上部承托屋架，下部与粗柱连接为一个整体。柱的粗细交接处用于承托吊车梁，而吊车梁的另一半则通过墙垛支撑。哈尔滨中东铁路总工厂某车间使用了这种屋架形式。这个车间的净跨为 10 俄丈，中间一排钢柱将其分为两跨，每跨为 5 俄丈。由于车间平面使用要求与这种屋架形式相契合，因此其屋架形式变得极为简约，节省了大量钢材。

直角三角形屋架是一种特殊形式的屋架，在中东铁路历史建筑中非常少见。之所以说这种屋架形式特殊，是因为它只有在极特殊的情况下才会被使用。哈尔滨中东铁路总工厂铸造车间中间有一道纵墙将车间分为两个空间，两个空间的跨度分别为 6 俄丈和 3 俄丈，这种情况下直角三角形屋架发挥了它的作用。根据两个空间不同的跨度，直角三角形屋架选择了不同的矢高，这样就形成了高度不同的错开式的屋面形式。这也是根据实际情况进行最优选择的结果。这种屋架构造形式简单，在中东铁路历史建筑中的应用仅此一处。

拱形屋架在中东铁路历史建筑中应用较少，其上弦杆是两根直杆，且腹杆数量较多，这样就使得上弦杆获得多个受力点，可以充分分解屋顶的重量；其下弦杆做成曲线形式，利用拱形结构的优势将弯矩尽量减小。这种屋架形式在当时是非常具有创造性的结构形式，由于其结构合理、造型美观，因此中东铁路沿线的许多大型站舍都用到了这种屋架形式，如 1904 年建成的哈尔滨站（图 4.15），1903 年建成的绥芬河站以及 1901 年建成的满洲里站的站舍都采用了这种屋架形式。其中，哈尔滨与满洲里的火车站已经被拆除，绥芬河火车站沿用至今，且仍保存完好。站舍每榀桁架由 2 根上弦杆、27 根腹杆以及一根拱形下弦杆组成，跨度达 11 m。

除了用于工厂车间外，钢屋架还大量应用在铁路桥梁中。这种桥梁具有很多优点：首先是其惊人的跨越能力，由于钢材强度高，在同等情况下可以做出比其他材料桥梁更大的跨度；其次是它更适合工业化制造；还有就是这种桥梁结构便于运输，安装速度快，并且易于修复。具体结构形式主要分为两种形制：曲弦钢桁梁、平弦钢桁梁（图 4.16）。

曲弦钢桁梁较之平弦钢桁梁弯矩要小，哈尔滨松花江铁路大桥、富拉尔基嫩江铁路大桥都采用了这种钢桁梁形式，而陶赖昭松花江铁路大桥则选用了平弦钢桁梁形式。目前，富拉尔基嫩江铁路大桥已被拆毁，陶赖昭松花江铁路大桥也已停用，现在唯一还在使用的仅有哈尔滨松花江铁路大桥。哈尔滨松花江铁路大桥桥身原为 8 孔曲弦钢桁梁以及 11 孔普通钢桁梁，曲弦钢桁梁最大单跨跨度超过 78m，普通钢桁梁单跨跨度也达到 33m。由于桥梁结构曾出现过裂痕，因此 8 孔曲弦钢桁梁全部被抽换成平弦钢桁梁。

（2）框架结构中的金属构件。

框架结构是一种梁柱体系的承重结构，梁和柱通过刚接或铰接方式连接。在抵抗水平荷

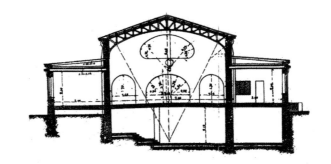

图 4.15 哈尔滨站的拱形屋架

a 曲弦钢桁架桥　　　　　　　　　　b 平行弦钢桁架桥

图 4.16　钢桁架桥外观形式

载与竖向荷载时，梁和柱共同起到承重作用，在中东铁路历史建筑中大量用到这种结构形式。

严格意义上讲，中东铁路沿线的许多梁柱承重体系建筑并不是完全的框架结构，因为这些建筑的外墙也都起到了承重作用，而这也正弥补了框架结构受力方面的不足。框架结构对于竖向荷载有较强的承受能力，而在受到水平荷载的作用下就会产生较大的侧向位移，而这些承重外墙刚好抵消了这种作用力。谈到框架结构中的金属构件，梁和柱占有重要的位置。在中东铁路沿线的框架结构建筑中，金属梁可分为工字钢梁与圆钢梁；金属柱可分为单一材料金属柱与组合材料金属柱。

①金属梁。

中东铁路历史建筑中的金属梁有工字钢梁和铁轨两种外观形式。工字钢梁尺寸较大，可以实现较大的跨度，多应用在机车库、学校、俱乐部等一些跨度需求较大的建筑中（图 4.17 a）。可以通过将 2 根工字钢上下铆接在一起增加高跨比，以增加工字钢梁的跨度（图 4.17 b）。铁轨则较多地应用在居住、交通、商业建筑的局部部位，如楼梯承重梁、地下室承重梁等，且多与红砖组合成为铁轨砖券的外观形式（图 4.17c），满足使用空间的防火、防潮需求，应用非常广泛。

②金属柱。

柱是框架结构中的受压构件，而金属柱的抗压性能较弱，为了解决这个问题，设计师运用了许多方法，使其在建筑中既可以单独使用，也可以相互组合成为更加复杂的空心、桁架形式使用。

钢轨是最常见的金属柱形式。根据所受荷载的不同，钢轨既可以独立承重，也可以两个铆接组合共同承重，典型的案例是扎兰屯站原路立俄侨子弟小学，其以双根铁轨铆接承托工字钢梁，是一种比较简单的构造处理形式。考虑到受力的需要，这种金属柱只能用结构最为稳定的圆柱形式（图 4.17a）。当荷载增加或金属柱彼此间距过大时，更加复杂的圆形空心柱开始出现，其构造做法为：4 根 1/4 弧长的弧形板彼此铆接组成空心钢柱，目前仅发现了满洲里站机车库一处案例。此外，在机车库、工厂

a 扎兰屯站原路立俄桥子弟小学　　b 满洲里站兵营　　c 满洲里站机车库

图 4.17　金属梁、柱的应用实例

等一些大型工业建筑的室内，还使用更加复杂的桁架柱（图 4.18），其由 4 根角钢围出轮廓，角钢之间由六边形钢片按 45°方向顺次连接，将 4 根角钢牢牢地结合在一起，从而形成一个整体。

（3）其他结构中的金属构件。

在中东铁路历史建筑中，还有承重墙结构以及悬索结构。其中，悬索结构是一个特例，只有扎兰屯市吊桥公园一处实例，而最为普遍的建筑结构形式是承重墙结构。下面分别对这两种结构中的金属构件进行分析。

①承重墙结构。

这种结构的应用范围最广，涉及到的建筑类型也非常多。为了便于研究，下面将按照建筑的具体部位对其中的金属构件进行研究。

屋面及楼地面都是建筑结构的重要组成部分，它们肩负着将上部荷载传递给承重墙的重任。在中东铁路历史建筑的屋面与楼地面中，应用最多而且最有特色的金属构件就是与砖砌小拱配合使用的金属梁。

金属梁通常以钢轨作为基本用材，每隔一段距离铺设一道，梁与梁之间是用砖搭砌的矢高非常小的砖拱。不管是地下室顶棚还是建筑屋顶，这种做法都

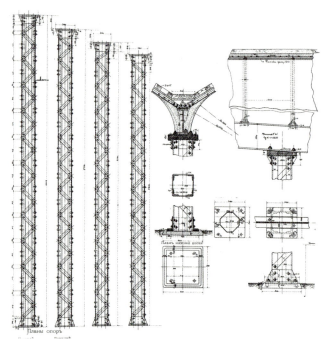

图 4.18　中东铁路机车库中的桁架柱

非常常见，也只有在中东铁路历史建筑中才会遇到这种构筑方式。砖拱的作用是抵住两边的金属梁，梁再将力传给下面的承重墙。利用拱形结构这种做法可以保证屋面或者楼地面成为一个非常稳定的结构体系。这种形式多用于中东铁路沿线的公共建筑。虽然这种屋面具有较好的结构性能，但其制作难度却相当大，单单砌筑这么多的砖拱就需要非常多的专业匠师，一般的工匠是达不到这种技术水平的。另外，钢轨的造价也要远远高于普通工字钢的价格。这种结构能够大量应用是有其必然性的：首先，当时的结构技术水平还没有完全成熟，俄国的工匠更加熟悉这种结构形式的做法；其次，由于中东铁路的修筑，大量钢轨源源不断地被运送到建设地点，这就为金属梁的使用准备了充足的原材料。

还有一种做法较为简单的金属梁形式，它的上面以搭设木方为主，俄国人的私人住宅的地窖常用到这种结构形式。由于其制作简单、取材方便，因此很适合自宅的使用。但由于其材料以及结构形式具有局限性，因此其只适合在小空间使用。

中东铁路历史建筑中有一种特殊的屋架形式，其屋面完全由金属材料组合而成。屋架是由许多张铁板拼接而成的，整体呈拱形结构（图 4.19）。为了确保屋面不发生横向位移，下部由若干根金属拉杆将其紧紧拴在一起，这样就形成了一套稳定的结构体系。满洲里火车站北侧的石头机车库的屋顶就沿用了这种结构形式。虽历经百年，但其主体结构仍完好无损，体现出这种结构的优越性。

中东铁路历史建筑的许多木屋架中也以金属材料作为其结构的一部分。木屋架都是坡屋顶形式，而坡屋顶最怕的就是在上部荷载的作用下，两坡向外部倾覆。为了解决这个问题，设计师在屋架内部设置了许多根金属拉杆（图 4.20），将这些金属拉杆两边分别固定在每榀屋架两边的底部，利用金属材料抗拉性能好的优势，使屋架变成非常稳定的三角形结构体系。

许多建筑中的阳台和雨棚都采用金属材料作为结构构件，结构形式主要以金属柱和梁为主（图 4.21）。

图 4.19　铁皮屋架形式

图 4.20　木屋架形式

图 4.21　阳台及雨棚中的金属柱和梁

　　承托阳台或雨棚的金属柱以空心圆钢柱为主。普通住宅或重要性不强的建筑中金属柱的样式简单，只是一根普通钢管。而在较为重要的建筑入口处，钢柱会做出收分变化，样式新颖、别致。除此之外，也有将钢轨作为雨棚的承重柱来使用的案例，一面坡站机车库雨棚就是一个典型的例子。机车库的柱是由 2 根钢轨在截面的长边上拼接而成的，很像之前讨论过的扎兰屯站原路立俄侨子弟小学室内的钢柱。

　　具有结构功能的金属梁可以分为方钢梁、钢轨梁以及桁架梁三种。

　　方钢梁形式简单，是内部中空的、截面为矩形的金属梁，这种梁由于受力能力较差，所以只适用于自重较轻的雨棚。

　　钢轨梁应用广泛，从金属构件自身的组成情况看，可以分为单轨梁和双轨梁。单轨梁又可分为独立承重的钢轨梁以及与混凝土组合的钢轨梁两种形式。独立承重的钢轨梁构造简单，由 2 根钢轨固定在承重墙上，钢轨上面直接承托阳台。与混凝土组合的钢轨梁在整个结构中是作为骨架使用的，如钢轨之间浇筑混凝土形成钢混结构的雨棚。横道河子站水牢就有这种雨棚的实例。双轨梁是由 2 根钢轨拼接而成的梁，形式与之前提到的双钢轨柱一样，只是起到的作用不同。

　　桁架梁雨棚是比较罕见的构筑形式。由于其构造复杂，因此只能在重要的场所才能见到这种形式的雨棚。哈尔滨红军街上的原中东铁路管理局宾馆门前雨棚就是一个非常典型的例子。雨棚中 1 榀横向的桁架架在 2 根钢柱上，在与横向桁架垂直的方向设置 3 榀竖向桁架固定在墙上，整个桁架体系构造精密，堪称佳作。

　　中东铁路历史建筑的典型楼梯形制是由金属构件作为骨架搭建而成的（图 4.22）。骨架的材料主要为工字钢或钢轨。大多数多层建筑的室内楼梯都是由工字钢作为楼梯梁的，基本构造是由两根工字钢结合砖砌小拱做成楼梯平台，另外两对工字钢分别搭在平台钢梁上作为踏步承重梁，工字钢均裸露在外。钢轨做楼梯骨架的例子也较多。满洲里站俄国商务处和原中东铁路商务学堂的室内楼梯均属于这种形制，也是保存较为完好的工字钢楼梯形式。这种样式的楼梯结构稳定，再加上金属材料寿命较长，

图 4.22 楼梯中的金属构件

虽历经百年，许多楼梯还保存得非常完好。

除以上讲到的钢梁结构楼梯外，还有一种非常特殊的楼梯形式。整个楼梯完全是由金属材料构成的，这种楼梯的实例只在横道河子站水牢中有一处。

上面讨论了金属构件较为集中的建筑部位，但建筑中还有一些部位也会用到金属构件。例如，某些建筑的门窗以钢轨作为过梁来承重，俱乐部中观影大厅的观影台也以金属构件作为承重结构，昂昂溪站中东铁路俱乐部观影台利用双层组合钢轨作为承重梁。

②悬索结构。

悬索结构在中东铁路时期是极少见的，现存比较完好的实例是扎兰屯市吊桥公园中的吊桥。这座桥的结构分为两部分：主要部分的桥身重量完全由铸铁锁链传递给两边的混凝土柱墩；次要部分为两道拱形钢轨梁嵌入混凝土基础内，通过钢拉杆连接钢轨梁与桥身组成的完整的结构体系。在这里金属构件主要扮演了受拉构件的角色。这种结构符合力学规律，充分发挥了金属构件的抗拉性优越的特点（图 4.23）。

a 悬索拉杆　　　　　　　　b 悬索与桥墩的连接　　　　　　　c 悬索与其他构件的连接

图 4.23　悬索结构中的金属构件

4.2.2 围护性金属构件类型

围护性构件是指对建筑物起到围合保护作用的构件。在中东铁路历史建筑中，围护性金属构件可分为单一围护性金属构件和装饰围护性金属构件两类。

（1）单一围护性金属构件。

单一围护性金属构件是指只负责围护而无其他功能的金属构件。这种构件的外观简洁、朴实，以铁皮材料居多，主要有起覆盖作用的金属构件和作为容器的金属构件两类。

起覆盖作用的金属构件主要对建筑起保护作用。在中东铁路历史建筑中，应用最为广泛的是建筑物的铁皮屋面。这是一种中东铁路历史建筑特有的屋面形式，相比瓦屋面而言，它的制作更为简单，故更具实用性。这种屋面由若干块规则的矩形铁皮经过拼接而成，特色是排水设计精密，这样就无形中延长了屋面的使用寿命（图4.24）。

作为容器的金属构件以水塔为主。中东铁路的水塔多以砖石结构为主，其蓄水池位于水塔最上部，组成材料以铁皮为主。铁皮通过拼接形成一个封闭的圆形围合空间，铁皮外部以若干榀竖向钢桁架以及横向的钢拉杆作为结构支撑构件（图4.25）。

（2）装饰围护性金属构件。

装饰围护性金属构件也属于维护构件的一种，只是其又兼具装饰功能。这种构件在中东铁路历史建筑中所占的比例要远远超过单一围护性金属构件，这与金属材料的易加工性紧密相关。装饰围护性金属构件主要应用于建筑的栏杆以及雨棚等部位（图4.26）。金属栏杆是最常见的装饰性围护金属构件。由于铸铁的可塑性极强，因此出现了类型众多、样式丰富的金属栏杆。再加上当时世界上新艺术运动、装饰艺术运动以及现代主义构成风格理念的传入，中东铁路沿线几乎成为各种装饰风格的试验场，各种样式的铁艺栏杆随处可见。这种现象可以看作是新材料与新风格的充分融合。除了铸铁材料外，还有极少数的栏杆以类似于金属水管的材料作为组成元素，哈尔滨道外某中东铁路时期建筑内部就用到

a 屋面　　　　　　　　　b 窗台　　　　　　　　　c 烟囱

图 4.24　起覆盖作用的金属构件

图 4.25 作为容器的金属构件

了这种样式的栏杆，栏杆的骨架由金属水管组成，中间部分还有铸铁材料做成的装饰构件。

雨棚与栏杆的情形十分相似，同样利用了金属材料易加工的特点。当时各种装饰风格的雨棚大量出现在建筑的入口处，这也为建筑的立面装饰增色不少。但与栏杆有所不同的是，金属雨棚除了镂空的铁艺装饰外，还有许多不镂空的、贴在雨棚表面的金属装饰，可分为纯金属雨棚、金属与玻璃组合的雨棚两种形式。在与玻璃材料组合的雨棚中，金属构件通常作为雨棚的骨架使用。

4.2.3 其他金属构件类型

其他类型金属构件主要包括各种样式的门窗把手、合页、门锁等五金件，用于固定门的铁钩，用于固定其他金属构件的铆钉、螺栓等。由于金属材料具有较强的易加工性，因此当时有样式繁多的金属构件可供选择。虽然这些金属构件对于建筑物的重要性

a 楼梯栏杆

b 阳台栏杆①

c 阳台栏杆②

d 雨棚①

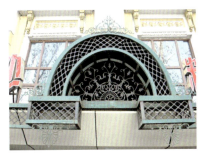

e 雨棚②

f 雨棚③

图 4.26 装饰围护性金属构件

不及之前所述结构性金属构件的明显，但它们也是建筑中不可或缺的一部分（图 4.27）。

4.3 中东铁路历史建筑金属构件建构技术

建构学非常注重对建筑本身意义的深究与探讨，它是一门技术工程性与人文艺术性紧密结合的学科。建构学将建造问题摆在建筑中所有问题的首位，并使之成为探讨其他问题的起点。建构文化最早于 19 世纪末由森佩尔提出并传播，之后的弗兰姆普顿则成为建构文化研究的集大成者。建构的含义可从狭义与广义两方面进行理解。从狭义的角度讲，它只是从材料、结构以及构筑方式三方面对建筑进行研究。从广义的角度讲，它是"诗意的建造"，它将文化性与地域性也纳入了研究范畴。对建造方法的重视是建构的一大特点，建构学认为建造方法是联系建筑物质和精神层面的纽带。

本节试图从技术及艺术两方面对中东铁路历史建筑中的金属构件进行建构研究。其中，技术方面重点研究金属构件的连接与构造形式，艺术方面则主要分析金属构件的审美表达。

4.3.1 金属构件的连接与构造

连接，是指将建筑中不同功能的构件通过一定的技术手段进行整合，最终形成一个有机整体的方式。建筑通过连接手段形成整体并发挥功能作用，而建筑材料的逻辑化组织则使得建筑各部分的受力均衡合理，这种构成建筑的逻辑化组织即是构造。

前面已经讨论了中东铁路历史建筑中金属构件的类型，本节将对其具体的构造与连接方式进行系统分析。

（1）结构性金属构件的连接与构造。

对结构性金属构件构造的了解可以加深对中东铁路时期金属材料在建筑结构上的发展水平的研究，能够揭示建筑技术是如何反映在建筑细部上的。

a 固定门的铁钩

b 门把手

c 合页

图 4.27 其他金属构件类型

①金属屋架的连接与构造。

由于许多屋架已经不复存在，只通过一些老图片和一些零散的资料无法考证其具体的连接与构造方式，因此，本节以哈尔滨中东铁路总工厂锻造车间和绥芬河火车站屋架为例，了解当时屋架建造基本发展水平。

哈尔滨中东铁路总工厂锻造车间是一座百年厂房，虽历经数次变迁，却仍然屹立不倒，这完全依赖于其合理的结构形式。厂房屋架属平面钢屋架中的复合式屋架形制，下面就对其具体的连接与构造形式进行分析。

厂房屋架主要由以下几部分组成：屋面钢桁架是主要部分，是建筑屋面的直接承重构件；屋架下端的钢柱是辅助部分，每隔一榀桁架设置一根，其任务是承托上部的钢桁架；每榀屋架之间设置托架，目的是为了保证整个屋盖结构有足够的空间、刚度和稳定性；屋架上部设有天窗架，这样可以保证厂房得到充足的光照；钢柱上部以及对面的墙上设有吊车轨道。整体结构的主要连接方式是铆钉连接（图4.28）。

屋架是一个结构系统，它是由若干榀相同的桁架联系在一起组成的，下面介绍每一榀桁架的组织构成。复合式屋架是三角形屋架的一种，它有其自身独特的一面。首先，这种屋架的用钢量很小，但跨度却很大；其次，它的下弦杆是断开的。单榀桁架主要由上弦杆、下弦杆以及腹杆组成。具体形式是：上弦杆在约1/4处断开并向上折起，剩余未向上折的两根上弦杆相交到一点，形成两个小三角形组成的上半部分以及两个大三角形组成的下半部分。这种做法的目的是为了增加桁架的矢高，进而增大桁架的跨度。桁架的上半部分有一根较短的腹杆立在桁架正中央，下半部分每边各设置一根垂直上弦杆的腹杆。

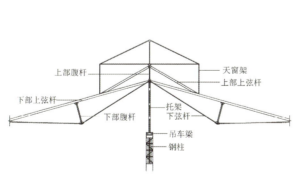

图4.28 厂房钢屋架示意图

桁架上弦杆的材料完全采用同种类型的工字钢，只是在尺寸上有所不同。下弦杆和腹杆都选用角钢作为材料。桁架顶点处是两根上弦杆与腹杆的交接点，节点构造的具体形式是：先由两块相同的铁板将上弦杆固定住，再在外侧的前后各固定一根角钢作为腹杆，腹杆的下部固定在一块钢板上，钢板的另一边与下部上弦杆通过铆接方式相连，上部上弦杆与下部上弦杆通过起联系作用的角钢连接在一起。桁架下弦杆的中间是断开的，且两边是对称的，它的组成方式是：在折起处有两根并排的角钢通过中间的钢板以及铆钉联系起来，而为了提高桁架的整体性，折起处通过焊接的方式连接在一起。桁架下半部分的腹杆由 4 根角钢前后拼接而成，它们与上、下弦杆之间通过铁板由铆接方式连接（表 4.2、表 4.3）。

表 4.2　桁架各杆件构造示意图

	上部上弦杆	上部腹杆	下部上弦杆	下部腹杆	下弦杆
截面示意					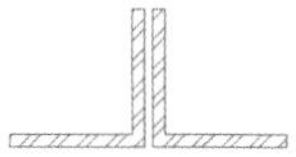
轴测示意					

表 4.3　桁架各杆件连接示意图

连接方式	上部上弦杆与下部上弦杆的连接	上部上弦杆与上部腹杆的连接	下部上弦杆与下部腹杆的连接	下弦杆与下部腹杆的连接
连接示意	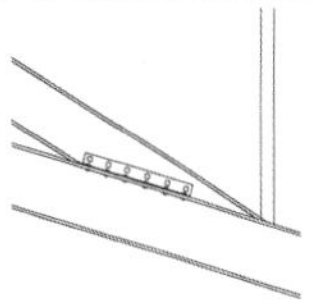	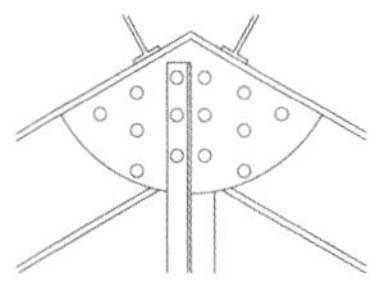	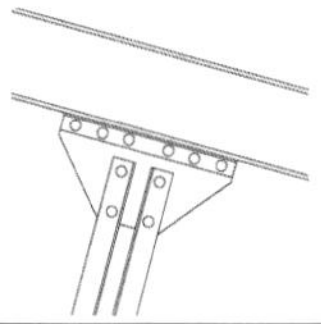	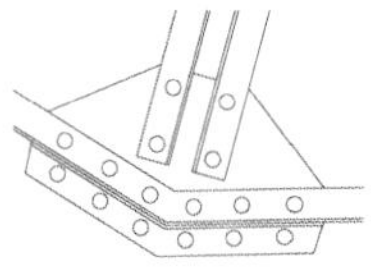

屋架下面起承重作用的钢柱可分为内外两部分：内部（表 4.4）是钢柱的核心，它是由下到上完全贯通的；外部作为整根钢柱的加强部分，高约 3 m。内部核心柱的横截面趋近正方形，由两组工字钢组成。具体的构造方式是：2 根工字钢分开一定的距离，然后利用由上到下的 6 块钢板以及钢柱下部的加强部分牢牢地连接成一个整体。除首块钢板每边用 6 个铆钉连接钢柱外，其余的 2 块钢板每边均用 3 个铆钉固定钢柱。外部钢柱主要是为了加强整体结构的刚度，它的截面呈长方形。其构造方式是：短边由 2 组工字钢组成，工字钢之间在最下面约 1 m 处由钢板连接，其余部分由角钢连接，角钢是以 45°角顺次向上排布，与工字钢的每个交点都由 1 个铆钉连接。屋架正下方的金属托架（表 4.5）

是每榀桁架的联系环节，承担保持整体屋架刚度的作用，贯穿整个屋架的始终。托架分为两部分：上面部分贯穿每榀桁架的最低点，2个端头都固定在砖墙上，以工字钢的形式出现；下面部分贯穿于钢柱的上部，两端亦插入两边的砖墙内，以平行弦钢桁架的形式出现。虽然统称托架，其实这两部分是完全分离的。上部托架形式简单，只是一根贯穿屋架的工字钢；下部屋架构造较为复杂，它是由上、下弦杆以及中间的腹杆组成的，其重要组成材料是角钢。上、下弦杆的力学要求较高，故它们是由2根角钢拼接而成的。中间的腹杆是按照45°角的方向顺次排列的，每根腹杆都由1根角钢承担。腹杆通过小钢板与上、下弦杆连接，2根斜腹杆与1根直腹杆和弦杆的连接钢板是六角形钢板；单独1根直腹杆与弦杆的连接钢板呈锐角三角形。

表 4.4 钢柱构造示意图

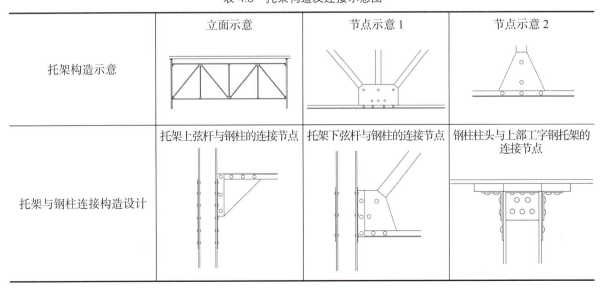

表 4.5 托架构造及连接示意图

屋架之间的连接构件除了托架外，还有每榀桁架较短的上弦杆之间设置的钢拉杆。钢拉杆的用材为角钢，每组钢拉杆横跨3榀桁架，呈交叉式布局。每组钢拉杆包括4根钢拉杆，它们的交点恰好位于中间桁架的较短上弦杆的中央，在这里由1块钢板将4根角钢连接在一起。此外，钢板的上部还固定了1根贯穿屋架的工字钢，它也是屋架连接构件的一部分。

天窗架所用的材料是内部中空截面为矩形的钢管，它也是由若干榀桁架组成的。每榀桁架的轮廓形式类似于一个坡屋顶的房屋。房屋的屋架由2根上弦杆、1根下弦杆以及中间的1根腹杆组成。屋架底部落在2根工字钢之间，工字钢则落在每榀钢桁架的顶点处。天窗架两边的支撑杆落在桁架中上弦杆折起处的水平线上，在这条线上有1根钢拉杆作为支撑构件。天窗架的节点处主要采用铆接的方式连接，只在支撑杆与坡屋顶屋架的相交处采用了焊接的形式。

钢屋架的最后一个组成部分就是钢柱与墙垛上面的吊车梁。由于要承受相当大的压力，因此吊车梁截面尺寸做得非常大，其是由若干块钢板通过角钢拼接而成的。

上面详尽讨论了组成钢屋架各个构件的连接与构造，下面将论述各个构件之间的连接构造形式（图4.29）。

首先要了解钢桁架与钢柱的连接构造。钢桁架与钢柱之间的连接点在桁架中间的最底部，由于之间隔着1根工字钢，因此这两种构件并不直接发生关系。工字钢的上部与桁架最底部通过铆接与焊接结合的方式直接相连；而钢柱的顶端与工字钢底部的连接则较复杂，需要先添加1块八角形钢板，然后再利用角钢将钢板与钢柱连接在一起，这样一个节点用了近30个铆钉。

托架与钢柱的连接构造。托架的上、下弦杆与钢柱通过钢板相连，具体做法是：在托架与钢柱相交的地方，将1块L形钢板一边固定在钢柱上，一边与托架的上、下弦杆相连，通过这种方式使两者成为一个整体。

绥芬河火车站站舍是中东铁路沿线较早建造起来的大型公共建筑之一，它的屋顶结构也是非常典型的（图4.30），充分展示了当时先进的建筑技术水平。

站舍采用了拱形钢屋架（图4.31），整个候车空间共用了8榀拱形桁架，桁架之间由平行弦桁架作为连接构件。下面将对这两种构件的连接与构造形式进行详细讨论。

拱形桁架是屋架系统中最重要的结构构件，它分为上弦杆、下弦杆以及它们之间的腹杆。

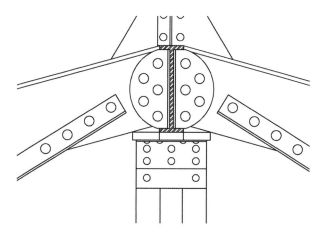

图4.29　桁架、钢柱、托架的连接节点构造

上弦杆是完全对称的两部分，每部分都由两根角钢对接而成。角钢之间使用了大量的铆钉，铆钉的位置看似很不规则，其实不然，设计师是按照蛇形分布的模式将铆钉嵌在角钢上的，这种做法使得力的传递更加均匀、合理。上弦杆与屋面之间也通过铆钉连接，但铆钉之间的距离较远。桁架的下弦杆也是对称的，每边都由两根弯成曲线的角钢拼接而成，它的连接方式与上弦杆相同。两边下弦杆的接口处通过L形钢板连在一起，形成拱形结构。腹杆的组成元素是角钢，桁架中央的腹杆由4根角钢对接成截面为十字形的立杆，其余每根腹杆都由两根角钢拼接而成。

腹杆与腹杆，腹杆与上、下弦杆之间的连接特色鲜明。虽然它们也是选钢板作为连接件，但其特殊的构造形式（拱形结构），要求所有起到连接作用的钢板都做弧形切面。这种做法不仅能满足力学上的要求，也能使拱形屋架在形式上完美融合、浑然一体。

为了保证桁架的结构整体性，设计师在屋架的屋脊部位设置了一排平行弦桁架作为屋架的连接构件（图4.32）。每两榀拱形桁架之间的平行弦桁架为一组，它包括1根上弦杆、1根下弦杆和8根腹杆。与拱形钢屋架一样，这些构件完全由角钢组成，不同点是，这些构件的尺寸远小于拱形钢屋架的尺寸，上、下弦杆采用的还是两根角钢拼接的方式。由于腹杆对刚度的要求不高，因此其只用到1根角钢。整个平行弦桁架所用的铆钉密度小于拱形桁架。

平行弦桁架与拱形钢屋架交接位置的构造形式是：拱形桁架的中央腹杆夹住两块钢板，钢板的两端分别固定在拱形桁架两边的平行弦桁架上。上面的钢板固定在平行弦桁架的上弦杆中间，并与腹杆

图 4.30　绥芬河火车站站舍钢屋架

图 4.31　拱形钢屋架示意图

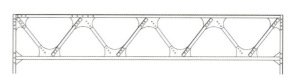

图 4.32　屋架之间的平行弦桁架

通过铆钉连接；下面的铁板固定在平行弦桁架的下弦杆中间（表4.6）。

表4.6 平行弦桁架与拱形钢屋架各杆件构造示意图

	上弦杆	下弦杆	中央腹杆	两侧腹杆
截面和轴测示意	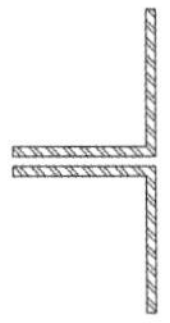	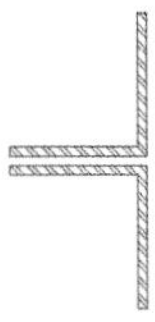		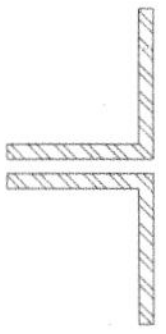
连接节点	 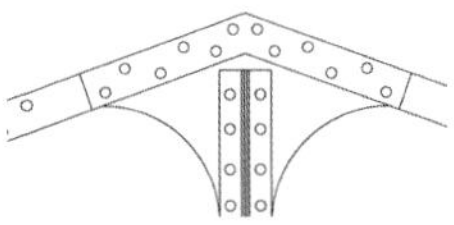 中央腹杆与上弦杆的连接节点	 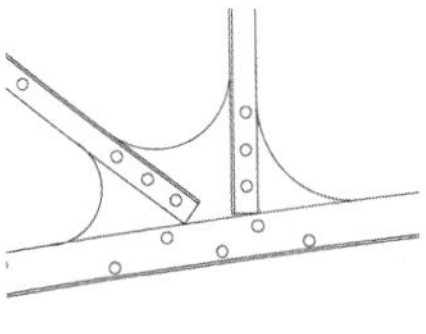 两侧腹杆与下弦杆的连接节点	 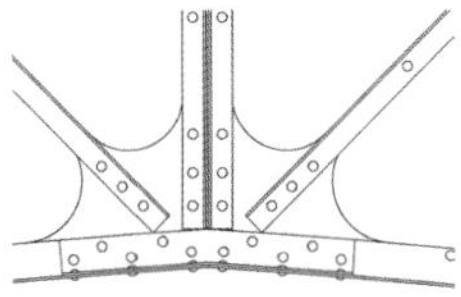 中央腹杆与下弦杆的连接节点	 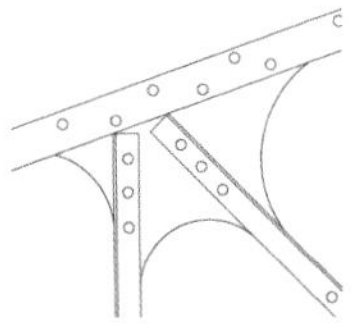 两侧腹杆与上弦杆的连接节点

满洲里站机车库的形式在中东铁路沿线较为罕见，它以石头作为墙体承重结构的砌筑材料，墙体上覆盖一个由钢板拼接而成的拱形大屋架。下面对这栋建筑的屋架的连接与构造进行研究（图4.33）。

整个屋架可分为两部分：第一部分是屋面，它由铁板组成；第二部分是屋架下部的钢拉杆，它的作用是保持屋架的整体性。屋面的组成元素是弯成弧形的压型钢板。为了做成拱形屋面，不同水平面的钢板的形状均不相同，它们的组合方式是：由上层的钢板压住下层钢板的一部分，之后利用铆钉将两块钢板紧扣在一起，然后以此类推地将所有钢板连成一个整体。为了防止屋面结构散架，设计师在屋面的下部设置了13榀钢拉杆，每榀钢拉杆由1根横向拉杆与3根竖向拉杆组成。其中，横向拉杆的两端各拽住屋面的两头，3根竖向拉杆分别连接横向拉杆与屋面底部，竖向钢拉杆与屋面通过一个小的金属连接件联系在一起。拉杆与连接件的连接采用焊接的方式，连接件与屋面的连接采用铆接的方式。竖向拉杆与横向拉杆之间的连接也用到了一个精巧的连接件，它首先扣住左右两侧的横拉杆，而竖向杆则穿过连接件的中心，在另一侧通过一个小扣件进行连接，这样就使得横向与竖向的拉杆成为一个整体（表4.7）。

a 外部①   b 外部②   c 内部

图 4.33 满洲里站机车库钢屋架

表 4.7 屋面钢拉杆构造示意图

钢拉杆的组织方式		钢拉杆与屋面的连接	钢拉杆之间的连接

②金属桥梁桁架的连接与构造。

钢桁架桥梁是中东铁路历史建筑的一大特色，这种桥梁充分展示了中东铁路时期建筑技术的发展水平。当时的铁路沿线建造了大量的钢桁架桥梁，这些桥梁通常由两部分组成，即曲弦钢桁梁和普通钢桁梁。随着时间的推移，绝大多数钢桁架桥梁已经不复存在，现存保存最完好的且仍在使用的是哈尔滨的哈尔滨松花江铁路大桥，它是中东铁路沿线建造时间最早、跨度最大的一个钢桁架桥梁，在 20 世纪 60 年代，由于桥梁主体结构钢质不佳，因此将 8 孔曲弦钢桁梁全部换成平弦下承钢桁梁，但桥身普通钢桁梁部分保存完好，存在研究价值。下面通过对一些历史图纸以及哈尔滨松花江铁路大桥普通钢桁梁部分的分析来深入了解中东铁路时期的金属铁路桥梁。

钢桁梁桥身主要分为两部分：跨度较大部分采用曲弦下承钢桁梁结构体系；其余部分则选用普通钢桁梁结构体系。以陶赖昭松花江铁路大桥为例（图 4.34），整个桥身完全由金属构件连接组织而成，共分 17 跨。其中，2~6 跨跨度最大，采用曲弦下承钢桁梁结构体系，其余 11 跨跨度较小，采用普通钢桁梁结构体系。桥身形成一个整体，就像是一根钢梁架设在若干根混凝土与石砌成的柱墩上。桥身的节点主要采用铆钉连接方式，焊接与螺栓连接起到辅助作用。

a. 曲弦下承钢桁梁。

曲弦下承钢桁梁（图 4.35）是铁路桥的主要结构部分，每跨钢桁梁均为空间桁架结构，主要组成

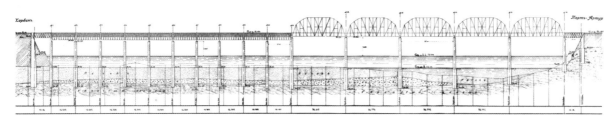

图 4.34　陶赖昭松花江铁路大桥

图 4.35　曲弦下承钢桁梁

部分包括两个主桁架、连接两个主桁架的上平纵联和横联、承托火车轨道的纵梁和横梁以及横梁之间的下平纵联。这些构件的组合方式是：两个主桁架分立火车轨道两边，下部由若干榀横梁连接，横梁之间布置十字交叉的下平纵联；纵梁与横梁处于同一水平面，它的作用是承托上面的枕木；主桁架上部由十字交叉的上平纵联和上平横联连接；与横梁对应的上部都布置有一根截面较小的梁，它也对主桁架起到固定连接作用。

上面已经介绍过每榀钢桁梁的主要组成部分，下面将对每一部分的具体组织方式进行分析。每榀主桁架分别由上弦杆、下弦杆以及腹杆组成。其中，上弦杆是受压构件，下弦杆为受拉构件，它们形成力偶来平衡外荷载所产生的弯矩；斜腹杆的作用是利用其轴力中的竖向分量来平衡外荷载所产生的剪力。上弦杆由 10 节金属杆件组成，呈曲线形式，有利于抵抗压力，这也是曲弦钢桁梁得名的原因。腹杆分为直腹杆与斜腹杆，直腹杆有水平与垂直之分。在桁架结构中，各杆单元均为轴向受拉或轴向受压构件，这使得材料的强度可以得到充分的发挥。

每榀主桁架通常由 9 根垂直方向的直腹杆组成，中间 1 根最长，两边逐根变短。垂直方向直腹杆将主桁架在水平方向上分成 10 部分，在最中间的两部分与左右两侧的第三部分设置水平方向直腹杆。水平方向直腹杆约在其垂直的直腹杆的中间部分与之相交。两种直腹杆的构造形式基本相同，都是由角钢与条形钢板通过铆接方式连接组成的，只在宽度上略有差异。其构造组织方式为：每根直腹杆使用 4 根角钢，角钢每 2 根一组，分别夹住条形钢板的一头，而夹在角钢之间的条形钢板则以 90° 角为模数顺次排列，形成截面呈工字形，立面呈锯齿形排列的结构杆件（图 4.36a、b）。由于垂直方向直腹杆杆件长度较长，故每隔一段距离需要加1块矩形钢板作为固定杆件，以保持腹杆的稳定性。垂直方向直腹杆与水平方向直腹杆的连接方式是：在它们交点的每边各设置1块削掉一个角的矩形钢板，再通过铆钉将它们固定在一起（图4.36c）。

主桁架的斜腹杆有长短之分，即较长斜腹杆与较短斜腹杆，这两种斜腹杆倾斜方向恰好相反。较长斜腹杆具有较高的强度，故截面宽度比较短斜腹杆更宽一些，且构造方式更为复杂。较短斜腹杆由4根角钢以及若干根条形钢板通过铆接方式组成，其构成方式与直腹杆相似，唯一不同的是其条形钢板的组合方式并未按照锯齿形排列，而是选用了顺次交叉的方式相互连接。较长斜腹杆的构造形式与较短斜腹杆大不相同。首先，其所选用的角钢尺寸更大，这也导致其截面尺寸加大；其次，较长斜腹杆的条形钢板排列方式选用了与直腹杆相同的组织形式；最后，为了保证杆件的稳定性，杆件两侧会各设置1块钢板，起到固定作用（图4.37a）。斜腹杆与直腹杆相交的节点亦通过钢板与铆钉结合的方式连接（图4.37c）。

主桁架的上弦杆是组成桁架轮廓的主要杆件，由10节金属杆件组成。其中，两边的杆件最长，中间几根要稍短一些。上弦杆的构成元素包括角钢与钢板，其具体构成方式是：先由4根角钢围成矩

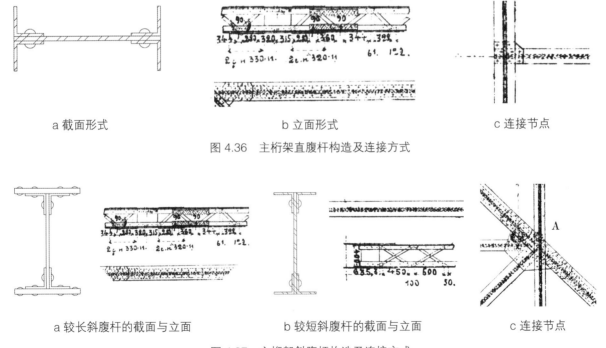

a 截面形式　　　　　b 立面形式　　　　　c 连接节点

图 4.36　主桁架直腹杆构造及连接方式

a 较长斜腹杆的截面与立面　　　b 较短斜腹杆的截面与立面　　　c 连接节点

图 4.37　主桁架斜腹杆构造及连接方式

形截面，其中一组截面对应的边界各设置 1 块钢板，另一组截面对应的边界使用角钢作为连接系。角钢的组合方式分为两种——锯齿形组合以及 Z 字形组合。上弦杆所有组成材料之间的连接方式均采用铆接。另外，最外边的两组上弦杆均采用横向连接系，这种连接系类似于中国古建筑中的雀替，目的是保证整体构架的稳定性。连接系由角钢与钢板通过铆钉连接而成。主桁架下弦杆与上弦杆的构造形式截然不同，它是由 4 根角钢与 3 块钢板拼贴而成的。其具体构成方式是：由 2 根角钢夹住 1 块钢板组成倒 T 字形构件，之后再通过 1 块钢板将两组构件连接为一个整体（表 4.8）。材料之间的连接方式全部采用铆接。

表 4.8　上、下弦杆构造及连接方式

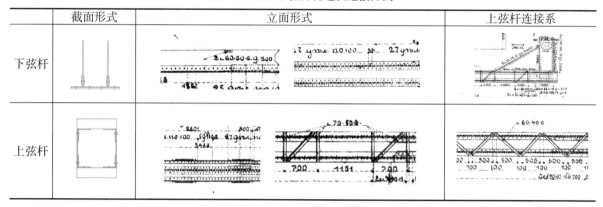

主桁梁中的横梁与纵梁是承托火车轨道的主要构件（表 4.9）。横梁与纵梁的构造基本相同，区别在于横梁上、下各多设置 1 块钢板，且横梁是连续的，而纵梁在与横梁相交处是断开的。具体传力方式是：火车轨道将力传给纵梁，纵梁将力传给横梁，横梁再将力传递给主桁架。横梁、纵梁均由角钢与钢板组成。横梁的具体组织形式是：上、下各有 1 对角钢夹住钢板，且为了保证钢板的稳定性，在钢板的宽度方向上每隔一段距离铆 1 根角钢，最后再在横梁的上、下两个面各贴 1 块尺寸相同的钢板与角钢固定在一起。纵梁与横梁截面高度相同，宽度要略宽一些，在与横梁的相交处由 1 块钢板将这两组梁铆固成为一个整体。

主桁架间的上平纵联，即上部的纵向联结系，是由角钢和钢板组成的，其截面形式也呈工字形，构造形式是由每 2 根角钢夹住钢板的一侧，利用铆接方式固定的（图 4.38a、b），其中的钢板为小块钢板，每块钢板需要 6 或 12 个铆钉与角钢连接。上平纵联并不是一个单独的构件，而是一个组合构件，组合方式是每 2 对交叉的纵联之间设置一根垂直主桁架的纵联。为了能够做成这种形式，2 根纵联交叉的节点处必须做出改变。其中 1 根纵联需要在中间断开，形成 2 根较短的构件，然后再通过矩形钢板将断开的纵联和整根的纵联拼接在一起，每块矩形钢板需要 16 个铆钉将其与交叉的纵联固定在一起（图 4.38c）。

表 4.9 主桁架横、纵梁的构造形式

	截面形式	立面形式	轴测示意	实例
横梁				
纵梁				

主桁架间的下平纵联，即下部的纵向联结系，由于直接承受轨道传来的荷载，故其结构设计更为严格。它与上平纵联的构造形式基本相同，区别在于：下平纵联的截面高度更小，钢板与钢板之间的距离远小于上平纵联，且每块钢板都由 6 个铆钉固定，可见其重要性。

上文系统地讨论了曲弦下承钢桁梁中各组成构件的构造形式，下面将对各构件之间的连接构造展开论述。

主桁架中直腹杆、斜腹杆与上弦杆的连接构造。在一榀主桁架中，直腹杆、斜腹杆与上弦杆有若干个连接点，每个连接点的构造形式是：利用 2 片大小相同的钢板将直腹杆、斜腹杆与上弦杆夹住，钢板与每根杆件的相交处都用若干铆钉固定住。但这三种杆件在 2 片钢板中间并不直接相交，钢板只

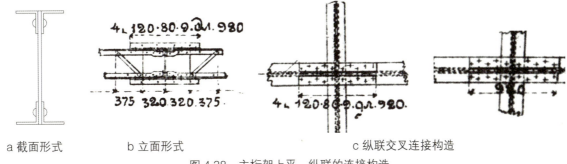

a 截面形式　　b 立面形式　　c 纵联交叉连接构造

图 4.38 主桁架上平、纵联的连接构造

是将它们联系成为一个整体（图4.39a）。下弦杆与腹杆的连接和上弦杆与腹杆的连接方式基本相同，也采用铆钉和钢板作为连接媒介（图4.39b）。

主桁架与上、下平纵联的连接构造。上平纵联与主桁架的相交处通常在直腹杆与斜腹杆的交点处，下平纵联与主桁架的连接点也在同样的位置，且它们都是采用一定形状的钢板通过铆接方式联系在一起的（图4.40）。

纵梁与枕木之间的连接构造。纵梁是直接承托火车轨道的构件，故其与枕木之间的连接非常重要。它们之间采用的组合连接方式为：首先采用铆钉连接的方式通过角钢将枕木与纵梁固定在一起，之后在枕木一边的角钢上贴一块钢板，再用螺栓将其固定住（图4.41）。这种组合连接的方式充分发挥了各种材料的优点。

b. 普通钢桁架。

与曲弦下承钢桁梁相比，普通钢桁梁的单跨跨度要小得多，故其构造形式也比较简单。普通钢桁梁的结构组织形式与平弦下承钢桁梁基本相同，只是大大简化了构件的构成元素。它的组成元素包括上弦杆，下弦杆，腹杆以及纵、横向的联系构件。

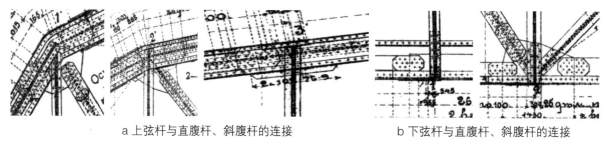

a 上弦杆与直腹杆、斜腹杆的连接　　　　　b 下弦杆与直腹杆、斜腹杆的连接

图4.39　上、下弦杆与直腹杆、斜腹杆的连接构造

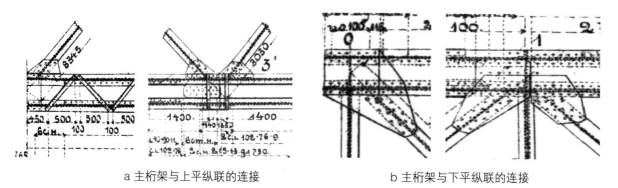

a 主桁架与上平纵联的连接　　　　　b 主桁架与下平纵联的连接

图4.40　主桁架与上、下平纵联的连接构造

普通钢桁梁的上弦杆对应的是曲弦下承钢桁梁的纵梁，是直接承托钢轨的构件。它并非组合构件，而是一种截面为矩形的空心型钢。普通钢桁架的下弦杆则由工字钢承担。下弦杆不是连续的杆件，工字钢与工字钢的相交处需要通过钢板进行固定。为了使结构更加稳定，工匠通常会在每个接缝处使用两块相互叠加的钢板以及密实的铆钉将它们连接在一起（图4.42）。

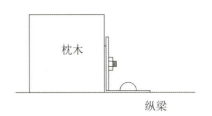

图 4.41　纵梁与枕木之间的连接构造

直腹杆与斜腹杆的材料全部选用工字钢。腹杆与上、下弦杆的连接节点可分为两种（图4.43）：一种是直腹杆、斜腹杆与上弦杆或下弦杆的连接，这主要是通过2块大小相同的钢板将腹杆与上弦杆或下弦杆通过铆钉连接在一起，在这一个节点上会用到近200个铆钉；另一种是只有斜腹杆与上弦杆或下弦杆的连接，这种节点的不同之处在于两块用于固定的钢板之间会加一组工字钢。

纵、横向的联系构件以角钢作为主要材料。与上、下纵联的构造形式相同，纵、横向的联系构件也以交叉的2根角钢为单位，顺次排列，且在每组角钢之间都设置1根垂直于弦杆的小梁（图4.44）。它们的连接方式很简单：交叉的角钢上下错落布置，中间夹1块用于固定的小钢板，通过铆接方式将这3个构件连接在一起。纵联与弦杆之间的连接则是通过截面为L形的钢板完成的。横联与纵联的构造完全相同，只是方向不同。横联通常连接在左右两组直腹杆之间。

③其他金属梁、柱的连接与构造。

中东铁路历史建筑中的金属梁、柱在许多方面都得到广泛应用。下面对这些金属梁、柱的构造与连接方式进行讨论。

根据组成材料的不同，金属梁可分为钢轨梁、工字钢梁以及方钢梁。钢轨梁有单轨与双轨之分。大多数普通住宅的地窖均使用单轨作为承重梁，其构造组成是：将钢轨两端嵌入承重墙，再将木方

图 4.42　下弦杆的连接构造

图 4.43　腹杆与上、下弦杆的连接构造

图 4.44　纵、横向的联系构件的连接构造

搭在钢轨的截面长边上，搭接方式简单，不使用任何连接手段。此外，一些阳台的承重梁也用到钢轨，其构造形式很简单，只需将钢轨的一端固定在承重墙上即可，通常由两根钢轨承托阳台。另外，门窗的过梁也用到了钢轨。双轨梁分为两种形式：一种通过焊接连接；一种通过螺栓连接（表 4.10）。昂昂溪站中东铁路俱乐部就采用了焊接连接的双轨梁。俱乐部放映大厅的观影台设在大厅二层，由 5 榀横向梁支撑，每榀梁由上、下 2 根钢轨相互拼接而成，拼接位置是每根钢轨横截面的长边，每个焊点的长度约为 10 cm，焊点与焊点间距约为 30 cm，具体传力方式是：观影台将荷载向下传递给与钢轨梁垂直的方钢梁，之后传到钢轨梁上，再由钢轨梁将力传给承重墙。螺栓连接的双轨梁常用于阳台的承重梁。一面坡某二层建筑的室外阳台就用到了这种梁。建筑中每根梁的组合方式与之前所讲的焊接双轨梁相同，只是连接方式不同。具体方式为：首先，将每根钢轨梁中的 2 根钢轨通过一个与梁截面形状相同的铁箍固定住；其次，将每 3 根钢轨梁组成一个单元置于阳台的一侧，将 1 根金属拉杆穿过 3 根钢轨梁，在拉杆的左右各加入 1 枚螺栓将 3 根钢轨梁牢牢固定在一起，形成了 6 根钢轨（3 根钢轨梁）的组合承重结构。这种梁形式一般不暴露在外，而是包在由木材制成的阳台板内。

工字钢梁多裸露在外，形式较为简单，通常都以单根工字钢梁的形式存在。室内楼梯梁常使用工字钢作为承重梁，满洲里站俄国商务处内部楼梯就是保存较为完好的工字钢梁楼梯。具体构造形式是：每个梯段都由左右两根工字钢承托，这两根工字钢搭在中间平台的钢梁上，钢梁与工字钢之间由 1 块截面为 L 形的铁板连接，再用 4 个螺栓固定住钢板与钢梁。

方钢梁的形式更加简单，且由于其力学性能远不及钢轨和工字钢，故只能应用在自重较轻的构件上。这种梁较多出现在雨棚中，哈尔滨某建筑雨棚就是方钢梁的典型实例。具体构造形式是：首先将 3 根方钢梁固定在承重墙内，然后将雨棚搭在 3 根方钢梁上。由于雨棚一般做成结构稳定的三角形式，因此其与方钢梁之间并无任何连接措施。

除以上谈到的金属梁形式外，还有一种非常特殊的梁形式，它就是金属桁架梁。这种梁多用于等级较高的建筑入口雨棚，下面以原中东铁路管理局宾馆入口雨棚的承重梁为例进行讨论（表 4.11）。雨棚整个结构由 3 榀横向桁架与 3 榀竖向桁架组成，桁架各节点之间通过拉杆连接以保持稳定。开间方向中间桁架高于旁边 2 榀桁架，进深方向的 3 榀桁架呈拱形，故形成中间起脊的坡屋顶雨棚。桁架中所有杆件的组成元素均为角钢。开间方向为 3 榀平行弦桁架，它们的上、下弦杆各由两根工字钢拼接而成。中间的腹杆呈网状交叉排列，杆件之间的连接方式为铆接。进深方向的 3 榀桁架为拱形桁架，它们的上弦杆呈钝角三角形，下弦杆呈拱形。上弦杆由 2 根普通角钢拼接而成，下弦杆由 2 根弧形角钢拼接而成。腹杆的排布方式与开间方向的 3 榀桁架相同，也呈网状交叉排列。

表 4.10 双轨梁的构造形式

	截面形式	实例
焊接连接	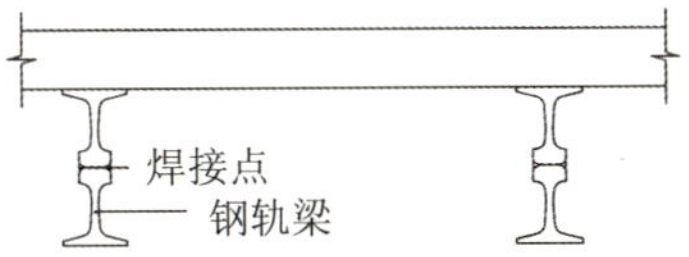	
螺栓连接	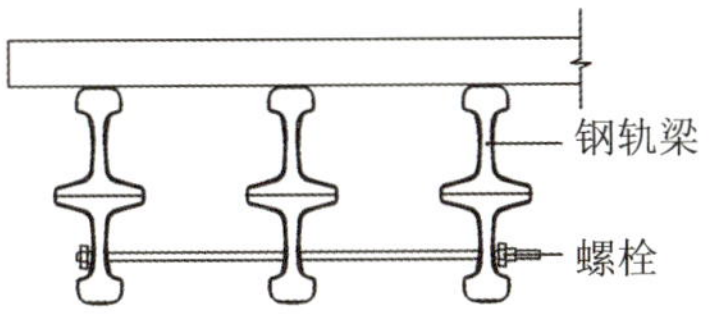	

表 4.11 金属桁架梁的连接与构造形式

	立梁架立面	桁架之间拉杆	拉杆节点	拉杆连接方式
构造形式		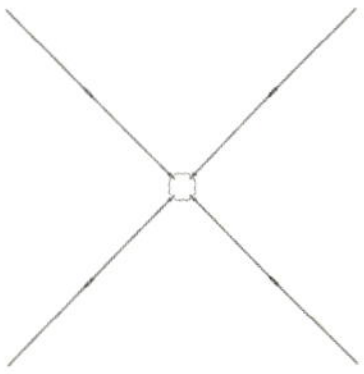	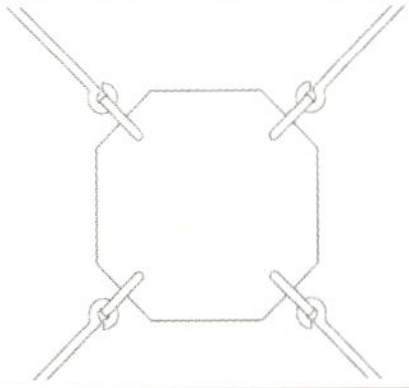	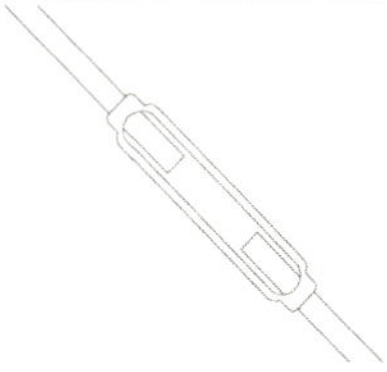
实例				

金属柱的应用范围很广，可用于不同高度和跨度的建筑。金属柱按照截面形式可分为钢轨组合柱、空间桁架柱和圆钢柱。

钢轨组合柱，即由 2 根钢轨拼接而成的柱（见图 4.45）。组合方式与上面讨论的双钢轨梁相同，但它们的受力方式不同。扎兰屯站原路立俄侨子弟小学用到了这种钢轨组合柱。具体组合构造方式是：2 根钢轨的截面长边拼在一起，通过铆钉连接起来，2 个铆钉的间距约为 40 cm。这栋建筑采用了框架结构，工字钢梁形式。梁与柱之间采用铆接方式，二者之间分别设置 4 块 L 形钢板，每块钢板与梁的连接处使用 1 个铆钉，与柱的连接处使用 2 个铆钉。

空间桁架柱是中东铁路历史建筑中独有的钢柱形式，它通常使用在跨度较大、强度要求较高的建筑中。以横道河子站机车库室内钢柱为例，其钢柱由角钢、钢板以及钢柱头组成。组织方式是：先由 4 根角钢围成一个矩形空间，再在每 2 根角钢之间设置连接钢板，其组合方式是钢板与角钢呈 45°角方向顺次向上排列，最后在柱顶端用 1 个金属盖柱头将 4 根角钢包在里面，角钢与钢板之间采用铆钉连接，每块钢板与角钢的相交处都由 1 个铆钉铆住。柱头与角钢之间采用焊接方式连接（图 4.46）。

圆钢柱是截面为圆形的空心钢柱，有简单与复杂之分。简单的圆钢柱就是 1 根普通钢管，从上到下无任何收分与线脚，故其构造形式也非常简单。但大多数圆钢梁都有一定的线脚装饰，为复杂的圆钢柱。哈尔滨犹太会堂室内回马廊就用到了复杂的圆钢立柱，柱上下无收分，但每隔约 1 m 设置一处双层线脚，每层线脚厚约 10 mm，线脚与线脚之间的距离约 80 mm。此外，用于室外雨棚的圆钢柱构造都较为复杂。哈尔滨原中东铁路中央医院内科病房门前雨棚用到了 4 根圆钢柱，钢柱由下到上可分为三部分：柱础、柱身与柱头。柱础最为复杂，由 4 层线脚组成，每层线脚的收分与样式均不相同，但线脚总趋势是由下到上逐层减小；柱身有 1 圈凹槽，很像古典柱式中的爱奥尼柱身；柱头相对简单。

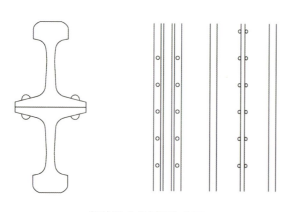 

a 钢轨组合柱剖面和立面　　　　　　　　b 实例

图 4.45　满洲里站机车库的钢轨组合柱

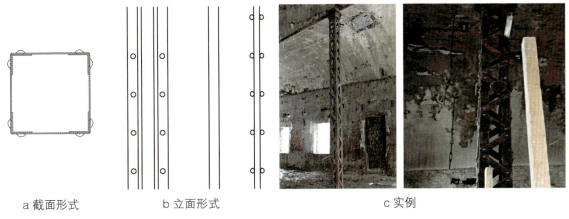

a 截面形式　　　b 立面形式　　　c 实例

图 4.46　空间桁架柱的连接与构造形式

这种钢柱的设计符合由宽到窄、由繁入简的基本规律。与其相似的还有原中东铁路管理局宾馆门前雨棚的两根立柱，只是其具体样式有所不同。

（2）非结构性金属构件的连接与构造。

这里将要研究的非结构性金属构件主要是起到维护作用的铁皮屋面、水塔蓄水池以及金属栏杆等构件，还有一些起到辅助作用的门窗把手、合页等构件。

①铁皮屋面的连接与构造。

铁皮屋面，顾名思义，就是使用铁皮这种材料搭建的建筑屋面。它是中东铁路历史建筑中特有的一种屋面形式（在其他地方没有见过类似的屋面形式）。这种屋面既简单又复杂，说它简单是因为，它的组成材料只有铁皮一种而已，它是一种非常优良的维护构件，对于建筑的排水组织也处理得恰到好处，然而这种屋面形式的组织构造则没有那么简单。下面将对铁皮屋面的构造组织与连接方式进行讨论。

屋面可以分为两部分：围护部分与分水槽部分。

维护部分是铁皮屋面的主要部分，它由三层铁皮相互叠加而成，第一层与第二层铁皮只起到维护作用，第三层铁皮还起到分水的作用。具体的构造形式是：左面的铁皮压住右面的铁皮，上面的铁皮压住下面的铁皮。铁皮与屋架之间采用钢钉连接；铁皮与铁皮之间的连接方式较为特别，在两块铁皮相交的部位，被覆盖的铁皮的边向上折起，覆盖其上的铁皮的边则弯成 1 个凹槽，扣住下面铁皮的折起部分。这种铁皮与铁皮之间互相覆盖所形成的凸起分隔条除了承担围护作用外，还起到分水的作用。这些分隔条并不会延伸到屋面的最底部，而是在快到底部的位置断开，且分隔条的轮廓趋势是由中间向两边逐渐降低，这样做的目的是为了将屋顶流下的雨水送进分水槽。铁皮屋面的构造形式会随着屋架结构的变化产生一些变化。两坡顶与四坡顶由于没有两坡相交的情况，因此屋面构造形式无变化。当屋面形式较为复杂时，在坡与坡相交的界面，铁皮屋面的分水条会断开并留出 1 道排水沟，这条排水沟与分水槽相连，共同组成屋面的排水系统。

分水槽部分是屋面排水的重要环节。它的具体构造形式是：在最下层铁皮与第二层铁皮之间按照一定距离预埋若干铁钩（三层铁皮到达屋面边缘的长度是逐层递减的，底层铁皮最长），铁钩的排布由中间向两边逐层递减。第二层铁皮在与铁钩的相交处顺着铁钩向上卷起，铁钩在最高处弯成凹槽将铁皮扣住，这样就形成了一个由中间向两边逐渐向下的分水槽。

铁皮屋面是中东铁路历史建筑构件中独具特色的部分。它使用最简单廉价的材料做出了实用的建筑屋面，既降低了屋面做法的难度，又满足了屋面的各项功能要求，可以说充分发挥了俄国民族的创造性（表4.12）。

表4.12 铁皮屋面的连接与构造形式

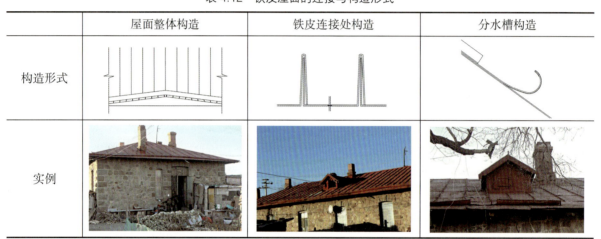

②水塔蓄水池的连接与构造。

中东铁路沿线的水塔特色鲜明，水塔顶部的蓄水池是水塔最重要的组成构件，具有精密的构造形式。下面将对水塔蓄水池的组织构成进行分析（表4.13）。水塔蓄水池在结构上可分为两部分：起到蓄水作用的围合空间以及围合空间的支撑部分。

表4.13 水塔蓄水池的连接与构造形式

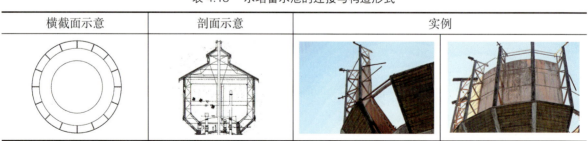

蓄水围合空间是蓄水池的主要组成部分，是由钢板围成的一个近似圆形的斗形空间。其具体构造形式是：在斗形空间的上半部分每圈共有 16 块相同大小的矩形钢板，由 3 排钢板连接；斗形空间的下半部分由 16 块上宽下窄的钢板围和而成，钢板之间先通过长条钢连接带连接，然后利用铆钉连接的方式将钢板固定在一起。为了保证钢板围合空间的密实性，铆钉之间的距离非常近，几乎靠在一起，尤其是在斗形空间的分界线上，常用双排铆钉来固定钢板。

为了保证中央蓄水池的稳定性，蓄水池外围加了 1 圈钢结构构件。它可以分为两部分：钢桁架与钢拉杆。钢桁架共分 16 榀，平均排列在蓄水池的一周，每榀桁架都位于 2 块钢板的连接处。每榀桁架又为两部分：位于斗形空间上半部分的桁架以及位于斗形空间下半部分的桁架。上半部分桁架由 2 根弦杆和 8 根腹杆组成，构件的组成元素是角钢。2 根弦杆都由 2 根角钢通过铆接方式拼接而成；最上面的 2 根斜腹杆都是单根角钢，呈交叉组合形式。其余的腹杆都由 2 根角钢拼接而成。腹杆与弦杆之间通过起连接作用的钢板以及铆钉连接在一起。下半部分桁架尺寸要小得多，约为上半部分桁架的 1/4，由 2 根弦杆与 7 根腹杆组成，构件的组成元素也是角钢。弦杆分别由 2 根角钢拼合而成，所有腹杆都是单根角钢。钢拉杆共有 5 圈，其作用与圈梁相似，用于箍住里面的结构，使之不至于散架。除最上面 1 圈钢拉杆位于桁架的内侧外，其余 4 圈全部围在钢桁架的外侧。钢拉杆与桁架之间采用的是焊接连接方式。

③金属栏杆的连接与构造。

金属栏杆的构成材料为铸铁，铸铁是含碳量大于 2.0% 的铁碳合金，具有优良的铸造性能、焊接性能和切削性能。下面将对中东铁路历史建筑中金属栏杆的连接与构造进行研究。

由于铸铁具有优良的焊接性能，故金属栏杆的连接方式主要以焊接为主（图 4.47a）。焊接连接具有设计简单、可以实现任意角度和方向的连接、密实性好、整体性好、刚度大等优点。焊接方式分为对接焊缝连接与包裹焊缝连接。对接焊缝连接是在 2 个构件的相交处进行焊接的形式，连接双方不存在包含关系；包裹焊缝连接形式较为特别，是通过铁箍将构件扣住，然后将铁箍与其他构件焊在一起的形式。

铆钉连接也是栏杆中常用到的连接方式。铆钉一般由延性比较好的低碳钢制作，具有很好的塑性和韧性。铆钉连接属一次成型，铆头可以冷压成型也可以热压成型，施工操作比较简单、方便（图 4.47b）。

中东铁路历史建筑中的栏杆主要采用焊接与铆接结合的方式。哈尔滨霁虹桥上的栏杆虽然主要采用了铆钉连接的方式，但在一些节点处也用到了对接焊缝连接与包裹焊缝连接。现哈尔滨西大直街上的祖国中医研究院二楼阳台栏杆以焊缝连接为主，但在几个横竖构件交叉的节点处使用了铆钉连接。

栏杆的构造形式多以植物等流动的曲线为主，也有一些栏杆选用棱角分明的直线形式。栏杆的立面构造分为平面风格与曲线风格两种。由于平面风格的栏杆工艺较为简单，因此其应用较广泛。而曲线风格的栏杆应用较广的原因主要是铸铁的加工工艺良好。

a 焊接连接　　　　　　　　　　　　　　　　　　　　b 铆钉连接

图 4.47　金属栏杆的连接构造

金属栏杆的加工主要经过以下程序：第一，按照工艺要求将铸铁切削成所需要的幅面规格；第二，将材料进行锻造锤打；第三，将金属材料进行弯花处理；第四，将所有材料进行焊接组装；第五，对栏杆进行精细打磨；第六，为了使栏杆耐腐蚀且更加美观，要在栏杆外面刷漆。

④其他金属小构件的连接与构造。

起到辅助作用的金属小构件主要成分为铸铁，包括门、窗把手，合页，栓门的铁钩和建筑落水管等（表 4.14）。

表 4.14　各种金属小构件的连接构造

| 门窗把手 | | | | |
| 落水管 | | | | |

门把手分为包含锁孔与不包含锁孔两种形式。包含锁孔的门把手占绝大多数，基本构造形式是：把手在上，锁孔在下。把手通过铁片固定在门上，与铁片通过焊接方式连接，门与铁片之间通过铁钉连接。锁孔即是在铁片下部留出的一个孔洞，孔洞外部设置一个与锁孔形状相同的铁片挡板。挡板与铁片之间的连接可以使挡板自由转动，从而满足锁孔的使用要求。不包含锁孔的门把手构造形式相对简单，通常为把手直接固定在木门上。窗把手的形式与门把手相似。合页由中间轴与围绕轴两块铁片组成，围绕轴铁片可围绕中间轴来回转动。栓门的铁钩分为两部分，一部分是固定在地上的铁钩，另

一部分是固定在门上的铁环,使用时将铁钩钩住铁环即可达到栓门的目的。建筑落水管分为两部分:斗形的落水口以及下面的水管。水管是由多根铁管经过焊接而成的。为了将水管固定在墙面上,墙面上每隔一段距离都设置一个铁箍,铁箍的一端插入墙体内,另一端箍住水管。

4.3.2 金属构件与其他材料的组合构造

金属构件除单独使用外,也与其他材料组合作为建筑构件使用,包括与砖材的组合,与木材的组合以及与混凝土的组合。下面主要探讨金属构件与这些材料的组合构造形式。

(1)金属构件与砖材的组合。

在中东铁路历史建筑中,最典型的金属构件与砖材结合的实例是砖砌小拱的屋面或楼地面的组合。它由金属梁以及梁之间的砖砌小拱两部分组成,是具有浓重地域特色的构件形式(图4.48)。

这种组合构件的构造形式非常特别,具体做法为:将金属梁按照一定的距离架设在承重墙上,再通过起拱的方式将砖填充在2榀梁之间,砖拱与金属梁之间无任何连接构件,完全依靠拱结构的受力特点牢固地连在一起。

金属梁的用材为工字钢,但由于中东铁路的建设带来了大量的钢轨,因此在许多情况下工字钢是由钢轨代替的,这也是中东铁路历史建筑的一大特色。梁与梁之间的间距为750~800 mm。钢轨的架设形式为截面的长边朝下、短边朝上,钢轨截面净高约为168 mm,中央立杆净高约为130 mm,这样就给砖留出足够的填充空间。

砖拱的砌筑方式是:将砖材在两个相邻的金属梁之间立起顺次砌筑。拱券正中央的砖直立,两边砖逐渐偏移。砖与金属梁相交的地方为钢轨的中央立杆处,砖材落在钢轨的截面长边上,整个砖材斜靠在钢轨上。砖材使用的是俄国特有的红砖,砖的尺寸为240 mm×120 mm×60 mm,每两榀拱券使用13~15块砖,

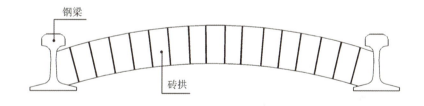

图4.48 金属梁与砖砌小拱的组合构造

拱券矢高在 100 mm 左右。

（2）金属构件与木材的组合。

在中东铁路历史建筑中也有许多金属材料与木材结合的实例。在这一组合中，金属材料充分发挥了其力学性能中的抗拉性能，下面讨论这种组合构件的连接与构成。

中东铁路历史建筑中绝大多数的坡屋顶都为木屋架形式。为了防止屋架散架，木屋架中会使用一些固定构件，这些构件以金属构件为主（图4.49）。金属构件与木梁的组合中，钢拉杆作为结构承重构件拉住木梁。实例是扎兰屯吊桥公园的吊桥。吊桥分为两部分：一部分是悬索结构，另一部分是由金属构件与木梁组合而成的承重结构。吊桥中金属材料与木材的组合做法为：先将2根弯成拱形的工字钢梁嵌入基础内，在梁上顺次固定9根钢拉杆，钢拉杆的长度由中间向两端逐个减短，钢拉杆的下端处于同一水平面。桥的下端设置15根木方，木方与桥底之间采用螺栓连接在一起，每两根木方之中有1根与钢拉杆相连，其连接构造形式是：钢拉杆穿过木梁，在下端用螺母拧紧（图4.50）。传力方式是：桥身将力传给木梁，木梁将力传给钢拉杆，再由钢拉杆将力传给拱形金属梁。

（3）金属构件与混凝土的组合。

金属材料与混凝土的组合是近代出现的新结构形式。混凝土是水泥与骨料的混合物，凝固后具有

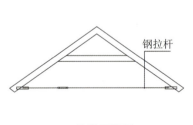

a 构造示意图

b 实例

图 4.49 木屋架中的金属构件构造

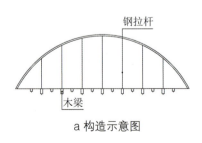

a 构造示意图

b 实例

图 4.50 金属构件与木梁的组合构造

较强的抗压性能，但其抗拉性能只是其抗压性能的 1/10，任何显著的抗弯作用都会使其结构开裂和分离，从而导致结构的破坏。相对于混凝土而言，金属材料的抗拉强度非常高。故在两者混合使用时，金属材料主要承担拉力，混凝土主要承担压应力。

中东铁路建设于 19 世纪末至 20 世纪初，这一时期正值钢筋混凝土使用的发展阶段，故在中东铁路历史建筑的多种建筑构件中都运用了这种新材料。从建筑屋面、桥梁到楼梯、雨棚等，都出现了金属材料与混凝土的组合形式，下面将对这种组合形式的建筑构件进行构造分析。

由于金属材料与混凝土组合极具优越性，因此许多跨度要求很大的建筑屋面都使用了这种材料组合。具体构造形式是：首先，在建筑进深方向架设若干榀金属梁；其次，在梁与梁之间架起钢筋骨架；最后，在骨架之间支模并浇筑混凝土。这种结构形式主要应用于机车库的屋面。下面以横道河子机车库为例，对这种屋面的具体连接与构造形式进行讨论。

横道河子站机车库在中东铁路沿线的机车库中是体量最大、保存最完好的一个。它由 15 个相同的单元组成，整个平面呈扇形。扇形的短面弧长达 77 m，长面弧长达 110 m。机车库每个单元的屋面都呈拱形，整个屋面为 15 跨连续拱形式。屋面由两部分组成：一部分是组成屋面骨架的金属构件，另一部分是填充在骨架之间的混凝土。

金属构件由钢梁与钢筋肋组成。钢梁与钢梁之间的短边距离约为 5.1 m，长边距离约为 7.3 m，整个机车库进深共由 11 榀钢梁与 5 榀承重墙组成。钢梁的使用材料是工字钢，由于建筑进深过长，故每道梁的长度也随之增加。为了满足使用要求，每道梁都由若干节工字钢拼接而成。在 2 根工字钢首尾相接的地方使用钢板将它们铆固在一起，这种节点需要 12 个铆钉固定。钢筋肋分为宽肋与窄肋。在建筑进深方向每隔 0.6 m 排布一根宽肋，弯成拱券形状。钢肋条与工字钢采用铆钉连接方式，每个与工字钢相交的节点处用 2 个铆钉固定。在钢肋条的中间及两侧设置 5 根垂直方向且宽度相同的钢筋肋，每个钢筋肋的交点都打入 1 个铆钉。在这个钢骨架的基础上加入窄肋，窄肋的宽度大约为宽肋的 1/10，在建筑开间方向上排布。窄肋与宽肋之间采用钢丝绑扎的方式连接。

在钢骨架布置完成后，用模板覆盖在钢筋骨架外面，然后将混凝土浇筑进去，经过养护达到标准强度后拆模，最终得到拱形屋面形式（图 4.51）。

金属构件与混凝土组合而成的桥梁，利用了混凝土的黏结力与重量以及金属材料较强的抗拉性。金属与混凝土的组合桥梁在中东铁路中并不常见，现只有扎兰屯吊桥公园的吊桥一处实例。

吊桥的悬索结构部分使用了钢索与混凝土结合的结构形式。其构造方式是：桥的两侧设置 4 根高大的混凝土柱墩与 4 个混凝土矮墩。矮墩与柱墩的排布方式为：柱墩在中间，矮墩在柱墩的两边。每根柱墩的上方特意留出 1 个圆孔。钢索由两部分构成：锁链以及锁链的接头。锁链接头的构成较为复杂，由 3 个钢扣件环环相扣而成。与锁链连接的扣件呈 U 形，U 形的两边各伸出 1 个圆洞，用销钉穿过圆洞将锁链与扣件连接在一起。第二个扣件也呈 U 形，但其长度是第一个扣件的 2 倍。两

a 构造示意图　　　　　　　　　　　　　　　b 实例

图 4.51　金属构件与混凝土的组合屋面构造

扣件之间首尾垂直相交，同样用销钉将两扣件固定。第三个扣件呈弯钩形，其一端扣入第二个扣件的尾部，接口处用焊接方式封住，带弯钩的一端嵌入混凝土并与之结合。

桥梁的建设过程为：首先，将1根完整的钢索穿过两边柱墩的圆孔；其次，做混凝土矮墩支模，然后浇筑混凝土，在混凝土凝固之前将钢索的一端嵌入混凝土矮墩，待混凝土凝固后，钢索与混凝土矮墩即成为一个整体，形成混凝土矮墩以柱墩为支点拉住钢索的结构形式。其传力形式是：桥身的重量传给钢索，最终的受力点落在混凝土柱墩与矮墩上。这种结构的特点主要是利用了钢索良好的抗拉性能以及混凝土结构的强度（图 4.52）。

金属材料与混凝土的组合雨棚是中东铁路历史建筑中特有的结构形式，由于色彩以灰色调为主，因此这种雨棚主要应用于严肃、冷寂的建筑中。横道河子站水牢就用到了这种形式的雨棚。

这种雨棚从形式上可以分为中间起脊的带坡雨棚以及不起脊的平面雨棚。中间起脊的带坡雨棚由3根钢轨作为其骨架，中间1根钢轨高出两边的钢轨，3根钢轨固定在承重墙上，钢轨之间用钢筋编织成想要得到的雨棚样式。在钢骨架外皮支模后浇筑混凝土，待混凝土凝固后拆除外面的模具。在混

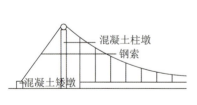

a 构造示意图　　　　　　　　　　　　　　　b 实例

图 4.52　金属构件与混凝土的组合桥梁构造

凝土最外层铺一层厚约 1 cm 的涂料作为保护层。不起脊的平面雨棚与中间起脊的带坡雨棚的构造形式大不相同。不起脊的平面雨棚由 3 根钢轨作为骨架，其中 2 根钢轨嵌入承重墙内，另外一根钢轨架在左右 2 根钢轨的截面长边上，钢轨之间设置钢筋，最后支模浇筑混凝土。为了防止横向钢轨的脱落，钢轨左右两侧各以 1 块钢板作为垫板，在垫板上用螺栓将钢轨固定在混凝土上。二者还有一点很大的区别就是：中间起脊的带坡雨棚的混凝土边缘都有超过钢轨截面的上皮和下皮，而不起脊的平面雨棚的混凝土支模将钢轨完全包裹在里面，钢轨的侧面及上皮外都有约 50 mm 的混凝土层。

中东铁路历史建筑中的一些室外楼梯也用到了金属材料与混凝土的组合形式，以横道河子站铁路职工宿舍楼室外楼梯为例，其室外楼梯包括 1 个楼梯平台与 2 个梯段，平台为由 3 根钢轨组成的钢骨架，其中 2 根钢轨插入承重墙，第 3 根钢轨的两端分别架在前 2 根钢轨截面长边上。钢轨之间设置钢筋，之后通过支模浇筑混凝土成型。为了防止第 3 根钢轨脱落，在其左右两侧各设置 1 个螺栓孔，并用螺栓将钢轨与混凝土固定在一起。左右 2 个楼梯梯段各由 2 根钢轨作为其承重构件，这 2 根钢轨一左一右地架设在平台钢轨的截面长边上，钢轨外皮涂抹约 10 mm 厚的涂料作为防护层。钢轨上面铺设的台阶互相分离，每个踏步都由混凝土浇筑成型，最后一截搭在钢轨上（图 4.53）。

4.3.3 中东铁路历史建筑金属构件的审美表达

对于金属构件审美表达的研究即是从艺术角度对中东铁路历史建筑中的金属构件进行的建构研究，它侧重对金属构件人文艺术性的分析与了解。

（1）金属结构对建筑技术美的诠释。

技术美学是技术科学与美学结合的产物，它诞生于 20 世纪 30 年代，是随着 20 世纪科学技术的发展而产生的一门独立的美学学科，其在建筑领域的应用被称为建筑技术美学。20 世纪初，金属材料在建筑中的广泛应用使得建筑形式产生了翻天覆地的变化，而中东铁路历史建筑恰恰证明了这一点。

金属材料在中东铁路历史建筑中的应用不仅满足了使用功能的要求，更创造了一种崭新的建筑美。它以新材料与新结构的使用为基础，呈现出了不一样的建筑形式与建筑空间。下面将从点、线、

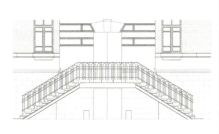

图 4.53　金属构件与混凝土的组合楼梯构造

面、体四个方面对中东铁路中的金属结构进行详尽分析。其中，点是指金属结构的节点；线是指技术结构的杆件；面则是针对金属结构的平面与立面形式而言；体是指金属结构所构成的建筑空间。

①金属结构节点的精美构造。

金属结构节点是金属结构诞生之后的新生事物，它着重强调建筑构件之间力与美的传递。由于金属材料具有易加工性与可塑性等优点，因此金属结构节点可以随实际受力方式的不同产生不同的形式，这也是其他任何建筑材料都无法比拟的。金属结构节点通常裸露在外，将真实的构造方式以及受力关系表达得淋漓尽致，给建筑创作带来了新鲜血液以及新的美学理念（图4.54）。

对中东铁路历史建筑金属结构节点的研究可以从三方面入手：一是节点本身是一个密不可分的整体，它显示了一定的建造逻辑；二是相对其他金属构件而言，节点只是构件中间或者两端的一个点；三是当从整个结构讨论节点时，它又成为整个点系统之中的一员。

造型艺术是金属结构节点构造美学的主要体现，主要侧重对金属结构节点形态美的表达。对于中东铁路历史建筑金属结构节点的美学表现，可以将美学与构图等因素作为研究的重点，而把其功能问题作为建筑整体美学表现的研究内容。我们可以从金属结构节点的形式与内容着手，对其美学表现原则进行系统分析。正如黑格尔所言，是"内容表现为外在的客观的可以眼见的形状和颜色"它是"内容与形式的完美结合"，所以节点的形态隶属于与内容对立的形式范畴。

②金属结构杆件的完美工艺。

如果说金属结构节点被比作"点"的话，那么节点之间的金属杆件则可以比作"线"。中东铁路历史建筑中的金属杆件多以纤细的形态为主，截面形式多以工字形为主，也有少数杆件截面为其他形式，譬如矩形。这些金属杆件全部为组合构件，它们完全由最基本的金属材料组成，其最为常见的组成材料为角钢与钢板，通常由铆钉固定在一起。金属杆件的组合方式以钢板配合角钢为主，角钢通过某种组织方式形成特定的形制，钢板起到联系角钢的作用。金属杆件的特点之一是其严密

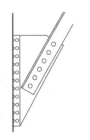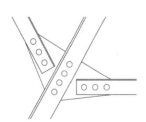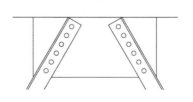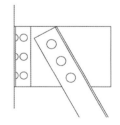

图4.54 金属结构节点构成示意图

的精确性，每根杆件都由尺寸受到严格控制的金属材料组成，而组成的新杆件几乎没有任何缝隙，浑然一体（表4.15）。

表4.15 金属结构杆件构成示意

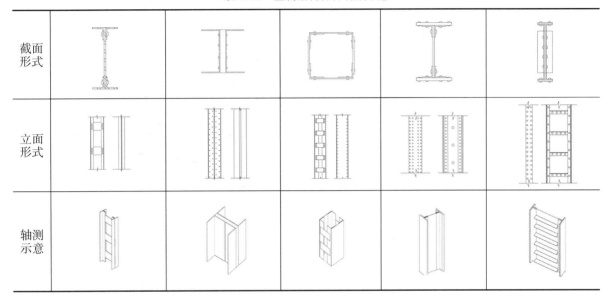

③金属结构独特的平、立面布局。

金属材料特有的性质决定了金属结构与众不同的平、立面布局形式。传统砖石建筑往往展现厚重、敦实的形象，如厚重的墙体，较为狭窄的墙间距等，这正是基于砖石材料的特性形成的建筑特征。与之相反，金属材料由于具有抗拉强度大、冷弯性能好以及超强的抗冲击性等特点，因此金属构件都以细长而纤薄的形态为主，区别于砖石构件的厚重、敦实。这就使得金属结构建筑具有完全不同于以往建筑的平、立面布局形式。

中东铁路沿线的金属结构建筑平面布局开敞，由于金属材料的特性解放了大量的建筑空间，因此金属结构建筑平面中鲜有粗壮的立柱以及厚重的墙体，从而可随意布置平面功能。而中东铁路金属结构建筑的一个与众不同的特性就是其与砖石承重墙的结合。由于当时结构技术以及审美标准的局限，完全的金属结构建筑较为少见，多数是以砖石外墙围合、以金属结构作为框架支撑的建筑。这种建筑的平面外部一周是厚重的砖石墙体，而内部却展现开阔的平面布局。正是基于这种原因，其立面形式多以厚重的形象出现，这也成为中东铁路金属结构建筑的一大特色。

④金属结构特有的空间美。

结构体系是建筑技术美学表现的最为根本的影响因素，机车库、铁路桥、大型工厂、悬索桥梁等结构形式都拥有各自独特的空间美。由于金属材料特殊的物理性质，因此在中东铁路沿线，金属结构建筑空间具有特殊的美感。

a. 建筑空间的通透性。

金属材料创造了更加开阔的空间，加之本身纤薄的形象，使得建筑空间呈现出强于传统砖石建筑空间的通透感。但之前说过的中东铁路沿线金属结构建筑使用砖石外墙的特殊性，又给建筑空间增加了一抹昏暗与神秘。例如，横道河子站机车库（图4.55），采用钢骨架与承重墙混合承重，由于进深比较大，且开窗很少，因此室内光线昏暗。建筑背立面设拱形窗与圆形小窗，透过窗户射入的光线与室内的昏暗形成鲜明的对比，散发着忽明忽暗的淡淡光晕，塑造出神秘幽暗的空间氛围。

b. 建筑空间的图案美。

由成百上千根同样类型的杆件和节点按照一定组合规律组装而成的结构体系，具有极强的节奏感与韵律感。杆件与节点围合成不同的几何形体，间隔排列及有规则的重复体现了节奏感；杆件与节点均匀交替地重复出现及有规律的组合则体现了强烈的韵律感。这两种美感交织成空间性极强的空间结构，使建筑具有图案美的效果。例如，哈尔滨松花江铁路大桥这一大型铁路桥梁的桁架体系就体现了强烈的节奏感与韵律感（图4.56）。

c. 建筑空间的力度美与造型美。

金属承重结构完全暴露于围护结构外面，是为了利用金属承重结构刚健、挺拔的线条曲线来改善建筑物的呆滞形象。这充分展现了金属结构建筑空间的力度感，这种美感完全有别于传统的砖石建筑空间，是一种工业社会建筑的技术美。正是这种承重结构裸露在外的空间形象，衍生出了金属结构空间独特的造型美。例如，扎兰屯吊桥公园中的吊桥是中东铁路时期建造的悬索结构桥梁，其钢索的使用展现了金属结构

图4.55 横道河子站机车库

图4.56 哈尔滨松花江铁路大桥

的力度美，而它飘逸的形象则展现了空间的造型美。

（2）金属材料对艺术形式的表达。

金属材料以其优越的可塑性成为中东铁路历史建筑中不可或缺的装饰用材，也正是材料的这种特性，迎合并满足了当时人们的审美标准。

①丰富多样的装饰母题。

中东铁路历史建筑通过金属材料创作出了丰富多样的装饰图案，这些图案多以随意、自由的形式作为装饰母题，充分显示了金属材料优越的工艺性能。这些母题包括具象的植物形式、动物形式以及抽象的流畅曲线形式。

植物形式主要包括矢车菊、葡萄蔓、麦穗、伞形花、百合、牵牛花、睡莲、兰花以及日本样式的菊花，宽叶草和卷叶草等。这些装饰纹样多用于建筑的阳台栏杆、挡板，室内外的楼梯栏杆以及女儿墙等部位。这些金属构件体现了极高的金属工艺生产水平，通透感极强，形态变化多端，极大程度地丰富了建筑形态。例如，哈尔滨邮政街271号的室内楼梯栏杆做成了百合的图案，形象、生动、具体，彰显出百合含蓄的美感和蓬勃的生命力；哈尔滨南岗区红军街124号门前雨棚装饰也为植物形象，整体造型以牵牛花为装饰母题，形象生动、富有韵律感；有着哈尔滨名片之称的马迭尔旅馆的立面上，最引人注意的是阳台上运用铁艺制作的宽叶草装饰，每一条曲线都如行云流水、似云雾飘，饱满的宽叶草充满着生机，半空中打着卷的叶片翠色欲滴、活灵活现（图4.57）。这些精美的曲线装饰线条体现了设计师对大自然的向往。

动物形式则主要包括蝴蝶、蜘蛛、蝉、瓢虫、甲虫、海马、青蛙、蝌蚪、水母、鱼类。设计师

a 邮政街271号室内楼梯栏杆

b 南岗区红军街124号雨棚装饰

c 马迭尔宾馆阳台栏杆

图4.57 各种植物装饰母题

把这些动物图案运用到建筑装饰中，并逐渐形成一种潮流。例如，邮政街305号住宅的室外铁艺栏杆图案小巧玲珑、对称均匀，显而易见的是，栏杆中间处既像一对企鹅背靠背而行，又像夏日的蝉仰头高歌，给人整体的印象是轻松、愉悦，同时也将整栋建筑装点得古朴、高雅，符合住宅建筑的特点；坐落于红军街124号的契斯佳科夫茶庄是一座具有童话色彩的建筑，在其视觉中心可以明显地看到新艺术风格的动物图像符号。在建筑一侧的女儿墙上，以青蛙为主旋律的铁艺图像给人留下很深的印象（图4.58）。这种生动活泼的动物图像在近代建筑中也具有独特的历史地位。

抽象的流畅曲线形式可以看成是具象形式的变形，它简化了具象动、植物的一些细枝末节，形成了中东铁路历史建筑中一种独具特色的装饰母题。以抽象涡卷为母题的装饰纹样在建筑中出现的最多，它通常以各种不同的组合形式出现在建筑的雨棚、栏杆等处，虽然组合方式不尽相同，但其共同点是都像是从植物根茎中生长出来一样。除涡旋外，还有以直线为母题的装饰纹样，它在中东铁路历史建筑中也十分常见，这种装饰物一般应用于较重要的建筑的女儿墙栏杆中，也有一些用于建筑物的其他部位。还有一些以直线和圆的组合为母题形式，组合方式通常为直线从上到下贯穿整个圆（图4.59）。

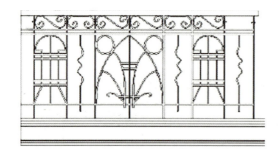
a 邮政街305号铁艺栏杆

b 红军街124号女儿墙栏杆

图4.58 各种动物装饰母题

a 抽象涡卷母题

b 直线与圆结合的母题

c 直线与曲线结合的母题

图4.59 各种装饰母题的金属装饰物

②感性与理性的有机融合。

感性与理性有机结合的美学设计原则使得建筑师在进行建筑设计时，常将动、植物等自然万物的形象应用于建筑的装饰部位，而金属材料的可塑性与易加工性等优势正好适用于此。所以金属材料在建筑创作中得到广泛的应用，中东铁路历史建筑新艺术风格的盛行就是最好的印证。新艺术风格的装饰思想以自然形态为主，有的模仿花卉草木，有的模仿昆虫等小动物，有的对具象图案进行抽象的描绘。不难看出，这种审美倾向是人们对自然万物顶礼膜拜的结果。正是利用金属材料的物理性能，设计师的感性思维才转化成为具体的装饰元素，体现了感性与理性的融合。

4.4 本章小结

在中东铁路历史建筑中，金属材料是众多建筑材料中最为先进的一种，它以其优越的力学性能以及灵活的加工性能，展示出工匠精湛的建造技术，并表达了那一时期的时代特色与地域特色。

中东铁路历史建筑中的金属材料的主要来源为俄国工厂，但由于俄国国内生产力的限制，也有大量的金属材料来自其他国家，这些国家包括英国、美国以及比利时等。金属材料的种类以型钢为主，型钢主要包括钢轨、工字钢与角钢，这些材料在建筑结构中发挥着不可替代的作用。除型钢以外，中东铁路历史建筑中的金属材料还包括一些铁皮、铁板以及铸铁栏杆、扶手等，这些构件在建筑的其他部位也发挥着举足轻重的作用。

根据金属构件在建筑中所起到的作用的不同，其可分为结构性金属构件、围护性金属构件以及其他金属构件。结构性金属构件是建筑中最主要的构件，根据建筑结构形式的不同，可将结构性金属构件分为桁架结构中的金属构件、框架结构中的金属构件、承重墙结构体系中的金属构件以及悬索结构中的金属构件四种，这些结构性构件构成建筑主要的结构体系，如钢屋架、桥梁桁架、金属梁、金属柱等。围护性金属构件可分为单一围护性金属构件与装饰围护性金属构件两种。单一围护性金属构件是指起到围护作用的金属构件，包括建筑的铁皮屋面、阳台护板以及水塔蓄水池等。装饰围护性金属构件指包含装饰功能的金属构件，这类金属构件以楼梯、阳台栏杆、雨棚以及女儿墙为主。其他金属构件主要是指一些铁质的五金件，这些构件在建筑中主要起固定、连接的作用。

本章以对中东铁路历史建筑中金属材料与金属构件类型的研究为基础，从建构学的角度对金属构件进行了深入阐释。通过对金属构件连接与构造形式以及审美表达的分析，得出结论为：桁架结构中的金属构件以工字钢、角钢与钢板为主，角钢所占的比例最大；其他结构中的金属构件以工字钢和钢轨为主，钢拉杆、铁索、角钢等也占有一定比例；各金属要素连接方式以铆接方式为主，焊接与螺栓连接方式为辅；在与其他材料（木材、砖材、混凝土）的组合构造中，金属构件主要承担钢骨架的作用；本章还分析了非结构性金属构件的铁皮屋面、水塔蓄水池以及其他金属小构件的构造与连接形式。在审美表达方面的研究也充分体现了金属构件的艺术特质。

5 中东铁路历史建筑墙体构筑技术
Wall Construction Techniques of Heritage Buildings along CER

5.1 中东铁路历史建筑墙体类型及特性

中东铁路东西线横跨黑龙江、吉林、内蒙古三省，沿途建筑数量众多、类型庞杂，功能属性亦不相同，相应地产生了和这些功能属性相对应的多种多样的墙体类型。例如：坚固厚重的石材砌筑类墙体特别适用于一些对防御有较高要求的军事建筑，造型精美的砖材砌筑类墙体适用于对外部造型要求较高的建筑，易于加工制作的木构类墙体适用于需要快速建造的建筑，等等。可见，类型多样性是中东铁路历史建筑墙体的一大特点。中东铁路沿线不仅有砖材砌筑类墙体、石材砌筑类墙体、木构类墙体，而且有生土墙体等常见的传统类型墙体，还有当时新兴的混凝土墙体等多种类型，可以说中东铁路历史建筑几乎穷尽了当时的技术和物质条件，并拥有可达到的所有墙体类型。

由于中东铁路修筑时期，沿线区域内建筑技术水平很有限，建筑中的墙体还未能从结构体系中脱离出来，一些类型的墙体既要满足承重和保持结构稳定的需求，又要满足围合、分隔空间的要求，还要适合于中东铁路附属地特殊的气候条件、地质条件等，如寒冷的气候条件要求墙体要具有保温防寒的功能、复杂的地质条件决定了墙体要有足够的结构稳定性等，同时墙体还要受制于材料、技术、工期等要求，大部分都是在有限的物质条件和短期内建造的，因此一种墙体往往要满足多种需求，可以说，功能复杂性是中东铁路历史建筑墙体的又一大特点。由此可见，类型多样、功能复杂是中东铁路历史建筑墙体的两大特点。

本章将对中东铁路历史建筑墙体进行分类并具体讨论每一类墙体的不同特性。经过走访调研和归纳总结发现，按照不同的构造方式可以把中东铁路历史建筑墙体分为砌筑类墙体、木构类墙体、复合构筑类墙体以及其他类型墙体四类，其中每一类墙体还可以继续划分为若干不同类型墙体（表5.1），同时每一类墙体都有不同的特点和适用范围。

表 5.1 中东铁路历史建筑墙体类型

砌筑类墙体	木构类墙体	复合构筑类墙体	其他类型墙体
实心砌筑类墙体 空心砌筑类墙体 外砌内填类墙体	板材拼接类墙体 木材叠加类墙体 板材、方材、原木混合 构筑类墙体	砌筑、木构复合构筑类墙体 木屑填芯类墙体 板条挂灰泥饰面类墙体	混凝土墙体 生土墙体 编织墙体 ……

5.1.1 砌筑类墙体

砌筑类墙体是中东铁路历史建筑中最常见的一类墙体，在中东铁路沿线各类建筑中被广泛应用。砌筑类墙体由于具有很多优点，如取材方便、易于建造、稳定性好、适用性强等，因此深受当时建造者的偏爱。在不断的探索和应用实践中，建造者逐步完善了适合中东铁路经济、技术、地理条件的砌筑类墙体的砌筑技术，为中东铁路历史建筑的快速建造提供了有力支撑。本节将从砌筑类墙体的材料、分类、特征三方面对砌筑类墙体进行阐述。

（1）砌筑类墙体材料。

中东铁路砌筑类墙体材料主要包括砌块和胶结材料两种。其中，砌块主要包括黏土烧结砖砌块和各类石材砌块两类。虽然砌块种类不多，但由于两种砌块各具特点且建筑师们常常将这些材料混合搭配使用，以充分发挥每种砌块的性能及特点，因此用简简单单的两种砌块创造出了类型丰富的砌筑墙体。胶结材料则主要包括一些不同类型的砂浆。下面将具体介绍这些不同的砌筑材料。

①黏土烧结砖砌块材料概述。

砖是人造的承重材料，色彩单纯强烈，质感比未经磨光的石材更加平整细腻，砌筑的图案既变化丰富，又整齐精确。中东铁路历史建筑墙体中所用砖材很好地体现了以上特点。当时的人们通过不断的实践摸索，逐步将黏土砖的制作技术工艺和建造艺术工艺推向高峰。

a. 砖砌块的类型。

中东铁路历史建筑中所用砖材属于烧结黏土实心砖。按黏土砖的来源，其主要分为俄式砖、日式砖、民窑砖三类，其中，俄式砖相对日式砖尺寸偏大，民窑砖由于加工技术相对较低所以尺寸不一（表5.2），这三种砖在中东铁路沿线都有大量的应用。按照颜色不同可将俄式砖分为红砖和青砖两大类，其中，红砖是在砖烧制好之后放在窑内自然冷却而形成的，青砖是在砖烧制好后从窑顶淋水冷却而形成的。当时黏土砖的生产追求速度，而青砖的制作比红砖多一道工序，以致青砖的产量较红砖少，从而其在墙体上的应用也比红砖少，但由于青砖的抗氧化、风化、水化方面的性能优于红砖，因此在一些特殊部位常使用青砖，如窗洞口下边缘处易积水，常用青砖代替红砖；墙体转角处易风化、糟损，常用青砖代替红砖（表5.2）。

表5.2 中东铁路历史建筑中的黏土砖砌块

b. 砖砌块在墙体中的应用。

在中东铁路历史建筑中，砖材被广泛应用于建筑的各个部位，例如，墙体、扶壁、勒脚等等，体现了其突出的力学性能。砖的易加工性不仅契合了多样的砌筑要求，更加巧妙地迎合了当时的审美。不仅如此，砖材在墙体中的应用还从侧面展示了当时高超的砌筑工艺，也反映了当时的审美倾向。

烧结黏土砖作为砌体材料有其特有的优点。由于具有体块小巧、尺寸统一、便于灵活运用及易于加工等特点，所以烧结黏土砖常被用来砌筑一些形态比较复杂的墙体，如复杂多变的墙体平面、造型精美的墙体立面等。此外，砖砌体还常被用来砌筑一些精度要求较高的墙体细部，如墙体的门窗洞口边缘，墙体的转角，墙体的山花、檐口、勒脚等。

黏土砖的加工制作相对于石材和木材的加工更耗时、工序更复杂。由于中东铁路修筑时期生产力水平不高、经济技术条件较差，所以黏土砖的生产效率较低，而中东铁路是全线分工段同时施工的，在短时间内对黏土砖的需求量很大，当时的黏土砖生产效率无法满足这种需求，为了节省黏土砖的用量，人们常常将黏土砖和其他材料混合搭配使用，如在形象要求较高的墙体上，通常使用黏土砖砌筑最外层，砖材平整的表面裸露在外侧，达到较好的视觉效果，而墙体内侧则采用木材、石材或其他材料进行构筑。

②石材砌块材料概述。

石材是历史最久远的建筑材料之一，新石器时代末期已开始被用于建筑中。石构建筑的兴起、石材建筑技术的发展是一个历史选择的结果，其决定因素包括社会、经济、文化背景的选择，也包括石材与其他建筑材料的对比、配合关系。石材在中东铁路历史建筑中大量应用也是基于以上原因。此外，中东铁路沿线地区矿产资源丰富，如扎兰屯、满洲里、博克图等地，蕴藏着数量、质量、价值可观的矿产，盛产硅石、石墨、煤矸石、石灰石、沸石、珍珠岩、花岗岩等，这也是石材能大量在中东铁路历史建筑墙体中运用的主要原因之一。

a. 石材砌块的类型。

中东铁路历史建筑中的石材砌块都属于天然石材，主要包括天然花岗岩砌块和石灰岩砌块，颜色以灰色系为主，也有极少数的彩色石材（如喇嘛甸水塔腰身用石）。按照石材砌块的加工精细程度可将其分为未加工毛石砌块、粗加工石材砌块、细加工石材砌块三类（图5.1）。

a 未加工毛石砌块　　　　　　　　　b 粗加工石材砌块

c 彩色石材及细加工石材砌块

图5.1　中东铁路历史建筑墙体中的石材砌块

未加工毛石砌块指直接从采石场开采出的毛石,形态尺寸无规律;粗加工石材砌块是在未加工毛石砌块的基础上对其进行简单的人工削凿,除去部分明显的棱角,使砌块尺寸规格相互接近,形态较未加工毛石砌块规则、平整,便于砌筑;细加工石砌块指为满足较高的砌筑精度和审美要求而对未加工毛石砌块进行切削、斩凿、打磨等而形成的尺寸规格统一、表面平整、轮廓分明的石材砌块。按形状不同,细加工石材砌块主要可分为条状石材、蜂窝状石材、裂冰状石材等。

b. 石材砌块在墙体中的应用。

石材作为中东铁路沿线重要的建设材料之一,广泛应用于沿线各种类型建设,包括沿线建筑、桥梁隧道以及铁路路基等不同性质的建设项目。在不同的建设类型中,石材又表现出不同的用途,应用于不同的建筑部位,产生了不同的石材构件形态。经过实地走访调查发现,石材在中东铁路建设中的应用相当广泛,几乎遍及了所有类型的构筑物,究其原因主要有以下两点。

首先,由于石材砌块相对砖砌块体积较大,且开采、加工比较省时,因此在砌筑相同面积的墙体时用时更少,施工速度相对较快。据史料记载,俄国为加快对中国的侵略步伐和对远东地区的控制,希望快速完成中国境内的铁路修筑计划,因此决定中东铁路的修筑采用分段施工法,各工段基本同时开工,施工速度快、工期短,相应的建筑及配套设施建设速度也需要加快,而石材砌块以其便捷、省时的优点得以大量应用。

其次,石材砌块的一些物理性能相对于砖砌块更加优异,如石材砌块的强度优于砖砌块、防水性能优于砖砌块、抗风化性能优于砖砌块等;在某些对物理性能有特殊要求的墙体中,如军事类建筑要求墙体坚固而多选用石材墙体,浴室类建筑要求墙体防水性能好而常选用石材墙体,等等。当然,石材砌块相对于砖砌块也有不足之处,如由于细加工石材砌块较少,而粗加工石材砌块和未加工毛石砌块受形态和体量方面的限制,不适合用于对精度要求较高的墙体,因此在某些对装饰精度要求较高的墙体中不适宜用石材。虽然细加工石材砌块没有这样的缺点,但其加工很耗时,因此不像未加工毛石和粗加工石材砌块那样大量应用,而大多应用于一些墙体洞口、墙根、墙体转角等细部(图 5.2)。

③胶结材料概述。

砂浆被称为从古至今建筑工程的万能胶黏剂。1883 年出版的《建筑百科辞典》对于近 1 000 年的砂浆发展做了说明。其中提到:砂浆是建筑墙体胶黏剂,因而又称墙体胶泥,也可以用于墙体抹灰,使墙体外表产生拉毛或平坦的艺术效果。

砂浆的种类很多,中东铁路沿线内砌筑类墙体的胶结材料主要是石灰砂浆,其中石灰、水、砂子的配比因墙体位置和建筑类型而异,有的石灰砂浆中石灰含量较低,比较粗糙,有的石灰砂浆中石灰含量较高,比较细腻,不同细度的石灰砂浆综合应用,创造了形态多样的灰缝(表 5.3)。细

| a 转角 | b 拱券 | c 门洞 | d 墙身 |

图 5.2　细加工石材砌块在墙体中的应用

腻的石灰砂浆的和易性很好，在砌块表面平整度较差的情况下，这种细腻的石灰砂浆可以使砌块间充分胶结，弥补砌块的缺陷，因此常用于对墙体灰缝视觉效果要求较高的外墙，较粗糙的石灰砂浆则常用于内墙。

直接暴露在墙体外侧的砌筑材料比较好辨别，但混水砖墙表面装饰层将砖材肌理覆盖，往往用肉眼无法判断，需要通过观察破损的饰面层才能加以确定。根据走访调查得知，当时为了加强石灰砂浆的性能，有时会在砂浆内加入一些外加剂，如为了加强石灰砂浆的胶结强度而在砂浆拌和过程中加入糯米水等。石灰砂浆用于砖石砌筑类墙体中形成了多种样式的灰缝形态，但由于石灰砂浆勾缝强度较低，因此很多墙体表面勾缝都有不同程度凹损，后来人们陆续对一部分墙体用水泥砂浆重新勾缝，破坏了原有墙体的肌理。

（2）砌筑类墙体的分类。

砌筑是人类最早使用的建造方式之一，在人类漫长的建筑史中发挥了重要的作用。小小的砖块依次排列叠合，可以建造出一堵围墙、一座房屋乃至一座城市，中世纪欧洲的许多教堂甚至城市都是由砖砌筑而来的。砌筑工艺在建筑建造乃至城市建设中都是十分重要的。简单地说，砌筑就是根据砌块的形态规律将其直接或间接地用胶结材料组合在一起的工艺。砌筑工艺在中东铁路历史建筑墙体中也有较好的体现与运用，并由此产生了类型丰富的砌筑类墙体。

查阅资料和实地走访后发现，中东铁路历史建筑中的砌筑类墙体按照不同的构造方式大致可以分为实心砌筑类墙体、空心砌筑类墙体、外砌内填类墙体三大类。实心砌筑类墙体按照砌筑材料的不同可以分为砖砌实心墙体、石砌实心墙体、砖石混合砌筑实心墙体；空心砌筑类墙体按照功能的不同可以分为节约材料类空心墙、采暖火墙、空心砌筑的墙道；外砌内填类墙体按照墙体内部填芯料的不同可以分为碎石填芯类墙体，碎砖填芯类墙体，碎石、碎砖混合填芯类墙体（表 5.4）。

表 5.3　中东铁路历史建筑墙体中的石灰砂浆及灰缝

不同砂浆类型	 细腻的石灰砂浆	 粗细适中的石灰砂浆	 粗糙的石灰砂浆
砖砌墙体灰缝形态	 扎赉诺尔站铁路职工住宅的墙体灰缝	 穆棱站铁路职工住宅的墙体灰缝	 横道河子铁路职工住宅的墙体灰缝
石材墙体灰缝形态	 玉泉站瞭望塔的墙体灰缝	 扎兰屯站铁路职工住宅的墙体灰缝	 富拉尔站基铁路职工住宅的墙体灰缝
	 扎兰屯站铁路职工住宅的墙体灰缝	 扎兰屯站铁路职工住宅的墙体灰缝	 喇嘛甸站水塔的墙体灰缝

表 5.4　中东铁路历史建筑中的砌筑类墙体类型

实心砌筑类墙体	空心砌筑类墙体	外砌内填类墙体
砖砌实心墙体 石砌实心墙体 砖石混合砌筑实心墙体	节约材料类空心墙体 采暖火墙 空心砌筑的墙道	碎石填芯类墙体 碎砖填芯类墙体 碎石、碎砖混合填芯类墙体

5 中东铁路历史建筑墙体构筑技术

①实心砌筑类墙体。

a. 砖砌块砌筑实心墙体。

中东铁路历史建筑绝大多数都是采用砖材砌筑的墙体，砖材分布于建筑的外部围护墙体以及内部分隔墙体中，无论是从结构上还是形态上，砖材都成了重要的决定因素。砖砌实心墙体是中东铁路历史建筑中最为常见的砌筑类墙体，沿线内现存的建筑中有很大一部分都采用砖砌实心类墙体，在走访调研过程中随处可见各式的砖砌实心墙体。

砖材砌筑实心墙体主要是指由红砖或青砖按照不同的组砌方式建造而成的密实性墙体，是中东铁路历史建筑中应用最多的墙体类型之一。经调研发现，按照墙体厚度不同可将中东铁路历史建筑中的砖砌实心墙体分为半砖墙、一砖墙、一砖半墙、两砖墙、两砖半墙、三砖墙等；按照砌筑用砖的类型不同又可将该类墙体分为红砖墙体，青砖墙体，青、红砖混合砌筑墙体；按照墙体表面是否有抹灰或其他饰面材料装饰还可将该类墙体分为清水砖墙和混水砖墙（图5.3），清水砖墙将砖砌体直接暴露在墙体外侧，比较好辨别，混水砖墙表面装饰层将砖材肌理覆盖，一般用肉眼无法判断，需要通过观

a 无饰面的清水砖墙

b 有饰面的混水砖墙

图5.3 中东铁路历史建筑中砖墙的不同类型

察破损的饰面层才能加以确定。

中东铁路历史建筑中的砖材类型较多，而且每种砖材的尺寸、样式都有所不同。由于砖材的组砌方式也很灵活，砖材可塑性也较强，因此人们在利用时可以根据需求将其加工成不同形状。以上各种因素为砖砌实心墙体产生丰富的墙面肌理奠定了基础。同时，不同的砖砌实心墙体肌理也可以表达出不同的视觉效果（图 5.4），如红砖墙体表达出的热情、青砖墙体表达出的沉稳、顺砖砌筑墙体的横向线条感、立砖砌筑墙体的纵向线条感、日式砖墙体表达出的小巧、俄式砖墙体表达出的厚重等。不同的墙面肌理也在一定程度上造就了不同的建筑立面风格，如沿线常见的俄式砖构建筑和日式砖构建筑，二者一个大气厚重，立面线脚复杂、优美，富有层次；一个小巧简约，立面平整、不重装饰，缺乏层次感。

b. 石材砌块砌筑实心墙体。

石材砌块砌筑实心墙体同样具有悠久的历史，在古埃及、古希腊、古罗马建筑中都有石材砌块砌筑墙体的身影。中东铁路历史建筑中石材砌筑墙体作为一种重要的墙体类型也有大量的应用。

石材砌筑实心墙体是指综合运用各种石材和砌筑工艺建造而成的密实性墙体。经调研发现，中东铁路历史建筑中的石材砌筑实心墙体按照所用石材的加工程度的不同可分为未加工毛石砌块类墙体、粗加工石材砌块类墙体、细加工石材砌块类墙体、多种石砌块混合砌筑类墙体。按照石材砌筑方式不同可将石材砌筑实心墙体分为砂浆砌筑类石材砌筑墙体和干砌类石材砌筑墙体。虽然石材组砌方式相对于砖材来说不是很丰富，但由于未加工、粗加工、细加工石材砌块的形状、大小各异，因此不同石

a 红砖墙体肌理　　　　　　　　b 青砖墙体肌理　　　　　　　c 青、红砖混合墙体肌理

图 5.4　中东铁路历史建筑中砖墙的不同肌理

材砌筑的墙体依然呈现出不同的肌理特征。

未加工毛石砌块类墙体由自然开采的毛石随意堆叠而成，墙面没有固定的规律和形式，表达了一种随机式的墙体肌理特征。粗加工石材砌筑类墙体为用经过简单加工的毛石按照一定的规律组砌而成，墙体肌理主要表现为砌块拼接处的灰缝形成的裂纹式肌理，裂纹的形式多样，因粗加工石材砌块的大小、形状和灰缝形态而异。细加工石材砌筑类墙体指用经过精细加工的石材按照特定的规律严丝合缝地砌筑而成的墙体，墙体肌理按照石材砌块的形状不同一般可分为较规则的方格式肌理和网眼式肌理。多种石材砌块混合砌筑类墙体指在同一面墙体上不同部位分别采用不同石材砌块构筑而成的墙体，墙身肌理常常灵活多变，因所选用的石材不同而异，一般表现为在大面积墙身上采用未加工或粗加工石材砌筑而成的随机式或裂纹式肌理，在墙体转角、勒脚、门窗洞口等处采用细加工石材砌筑而成的方格式或网眼式肌理（表5.5）。

干砌类石材砌筑墙体指石材砌块间不用砂浆或其他胶结材料来互相黏结，只依靠石材砌块本身上下叠压、左右拼接砌筑而成的墙体。人类最早的石砌墙体就是采用干砌法建造而成的，古希腊时期更是把石材干砌法工艺推向巅峰，经过精细雕琢的石材能够严丝合缝地拼接在一起，可以说是精湛的干砌石材技艺成就了古希腊建筑的辉煌。但由于中东铁路历史建筑中的干砌类石材砌筑墙体所用石材砌块多为毛石或粗加工石材，因此墙体建造工艺相对比较粗糙，且抗震能力较差，保温性能亦不佳，以至于这种砌筑方法在中东铁路历史建筑中应用得不多。干砌类石构砌筑墙体的砌筑工艺简洁，而且能节省砂浆的用量，同时还能突显古朴自然的墙身肌理，所以能更加全面地展示石砌墙体的形态（表5.5）。

中东铁路历史建筑中的石材砌筑实心墙体充分运用了沿线的各类石材，不同加工程度的石材在墙体中搭配使用，虽然是单一材质但形成了多种多样的墙身肌理。原本冰冷单调的材质经过一番精心的砌筑向人们呈现出了灵活多变的墙体形象。

c. 砖石混合砌筑实心墙体。

砖石混合砌筑实心墙体指在同一面实心墙中同时采用砖和石两种材料混合砌筑。砖材和石材按照各自的特点分布在不同的部位，两种材料相互配合，充分发挥了各自的特性和优点。按照墙身立面效果不同可将砖石混合砌筑实心墙体分为砖墙主体用石材嵌芯类和石墙主体用砖块修饰细部类两种墙体；按照墙体剖面构造不同可将砖石混合砌筑实心墙体分为砖砌墙体用石板贴面类和石砌墙体用砖材饰面类两种。

表 5.5 中东铁路历史建筑中石材砌筑实心墙体的不同肌理

类型	实例		
未加工毛石砌块墙体肌理	 山市站铁路工区墙体	 小岭站铁路职工住宅墙体	 昂昂溪站铁路职工住宅墙体
粗加工石材墙体肌理	 满洲里站铁路职工住宅墙体	 穆棱站铁路职工住宅墙体	 北林铁路职工住宅墙体
细加工石材墙体肌理	 博克图站水塔墙体	 绥芬河人头楼墙体	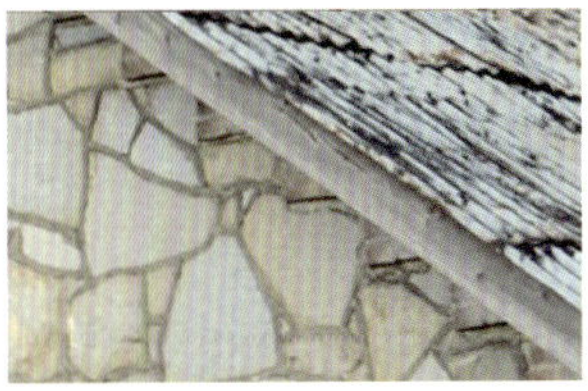 代马沟铁路职工住宅山墙
干砌式石材墙体肌理	 山市站铁路工区围墙	 代马沟站铁路工区围墙	 石河站铁路工区围墙

砖墙主体用石材嵌芯类墙体指墙身主体由砖材砌筑而成，同时在墙面上用石材进行局部填充的墙体，其形成的特定符号，使墙体具有较高的可识别性。填充所用的石材种类可以是粗加工石材或细加工石材，少有用未加工的毛石进行填充的情况。填充的石材一般会组成特定的形状，如马牙槽形、串字形等，呈现出丰富的肌理变化（图 5.5）。

图 5.5　中东铁路历史建筑中的砖石混合砌筑墙体

石墙主体用砖块修饰细部类墙体指墙身主体为石砌，在转角、勒脚、洞口等精度要求较高的部位用砖材砌筑而成的墙体。石材砌块体积相对较大，砌筑大面积墙身速度快，但在一些墙体细部的雕琢上往往会显粗糙，而使用小巧的砖块来处理细部不仅更方便快捷，而且视觉效果也更好。

砖砌墙体用石板贴面类墙体指在砖砌主体墙身外侧用石板贴面而成的墙体。其中的石板具有装饰墙面和防水、防潮等功能。石板贴面内侧加工平整，便于和砖墙黏结，石板外侧有时粗糙有时平滑，根据视觉效果要求而定。哈尔滨中东铁路局办公楼就是用不规则青石板组合装饰墙面的精品，由俄国建筑师德尼索夫设计。作为当时显赫的行政中心办公建筑，整栋建筑都采用石板饰面，凸显其别具一格的造型与精致的工艺技术。除此以外，中东铁路沿线其他一些建筑中也可以见到这类墙体的身影。

石砌墙体用砖材饰面类墙体指在采用石材砌筑的主体墙身外侧拼接一层砖材而构成的墙体。通常这类墙体的主体墙身部分采用未经加工的毛石砌筑，由于毛石表面粗糙且砌筑时彼此间接缝较大，因此墙体在外观效果和防水、防潮性能上差强人意，为使墙体更加美观并提高其防水性能，工匠会在墙体外侧拼接一层砖材，这种做法既弥补了毛石砌筑墙体的缺点，又节省了相对较珍贵的砖材。

砖材和石材作为中东铁路历史建筑中最为常见的两种建筑材料，在建造者的手中被巧妙地结合在一起，形成了灵活多样的砖石混合砌筑类墙体。墙体表面肌理丰富多样，同一面墙体上兼有两种材料的表现特点，呈现出的视觉效果对比强烈，既有砖材的细致、精美，又有石材的粗犷、质朴，而且石材与砖材的交接处常常处理得很巧妙，或整齐相接，或形成不同的图案，大大提升了墙体的艺术效果。

②空心砌筑类墙体。

空心砌筑类墙体指为了实现一定的功能而在墙体内外侧两个砌筑层中间预留一定的空隙而成的墙体。中东铁路历史建筑中的空心砌筑类墙体一般为砖砌空心墙体，按照砖材类型不同可分为普通砖砌筑空心类墙体和耐火砖砌筑空心类墙体；按照空心墙体的功能不同可以分为节约材料类空心墙、采暖空心火墙以及空心砌筑类烟道等（表5.6）。

表5.6 中东铁路历史建筑中的空心砌筑墙体类型

节约材料类空心墙	采暖空心火墙	空心砌筑类烟道
空心砌筑出屋面山墙 空心砌筑出屋面分户墙	普通砖砌火墙 耐火砖砌火墙 炉灶式火墙 独立式火墙	水平向烟道 竖直向烟道 水平、竖直方向组合烟道

a. 节约材料类空心墙。

当墙体较厚且不用承重时，可以将墙体做成空心的，这类墙体的中空部分无实际功能，只为节约砌体材料。中东铁路修筑期间，砖砌体相对石材和木材较紧俏，这种做法可以省去一定量的砖材。但由于墙体是空心构造，承重能力很有限，不适合用于承重部位，因此这类墙体不作为承重的外墙和内墙，一般只用于铁路俱乐部等建筑的山墙出屋面部分和铁路职工联户住宅的出屋面分户墙部分。这些部位的墙体虽然较厚但却无须承重，因此特别适合采用这类墙体。经调研发现，富拉尔基已损毁的铁路俱乐部出屋面的山墙以及一些站点的部分联户住宅的出屋面分户墙就是这类墙体（图5.6）。

b. 采暖空心火墙。

火墙是存在于我国北方的一种古老的采暖形式，广泛应用于我国北方严寒和寒冷地区的农宅中。它以热流体原理、烟囱效应及储热和热辐射原理为理论依据，使用一室一墙来满足严冬的采暖要求。火墙在中东铁路历史建筑中比较常见，在寒冷的冬季，火墙、火炕、壁炉是当时主要的取暖设施。中东铁路历史建筑内的火墙按热源不同可以分为独立式火墙和炉灶式火墙两类（图5.7）。二者的区别在于，独立式火墙是单独用燃料直接对火墙内部空气加热，炉灶式火墙是通过炉灶把空气加热再流入火墙内部。

大部分采暖火墙由普通砖材砌筑而成，在极少数较高级的建筑中火墙外壁是采用耐火砖砌筑而成的，如位于哈尔滨市联发街的现黑龙江省社科联内火墙就采用耐火砖砌筑而成（图5.8）。耐火砖除了蓄热、散热性能优于普通砖以外，其外观也很精美，表面富有光泽、质感细腻且常常带有精美的雕刻图案，可以说，耐火砖是技术和艺术的完美结合。耐火砖砌筑的火墙相对普通砖砌筑而成的火墙散热性能好，燃料利用效率更高，墙体视觉效果更佳，适用于一些对室内热环境和装饰效果要求较高的

THE HISTORICAL BUILDING CONSTRUCTION AND TECHNOLOGY ALONG CHINESE EASTERN RAILWAY

a 富拉尔基站铁路俱乐部破损空心山墙

b 中东铁路沿线联户住宅中的出屋面空心砌筑分户墙

图 5.6　中东铁路历史建筑中的节约材料类空心墙

a 独立式火墙

b 炉灶式火墙

图 5.7　中东铁路历史建筑中的火墙

图 5.8 采用普通砖和耐火砖砌筑而成的火墙

官员宅邸和较重要的公共建筑。因为耐火砖的烧制较为耗时，耐火砖砌筑火墙未能在中东铁路历史建筑中大量推广，现存的实例也比较少。

c. 空心砌筑类烟道。

本节中所说的烟道是指连接下部炉灶、壁炉、火墙等部位和上部烟囱的局部空心墙体，其具有传递烟气、延缓热量流失及储存烟气的作用。中东铁路历史建筑对炉灶、壁炉、火墙等加热、采暖设施的运用非常广泛。一般的铁路职工住宅依靠炉灶加热和烹饪食物、依靠火墙取暖；高级的铁路官员宅邸一般会有壁炉作为取暖设施，且壁炉兼有装饰作用；公共建筑中对这些设施的运用更是常见。正因如此，烟道广泛存在于中东铁路历史建筑中。烟道具体又可以分为壁炉烟道、火墙烟道、炉灶烟道和共用烟道等。

按照烟道在建筑中分布方向的不同，烟道可以分为横向烟道，纵向烟道及水平、竖直方向组合烟道（图 5.9）。有的建筑只采用单独的横向或纵向烟道，弱化烟道的曲折程度，增加换气的速度，从而达到利于燃料快速燃烧的目的；有的建筑采用水平、竖直方向烟道组合的形式，增加烟气的外排距离和时间，从而达到更好的储热效果。

烟道上往往设有不同形状及尺寸的进气孔洞，洞口处设有百叶式或者镂空式的外罩，可以通过孔洞和挡板的结合控制进气量，以达到调节燃烧和热量的目的。同时，以烟道为媒介也能使室内空气和室外空气持续缓慢地互换；进而达到改善室内空气质量的效果。挡板一般设置在烟道的底部或者中部，当炉灶、壁炉等内部有燃料在燃烧的时候，或者寒冷冬季室内空气污浊而需要换气时，挡板是开敞状态，其作用是：确保烟道内空气流通，给炉灶和壁炉内提供氧气，有利于燃料的充分燃烧；当燃料燃烧完毕后将挡板闭合，使热量不再向室外流失，挡板设计巧妙地解决了燃料燃烧不充分的问题和热量流失的问题。

烟道一般与火墙相接或和普通墙面相连，且往往凸出于墙面，为避免烟道破坏墙面完整性而影响室内空间的利用，纵向烟道往往设在墙角处，横向烟道则常常设在墙体和顶棚的交界处，同时，烟道

a 纵向烟道　　　　　　　　b 横向烟道　　　　　　c 水平、竖直方向组合烟道

图 5.9　中东铁路历史建筑中的烟道

的这种分布方式还有利于室内的保温，因为墙体转角处和墙体与顶棚交界处往往是冷风渗透部位，所以在这些部位布置烟道可以有效地防止室内热量的流失。

③外砌内填类墙体。

外砌内填类墙体也是中东铁路历史建筑中较为常见的一种墙体，是指将碎砖块、碎石块或者碎砖和碎石块混合填入到砌筑类墙体内部而形成的夹芯式墙体。外砌内填类墙体的运用已有悠久的历史，早在古埃及的时候就已有这类墙体的雏形。古埃及人把石材广泛用于墙体的砌筑中，其砌法非常多样，许多种砌法时至今日仍无多大的改变，在有的砌法中对作为围护装饰的面层和作为承重的内砌筑层也进行了区分。中东铁路历史建筑中的外砌内填类墙体的具体类型较丰富，本书尝试按照三种方式，即填芯料不同、外侧砌筑层不同、填充方式不同对其进行划分，主要种类见表 5.7、表 5.8。

表 5.7　中东铁路历史建筑中外砌内填类墙体类型

按填芯料不同划分	按外侧砌筑层不同划分	按填充方式不同划分
碎石填芯类墙体 碎砖填芯类墙体 碎石、碎砖混合填芯类墙体	石砌填芯类墙体 砖砌填芯类墙体 砖石混合砌筑填芯类墙体	灌浆填芯类墙体 干填类墙体

按填芯材料不同可以将外砌内填类墙体分为碎石填芯类墙体，碎砖填芯类墙体，碎石、碎砖混合填芯类墙体。碎石填芯料一般为体块较小的、未经任何加工的毛石，这些毛石在石材开采和加工过程中可以大量获得；碎砖填芯料一部分为砖材在加工、运输等过程中意外破损而形成，另一部分为在建造过程中因造型需要斩削整砖而形成。由于中东铁路沿线碎石的来源比碎砖更加广泛，数量也比碎砖多，因此中东铁路历史建筑中碎石填芯类墙体数量也多于碎砖填芯类墙体。

表 5.8　中东铁路历史建筑中的外砌内填类墙体

划分标准	具体类型及实例		
按填芯料不同划分	 碎石填芯类墙体 磨刀石站铁路职工住宅	 碎砖填芯类墙体 山市站铁路工区	 碎石、碎砖混合填芯类墙体 穆棱站铁路职工住宅
按外侧砌筑层不同划分	 石砌填芯类墙体 石河站工区	 砖砌填芯类墙体 戈达木站工区	 砖石混合砌筑填芯类墙体 穆棱站铁路职工住宅
按填充方式不同划分	 灌浆填芯类墙体 山市站铁路工区	 干填类墙体 代马沟站工区	 灌浆和干填混合类 墙体石河站工区

按外侧砌筑层不同可以将外砌内填类墙体分为砖砌填芯类墙体、石砌填芯类墙体、砖石混合砌筑填芯类墙体。通常砖砌填芯类墙体内层和外层都由砖材砌筑而成，石砌填芯类墙体内层和外层都由石材砌筑而成。由于外侧砌筑层需要起到包裹内侧填芯料的作用，同时还要平衡内部不规则填芯料互相叠压产生的横向荷载，因此往往选用相对较大体块的石材来砌筑，以保证其能很好地保护内部的填芯料。砖石混合砌筑填芯类墙体指墙体内层和外层分别采用砖材和石材两种材料砌筑而成，或在一层之中同时使用砖石两种材料砌筑而成。

按填充方式不同可以将外砌内填类墙体分为灌浆填芯类墙体、干填类墙体。灌浆填芯类墙体中的填芯料在填充时采用砂浆灌缝方法，形成较密实的填芯效果；干填类墙体中的填芯料不用砂浆灌缝，形成相对灌浆填芯类墙体较松散的填芯效果。中东铁路历史建筑中的绝大多数外砌内填类墙体都是灌浆填芯类的，只有极少数外砌内填类墙体是干填类的。干填类墙体所用的碎砖、碎石填芯料体块很小，碎块之间的缝隙也很小，不用石灰砂浆灌注也能形成比较密实的效果，而且干填类墙体一般中间填充层厚度相对灌浆填芯类较小，即使不用石灰砂浆填芯也不会对墙体的力学性能、保温性能等产生很大影响。

这类墙体由于在建造过程中可以根据建筑的实际功能和外观要求等来调节外表层材质和填芯层的填充厚度等，所以相对于其他砌筑类墙体来讲在表面肌理、物理性能上的可调节性更强，形式上也更加灵活多变。同时，外砌内填类墙体可以充分利用铁路修筑和建筑建造过程中产生的碎砖、碎石等边角废料，其较实心砌筑类墙体更加节省砌筑材料，且填芯层的填充料不用像外表层的墙体一样一块块砌筑，可以直接将填充料填塞进去，施工方式省时、省力。此外，外砌内填类墙体的力学性能要优于空心砌筑类墙体，除了机车库、火磨等大型公共建筑外，其适用于大部分中东铁路历史建筑的墙体，所以其在中东铁路历史建筑中比空心砌筑类墙体得到了更广泛的运用。

碎石、碎砖以及各种石材砌块、砖材砌块等不同材料在外砌内填类墙体中被合理地组合在一起，既节约了宝贵的砌块材料，又便于施工建造，体现了建造者因材制宜、因地制宜的智慧。时至今日，中东铁路沿线的居民在营建新建筑时，偶尔还会借鉴这种做法，这类墙体的独特优势正是其得以延续传承的主要原因。

（3）中东铁路历史建筑中砖石砌筑类墙体的特性。

本章的研究对象为中东铁路历史建筑墙体，这些墙体本身具有多种特性，这些不同的特性可以从不同方面展示墙体的技术特征。本节将从适用性、平面排布特性、立面造型特性、保温性能、力学性能等方面对中东铁路历史建筑中砖石砌筑类墙体的特性加以叙述。

①广泛的适用性。

砖石砌筑类墙体具有很多优点，深受设计者和建设者的喜爱，尤其是在中东铁路修筑的特定时期和沿线特定的自然地理环境条件下，砖石砌筑类墙体更是展示了其广泛的适用性，因此该类墙体在中东铁路历史建筑中有着大量的应用。中东铁路沿线的砖石砌筑类墙体的应用数量明显多于其他类型的墙体，尤其是在林木资源比较贫乏的地区，如哈尔滨至旅顺的南部支线、东西线的中段等地区都有大量的砌筑类墙体的运用；同时，几乎在中东铁路沿线所有类型的建筑中都有砖石砌筑类墙体的使用，如在站舍建筑、铁路工业建筑、军事及警署建筑、铁路社区居住建筑、铁路公共服务建筑等类型中都有大量的应用，尤其是在大型公共建筑中，大部分的外墙都是砖石砌筑类墙体。

②平面排布的灵活性。

砖石砌筑类墙体是由一块块砌块砌筑而成，每块砌块的体量较小且砌块又可以根据需求加工成不同尺寸和形状。砖石砌筑类墙体在构成建筑平面形态时可以比较灵活地进行排布,如根据建筑功能、地形地貌、空间要求等条件形成丰富多变的建筑平面形态,既有简洁规整的方形、L形、T形、十字形、口字形等,又有曲折多变的鱼骨形和枝形等,还有平滑的弧线形和圆形等,可以说,中东铁路历史建筑中砖石砌筑类墙体的建筑平面相对于其他墙体的平面排布形式更加多样化。

③立面造型的丰富性。

墙体是建筑立面的主要构成部分,墙体面积占据了建筑立面的绝大部分,可以说,墙体的效果在一定程度上决定了建筑的立面效果。由于中东铁路历史建筑中砌块种类多样,同时还可以灵活搭配、自由组合地进行加工,因此砖石砌筑类墙体的墙面可以形成平整、凹凸、光滑、粗糙等不同的视觉效果。同时,砖石砌筑类墙体的勒脚、窗台、门窗洞口、檐口、山花等部位形式变化多样,往往是重要的装饰部位,这些精雕细琢的重点部位和肌理多样的墙面组合起来共同形成了丰富的建筑立面效果。因为砖石砌筑类墙体的立面可塑性很强,所以可以根据墙身大面和重点装饰部位的不同而搭配形成不同风格的立面效果。

④良好的承重性能。

砖材和石材都属于脆性材料,韧性很差,只要产生一点形变即会被破坏。尽管如此,砖石砌筑类墙体的抗压强度和抵抗横向荷载能力还是很出色的,尤其是实心砌筑类墙体,厚度往往较大,承重性能更佳。在建筑高度相对较高和层数较多的中东铁路历史建筑中,如一些铁路工业建筑、机车库、水塔、大型公共建筑等,只有采用这种墙体才能满足建筑的力学要求。外砌内填类墙体力学性能没有实心砌筑类墙体优越,但相对于空心砌筑类墙体和木构类墙体等,其力学性能还是有一定优越性的,在一些建筑层数相对较少、建筑高度相对较低的建筑中,如一些铁路职工住宅、小型公共建筑等,采用外砌内填类墙体很合适,而空心砌筑类墙体的力学性能较差,一般不作为承重墙体使用。另外,砖石砌筑类墙体的一些部位的力学性能较差,如墙体转角处、墙体洞口处等。在这些力学性能较差的部位往往采取加固措施。例如,砌筑类墙体转角处的隅石和门窗洞口处的贴脸等,它们都有助于提高这些部位的力学性能;又如,当墙面较长时,建造者还经常沿墙身加设壁柱。

⑤较差的保温性。

砖砌块和石材砌块的导热系数较大,相同厚度的砖石砌筑类墙体相对于木构类墙体或者复合类墙体的热阻会小很多,保温性能相比之下也会差很多。由于受当时的技术条件限制,建造者往往通过加大墙体厚度的简单方式来提高墙体的保温性能,因此砖石砌筑类外墙普遍比较厚实,尤其是东西线的部分严寒地区,墙体厚度可达到1 m多。此外,砖石砌筑类墙体经过反复的冻融循环后容易产生裂缝,从而在裂缝处产生冷风渗透,这也是砖石砌筑类墙体保温性能差的原因之一。另外,由于砖石砌筑类墙体的一些特殊部位,如墙体转角和墙根处是保温的薄弱部位,因此中东铁路历史建筑中的砖石砌筑类墙体的转角处往往用凸出墙面的隅石来加强转角处的厚度,墙根处往往在冬季会堆放木屑、炉渣等材料以防止冷风渗透。

⑥其他特性。

除了以上所述特性外，中东铁路砖石砌筑类墙体还有以下几方面特性，这些功能属性也对砖石砌筑类墙体的广泛应用起到了很大的推动作用。第一，较高的军事防御特性，砖石砌筑类墙体因墙体相对于其他类型墙体来讲比较坚固，常用于一些对防御功能要求较高的军事类建筑中，如兵营、弹药库、工区等。在日本和俄国争夺中东铁路期间，实心砌筑类墙体经受了战争的考验，至今还能看到很多砖石砌筑类墙体上留下的弹孔。第二，较强的防水、防潮特性，砌筑类墙体相对于其他墙体来讲，防水、防潮性能较为突出，尤其是石材砌筑类墙体，更是具有较强的防水性能，在中东铁路沿线的一些对防水性能要求较高的建筑（如浴池、水塔、各类建筑的地下室）中运用石材砌筑类墙体的这个优势取得了良好的防水、防潮效果。优异的防火特性，由于砖石砌块都属于不可燃材料，且砖石砌筑类墙体厚度又较大，因此砖石砌筑类墙体的耐火性能相对中东铁路沿线的其他墙体要突出，能有效地预防火灾的发生和阻止火灾的蔓延，一些对防火性能要求较高的建筑，如弹药库、面粉厂、油坊、烟厂等，往往利用砖石砌筑类墙体的这一特点，取得了良好的防火效果。

5.1.2 木构类墙体

由木材或主要由木材组成的承重结构称为木结构。参照木结构的概念可以大致将木构类墙体理解为由木材或主要由木材组成的墙体。俄国有悠久的木材建构历史，其木构类建筑造诣很高。木构类墙体作为木构建筑重要的组成部分具有类型众多且各具特色的特性。

随着中东铁路的建设，俄国将传统的俄国木构墙体技术带入中国，并和中东铁路沿线的实际情况相结合，使中东铁路木构类墙体的技术和艺术都达到了一定的高度。木构类墙体在中东铁路历史建筑中的应用比较广泛，是中东铁路历史建筑中很有代表性的一类墙体。由于中东铁路内有很多天然的大林场，取材方便，而且木材具有容易加工、自然环保等优点，加之俄国人对木材的偏爱，所以在中东铁路历史建筑中可以看到多种木构类墙体的身影。本节也将从木构类墙体的材料、分类、特性3方面阐述中东铁路历史建筑中的木构类墙体。

（1）木构类墙体材料。

木材是人类最早使用的建筑材料之一。在现代材料出现以前，它在建筑中起着不可替代的作用。在中东铁路历史建筑中也是如此，各种木材在墙体中得到了大量的应用。

中东铁路沿线的一些地区森林资源丰富、木材储量丰厚，如主线西部的大兴安岭原始森林、主线中部的松花江流域原始密林、主线东部的长白山余脉原始森林等，这些地区在清朝时期被视为"龙兴之地"，且由于百余年间这些地区少有人烟，因此木材资源无大量消耗，形成了丰富的木材原始积累。另外，这些地区位于寒温带，特别适合针叶林的生长，而针叶林木材质地细腻、强度高、物理性能优良，特别适合在木构类墙体中运用，是价值很高的珍贵木材。同时，中东铁路附属地也盛产适用于墙体的硬质阔叶木，如水曲柳、胡桃、黄波罗等。这些不同类型的木材在墙体中互相补充、搭配，成了保证木构墙体在建筑中广泛应用的前提。中东铁路附属地中用于木构类墙体中的木料按其加工方式分为原木、半圆木、板材、方材等，中东铁路历史建筑中的木构类墙体综合运用了各种木料，既有对单一木料的重复使用，也有对多种木料的完美结合，并充分发挥了各种木料的优越性能，使中东铁路历史建筑中的木构类墙体达到了较高的艺术水平和技术水平，为木构类建筑的建造打下了坚实基础。

①原木、半圆木类木料。

原木指对树干进行去枝、去皮等粗加工而形成的横截面近似圆形的木料。中东铁路历史建筑木构类墙体中原木主要运用在原木叠加类墙体中，这些原木具体还可分为树干平直、直径均匀的优质原木和尺寸不一、表面粗糙的劣质原木（图5.10）。铁路建设初期，各附属地内的森林资源储量丰富，可以保障优质原木的供应，随着森林资源的不断消耗，优质原木产量供不应求，一些建筑中逐渐开始使用一些质量相对较差的原木，由于这些劣质原木一般由树龄较低的阔叶木材加工而成，阔叶木树干不够挺直、枝权丛生，因此很难加工出较长的、既笔直又粗细均匀的原木，而且这些原木的物理性能也与优质原木相去甚远，可以说在外观和性能上都无法和优质原木相提并论。

半圆木是指把原木从圆形截面一侧截取掉1/3左右而形成的截面为大半圆形的木料，木料一侧为圆滑的弧形表面，一侧为平整的表面，相对于原木来讲形态更加丰富。半圆木在中东铁路历史建筑墙体中的运用不多，主要运用于半圆木叠加类墙体中。

②板材类木料。

严格地讲，宽度为厚度3倍或3倍以上的木材才能称为板材，本章所说的板材范围则更加广泛，泛指对方木进行纵向切片而形成的长度、宽度大于厚度的木料。中东铁路历史建筑墙体中运用的板材按其宽度不同可分为宽板和窄板两类（图5.11），宽板厚实、窄板轻薄。

板材相对于原木、方材、半圆木等木料加工程序更加烦琐，但适用范围更广，其在中东铁路历史建筑中被大量运用在地板、天花、门窗构件等部位中。在墙体中，板材主要运用于板材拼接类墙体和一些其他类墙体的饰面以及部分墙体的内部木质护壁或外侧木质山花落影中。

③方材类木料。

方材是把原木的圆形截面分别从四面削去弧形板皮而形成的截面为方形或近似方形的木料，相对于原木，其形状更加规则、表面更加平整（图5.12）。在中东铁路修筑时期，方材主要用于铁路

a 树干平直、直径均匀的优质原木

b 尺寸不一、表面粗糙的劣质原木

图 5.10　中东铁路历史建筑中木构类墙体中的原木

a 墙体中的宽板板材

b 墙体中的窄板板材

图 5.11　中东铁路历史建筑木构类墙体中应用的板材

图 5.12 中东铁路木构类墙体中的方材

枕木、木构屋架、铺地龙骨以及一些细部装修中，在墙体中，方材主要用作方木叠加类墙体和板材拼接类墙体中联系板材的纵横向龙骨以及其他木构类墙体中转角处联系两个方向墙体的立柱等。

（2）木构类墙体的分类。

俄国最原始的民居形式就是木屋，甚至其后来的其他类型建筑也在不断借鉴木构建筑的经验。中东铁路历史建筑中木构类墙体种类很丰富，按木料材型和它们之间的不同构造方式可以分为板材拼接类墙体、木材叠加类墙体、多种木料复合构筑类墙体三大类，每一大类还可以继续具体划分为若干类墙体（表5.9）。

表 5.9 中东铁路历史建筑中的木构墙体类型

板材拼接类墙体	木材叠加类墙体	多种木料复合构筑类墙体
单层板材拼接类墙体 双层板材拼接类墙体	原木叠加类墙体 方木叠加类墙体 半圆木叠加类墙体	板材原木复合构筑类墙体 板材方木复合构筑类墙体 板材半圆木复合构筑类墙体

①板材拼接类墙体。

中东铁路历史建筑中的板材拼接类墙体是指将板材紧密拼接而构成的墙体。按照板材拼接层数不同，板材拼接类墙体可分为单层板材拼接类墙体和双层板材拼接类墙体；按照板材的宽窄不同，板材拼接类墙体可以分为宽板拼接类墙体和窄板拼接类墙体；按照板材排布方向不同，板材拼接类墙体又可分为横向拼接类墙体、纵向拼接类墙体、斜向拼接类墙体等；按照板材拼接方式不同，板材拼接类墙体可以分为板材平接类墙体、木条过渡对接类、板材企口相接类墙体、板材错叠搭接类墙体等（表5.10）。

板材拼接类墙体基本不起承重作用，一般只起围合限定空间的作用，所以很少用于大型公共建筑的外墙。板材拼接时会留缝隙，为减小缝隙增加墙体表面密实度，建造者常常在板材接缝处用木条嵌缝或做成企口拼接，以防止冷风渗透。但板材拼接类墙体的墙身较薄，因此墙体保温效果不好，不能用于对室内温度要求较高的建筑外墙。中东铁路历史建筑中单层板材拼接类墙体占多数，一般用作铁路职工住宅的阳光房、门斗、厕所、仓房和山墙部位的外墙（表5.11），在部分建筑的内隔墙和少数仓房中偶尔也采用由板条和方木构成的双层板材拼接类墙体。

表 5.10 中东铁路历史建筑中的板材拼接类墙体

板材拼接类墙体外观简洁、大方，表面平整，较原木叠加类墙体更为精致、美观。墙身肌理随板材拼接方向和板材宽度的变换而呈现出不同样式，既有以水平、竖直方向为主的横向和纵向肌理，又有按不同角度倾斜的斜向肌理，同时，随着板材的宽窄不同，墙体的肌理会呈现出富有韵律的变化，视觉效果灵活、多变，丰富多样。宽板拼接类墙体质朴、大气，窄板拼接类墙体精致、细腻，而且在同一面板材拼接类墙体上会组合运用不同方向、不同宽窄的板材形成丰富的视觉效果。

表 5.11　中东铁路历史建筑中不同位置的板材拼接类墙体

类型	图片1	图片2	图片3
仓房中的板材拼接类墙体	 石头河子站某仓房	 一面坡站某仓房	 满洲里站某仓房
门斗中的板材拼接类墙体	 代马沟站某铁路职工住宅门斗	 满洲里站某铁路职工住宅门斗	 扎兰屯站某铁路职工住宅门斗
山墙中的板材拼接类墙体	 石头河子站某铁路职工住宅山墙	 石头河子站某铁路职工住宅山墙	 一面坡站某铁路职工住宅山墙
厕所及阳光房的板材拼接类墙体	 满洲里站某铁路职工住宅厕所	 满洲里站某铁路职工住宅阳光房	 昂昂溪站某铁路职工住宅阳光房

②木材叠加类墙体。

木材叠加类墙体在世界很多地区都有所应用，是一种古老的建构方式。在中国，这类墙体围合而成的建筑被称为井干式建筑，井干式建筑是一种古老的民居，早在原始社会时期就有应用，因为需要大量的木材，所以井干式建筑一般存在于林区茂密的地方。中国的云南、四川、内蒙古和东北等地区都有这类建筑的分布。在北欧的斯堪的纳维亚地区，尤其是芬兰和瑞典的人们也喜欢用这种墙体来构建舒适的房屋。以实木水平叠砌建墙是芬兰传统木结构的主要构筑方式之一，利用了木材的体积和受压性能而非其受拉性能。在俄国建筑文化中，由木材叠加类墙体构成的木刻楞建筑是最典型的民居建筑，中东铁路历史建筑中的木材叠加类墙体秉承了俄国传统木材叠加类墙体的工艺，经中国工匠之手后又稍加了一些中国文化因素，这也使中东铁路历史建筑中的这类墙体更加富有特色。按照墙体所用木材材型不同大致可以分为原木叠加类墙体、方木叠加类墙体和半圆木叠加类墙体。

原木叠加类墙体是指把截面大小相近的原木横向叠加在一起而形成的墙体。同样大小的房屋，采用原木叠加类墙体最耗木料，但这类墙体的保温性能极佳，适合于中东铁路沿线寒冷的气候，而且采用优质原木构成的墙体的外观和使用性能都很好。在铁路修筑前期木材充裕的条件下，这类墙体的应用较多，主要出现在铁路职工住宅中，且在一些小型铁路公共建筑中也有运用。此外，一些较大的教堂建筑也由原木叠加类墙体构成，如著名的哈尔滨圣·尼古拉大教堂、横道河子站圣母进堂教堂就是使用红松原木构筑而成的。由于原木叠加类墙体构成的小住宅体量适宜，外观朴实、亲切，因此中东铁路沿线的中国居民都形象地称呼其为"木头垛"。铁路修筑后期木材资源紧张，由劣质原木叠加而成的墙体在性能和外观上都大大逊于优质原木叠加而成的墙体。

半圆木叠加类墙体和原木叠加类墙体类似，指把截面大小相近的半圆木横向叠加在一起而形成的墙体，这种墙体相对于原木叠加类墙体厚度变薄，一些物理性能要逊于原木叠加类墙体，但这类墙体有一侧墙面是平整的，且这一侧往往是靠近建筑室内的一侧，便于附加抹灰等装饰层。而且半圆木叠加类墙体在取得和原木叠加类墙体同样视觉效果的同时更加节省木材，有助于缓解中东铁路修筑后期木材供不应求的局面。

从立面上来看，原木层层横向叠置，每层原木都露出半圆形的弧线，组合起来也别具美感。但是由于这些原木都未经大的人工修饰，所以不免显得有些过于粗犷。原木叠加类墙体外观简单、质朴、敦实，墙身肌理主要是一根根横向原木构成的弧形凸起和凹缝，肌理形式均匀、单一，少有变化，但在中东铁路沿线的山地、林场等地区常常能和当地自然环境很好地融合，给人很亲切的感觉，达到了建筑与自然和谐共融的效果。

方木叠加类墙体指将截面大小相近的方材横向叠加在一起而形成的墙体。由于上下方材间以平面相接，接触面积大于原木叠加类墙体，因此在其他条件相同时，方木叠加类墙体防冷风渗透及平衡侧推力的能力优于原木叠加类墙体。但由于方材加工制作较原木费时，因此在中东铁路修筑早期充分追求施工速度的前提下，方木叠加类墙体应用较少。铁路修筑后期，由于沿线森林资源日益枯竭，人们开始削去原木的弧面部分并对其加以利用，这样一来方材的产量大幅增加，相应的方材构筑类墙体的应用也开始增加。总体来讲，方木叠加类墙体在中东铁路沿线的应用较少，主要是用于木刻楞建筑的内墙，以及少数仓房等辅助性建筑的外墙，在其他类型建筑中少有应用（表5.12）。方木叠加类墙体工艺较原木叠加类墙体粗糙，墙身肌理单一、乏味，缺少层次感，不容易引起人们注意，用在辅助性建筑中很合适。

表 5.12 中东铁路历史建筑中的木构叠加类墙体

类型	具体实例		
优质原木叠加类墙体	一面坡站铁路职工住宅	扎赉诺尔站铁路职工住宅	博克图站铁路职工住宅
劣质原木叠加类墙体	博克图站铁路职工住宅		满洲里站铁路职工住宅
方木叠加类墙体	满洲里站铁路职工住宅	石头河子站某仓房	冷山站某仓房

③多种材料复合构筑墙体。

多种材料复合构筑墙体指在原木叠加类墙体或方木叠加类墙体的一侧或双侧附加板材拼接层而形成的墙体，具体可以分为板材、原木复合构造类墙体和板材、方木复合构造类墙体。

这类墙体有明显的分层构造，夹在板材中间的原木或方木叠加层被外侧的板材拼接层包裹，虽然从外观上看很容易将其和板材拼接类墙体混淆，但可以通过观察破损、残缺的板材层内部构造来加以判定，也可以从老照片中清晰地看到这类墙体内部的原木、方木叠加层（图 5.13）。

a 方木①   b 原木   c 方木②

图 5.13 板材层内部的原木或方木叠加层

这类复合构筑墙体一般用作铁路职工住宅以及小型公共建筑的外墙，兼具原木、方材叠加类和板材拼接类墙体的优点，其既有木材叠加类墙体的优异物理性能，又有板材拼接类墙体的精致的视觉效果。这类墙体在中东铁路沿线很常见，这类墙体构成的房屋也被称为木板房（图5.14）。

以哈尔滨为例，作家阿成在其著作《和上帝一起流浪：犹太人哈尔滨避难记》中对木板房有着生动的描述："早年的哈尔滨几乎到处都是俄式的木板房。站在高冈处放眼望去，真的是太漂亮了，哈尔滨俨然是一座'木板房之城'。在哈尔滨这座年纪轻轻的城市里，俄式木板房是由那些俄国的犹太流亡者建的。他们绝大多数都住在木板房里……这些俄式木板房在建筑领域有一个'寒冷'的名字，叫'西伯利亚式建筑'。"

多种材料复合构筑墙体构成的木板房大量出现是有历史原因的。中东铁路的修筑及沿线建筑的营建消耗了大量木材，导致铁路沿线森林资源消耗殆尽，尤其是在铁路修筑后期，可用优质木材数量所剩无几。例如，阿城至建县前期，境内山林的原始树木被砍光，变为天然阔叶次生林。松树仅在松峰山、吊水湖等地残存有数百株；珠河县（现尚志市）原本遍地森林，自俄国人敷设铁路后，所有成材木品被砍伐净尽。由于红松数量锐减，很难再寻找树龄合适、尺寸接近、粗细均匀的红松来构筑原木、方材叠加类墙体，即使勉强拼凑齐了一些原木，它们也是参差不齐、长短不一、枝节横生，因此这时的原木、方材叠加类墙体的外观较铁路修建前期的外观效果大大下降，后来人们开始使用一些阔叶木来替代红松，但墙体外观效果和保温、承重性能亦大不如前。

为解决这些问题，建造者们开始在原木、方材叠加类墙体表面做一些精美的板材附加层，板材水平、竖直、倾斜而精致地排列在一起，并且平整地贴合在原木、方木叠加层上，使其表面极富韵律，同时，不同方向和宽度的板材综合运用也使墙面肌理富于变化（图5.15）。这种做法既能取得良好的保温效果和结构稳定性，又能获得美观的墙面效果，同时还节约了宝贵的木料。时至今日，这些由多种材料复合构筑墙体构成的、或精美、或简约的木板房仍大量分布在中东铁路沿线，经过重新油饰或简单维修仍然保持着相对完好的状态。

图 5.14　中东铁路沿线保存完好的木板房

a 纵、横向板材组合　　　　　　b 斜向板材组合　　　　　　c 板材自由组合

图 5.15　墙身表面不同肌理

（3）中东铁路历史建筑中木构类墙体的特性。

①应用范围的受限性。

木构类墙体由于材料、构造、物理性能等方面的原因，如防火、防虫蛀等性能较差且容易糟朽，必须依靠榫卯、钉子等金属构件来连接组合木料，侧向荷载抵抗力较弱，以致木构类墙体不适合在面积较大、层高较高的大型建筑中作为承重和围护结构运用，因此这类墙体在中东铁路历史建筑中的应用受到了一定的限制，相对于砌筑类墙体来讲，其在中东铁路历史建筑中的应用不是很广泛。

木构类墙体作为建筑外墙在中东铁路历史建筑中主要应用在以下几种类型的建筑中。体量较小的居住类建筑，如中东铁路沿线的一些独户或联户住宅中都有木构类墙体的运用，而在一些体量较大的铁路职工集体宿舍或兵营中则少有木构类外墙的运用；阳光房、门斗、仓房、公厕等小型配套建筑，如中东铁路历史建筑中的门斗、阳光房，绝大多数都采用板材拼接类墙体作为外围护结构，一些住宅的独立或共用仓房也采用木构类墙体作为外墙，还有一些造型精美的公厕也采用木构类墙体作为外墙；木构类墙体在中东铁路沿线教堂中也有应用，尤其是小教堂中的木构类墙体的应用很广泛，如一面坡、海拉尔、横道河子等站都有木构教堂；在一些体量较大的教堂中也有木构类墙体的应用，如哈尔滨圣·尼古拉教堂等。而一些体量较大的铁路交通站舍建筑、铁路军事建筑、铁路工业厂房等建筑类型基本不用木构类墙体作为外墙，偶尔会将其作为内隔墙，但只是少量应用。

②平面排布的规则性。

由于木构墙体所用木料一般尺寸较大，不方便像砌块那样按照自由灵活的路径砌筑而形成灵活多变的平面排布形式，因此中东铁路历史建筑中的木构类墙体一般都是直墙，墙体拐点和转折处则比较少，正是因为木构类墙体在造型上有这些限制条件，所以中东铁路历史建筑中木构类墙体排布组成的平面一般都是矩形、多边形以及不同矩形、多边形的组合型，鲜有圆形、弧形以及其他不规则的建筑平面形式，平面排布形式相对于砌筑类墙体来讲比较单一。

③立面造型的自然性。

木材特有的质感和属性使木构类墙体不像砌筑类墙体那样给人以冷冰冰的感觉，而是让人感觉亲切。中东铁路历史建筑中的木构类墙体所用木料大多只经过简单的加工处理，没有复杂的形态，也没有精细的雕刻和油饰，保留了木材的原始肌理及质感，使木构类墙体和环境充分协调、融合，而木构类墙体和其他类墙体比较则显得更加简约，尤其是原木、方木叠加类墙体，檐口、山花、洞口等部位基本上也没有精美的装饰，原木的肌理裸露在外部，形成有强烈视觉冲击力的、自然质朴的立面效果。

④良好的结构稳定性。

中东铁路历史建筑中的木构类墙体组成的木构体系主要分为原木叠加类墙体的墙承重木构体系和板材拼接类墙体的木框架体系。由于木构墙体本身质量较小，而且大多数木构建筑高度较小、重心较低，因此木构建筑需要承担荷载相对较小且比较稳定。木构墙体大多采用榫卯连接，同时墙体和地面或平台间的联系比较松动，遇外力作用可以产生一定形变和移动，能够很好地消解外力作用。经走访调研发现，很多木构类建筑墙体都出现不同程度的损坏甚至变形，但木构体系仍然很稳定，最直接地反映了木构体系的这一优点。

⑤良好的保温性。

由于木材的传热系数较砖石材料低很多，不需要建造很厚重的墙体就可以满足室内的热环境要求，因此中东铁路历史建筑中的木构类墙体一般较轻薄，但木构类墙体往往在板材、原木、方木等材料接缝处留有缝隙，容易使冷空气透过墙体并进入室内，一般来讲，如果能够处理好冷风渗透的问题，木构类墙体的保温性能就会较好，大部分木构类墙体构成的建筑在寒冷的冬季都会有比较温暖的室内环境。

5.1.3 复合类墙体

复合构筑类墙体也是中东铁路历史建筑中一种重要的墙体类型，指综合运用多种材料和构造方式构筑而成的墙体，兼具多种墙体的优点，弥补了砖石砌筑类墙体、木构类墙体的一些弊端，同时也丰富了中东铁路历史建筑的外在形象和技术形态。

（1）复合构筑类墙体材料。

中东铁路历史建筑在材料运用上很注重不同材料的组合，这不仅是出于对其力学特性的考量，也是对不同材料各自质感和外观的充分考虑，不同材料的组合遵循着两点原则：性能适应、优势互补；形象适应、效果对比。综合运用各种材料、不同种类材料，取长补短，是中东铁路历史建筑的用材特点。复合构筑类墙体由不同种类材料构建而成，在运用材料方面充分体现了上述原则。

按不同材料在复合构筑类墙体中主要作用的不同，大概可以将其分为三大类：墙体承重围护材料，如石材、砖材、木材等；墙体保温材料，如木屑、棉麻纤维等；墙面装饰材料，如涂料、琉璃面砖等。每类复合构筑类墙体都由两种或多种材料复合构筑而成，往往在一面墙体上会展现出多种不同材料的特性，可以说，正是因为充分发挥了多种材料的优越性能，才使复合构筑类墙体具备了优良的物理性能和墙面视觉效果。

（2）复合构筑类墙体的分类。

经走访调研发现，中东铁路历史建筑中的复合构筑类墙体按其不同的构造方式大致可以分为砌筑与木构复合构筑类墙体、木屑填芯类墙体、板条挂灰泥饰面类墙体三类，每种类型墙体还可以具体分为若干种不同类型（表5.13）。

表5.13 中东铁路历史建筑中的复合构筑类墙体

砌筑与木构复合构筑类墙体	木屑填芯类墙体	板条挂灰泥饰面类墙体
砖材与半圆木复合墙体 砖材与板材复合墙体 石材与板材复合墙体 砖材、石材、板材复合墙体	板材夹木屑墙体 砖材夹木屑墙体 砖墙与板材夹木屑复合墙体 双层木屑填芯墙体	板条挂灰泥和原木叠加复合墙体 板条挂灰泥和板材拼接复合墙体 板条挂灰泥和砖材、板材叠加复合墙体

①砌筑与木构复合构筑类墙体。

中东铁路历史建筑中的砌筑与木构复合构筑类墙体可分为砖材与半圆木复合墙体以及砌体与板材复合墙体。其中，砌体与板材复合墙体又可分为砖材与板材复合墙体和石材与板材复合墙体以及砖材、石材、板材复合墙体三类。

a.砖材与半圆木复合墙体。

砖材与半圆木复合墙体常作为外墙，应用于中东铁路的一些职工住宅中。建造者将砖材露在墙体外侧作为墙体承重部分，内侧则用半圆木与其贴邻，往往还在半圆木表面附加棉麻或毛毡等纤维材料，这样半圆木和纤维材料就组成了保温效果很好的复合保温层，而最内侧常常用板条将毛毡固定后抹灰找平。由于这类墙体所用半圆木主要是为了达到良好的保温效果，并不要求良好的视觉效果，因此不对半圆木进行精细的加工，其表面往往很粗糙，这类墙体从外立面来看和普通砖墙没有区别，但保温性能要优于普通砖墙。

b.砌体与板材复合墙体。

砌体与板材复合墙体指在砖砌或石砌主体墙身的内侧或外侧附加上一层板材拼接层而形成的复合构筑类墙体。板材附加层可以使冰冷坚硬的砌筑类墙体获得良好的视觉效果或舒适的质感。板材附加层通常只在山墙山花部位和墙体内侧下半部两个局部附加（图5.16）。山花外侧的板材拼接样式丰富，如竖直拼接、斜向拼接、平整拼接、凹凸拼接等。山花部位的板材拼接层丰富了山墙面的样式，起到了美化、保温的作用。附加于墙体内侧下部的板材拼接层，即木构护壁，在中东铁路历史建筑中的应用很广泛，小到普通的铁路职工住宅，大到交通站舍等的墙体内侧，随处可见木构护壁的运用。护壁的形式多种多样，既有小板条拼接而成的玲珑、精巧的护壁，也有大宽板拼接而成的大气、质朴的护壁，护壁和砌筑类墙体完美地结合，使墙体具有更多优点，如为硬实的墙体增加柔软性，同时使墙体保洁、

a 墙体内侧下半部　　　　　　　　　　　　b 山墙山花部位

图 5.16　砌体与板材复合构筑类墙体

抗损能力加强，也可丰富墙体线脚，使墙体变得更加美观等。

②木屑填芯类墙体。

防寒保温是中东铁路历史建筑面临的重要问题。墙体防寒是制约墙体类型的一个重要因素，原始的增加墙体厚度的方式虽然可以有效防寒但却使墙体过于厚重，浪费大量材料，为此，当时的建设者们一直探索比较适合中东铁路沿线墙体的保温材料，木屑便是其中最重要的一种。人们将木材加工中产生的木屑进行充分干燥，然后和其他墙体材料相结合，构成了木屑填芯类墙体。中东铁路历史建筑中的木屑填芯类墙体分为板材夹木屑墙体、砖材夹木屑墙体、砖墙与板材夹木屑复合墙体、双层木屑填芯墙体等类型（表 5.14）。

表 5.14　中东铁路历史建筑中的板材、方木、原木混合构筑类墙体

板材夹木屑墙体			
	a 砖夹木屑类墙体	b 砖墙与板材夹木屑复合墙体 哈尔滨联发街某铁路职工住宅墙体	c 双层木屑填芯墙体
木屑填芯类墙体			
	横道河子站某铁路职工住宅外墙	哈尔滨高级铁路职工住宅一层外墙	哈尔滨高级铁路职工住宅二层南侧外墙

a. 板材夹木屑类墙体。

板材夹木屑类墙体是中东铁路沿线最常见的木屑填芯类墙体，是在由木材或钢材组成龙骨体系的两侧钉上板材，中间填以木屑而构成的墙体。其中，龙骨体系起承重作用，板材起围护作用，木屑起保温作用。木龙骨体系占绝大多数，在建筑中的应用较多；钢龙骨体系由工字钢构成，应用极少。据记载，秋林百货公司二楼隔墙就是采用工字钢龙骨体系构成的板材夹木屑类墙体，除此之外，大部分建筑中的龙骨都是木龙骨体系，采用不同尺寸的方材构成。墙体外侧木板一般选用精致的红松板，内侧则用普通的板材，板材之间用企口拼接或直接对接方式进行连接，外部常刷黄色等暖色涂料。还有的板材夹木屑类墙体两侧的木板采用较粗糙的板材和木柱钉接在一起，做工较为粗糙，墙体外侧用抹灰层覆盖木质肌理，从外表辨别不出来是木质墙体。

板材夹木屑类墙体因其力学性能不是很好，一般只应用于单层或两到三层的、较低矮的铁路职工住宅中，在大型建筑中少有这类墙体的运用。目前这类墙体在中东铁路沿线内很多站点都有遗存。

b. 砖材夹木屑类墙体。

砖材夹木屑类墙体指墙体内外两侧用砖材砌筑并在中间留有空隙，再用木屑将空隙填满而形成的墙体。砖材和木屑之间往往还会附加一层毛毡，用以减少冷空气和湿气渗透，砖墙主要起承重及围护作用，木屑起保温作用。墙体有较为明显的分层构造，但砖砌体层和木屑层之间缺乏连接和固定，导致这类墙体的力学性能不佳，长时间使用后墙体便容易倒塌，因此这类墙体不适宜在较高或体量较大的建筑中运用。在中东铁路历史建筑中，这类墙体主要运用于铁路职工住宅中，目前这类墙体遗存较少，只在横道河子站一处铁路职工住宅中可以见到。

c. 砖墙与板材夹木屑复合类墙体。

砖墙与板材夹木屑复合类墙体指在板材夹木屑类墙体外侧附加一层砖砌墙体而形成的复合墙体。砖材层、板材层、木屑层相互配合，各自发挥优势，砖材层和板材层主要起结构作用，木屑层主要起保温作用，同时，砖材裸露在墙体外侧也起到装饰和保护内部板材和木屑层的作用，且砖材层的运用也使墙体防潮效果大大提升，而内部木屑层在很长时间后还能保持相对干燥的状态，不会使墙体保温性能下降。

砖墙与板材夹木屑复合类墙体相对于板材夹木屑类墙体和砖材夹木屑类墙体具有很多优点，表现为其在获得良好保温效果的同时还展现出砖材墙面的效果，实用又美观。砖材层和板材层双层屏障阻隔了湿气向木屑层渗透，使木屑保持干燥、松散，保温性能不会大幅下降。这类墙体在中东铁路历史建筑中的运用相对于砖材夹木屑类墙体更广泛，但同样受力学性能限制而主要运用于一些体量和高度较小的铁路职工住宅中，如联发街某铁路职工住宅外墙、哈尔滨高级铁路职工住宅等。

d. 双层木屑夹芯墙体。

在一些较高级的铁路官员住宅中，为进一步提升墙体的保温性能，建造者往往在单层板夹木屑类墙体外侧再附加一层板夹木屑层，这样一来墙体就包含了两层木屑夹层，木屑层的外侧用大木板斜搭，大木板的外侧再用铁皮做装饰面层，同时也起防水作用，这类墙体在中东铁路历史建筑中很少见，目前只发现哈尔滨工人文化宫内院住宅二层南北墙采用这种墙体。墙体外侧呈一定坡度的倾斜状态，利于防水且很美观，双层木屑确保了墙体的保温效果，但由于做法复杂且废料多，因此没有得到大量应用。

③板条挂灰泥饰面类墙体。

板条灰泥饰面类墙体指在主体墙身内表面或外表面附加一层板材或板条层，然后在附加层上抹灰泥而形成的复合类墙体。主体墙身起围护、承重作用，板夹泥附加层起辅助作用。这类墙体最具特色的就是墙体外侧的板条挂灰泥层，窄板，或枝条等或整齐倾斜，或杂乱无章地交织在一起，形成富有韵律、灵活自由的板材层，像编织出来的工艺品（图5.17）。

这种编织手法是一种很古老的工艺，并不是中东铁路历史建筑墙体中的原创，其历史渊源可以追溯到古埃及时期。古埃及时期人们就开始在木架外面编织芦苇，然后通过在芦苇外侧抹泥来构筑墙体。利用泥土和植物这些随处可见的材料，结合手工艺，创造出的墙体一直是低技术条件下人们的极佳选择，在中东铁路修筑前，我国东北地区就出现了"柳条边墙"，以阻止流民迁往"龙兴之地"的脚步，更早的时候，东北地区的泥墙草顶房屋的泥墙为防止泥土滩落就偶尔会在墙体表面加上一层树枝来固定墙体。板条挂灰泥类墙体的产生也许正是从中得到了启发，建造者将芦苇、柳条、树枝等材料与规则整齐的板条倾斜相交构成墙体。

板条挂灰泥饰面一般和木构类墙体以及砖木、石木复合类墙体复合使用，具体可将板条挂灰泥饰面类墙体分为板条挂灰泥和原木叠加复合墙体，板条挂灰泥和板材拼接复合墙体，板条挂灰泥和砖材、板材叠加复合墙体，等等。板条挂灰泥饰面类墙体在中东铁路历史建筑中运用很广泛，尤其是大量作为建筑内隔墙使用，从一般的小型铁路职工住宅到大型的铁路交通及公共建筑，建筑的内部隔墙都有板条挂灰泥饰面类墙体的应用。然而一些具有承重功能的内墙则不适于选择这类墙体。板条挂灰泥类墙体具有

图5.17 板条挂灰泥饰面类墙体中的板条编织

简洁、轻便、美观、整洁等优点，为中东铁路历史建筑营造舒适美观的室内环境提供了必要的保障。

在建筑外墙中，板条挂灰泥饰面类墙体虽然一般只应用于小型的铁路职工住宅中，但使用量较大，现存的实例也比较多。时至今日，这类墙体在东北地区和内蒙古地区依旧很有生命力，当地人习惯将这类墙体称为板夹泥。板条挂灰泥饰面类墙体由于附加了灰泥层和板条层，因此可以有效地阻止冷气向墙内渗透，同时饰面层还可以对主体墙身起到保护作用，使木材不易因受潮而糟朽腐烂，而板条附加层上面的抹灰可以根据实际情况进行不定期的更换和修补，加之墙身主体不裸露在外，可以选用一些长短、粗细不均的原木或方木等品相不是很好的材料（图5.18），有效地减少了优质材料的消耗。

（3）中东铁路历史建筑中复合构筑类墙体的特性。

①应用范围的广泛性。

作为建筑外墙时，复合构筑类墙体在中东铁路历史建筑中应用量很大，很多小型的铁路职工宿舍和住宅以及部分官员宅邸类建筑的外墙采用复合构筑类墙体，但应用范围不广。由于这些类型的建筑数量很多，广泛分布于中东铁路沿线各地，因此复合构筑类墙体的运用量相应也较多，但因其力学性能不佳，复合构筑类墙体作为外墙时几乎很少运用于中东铁路沿线的大型公共建筑和一些对墙体强度要求较高的建筑中，如军事建筑、火车站舍、水塔等。

作为内隔墙时，复合构筑类墙体不仅应用的数量大，而且运用的范围也很广。出于节省砖材、石材等砌体材料的考虑，中东铁路历史建筑中大部分的内隔墙都是板条挂灰泥饰面类墙体，无论是小型的铁路职工住宅还是大型的公共建筑，内隔墙大多数采用板条挂灰泥饰面类墙体，这类墙体不仅具有较好的经济效益，而且也具有舒适的使用效果。

②平面排布的规则性。

复合构筑类墙体一般由两种或两种以上材料分层构筑而成，如砖木分层混合，木材、木屑分层混合等。中东铁路修筑时期由于技术水平有限，不同材料之间的拼接略显生硬，并无良好的连接过渡措施，因此墙体不同层次之间的衔接强度不足，导致复合构筑类墙体力学性能欠佳，不适合用于具有过多的转折拐点以及曲线形式的平面布局。复合构筑类墙体的平面布局以规则对称式为主。

图5.18 板条挂灰泥饰面墙体中劣质的主体墙身木料

③墙面效果的灵活多样性。

复合构筑类墙体相对于砖石砌筑类墙体和木构类墙体来讲，墙体构筑材料更加多样化，构成方式也更加丰富，其墙面效果往往随着不同材料和构造方式的不同展现出不同的样式，既有木材的质朴、自然，也有砖石材料的精致、严谨，还有灰泥墙面的简单、原始。复合构筑类墙体不同于其他墙体，一般不能直接从墙体表面材质直接判断出墙体构造方式，如墙体表面是木质的有可能墙身主体是砖石砌筑的，墙体表面是砌体材质的墙身主体有可能是木构的。从这一点上讲，复合构筑类墙体没有做到表里如一，但也正是因为这样，复合构筑类墙体才能集各种材料的优点于一身。

④优秀的保温性能。

复合构筑类墙体的各分层构造中一般都会有一个构造层的保温效果很好，如木屑层、原木层、棉毡层等，保温层厚度往往要根据室内热环境的需求而调整，有的复合构造类墙体甚至采用两层或两层以上的保温层来确保墙体的保温性能，如一些高级官员住宅的外墙即是如此。

⑤欠佳的力学性能。

复合构筑类墙体的各个层次相对较薄，竖向承载能力较差，而且各构造层横向联系不强，导致各个层次不能形成一个统一的受力体来抵御横向荷载。从整体上看，复合构筑类墙体往往是偏心受压构件，这对其荷载承受能力也有很大影响。

5.1.4 其他类型墙体

中东铁路沿线墙体类型众多，除上述一些较为常见的墙体类型外，还有其他一些处于探索期或具有特殊性能的墙体，这些类型的墙体也是整个墙体类型体系中必不可少的部分，也值得我们去研究探讨，下面将对中东铁路历史建筑中的其他类型墙体进行归纳研究。

（1）混凝土墙体。

1824 年，英国人约瑟夫·阿斯谱丁发明了波特兰水泥，即今天广泛使用的硅酸盐水泥的雏形。1886 年，美国人首先用回转窑煅烧熟料，使波特兰水泥进入了大规模工业化生产阶段，这为近现代混凝土的出现和运用奠定了基础。1888 年英国人弗朗索瓦·埃内比克利用自己开发的钢筋加固系统在比利时首次成功建造了钢筋混凝土楼板，开启了混凝土在现代建筑中的应用之路，但由于缺少精确的理论数据支撑，当时人们一直对混凝土持怀疑态度，从 19 世纪 20 年代到 19 世纪末，现代混凝土的运用技术一直在不断探索之中。

中东铁路修筑时期正值 19 世纪末 20 世纪初，混凝土还属于新兴材料，其应用技术特点为：逐渐从砖石钢骨混凝土混合结构向砖石钢筋混凝土结构转变。中东铁路历史建筑中的混凝土应用便体现了这个特点。铁路修筑初期，在一些雨搭、楼梯平台和小型楼板中，铁轨混凝土组成的钢骨混凝土结构应用较多，铁路修筑后期，在一些诸如火磨、机车库等体量较大的建筑中，钢筋混凝土应用较多。混凝土墙体在中东铁路历史建筑中虽有出现但并不多见，主要出现在军事类建筑中，如弹药库、掩体、碉堡等（图5.19）。此外，在一些水塔中也有混凝土墙体的应用。

从现存混凝土墙体和楼板实例来看，当时混凝土楼板和墙体中已有配筋，但配筋的方式方法和目前的配筋使用情况差距较大，而且墙体中所用混凝土在骨料选用和配比上也不是很科学，很多混凝土墙体中所用粗骨料为粒径很大的毛石，或骨料比例过大，使混凝土墙体外表粗糙，墙体的力学性能也受影响（图5.20）。

此外，在《满洲建筑杂志》的记载中发现，日本占领时期混凝土墙体施工已开始运用脚手架及支模板技术，并已经开始使用混凝土搅拌机，还专门对混凝土力学性能进行试验，并结合寒地气候研究了混凝土的运用注意事项（图5.21）。总体来讲，当时的混凝土的配制、养护、施工已从最开始的探索运用逐渐向科学的运用转变，虽然当时的混凝土墙体还有许多不足之处，但对其进行大胆的运用和尝试仍有很大意义，为日后混凝土墙体技术的成熟及普及提供了资料和借鉴。这些墙体堪称是中东铁路沿线混凝土墙体的雏形，为东北地区现代主义建筑时代的到来做了技术上的准备。

a 弹药库　　　　　　　　　　b 碉堡　　　　　　　　　　c 要塞

图5.19　混凝土墙体在中东铁路军事类建筑中的运用

图5.20　不同骨料颗粒形成的墙体外观

图5.21 《满洲建筑杂志》中对混凝土性能及施工技术的记载和相关图片

（2）生土墙体。

从人类开始进行建筑活动以来，生土一直都是重要的建筑材料，直到现在其还活跃在世界各地。生土建筑在中国的应用也很普遍。中国的生土建筑以土坯砌筑技术最为常见。土坯砌筑技术在东北地区的村落中更是有大量的运用，以哈尔滨为例，在中东铁路修筑之前，这里的建筑主要以土坯房为主。中东铁路历史建筑中，为节省材料、加快施工速度，借鉴了东北地区的村落的这种原始的建造方式，也大量地采用了这种由土坯砌筑而成的原生态墙体。生土就是没有经过烧制的黏土，中东铁路沿线的土壤以黑土为主，由于黑土土质相对于西北地区的黄土来说土壤颗粒比较松散，不容易形成具有一定形状的固定体块，因此黑土往往需要用木质模具制作成具有一定形状和强度的土坯，且土坯中还要掺入秸秆等纤维材料以增加土坯的拉结力，经干燥脱模后才能用于砌筑墙体。由土坯砌筑好的墙体外侧往往还需要抹上一层掺有秸秆的泥土，以获得平整密实的墙面效果。

生土类墙体不仅取材方便、不污染环境、制作简单、方便生产、造价低廉，而且相对于砖石砌筑类墙体的保温性能更好，可以说，生土类墙体是一种低碳环保的墙体，但生土类墙体也有不美观、不耐久、不耐潮、不卫生等缺点。中东铁路历史建筑中的生土类墙体主要应用于中国工人的宿舍和一些临时兵营中（图5.22），如哈尔滨的中国民工宿舍等。中东铁路修筑时期大量中国工人涌入铁路沿线，需要快速、大量地建造临时性的工人居住建筑，生土墙体便得以大量运用。日俄战争时期，俄国大量屯兵于铁路沿线，生土类墙体再次被广泛运用于构筑大量临时性兵营。由于生土类墙体耐久性差且多被应用在这些临时性建筑中，因此很少有当时的生土建筑遗存至今，只能从部分历史照片中一窥这些建筑的风貌。

（3）编织墙体。

中东铁路历史建筑中的编织墙体是一种构造简单的临时性墙体，是用草叶或芦苇编织成片状的草席，然后将这些草席固定在木质立柱上形成的简易墙体。这类墙体厚度很薄，保温性能差，不适宜在冬季使用，同时，墙体强度低，也不适合承重，无法在体量较大的建筑中使用。受以上缺点的限制，编织墙体无法在中东铁路历史建筑中大量运用。这类墙体一般在一些夏季临时性的小型工棚中使用。同生土类墙体一样，这类墙体没有实例遗存到现在，只能在一些历史照片中见到这类墙体应用的实例（图5.23）。

图 5.22　中国人宿舍及临时兵营中的生土墙体

（4）防御性的工区院墙和碉堡墙体。

由于中东铁路修筑时期的火车在运行时需要用大量的水为机车正常运行做保障，保障水源供应成了铁路正常运营的重要条件，因此往往在毗邻河畔处建水泵房，且为了守卫水泵房，保障火车用水供应，他们往往在水泵房周围建造宿舍、小型兵营、马厩等配套设施，它们共同构成小型建筑组团，这个组团常用围墙加以围合，形成封闭的院落式布局，构成一个严密封闭的，集保卫、守护、防御于一体的建筑组团，人们习惯于把这样的小型建筑组团称为工区，中东铁路沿线很多站点都有这样的小型建筑组团。

院墙在这个小型建筑组团里的作用很重要，除了有封闭、围合、限定空间的功能外，更重要的是还有防御、守卫功能（图 5.24）。由于工区能否正常运转关系到火车能否得到充足水源，因此工区往

图 5.23　临时性小型工棚中的编织墙体

THE HISTORICAL BUILDING CONSTRUCTION AND TECHNOLOGY ALONG CHINESE EASTERN RAILWAY

图 5.24 具有军事防御功能的外墙

往成了各方重点争夺及守护的部位。工区院墙通常要具有一定的军事防御功能，院墙一般为石材砌筑，院墙上规则地排布射击孔，射击孔周围用砖材处理成规则的竖条形孔洞，射击孔呈外窄内宽的喇叭口形，便于从里侧观察外部敌情和架设枪支。此外，院墙对角线处往往会突出一部分做成圆形墙面以扩大射击和瞭望的角度。中东铁路沿线的一些军事类建筑外墙一般都有一定的防御性，但把院墙和防御性结合在一起的只在这类小型建筑组团中出现。

5.2 中东铁路历史建筑墙体构造工艺

墙体作为建筑物的主要围护和承重结构，其构造合理与否直接关系到建筑能否很好地为使用者服务。建筑师在进行墙体设计时要考虑多种因素，因为，一方面，从表面看，墙体决定了建筑立面效果，进而决定了城市形象；另一方面，墙体作为围护结构，应该实现其恰当的功能。对建筑师来讲，设计符合围护结构的功能要求，其意义远超其他建筑要素。可见，墙体构造设计的主要制约因素是美观性因素和功能性因素，其中功能性因素主要包括耐久性、经济性、节能性。

中东铁路历史建筑的墙体构造工艺也是基于以上所说的美观性和功能性展开的，而且在当时的具体情况下，建筑师对墙体的功能性因素的考量要远大于美观性因素，可以说，中东铁路历史建筑墙体构造的宗旨是在充分满足墙体功能性要求的前提下尽量追求墙体的美观性。在技术方面，尽管当时墙体建造技术不高，但它们却很好地体现了耐久性、经济性。在节能性方面，尽管不能和如今的墙体媲美，但建筑师在技术有限的前提下充分考虑了墙体的节能问题。本节将在上文墙体分类的基础上深入讨论每类墙体的构造，针对具体的墙体类型将从墙身构造、墙体细部构造、墙体饰面工艺等方面展开讨论。建构是连接的艺术，中东铁路历史建筑中不同材料总是较为合理地组合、连接在一起，体现了当时的人们对材料运用的驾轻就熟和智慧。在墙体的具体构造方面，本节将着重研究墙体构筑材料的连接方式和墙身与细部的连接方式以及墙体和饰面的连接方式。

5.2.1 砌筑类墙体构造工艺

德国著名建筑理论家散帕尔曾将建造体系分为两大类，其中一类是受压体量的固体砌筑学，即通过对承重构件单元重复砌筑而形成体量和空间。显然，砌筑类墙体的构造属于这类建造体系。在中东铁路修筑时期，砖石砌筑类墙体是这类建造体系里最具有代表性的，其厚重体量稳固地落在大地上，展现了砖块和石块这些简单的单元构件的重复叠加的精妙工艺。在中东铁路沿线，随着建设的进行，俄国人对建筑审美有了更高的要求，墙体的砌筑开始不只采用单一材料，同时也采用复合材料，从而产生出丰富多彩的构筑方式。

（1）砌筑类墙体的墙身构造工艺。

砌筑，即块状砖石材料通过砂浆黏结成整体或者直接干砌而构成的建筑整体的一种建造方式。可见砌筑主要是表现不同砌块之间如何拼接的工艺，砌筑类墙体的主体墙身构造工艺主要包括砌块之间的水平维度和竖直维度的拼接工艺和灰缝黏结工艺以及其他一些特殊工艺，下面将按照这三个方面分析砌筑类墙体的墙身构造工艺。

①实心砌筑类墙体墙身构造工艺。

a. 砖砌实心墙体墙身构造。

经走访调研发现，中东铁路历史建筑中的砖砌实心墙体的厚度变化范围为120~1 500 mm，如果把砖材一个顺面厚度称为半砖墙、一个丁面厚度称为一砖墙，那么相应的墙体横向截面形式有半砖墙、一砖墙、一砖半墙、两砖墙、两砖半墙、三砖墙、三砖半墙、四砖墙、四砖半墙等。砖砌墙体越厚，砖砌块之间的拼接方式就越复杂多变（图5.25）。从砖砌墙体的表面观察，中东铁路历史建筑墙体中砖材之间的拼接方式多种多样，主要拼接方式有：一皮丁一皮顺式、一皮一顺一丁式、多层顺、多层丁、

图5.25 不同厚度的砖砌实心类墙体

乱序拼接等。此外，立砖拼接方式也很常见，立顺砖、立丁砖、错立拼接等方式在砖砌墙体中都有所应用。有时为了追求特殊的墙面效果，建造者还会采用多种拼花式拼接方法（图5.26）。

b. 石砌实心墙体墙身构造。

俄国石构建筑可溯源到古罗马时期。中东铁路历史建筑中石材砌筑实心墙体所用石料主要有未加工毛石、粗加工石材、细加工石材三类，三类石材因形状有差异，在砌筑时的拼接工艺也有所区别。

未加工毛石形状不规则，在墙体中运用时，择其相对较大的一面或较为平整的一面外露，形状尖锐或不规则的面内向。虽然其不能像砖砌体那样一皮一皮地形成精确的错缝搭接，但砌筑时也力求避免产生对结构不利的上下通缝，即在砌筑时要特别注意上下石材间的搭接方式。尽管如此，未加工毛石砌筑的墙体还是常常会由于毛石形状凹凸不平而导致墙体中间的孔隙率较大，这大大影响了墙体的物理性能，形成的孔隙需要用体块较小的碎石和细小的石屑来填补，然后再用砂浆填缝，才能形成最

图 5.26　类型多样的砖墙砌筑方式及拼花方法

终密实的墙体（图5.27）。

粗加工石材尺寸规格较为接近，在墙体中运用时往往能较好地拼接在一起。由于石材层层叠加在一起，之间不会留有较大缝隙，缝隙基本和地面保持平行，因此不需再用碎石填缝，只需要用砂浆黏结即可达到较为密实的墙面效果。但粗加工石材砌筑墙体内部石块之间缝隙却较大，有时候需要用石屑填缝并配合石灰砂浆灌缝，才能形成密实的墙体（图5.28）。

细加工石材尺寸精确，表面平整，在墙体中运用时往往能严丝合缝地拼接在一起，不需要用碎石来填充缝隙，只需要像砖砌块那样用少量砂浆黏结即可形成密实、稳定的墙体。

多种石材混合构筑类墙体中往往是未加工毛石、粗加工石材、细加工石材混合在一起使用，多种石材应用于同一面墙体中，各类石材分布在不同位置，一般情况下：精加工石材常裸露于墙体外部，粗加工石材则用于内墙一侧，二者之间用碎石填缝（图5.29）。由于石材砌筑墙体厚度往往较大，墙身荷载也较大，因此往往选用体块较大、较完整的砌块放在墙体下部或结构加强部位。

c.砖石混合砌筑实心墙体墙身构造。

砖石混合砌筑墙体由砖材和各类石材混合构筑而成。在砖砌墙身石材嵌芯类墙体中，砖材是主要材料，石材是辅助材料。石材往往尺寸较大，分布在砖墙的转角或窗套间，与砖材之间的拼接主要以

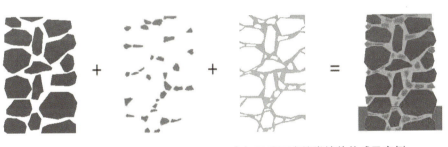

图5.27 未加工毛石砌筑类墙体构成及实例

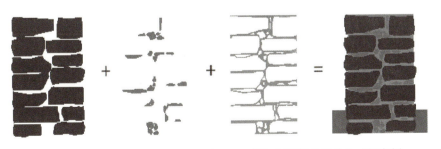

图5.28 粗加工砌筑类墙体构成及实例

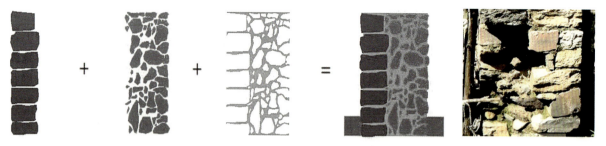

图 5.29 多种石材混合构筑类墙体构成及实例

马牙槽形式为主,通过增加两种砌块之间的接触面积来加大砌块之间的咬合力。还有的砖砌墙身用散点式石材嵌芯或每 3~5 皮砖便横向拼接条状石材贴面(图 5.30),石材横向嵌在砖墙内部,既加强了结构强度又丰富了立面肌理。

石砌墙身用砖修饰细部类墙体,石材是墙体主要构筑材料,砖材是辅助材料,表现为在门窗洞口、墙体转角、山花檐口等部位用砖材和石材直接对接或呈马牙槽形式拼接。在这类墙体中,一般情况下,

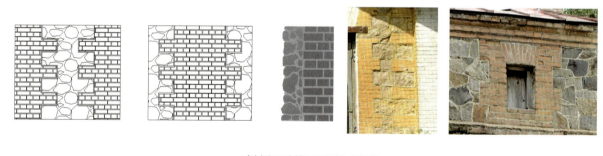

a 砖材和石材间马牙槽式相接

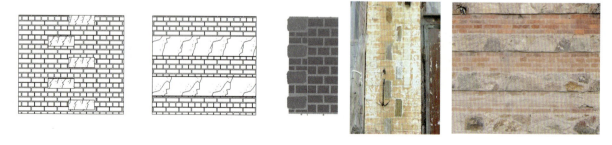

b 砖材和石材之间点式和条式相接

图 5.30 砖石混合砌筑实心墙体墙身构造示意及实例图

砖材用于墙体外侧，厚度以半砖墙和一砖墙居多，墙体内侧用石材和砖材水平相接，石材多为未加工毛石和粗加工石材，很少用细加工石材，石材厚度通常大于砖材厚度，两层不同材料间用砂浆密实填缝，增加砖材和石材之间的黏结力（图5.31）。

②空心砌筑类墙体墙身构造工艺。

a. 节约材料空心墙。

节约材料空心墙一般应用在墙体的山墙或连栋建筑的分户墙部位（图5.32a），这类墙体一般较厚实，墙体下部为实心砌筑，上部出屋面部分由于不用承重，所以用空心砌筑，以节省砖砌块。空心墙体部分厚度和下部实心墙体厚度一致，空心墙体两侧用顺砖错缝砌筑在下部实心墙体之上，厚度一般为半块砖（约为120 mm），空心部分厚度等于下部实心墙体厚度与两侧墙厚度的差值。空心墙体顶部收口时用丁砖倾斜呈一定角度左右对立而砌，形成一个小小的双坡顶收口，上面用抹灰覆盖，既美观又能防止雨水渗漏到空心墙体内部，在一些联户住宅分户墙上部的空心墙的闷顶部位常常开连通的洞口以方便闷顶内的空气流通（图5.32b）。

b. 采暖火墙。

火墙是中东铁路历史建筑中主要的采暖设施。中东铁路历史建筑中的采暖火墙散热面一般以立砖砌筑为主，较高级的火墙以专用方形耐火砖立砌，砖砌块的大面向外，火墙面积较大时还需在墙面设置若干皮丁砖拉结。此外，为防止墙体表面温度过高，火墙表面抹灰以降低表面温度。中东铁路历史建筑中的内墙往往是木质的，在木质内墙上设置火墙时，需要在砖木交接的部位设置一定厚度的砖墙，防止温度过高引燃木质内墙。从已损坏的火墙内部构造来看，火墙内部空心部位通常会设纵向的隔墙，这些不封顶的隔墙之间形成纵向的烟洞，若干烟洞串联增加了烟气的通行距离从而增加烟气在火墙内的流动时间，使热量更均匀、持久地释放（图5.33）。

如果把普通红砖的顺面长度定义为1砖厚，那么中东铁路历史建筑中普通红砖砌筑的火墙厚度一般为1.5砖厚、1.25砖厚或1砖厚，除去两侧立砖砌筑的散热面的0.5砖厚，中间空心部分烟道厚度

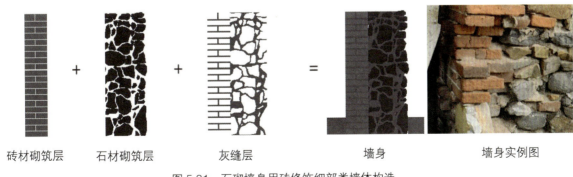

砖材砌筑层　　　石材砌筑层　　　灰缝层　　　　　墙身　　　　　　墙身实例图

图5.31　石砌墙身用砖修饰细部类墙体构造

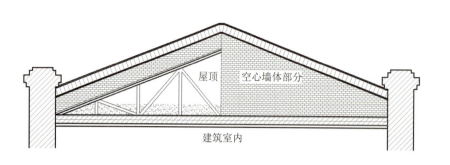

a 空心砌筑类墙体在连栋建筑中应用的部位

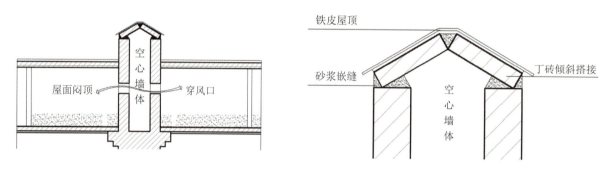

b 空心砌筑类墙体的通风和防雨构造

图 5.32　中东铁路历史建筑中的空心砌筑类墙体

为 1 砖厚、0.75 砖厚或 0.5 砖厚。与之相对应的，不同厚度火墙的内部的纵向隔墙砌筑方式也有所不同。1.5 砖厚的火墙中间隔墙为 1 砖厚，砌筑时用整砖顺立砌即可；1.25 砖厚的火墙中间隔墙为 0.75 砖厚，砌筑时将 0.25 厚砖搭接在一侧立砌的散热面上即可；1 砖厚的火墙中间隔墙厚度为 0.5 砖厚，砌筑时常将整砖从顺面中间断开，一分为二，再砌筑中间隔墙即可（图 5.34）。

　　c. 空心砌筑的墙道。

　　空心砌筑的墙道主要包含烟道和风道两类。由于烟道的主要作用是将壁炉或火墙等取暖设施产生的烟气迅速传递到烟囱并排到室外，为采暖设施内部燃料燃烧顺利提供保障，因此烟道内部构造形式主要体现了距离短、路线平直、内部通畅三个特点。无论是水平烟道还是垂直烟道都尽量布置成最短的直线形，如水平烟道一般长度小于 3 m，很少有曲折或转弯，且内部无凸出物阻挡烟气流动。为保证烟气流动通顺还需要定期清理烟道内壁附着的积灰，保持烟道内表面平滑。烟道一般结合内墙设置，

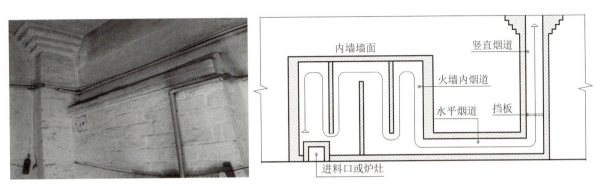

a 火墙实例及纵向剖面示意

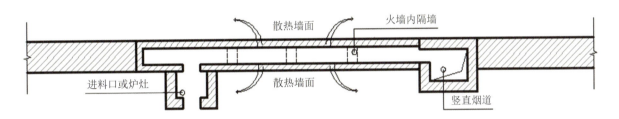

b 火墙平面示意

图 5.33 中东铁路历史建筑中的采暖火墙

图 5.34 火墙内部构造实例

可由红砖单独砌筑而成，或者提前在砌筑墙体的时候预留出来，其截面大小一般符合0.5块砖的模数大小，即130 mm×130 mm，而较大的烟道截面则可以达到260 mm×260 mm，即2块砖大小。在垂直烟道和木质天花交接处，为防止烟气过热引燃木质顶棚和梁架，建筑师常常沿烟道周围设置若干皮叠涩砖，用以增加烟道壁的厚度、消除火灾安全隐患，同时获得较好的外观（图5.35a）。

为防止中东铁路历史建筑中的炉灶、壁炉、火墙等设施内部燃料燃烧不充分产生有害气体，冬季室内需要换气，建筑师在壁炉或者火墙的旁边往往设有通风换气道。换气道和烟道毗邻而设，在砌筑厚重的墙体时提前预留而成，换气道下部留有进气孔，上部借助烟囱或者直接在外墙上的开孔进行排气，利用了热空气上升冷空气下降的原理，使室内外空气进行持续、缓慢的交换。大型的铁路公共建筑往往利用暖气取暖，室内无烟道，这类建筑内的换气孔往往设在内墙的上部，各个房间内热空气上升后缓慢流入竖向换气道，每个房间的竖向换气道与顶棚横向换气道连接，最后通往天窗达到换气的目的。为保证墙体结构稳定，换气道的截面尺寸通常较小，截面长和宽通常都在250 mm。当室内空间较大时需设置多个换气道以满足换气需求（图5.35b）。

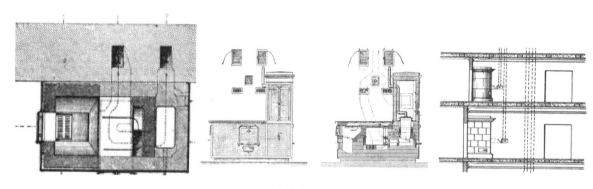

a 墙体中的空心烟道

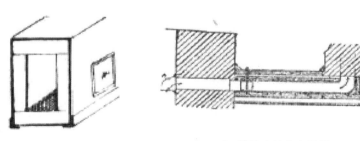 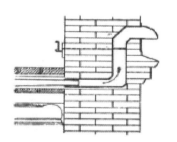

b 墙体中的空心风道

图5.35 中东铁路历史建筑中的墙道

③砌筑类墙体主体墙身中的石灰砂浆工艺。

中东铁路修筑时期虽然水泥已开始广泛运用,但中东铁路沿线没有大型的水泥厂,水泥制备工艺和产量还不足以满足大规模的运用,直到1935年哈尔滨才建成第一个水泥工场,命名为哈尔滨洋灰股份有限公司,当时群众称其为"洋灰窑",而且仅有一个直径3.4 m,长65 m的干法中空回转窑,因此中东铁路历史建筑墙体中很少采用水泥砂浆而主要以石灰砂浆为主,无论是低矮的铁路职工住宅墙体还是较高的铁路公共建筑墙体,甚至在对防水、防潮有较高要求的地下室和墙体基础部分都不例外。由于石灰砂浆的耐候性和强度较差,按照现在的砌筑墙体安全要求,这种材料是不可靠的,其强度达不到安全指标,用于砌筑低矮的平房墙体,如铁路职工住宅尚可,如果用来砌筑较高的公共建筑墙体则会留有很大安全隐患,因此中东铁路建设后期很多建筑墙体都用水泥砂浆和混合砂浆进行了重新勾缝,尽管如此,如今中东铁路沿线大型铁路公共建筑依然损毁严重(图5.36),完好保存的实例

图5.36 砖石砌筑类墙体中损毁的灰缝和重新勾缝

较少。此外，一些特殊的墙体部位，如墙根勒脚、墙体基础等部位对防水、防潮、防腐蚀的要求较高，用石灰砂浆砌筑也会不合适，经走访调研发现，大部分采用石灰砂浆砌筑的建筑墙根都出现比墙体其他部位更严重的损毁。

砂浆作为胶结材料，其主要功能是使砌块或更散碎的材料形成整体。在中东铁路历史建筑墙体中，按照砂浆使用方式不同可将砂浆黏结砌块的工艺分为拌和工艺和铺抹工艺。拌和工艺指在砌筑碎石、碎砖的过程中将石灰砂浆灌入碎石、碎砖拼接形成的空隙中，使碎石、碎砖等散装碎块之间通过砂浆的拌和黏结成为整体，进而使墙体变得密实坚固。石灰砂浆的拌和工艺主要应用于外砌内填类墙体的内部，并在毛石砌筑类墙体中也有应用，用来黏结碎小的毛石块。石灰砂浆与砖石碎石混合在一起，填满了形状不规则的碎料之间的缝隙，往往会形成毫无规则的灰缝形态。

砂浆的铺抹工艺相对于砂浆的灌注工艺更加细腻，主要用在砖砌块或细加工石材砌筑的墙体中，操作中需将砌块的黏结面均匀、饱满地铺抹上砂浆，然后通过挤压砌块使其紧密地黏结在一起。砂浆经过挤压通常会向砌块四周溢出并形成不规则的灰缝形态，而为了墙面更加美观，工匠们常常需要重新进行细心的勾缝。根据砌块间灰缝的不同形态大概可以将勾缝形态分为平缝、沟缝、V形凸缝、圆形凸缝等几种形式（图5.37）。平缝指在墙体外侧刮除挤压过度、凸出墙体的砂浆而形成的灰缝，应用平缝的墙体表面平整利落；沟缝是指将平缝刮出一道凹槽而形成的灰缝形态，应用沟缝的墙体层次感强；V形凸缝和圆形凸缝指使灰缝挤压出的砂浆突出墙面再修饰成V形或圆形而形成的灰缝形态，应用V形凸缝和圆形凸缝的墙体能突出灰缝的肌理。除了这些常见的灰缝形式外，还有一些较特殊的灰缝形态，如喇嘛甸站水塔彩色石腰身灰缝创造性地采用了类似于麻花辫似的特殊样式，表达了俄国工匠的独特情怀。

④外砌内填类墙体墙身构造工艺。

外砌内填类墙体有很明显的分层次构造，墙体内侧和外侧为砌块砌筑层，中间为碎块填芯层（图5.38），两侧的砌块砌筑层既要承担竖向荷载，又要包裹内部的填芯层，同时还要平衡碎块不规则叠

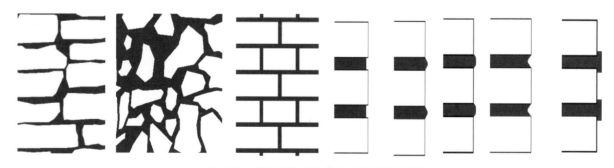

图 5.37　砖石砌筑类墙体中的各种灰缝形态

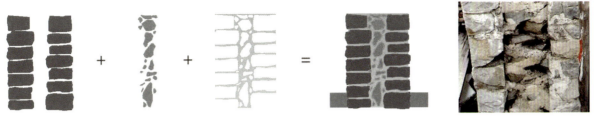

图 5.38 外砌内填类墙体墙身构造及实例

加产生的横向推力。如果两侧砌块砌筑层不是密实的叠砌,砌块间的水平摩擦力就会不足,墙体就无法平衡侧推力,很容易出现"鼓肚子"现象,即填芯层的碎块向两侧挤压导致墙体两侧砌块凸出墙面的现象。砖砌外壁一般用顺砖错缝砌筑,厚度为 0.5 砖或 1 砖,砖块表面平整、规则,上下层可以很好地黏结以提供足够的摩擦力。由于中东铁路历史建筑中的外砌内填类墙体两侧大多都采用只经过粗加工的石材砌筑,因此要选用较平整的大面进行上下叠砌,且黏结砂浆要饱满、均匀,确保上下层砌块稳固黏结。

中间填芯层主要由砖、石碎块和砂浆混合而成,碎块之间没有固定的拼接方式,只是依据两侧砌块形成的夹层宽度进行的随机填充,填充时尽量使留有的缝隙最小化,缝隙处用砂浆灌满。从现有损毁的墙体实例来看,内部填芯层很多空隙处并未被砂浆灌满,有的填芯层厚度较小甚至未用砂浆进行灌缝,只是将碎块填入其中,这些做法导致墙体内部不是很密实,在一定程度上影响了墙体的物理性能和结构稳定性。

(2)砌筑类墙体的细部构造工艺。

①砌筑类墙体的墙根构造。

墙根是墙体和室外自然地面或室内铺装地面交接的部分,室外墙根主要需要考虑防水防潮问题,室内墙根主要需要考虑保护墙面和视觉平衡问题。

建筑的外墙墙根一般是由勒脚、散水、墙身水平防潮层组成的封闭的防水、防潮系统。中东铁路历史建筑限于时代、技术、经济等条件,一般很少在外墙墙根处做散水,同样也不在墙身做水平防潮层,普通砌筑类外墙只做勒脚和地面交接,或者直接和地面交接而不做防护措施。这种简单的低技术处理方式导致很多中东铁路沿线砌筑类墙体的墙根糟损严重,水汽通过土壤渗透到室内,导致室内墙角的潮湿和霉变。

砌筑类墙体的勒脚形式构造多种多样(图 5.39),按材质不同可将其分为石材勒脚和砖材勒脚。由于石材勒脚无论是强度还是防潮能力都优于砖材勒脚,因此其使用要比砖材勒脚广泛。石材勒脚的高度为 200~900 mm,大部分由未加工毛石或粗加工石材构成,也有少数较重要的建筑外墙勒脚由精加工石材构成,精加工石材砌筑的勒脚的石材砌块间的灰缝较薄,因此其防水性能要优于其他两类石

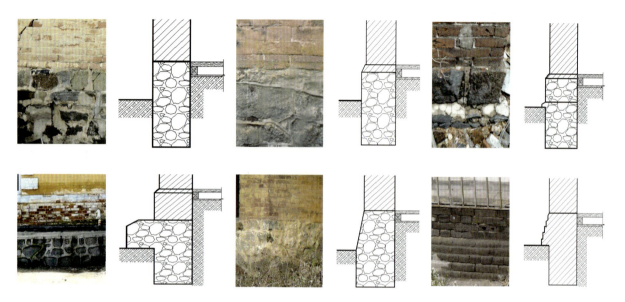

图 5.39 砌筑类墙体不同的勒脚构造

材砌筑的勒脚。勒脚表面装饰线脚较少，一般是凸出主体墙身 30~50 mm 并垂直和地面交接，凸出部分不打磨成斜面，容易积水。少数较高级建筑的石材勒脚不仅在上部凸出墙面，而且在其与地面交接处也向外挑出砌筑一定宽度的石材，并且挑出面都处理成斜面，这样做既可以防止勒脚凸出面积水，又可以避免雨水向墙基处渗漏。

砖材勒脚虽然物理防水性能不及石材勒脚，但其外观相对来讲更加精致，在一些铁路职工住宅中也有少量应用。砖材勒脚一般是在墙根处向外出挑 5~8 皮砖形成的，最上面出挑的 1 皮砖通常做成斜面，最下面的 2 皮砖有时会继续出挑并做成斜面，部分砖材勒脚还会在最下面垫上 1 层石材以增加其根部的防水性能。

砌筑类墙体的内墙墙根一般不做特殊处理，只做简单的踢脚线并和室内铺装地面交接。踢脚线以木质居多，普通的铁路职工住宅中一般只采用简单的踢脚形式，大多由高 70 mm 左右的方木一角抹圆加工而成；比较高级的官员宅邸或公共建筑中，木质踢脚线会做复杂的线条装饰，高度也比普通踢脚高，有时可达到 150 mm 左右。

②砌筑类墙体的转角构造。

砌筑类墙体转角处作为建筑的立面边界，既是结构薄弱部位，又是保温性能较差的部位，同时也是需要重点装饰的部位。在一些对温度和结构稳定性无较高要求的建筑中，砌筑类墙体转角有时会不采取特殊过渡措施，墙体直接转角，干脆利落，偶尔会做些装饰线脚一带而过。但在一些对室内热环境和结构稳定性要求较高的建筑中，砌筑类墙体转角构造面临的主要问题就是如何提高保温性能和加强结构稳定性，在中东铁路修筑时期只能利用一些低技术的方式来弥补这两个不足之处。通过调研发现，砌筑类墙体主要采取转角加厚和转角转换砌块过渡两种构造措施来解决这两个问题（图 5.40），前者是通过加大砌筑类墙体转角厚度来提高保温性和加强结构稳定性的，后者是通过在石材砌筑墙体采用砖材处理转角增加转角热阻，或用体量较大的石材处理转角达到结构稳定目的的。

a. 墙体转角加厚。

墙体转角加厚的方式有两种，即转角隅石和转角柱过渡（图 5.41a、b）。隅石狭义上是指墙角的石头，用以雕刻建筑建造年代或建筑师姓名等信息。本书所说的转角隅石是指在砌筑类墙体转角处每隔一段距离由砖材或石材砌筑成的、凸出墙面的构造，按材质不同可将转角隅石分为石材隅石和砖材隅石。

石材转角隅石在砖材砌筑墙体和石材砌筑墙体中都有应用，石材隅石多为经过精加工的长方形条石，一般长 300~500 mm、高 150~300 mm，凸出墙面 20~60 mm 不等，按 100~300 mm 不等的间距竖向分布在墙体转角处，样式大致可分为平齐式和错位式两种，平齐式指上下 2 块隅石长度相同互相对齐布置，错位式指上下 2 块隅石长度不一且交错布置。

由于砖材的传热系数比石材小，更有利于墙体转角保温，因此中东铁路历史建筑中砖材砌筑成的隅石比石材砌筑成的隅石应用得更多。砖材转角隅石一般为 2~4 块丁砖的长度，即 520~1 040 mm，2~5 皮砖的高度，即 120~300 mm，凸出墙面 20~60 mm 不等，在沿转角竖直布置的同时偶尔还和山墙的山花连接，样式以平齐式为主，错位式较少。

b. 墙体转角转换砌块过渡。

有些砌筑类墙体的转角不做隅石和转角柱，而是通过换用其他砌块砌筑来达到提高保温性能和增强结构稳定性的效果，如在石材砌筑墙体转角处往往用砖材来过渡，同样厚度的砖材墙体要比石材墙体热阻大很多，砖材墙体转角不凸出石材墙面，二者互相平齐，交接处通过马牙槽形式拉结；还有的

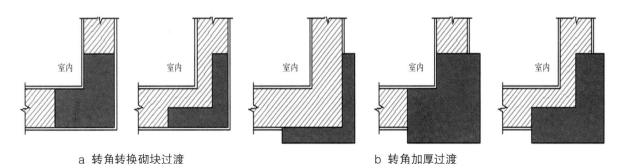

a 转角转换砌块过渡　　　　　　　　b 转角加厚过渡

图 5.40　砌筑类墙体转角加厚和转角转换砌块过渡

石材砌筑墙体在转角处采用比在墙身处更大体块的石材砌筑，也能达到提高保温性能和增强结构稳定性的目的。采用转角换砌块过渡的处理方式往往会在转角处形成明显的肌理对比，起到强化建筑立面边缘的作用（图5.41c）。

③砌筑类墙体的洞口构造。

中东铁路历史建筑砌筑类墙体上的洞口主要包括窗洞口、门洞口、山花洞口、换气洞口等，洞口大小不一，比较小的洞口，如换气洞口大概只有150 mm×150 mm，即0.023 ㎡左右，而比较大的窗洞口，如机车库的门窗洞口有时可以达到20~30 ㎡。同时，砌筑类墙体上洞口的立面形式也有矩形、圆形、弧形、椭圆形等。此外，一些建筑还大胆地采用了当代建筑中常见的门联窗洞口形式，如扎兰屯站和穆棱站的铁路职工住宅就在主入口处采用了门联窗形式。洞口平面也有内窄外宽、内宽外窄、内外平齐等形式。可以说，中东铁路沿线砌筑类墙体上的洞口大小差距悬殊、形式多种多样。总的来说，在墙体上开洞口主要解决墙体洞口的结构稳定性和洞口密封保温这两个问题。

砌筑类墙体一般都起到承重的作用，在其上开洞口面临的最主要的结构问题是如何传递洞口上部的荷载，当代建筑通常采用钢筋混凝土过梁来解决这个问题，但因为中东铁路历史建筑修筑时期混凝土材料尚未得到广泛应用，所以中东铁路历史建筑砌筑类墙体中的洞口顶部主要采用砖石砌筑平拱过梁技术和砖石砌筑拱券过梁技术，少数建筑中采用了用于制作铁轨的工字钢或较结实的木材以及混凝土充当过梁，这些过梁可分为平拱过梁、拱券过梁、水平过梁三类（图5.42）。

砖石砌筑平拱过梁有很悠久的历史，其应用可追溯至古罗马时期。中东铁路历史建筑中砖砌筑平拱过梁技术已相当成熟，小到铁路职工住宅大到机车库、火车站，都有所应用。平拱砖过梁多采用整砖侧砌，拱厚同墙厚，外观呈倒梯形，过梁中间往往形成一定的起拱，倒梯形最中间往往用石块做拱心石，拱心石左右两侧砖砌块数相等，砖拱端部的砖砌块伸入墙身20~30 mm，按照现在的结构要求，砖砌筑平拱过梁的适用跨度一般不宜大于1.2 m，最大跨度值不应超过1.8 m，经调研发现，

a 转角隅石过渡　　　　　　b 转角柱过渡　　　　　　c 转角转换砌块过渡

图5.41 砌筑类墙体转角加厚和转角转换砌块过渡

中东铁路历史建筑中采用的砖砌筑平拱过梁的洞口跨度基本都在 1.8 m 以内，当洞口跨度较大时则需增加砖砌筑平拱过梁的弧度，形成砖砌筑弧拱过梁或砖砌筑拱券过梁，进而实现开更大洞口的目的，如一些机车库、站舍建筑的门窗洞口跨度有时能达到 2~3 m，甚至更大。砖砌筑弧拱过梁起拱幅度较大，有时甚至呈半圆形，可根据洞口跨度大小调节起拱弧度。水平过梁一般由质地优良的方木、铁路钢轨或混凝土构件充当，过梁伸入洞口两侧墙体 60~250 mm（图 5.43）。

在以石材为砌筑主体的墙体中，门窗洞口是一个对边缘整齐程度要求较高的墙体部位，需要一定的石材砌筑、加工技术。为解决中东铁路历史建筑中的上述问题，同时加强洞口的结构稳定性并使洞口处线脚更加丰富，建筑师有时会在墙体洞口的左右两边设置类似于墙体转角隅石形式的洞口贴脸，洞口顶部的过梁和左右两侧的贴脸以及洞口下部的窗台组成一个闭合的圈，使洞口在立面上更突出。此外，为减少洞口边缘的冷风渗透量，建筑师常常将门扇、窗扇伸入墙内 100 mm 左右，并在凹槽处垫以毛毡或麻丝，尽管如此，门窗洞口处依旧是室内保温的薄弱部位。

　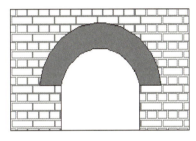　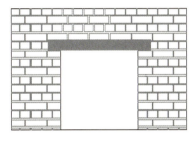

　　a 平拱过梁　　　　　　　　b 拱券过梁　　　　　　　　c 水平过梁

图 5.42　砌筑类墙体中的洞口过梁形式

图 5.43　不同类型的砌筑类墙体洞口过梁实例

（3）砌筑类墙体的饰面工艺。

墙面装饰主要包括建筑物室外墙面和室内墙面装饰两大部分，装饰的主要目的和作用是保护墙体、美化建筑的室内外环境以及提升建筑的使用舒适度。中东铁路历史建筑脱胎于俄罗斯传统建筑，极具俄罗斯民族传统特色。由于受17世纪欧化运动的影响，俄罗斯传统建筑特别重视立面装饰，中东铁路历史建筑也是如此，其大多数墙面都采用一定的饰面工艺进行装饰。中东铁路沿线墙体饰面工艺大体可分为外墙饰面工艺和内墙饰面工艺两种。按照饰面材料和构造做法的不同，饰面基本类型有抹灰饰面、涂料饰面、贴面饰面、板材饰面、裱糊饰面等。这些不同类型的饰面在中东铁路历史建筑墙体中都有所应用。

中东铁路历史建筑中的砖石砌筑类墙体既有原始的清水做法，即墙体表面没有装饰层，保留原有石材或砖材砌块的肌理，又有丰富的墙面装饰工艺。受经济条件和施工时间的限制，一些相对次要的辅助用房和临时建筑以及一些石构建筑的砌筑类墙体以清水做法为主；但在一些对建筑形象有较高要求的建筑中，如高级铁路职工住宅和官员宅邸以及一些铁路公共建筑中，建造者还是以极大的热情去施展墙体的饰面工艺。经走访调研发现，中东铁路历史建筑砌筑类墙体的饰面工艺主要有以下几种类型。

①广泛运用的墙面涂饰工艺。

涂料饰面是中东铁路砌筑类墙体中运用最广泛的饰面工艺，经走访调研发现，几乎所有中东铁路沿线建筑砖砌外墙都刷有黄色系或红色系的涂料，虽然相对于木构类墙体上应用的涂料颜色来说显得有些单调，但这却能在寒冷的冬季给人添加一丝暖意，同时也使这些历史建筑更加美观，更具有辨识性。

涂料的发展大概经历了油性化时期、合成树脂化时期、水性化时期以及粉剂化时期四个阶段。中东铁路修筑时期，建造者能够使用的涂料以天然油脂和树脂为原料的油性化涂料为主，如在一些室内木装修以及木构外墙中应用的主要是这类涂料。另外，经调研发现，砌筑类外墙所刷涂料并非油性化涂料，因为当衣服或身体接触墙体时往往会有细小的涂料颗粒脱落，即掉粉现象，所以从这点可以判断当时砌筑类外墙所用涂料属于粉剂化涂料。从涂料材料的表观特征推测，中东铁路修筑时期使用的涂料主要由石灰粉溶解后里面掺杂黄色或红色色素形成，而涂料在墙体表面分布厚度不均匀则说明当时应该主要以人工粉刷涂料为主，没有使用喷涂工具。这类简便的涂料来源广泛、价格低廉、制备简单，适合在中东铁路历史建筑中大面积应用，但由于其在墙体表面附着能力不强，不能在墙体表面形成很好的保护膜，受潮或被雨水侵蚀会出现涂料层褪色或脱落现象，因此需要经常补刷或重刷。如今，中东铁路沿线砌筑类外墙表面大多已经过重新粉刷。

②大面积墙面抹灰饰面工艺。

墙面抹灰工艺是中东铁路历史建筑墙体最常用的一种饰面工艺，在一些对建筑形象要求较高的大型铁路建筑中，其外墙常常大面积地运用抹灰饰面，并常利用抹灰层做一些装饰线脚，再在抹灰层上罩涂料，使建筑外立面达到平整、美观、精致的效果。

在调研过程中，从已经脱落的外墙抹灰层可以看出当时的外墙抹灰主要以石灰砂浆抹灰为主，石灰砂浆防水性能较差，尽管外墙所用石灰砂浆中石灰含量较内墙有所提高，但仍解决不了防水、防潮问题，但石灰含量高的优点是砂浆很细腻，使墙体表面可以达到很平整光滑的效果。由于当时的石灰砂浆抹面并没有如今通用的分层构造，没有区分底层、中层、表层等，而是直接以匀质的单层石灰砂浆根据厚度需求一次性抹面，因此一般砌筑类墙体墙身砂浆抹面厚度为 10~30 mm，局部需要做装饰线脚的地方偶尔厚度可以达到 100 mm 左右。这样单层次的抹灰构造施工简便、省时，但在外力作用或雨水浸泡时砂浆层很容易从砂浆与墙体黏结处彻底脱落，而不像分层次砂浆抹面那样分层脱落，这给补救和维修都带来极大困难（图 5.44）。

图 5.44 砌筑类墙体表面的抹灰及其脱落糟损情况

石灰砂浆抹面在砌筑类内墙中的应用相当广泛，相对于外墙所用石灰砂浆抹面，一般内墙的抹面工艺要粗糙一些，尤其是在一些普通的铁路职工住宅中，所用的石灰砂浆的石灰含量低，抹灰表面有较多的砂石颗粒凸出，墙面很粗糙，抹面完成后需在墙面刷一层石灰以减轻墙面的粗糙感。但在一些比较高级的铁路官员住宅或公共建筑中，石灰砂浆抹面常常也能达到很好的效果，其内墙抹面砂浆厚度一般为 10~30 mm，抹灰层没有明显的层次。虽然室内墙体抹灰受雨水侵蚀较少，但由于其石灰含量少，因此和墙面黏结性较差，常常出现掉灰、脱皮的现象。

③墙面局部木装饰工艺。

中东铁路历史建筑墙体中的木装修饰面主要应用于外墙内侧和内墙两侧，如构成墙体的墙裙等。木质墙裙主要应用在人流量较大的公共建筑或对室内效果要求较高的官员宅邸中，既有防止墙面受脏的作用又有丰富室内效果的作用。木质墙裙多采用板材竖向拼接而成，拼接样式灵活多样，所用木材大多是较珍贵的红松板材，耐磨、耐腐蚀性能较强，高度一般在 1.2~1.5 m，凸出墙面的厚度为 100~150 mm。有时木质墙裙和木质踢脚、地板还会连成一体，形成统一的室内风格。此外，在一些铁路职工住宅的山墙的山花部位，偶尔也会有一层板材饰面，既有阻止山花受雨水侵蚀的作用，又有使山花更加美观的作用。山花部位的板材饰面通常采用比较窄的板材竖向拼接或斜向拼接而成，板材下部有时会做成三角形或其他形式的牙边，板材表面通常会涂以蓝色或黄色的油漆。在冰冷坚硬的砌筑类墙体上应用自然质朴的木装修往往会使墙体更加美观、舒适，更符合人们的审美情趣和使用习惯。

④墙面细部的点缀装饰工艺。

砌筑类墙体大面常常采用涂料饰面和抹灰饰面，而墙体的一些细部则常常采用琉璃砖、马赛克、水刷石、壁纸等材料进行饰面，起到点缀、衬托的作用，虽然应用面积不大，但却可以使建筑形象更加生动。

琉璃砖、马赛克在中东铁路修筑时期属于较珍贵的装饰材料，色彩鲜艳、明亮，质地光泽，而且琉璃砖上往往还印有精美的花纹图案，在中东铁路历史建筑古朴自然的整体氛围中进行运用往往成为墙面上最惊艳的一笔。当时琉璃砖饰面和马赛克饰面常常用在建筑外墙墙体上部，即檐口或山花等部位，使人们在远处即可看到，是建筑立面上的视觉焦点（图 5.45a）。

水刷石饰面常常用在外墙下部，用以打破石材或砖材的匀质化的肌理，使墙面肌理富于变化。通常做法是：在墙面上斩凿出一小块较浅的凹面，凹面四周用线脚进行限定围合，在凹面小范围内采用水刷石饰面。水刷石所用石子粒径相对现在的水刷石粒径要大，通常为 5~20 mm，有的甚至直接采用粒径达到 50 mm 左右的碎石，石子棱角突出、形状不规则、色彩单一，并不像如今的水刷石所用石子那样精致美观。虽然当时的水刷石饰面工艺相对比较粗糙原始，但建造者巧妙地应用其进行装饰还是给墙面增色不少，绥芬河人头楼（原为赤查果夫茶庄）等建筑中都有水刷石饰面做法的运用（图

5.45b）。壁纸饰面工艺适合大面积在墙体表面应用，但经走访调研发现壁纸饰面工艺并未在中东铁路历史建筑墙体中有大量运用，仅在哈尔滨几处建筑的室内墙体下部墙裙位置贴有壁纸，斑驳的壁纸上隐约可见精美的花纹，壁纸较厚，质地很硬，紧密地铺贴在抹灰层上。由于时间久远，壁纸已泛黄，但大体上比较平整，而且和墙体表面黏接依旧很紧密，因此可以推测当时壁纸工艺的施工水平已经比较成熟（图5.45c）。

a 外墙局部马赛克饰面

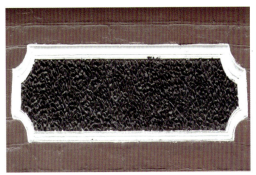
b 外墙局部水刷石饰面

c 内墙壁纸饰面

图 5.45 砌筑类墙体表面的抹灰及其脱落糟损情况

5.2.2 木构类墙体构造工艺

在散帕尔的建造体系中，除了受压体量的固体砌筑外，另一类重要的建造体系是框架的构造学，即不同长度的构件接合起来围绕出空间域，这类建造体系最常用的材料就是木材，表现特点是体量的非物质化。由于俄国在修筑中东铁路之前已经形成了一整套完整的木构技术流程，所以中东铁路历史建筑中木构类体系就属于这一建造体系范畴。木构类墙体作为木构体系的主要部分，其构造工艺很好地体现了这一建造体系的特点，轻质的木构墙体很好地消解了砌筑类墙体的实体性，给人以轻盈的感觉。

（1）木构类墙体墙身构造工艺。

顾名思义，木构类墙体即由木材构筑而成的墙体。不同类型的材型是墙身的构造主体，而如何把不同材型进行拼接组合，使其自然地整合在一面墙内就是木构类墙体墙身构造的关键所在。针对中东铁路历史建筑中的木构类墙体的墙身构造，下面将主要从板材、方木、原木等如何拼接组合来展开墙身构造工艺的研究。

①板材拼接类墙体墙身构造工艺。

中东铁路历史建筑中的双层板材拼接类墙体的构造类似于今天的龙骨隔墙构造，主要由中间的方木骨架层和两侧的板材墙面层组成（图5.46），由于这类墙体只作为室内隔墙有少量的应用，因此其一般选用质地粗糙的薄窄板，有些甚至用板条替代，板材间的拼接以平缝对接为主。由于外侧有抹灰层覆盖，因此板材拼接工艺很粗糙，板材间常常有宽窄不一的缝隙存在。

当代的龙骨隔墙中的龙骨层由纵向龙骨和横向龙骨均匀排列、交叉组合构成，以保证墙体骨架的牢固稳定。而中东铁路时期的板材拼接类墙体的龙骨主要以竖向龙骨为主，竖向龙骨沿墙面单向排列，龙骨截面大多为100 mm×100 mm左右的方形，间距变化范围一般为500~1 200 mm，且一般只在墙体底部、腰线部位以及顶部设置与纵向龙骨交叉的横向龙骨，虽然减少纵、横向龙骨交叉点的设置可以节省墙体建造时间和材料，但相对于双向龙骨体系来讲，单向龙骨体系的稳定性较差。板材长度一般为龙骨间距的1~2倍，和龙骨间用钉子连接。

由于单层板材拼接类墙体多用于仓房、公厕、阳光房、门斗等次要部位，因此其构造相对要简单许多，不需要龙骨体系。应用于仓房的单层板材拼接类墙体一般只依靠墙体转角以及墙面上每隔一段距离的木方柱连接在一起，板材和方柱之间同样以钉子连接，木方柱截面一般为200 mm×200 mm左右，板材多为150 mm左右的横向宽板，偶尔也能看到宽窄差距较大的板材一起使用的情况，一般整个墙面的板材拼接方向均一致（图5.47）。应用在阳光房和门斗部位的单层板材拼接类墙体面积较小，但对墙体美观有一定要求。它们的墙体工艺较仓房板材墙体更精细，板材也多采用宽度均匀且相对较窄的优质板材。

板材的拼接方式主要有企口拼接、平缝拼接、抹脚拼接、木条拼接和抹脚叠接等（图5.48），仓房、公厕等建筑中的单层板材拼接类墙体常用平缝对接的简单拼接方式，阳光房和门斗部位常采用企口拼接以及抹脚叠接等相对复杂的拼接方式。平缝拼接方式常在板材间垫以木条增加板材间的密闭性，也常常在板材下边缘做出类似木条状的条纹以使墙面肌理更美观。企口拼接接缝小，形式美观且抗冷

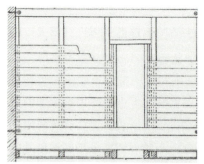  

图5.46 中东铁路历史建筑中的双层板材拼接类墙体墙身构造

图 5.47 中东铁路历史建筑中的单层板材拼接类墙体墙身构造

 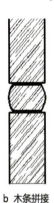   

a 平缝拼接　　b 木条拼接　　c 企口拼接　　d 抹脚拼接　　e 抹脚叠接

图 5.48 墙体中板材的不同拼接方式

风渗透能力强。抹脚拼接和抹脚叠接横向板材上端和下端分别削薄，上下板材利用削薄的部位相互叠压，使板材间的接缝被叠压部位遮挡，虽然比较复杂但墙体密闭性更好，形式更美观。

②原木、方木叠加类墙体墙身构造工艺。

a.原木叠加类墙体墙身构造工艺。

中东铁路历史建筑中的原木叠加类墙体类似于中国传统的井干式住宅墙体，是木构类建筑中最具代表性的墙体。取直径为 200 mm 左右的原木，进行表面加工、干燥后纵向累叠在一起即形成了简单的原木叠加类墙体。

累叠时一般把相对较粗壮的原木置于墙体下部，然后一层一层地累叠。为加强上下相邻原木之间连接的牢固性，上下原木接触面常做成平缓的弧面以增加原木接触面积，同时弧面做刮毛处理以增加上下原木间摩擦力，原木上常打孔，可以钉入木楔子，每层分布若干个孔，上下相互错开布置，这样做可以确保上下层原木之间能够紧密、结实地连接在一起。上下层原木叠加的部位也是墙体保温的薄弱部位，因为尽管上下原木采用平滑的曲面相接，但限于施工工艺以及木材本身的特性，上下层原木之间很难严丝合缝地叠加在一起，接触面还会存在微小的缝隙，对建筑保温很不利，所以接触面常垫以毛毡等嵌缝材料，且在毛毡外侧，即原木弧形面对接处也常钉以木条或用石灰膏勾缝，用以收束毛毡以便更好地阻挡冷风（图5.49）。

有的建筑墙体较长，不能用一整根原木贯穿立面，往往需要用两根或多根原木首尾相接，原木之间的接口处多做成企口缝（图5.50a），缝隙处同样垫以毛毡等材料，这样做还能缓解木材横向伸缩变形的影响。为了加强墙体的侧向荷载抵抗力，建造者常常在窗间墙以及门窗洞口之间的墙面上用木柱进行竖向加固，具体做法是：先在每个原木内外两侧分别开凹槽，凹槽上下对齐，然后在两侧凹槽处分别用方木柱进行夹持，同时沿木柱方向在墙体两侧每隔一段距离开1个孔，孔内设置可调节松紧的螺栓，通过旋转螺母可调节木柱对原木夹持力的大小（图5.50b）。

b. 方木叠加类墙体墙身构造工艺。

方木叠加类墙体的构造和原木叠加类墙体的构造类似。取截面边长150~200 mm的方木沿竖向叠加，由于方木之间以平面相接，接触面积大，因此对方木间接触面的平整度要求较高，方木之间同样垫以毛毡等材料用以加强墙体密封性。经走访调研发现，方木叠加类墙体用材不如原木叠加类墙体用材考究，现存的方木叠加类墙体都出现不同程度的劈裂、糟损。当应用于仓房、储藏室等对保温和美观无很高要求的建筑中时，方木叠加类墙体常常直接裸露墙身表面而不做装饰，当应用于铁路职工住宅中时，墙身外表面常做板条挂灰泥饰面以增加墙体的保温性能。原木、方木叠加类墙体墙身较厚，力学性能、保温性能较好，对材料要求较高，由于这类墙体要求每根原木、方木截面大小相似且木料要大体笔直，因此在选材上比较苛刻，墙体建造工艺简洁，建造时间短，便于日后的拆解和材料再利用。

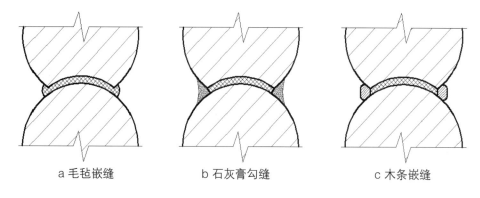

a 毛毡嵌缝　　　　b 石灰膏勾缝　　　　c 木条嵌缝

图5.49　墙体中原木的不同拼接方式

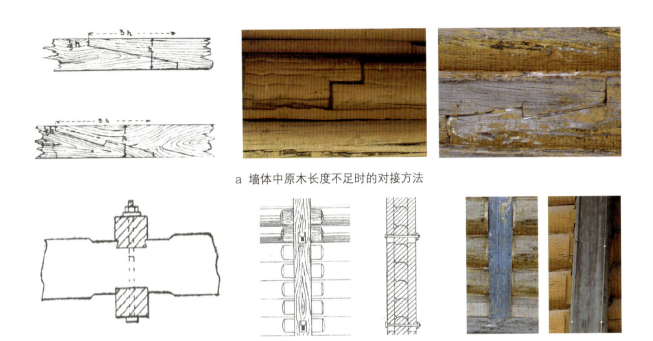

a 墙体中原木长度不足时的对接方法

b 用竖向木柱和螺栓对横向叠加的原木进行夹持

图 5.50 原木叠加类墙体的原木拼接和夹持方式

③多种木材混合构筑类墙体墙身构造工艺。

多种木材混合构筑类墙体的墙身一般将两种或多种材型进行混合搭配使用，最常见的是将板材与原木、半圆木、方木等搭配使用，即在原木、半圆木、方木叠加基础上将板材附加在叠加层的一侧或两侧而构成的墙身（图 5.51），由于叠加层一般由板材层包裹，不裸露在外侧，因此一般选用品相较差的木材，板材拼接层露在外面则选用质地优良的木材。板材宽度一般为 50～50 mm，厚度为 10～30 mm 不等，

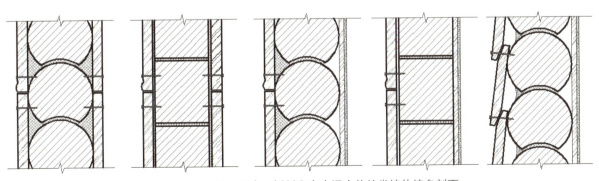

图 5.51 板材和原木、板材和方木混合构筑类墙体墙身剖面

既有较高级的红松加工而成的板材，也有其他质地一般的木材加工而成的板材。叠加层和板材拼接层之间有时会垫以毛毡等材料增加墙体密闭性。

　　板材和原木或方木的连接是通过钉子实现的，板材间拼接形式和板材拼接类墙体大体相同。多种材型混合构筑类墙体有双层或三层的构造层次，更有利于减少冷风渗透，利于保温。墙身是分层构造，工艺比其他木构类墙体复杂，同时建造更耗时。多种材型构筑类墙体常在墙体腰线，即窗台水平高度处设置横向龙骨并以此为分界线，腰线上部一般用横向板材拼接，腰线下部一般用竖向板材或斜向板材拼接。此外，在门窗洞口上边缘处以及山墙的山花处也常设置横向龙骨并在龙骨上侧变化板材的拼接方向，通过板材拼接方向的不断转化获得丰富的墙面效果（图5.52）。

　　（2）木构类墙体细部构造工艺。

　　①木构类墙体墙根构造。

　　相对于砌筑类墙体来讲，木构类墙体墙根如受雨水浸泡或潮气侵蚀会更容易糟朽腐烂，因此木构类墙体根部构造主要需解决防水、防潮问题，但在资料记载和现存墙体实例中未发现当时有墙体防潮层的应用。最普遍的解决木构类墙体根部防潮的方式是将墙体置于砖石砌筑的平台上（图5.53），平

图5.52　板材和原木、板材和方木混合构筑类墙体表面肌理构造

图5.53　木构类墙体根部的砖石砌筑平台

台高度即建筑室内外高差，一般在 400～600 mm，平台四周宽出墙体 200～300 mm，并向周边做出斜坡以便于排水。砌筑类平台的使用使木构类墙体根部和容易透水的自然土壤拉开了一定距离，有效地防止了地表水和土壤水分对墙体根部的侵蚀，延长了木构类墙体的使用期限。

由于墙体根部承受的竖向荷载最大，同时也是地震时容易破坏的部位，因此往往需要做一些结构坚加强措施，原木、方木叠加类墙体根部往往选用相对于其他墙身部位更加粗壮密实、质地优良的木材，板材拼接类墙体则往往在墙根处做一圈较为粗壮的龙骨，和板材牢固钉接。因为木构类墙体和砌筑平台之间的连接往往不是固定的，地震时墙体相对于平台可以移动，大大地消减了地震对墙体的破坏力，所以在中东铁路沿线很少看到受地震影响而破坏严重的木构类墙体。

②木构类墙体的转角构造。

木构类墙体转角主要作用是连接两个方向的木构墙身，使不同方向的木材在转角处牢固地交接在一起，形成稳固的整体。木构类墙体和砌筑类墙体不同，不会在转角处出现冷桥，因此不用特别考虑墙体转角的保温问题，只需要考虑稳固、美观等因素即可。

a. 板材拼接类墙体转角构造。

阳光房、门斗等部位的板材拼接类墙体转角处是通过方木立柱实现过渡的，以方木立柱为中介，将两个方向的板材连接在一起，两个方向的板材沿方木立柱的两个相邻面排列并通过铁钉和方木立柱相连，使方木立柱隐藏在板材内，在转角的外侧两面再用其他板材沿竖向在板材和方木立柱交接处做 L 形包裹，这样做既能提高美观程度又能加厚转角（图 5.54），对结构稳定和保温都有利。

铁路仓房和厕所等小型建筑的板材拼接类墙体转角通过转角立柱开槽来过渡，具体方式：在方木立柱的一个角或对角线的两个角上沿竖向开槽，将两个方向的板材置于槽内，再通过铁钉将板材和开槽的方木立柱钉牢，方木立柱往往直接裸露在外，外侧一般不再用板材包裹（图 5.55）。

b. 原木、方木叠加类墙体转角构造。

原木、方木叠加类墙体的转角是通过将两个方向的原木开燕尾榫或做半碗口状凹槽然后交叉累叠而过渡的。燕尾榫的榫头外大内小，长度一般为 200～300 mm，两个方向的榫头相扣后密实、严紧，

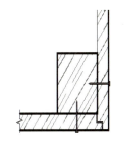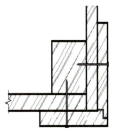

图 5.54 阳光房和门斗部位的板材拼接类墙体转角部位构造

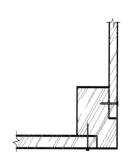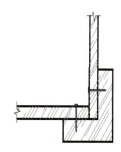

图 5.55　仓房和公厕中的板材拼接类墙体转角部位构造

不易出现拔榫的现象。燕尾榫转角一般不外挑，转角处形成整齐的硬角。有些木刻楞建筑转角处还将板材竖向钉在燕尾榫接头处，从而将燕尾榫接头包裹起来（图 5.56）。

在一些相对简陋的叠加类墙体中，转角处往往是将原木端部下方开半碗口状凹槽，然后上下交错搭接而成，半碗口凹槽和原木的弧面紧密地扣在一起，端部往往出挑 100～200 mm，出挑原木部分沿挑头方向开横向弧形凹槽，然后上下搭接（图 5.57）。

c. 板材和原木、方木混合构筑类墙体转角构造。

板材和原木、方木混合构筑类墙体转角可分为 L 形和十字形两种，一般内层的原木或方木转角以

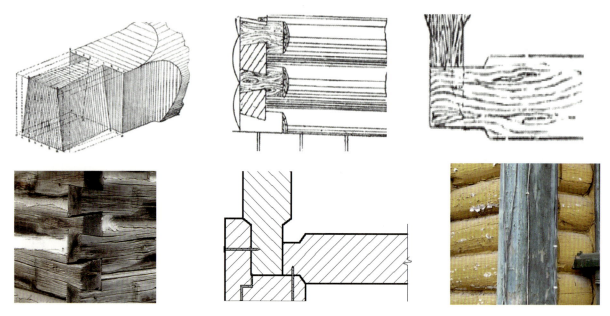

图 5.56　原木、方木叠加类墙体转角部位的燕尾榫构造

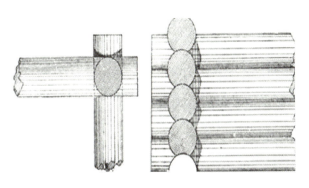

图 5.57　图原木、方木叠加类墙体转角半碗口凹槽交接

燕尾榫形式处理时常常形成 L 形转角，以半碗口凹槽形式处理时会形成十字形转角。同样，为使转角美观且能够很好地收束立面和防止冷风渗透，转角处包以板材形成封闭的转角构造（图 5.58）。

③木构类墙体的洞口构造。

受木材本身材料特性的影响，其不适宜加工成复杂形状的洞口，导致木构类墙体上的门窗洞口形状比较单一，基本都是规则的矩形，很少有其他形状。由于木材本身即可充当天然的过梁，且木构类墙体洞口上部的竖向荷载相对较小，木构类墙体上的开洞尺寸相对于砌筑类墙体可以更大一些，因此木构类建筑室内一般更明亮一些。

总体来说，木构类墙体开洞口相对较容易，仅需在原木、方木叠加的过程或板材拼接的过程中提前预留好洞口，然后在洞口四周用板材进行包裹镶边即可形成简单的洞口形式。由于木构类墙体洞口本身不像砌筑类墙体洞口那样有平拱砖过梁和洞口隅石等结构功能性构件的陪衬，洞口形式就是简单的矩形且尺寸相对较大，如果不加装饰往往显得笨拙，因此木构类墙体的洞口往往成了墙面上的重点装饰部位，复杂的线脚、精美的图案在木构类墙体洞口贴脸上很常见，且在门窗洞口上还常做出三角

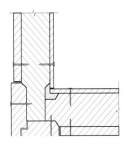

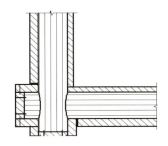

a　L 形转角构造　　　　　　　　　　　　b　十字形转角构造

图 5.58　板材和原木、方木混合构筑类墙体转角的两种构造方式

形的门楣或窗楣来打破矩形洞口的呆板。

门窗洞口不仅是结构加强部位，而且还是重点装饰部位。通过走访调研发现，大部分木构墙体的门窗洞口都施以各式精美的装饰符号，除了能使墙体更加美观以外，这些装饰符号大多还有特殊的含义。人们用鲜亮而富有表现力的符号形象来装饰建筑各部分和细节。在功能和结构上这些都是房屋极其重要的部分。这个传统起源于多神教时期的古罗斯。古罗斯的农民正是通过这种方式来保护自己的家园和家人免遭"邪恶力量"的侵害，同时吸引善意的"正面力量"。想必也正是如此，这样的符号形象集中分布在房屋的最"薄弱"部分（如窗户、大门、房屋上部），而通过这些地方"邪恶力量"能轻易潜进屋内。

可见，对洞口部位重点装饰既是对古老而神秘的宗教传统之传承，又是俄国人对美好生活的向往之表达，如天鹅在古俄国文化中象征美丽、睿智与收获，葡萄在斯拉夫民族中象征生命和种族沿传，太阳符号则表达了俄国人民对阳光和温暖的追求与向往。符号在中东铁路历史建筑中有大量的运用，几乎遍及了铁路职工住宅、铁路公共建筑等所有铁路建筑类型。如图5.59所示，博克图站的某铁路职工住宅的窗楣部位就应用了丰富的装饰符号。

（3）木构类墙体饰面工艺。

木构类墙体相对于砌筑类墙体来讲，对防火、防潮等性能有较高要求，而墙体饰面不仅会使墙体更美观，也会在一定程度上增强墙体的防火、防潮等性能，因此中东铁路沿线内大部分的木构类墙体都做饰面装饰，只有仓房、厕所等建筑中的木构类墙体基本不做饰面而呈现木构墙体的原始面貌，但目前这些建筑中的木构类墙体大部分糟损比较严重。经走访调研发现，常见的中东铁路历史建筑中木构类墙体的饰面主要有油漆饰面、抹灰饰面两类。

油漆饰面是木构类墙体中运用最广泛的饰面工艺。受传统民族文化和宗教的影响，俄国人对红、黄、蓝、绿四种颜色较为偏爱。他们建造的墙体大面以黄、红色调为主，给人以温暖的感觉，转角、柱子、门窗口等部位一般用蓝、绿色等冷色调起点缀作用，同时油漆饰面可以起到一定的防腐、防潮作用。但中东铁路建设时期的油漆主要是天然树脂及油脂油漆，而且没有防火添加剂，还不具有防火功能。

图5.59　博克图站某铁路职工住宅木构类墙体窗楣部位的精美装饰构造

油漆饰面的木构类墙体防火性能较差，而且木构墙体表面张力随时间的流逝会产生变化，油漆饰面层厚度较薄，往往会随着张力的变化而被撕裂，造成油漆层起皮、脱落、褪色的现象（图 5.60）。

抹灰饰面主要应用在板材拼接类内墙中，一般以厚度为 20~30 mm 的石灰砂浆附着在板材层上，表面再刷以白色石灰饰面（图 5.61）。调研发现，中东铁路历史建筑中板材拼接类内墙的抹灰层没有采用分层做法，没有区分找平层、表层等，只是简单的一次性完成石灰砂浆抹面。石灰砂浆饰面层具有一定的防火功能，同时还使内部木构墙身延缓腐蚀、糟朽，但由于石灰砂浆的石灰含量较低，且没有麻丝等辅料的掺加，许多抹灰层与板材间的黏结力不强，随着水汽的侵蚀和外力的作用，很多石灰层出现脱落、掉渣现象。

5.2.3 复合类墙体构造工艺

由于中东铁路历史建筑中的复合类墙体构造中既有像砖石砌块这类的受压构件的重复砌筑，也有不同长度与宽度的板材的拼接，还有碎砖、碎石和木屑等材料的堆叠与填塞，所以很难将复合类墙体的建造纯粹地归结为散帕尔所概括的两类建造体系中的任意一种。复合类墙体构造就是各类材

图 5.60 木构类墙体表面的油漆饰面

图 5.61 木构类墙体表面的抹灰饰面

料和工艺手法的糅合,即不同材料和工艺在同一面墙上和谐地呈现出来。显然,如何使不同的材料和工艺手法合理地混搭使用就是复合类墙体构造的重点。本节将围绕这个重点展开对复合类墙体构造工艺的探讨。

(1)复合类墙体墙身构造工艺。

①砌筑与木构复合构筑类墙体墙身构造。

经实地调研只发现了砖材和半圆木复合构造类墙体遗存,尚未发现砖材和原木复合构造类等墙体遗存实例,因此本书只对砖材与半圆木复合构造类墙体的墙身构造进行描述。砖材与半圆木复合构造类墙体主要用于铁路职工住宅外墙,墙身由外至内为砖材砌筑层、石灰砂浆结合层、半圆木叠加层、毛毡层、板条层、石灰砂浆饰面等构造层(图5.62)。砖材砌筑层一般两砖厚;石灰砂浆结合层需要起到连接砖材砌筑层和半圆木叠加层的作用,因此厚度较大,往往在80 mm左右;半圆木叠加层厚度约100 mm,由于其以弧面和砂浆层相连,因此半圆木叠加层可以很充分地嵌入到石灰砂浆层中;毛毡层厚度在10 mm左右,均匀、紧密地贴在半圆木平整的背面;板条层一般用斜交的拼接方式和半圆木叠加层钉在一起,毛毡层被夹在中间牢牢地固定;板条层外侧再挂以20～30 mm厚的石灰砂浆,砂浆层外侧刷以白灰饰面。

②木屑填芯类墙体墙身构造。

木屑填芯类墙身也有较明显的分层构造,主要包含以下层次:木屑层、两侧的砖材砌筑层或板材拼接层、板材中间的龙骨层、辅助的棉毡垫层和抹灰层等,多个不同的构造层次按照一定的顺序合理地组织在同一面墙体中(图5.63)。

木屑填充在墙体中间,填充前一定要经过充分的干燥处理。木屑自然状态下很松散,据调研发现,墙体中间的木屑相对自然状态稍密实,可见当时填充木屑时建造者对木屑填充层进行了挤压夯实。木

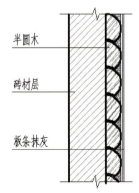

图5.62 砌筑与木构复合构筑类墙体墙身构造

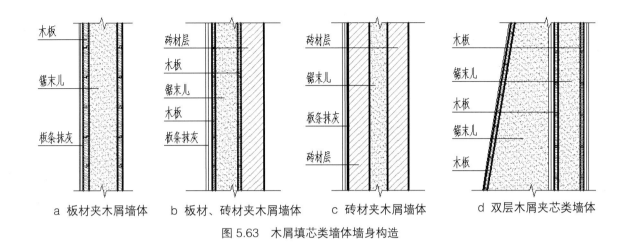

a 板材夹木屑墙体　　b 板材、砖材夹木屑墙体　　c 砖材夹木屑墙体　　d 双层木屑夹芯类墙体

图 5.63　木屑填芯类墙体墙身构造

屑稍密实更加有利于墙体保温，木屑层厚度一般为 100～300 mm，充当了墙体的保温层。虽然木屑填芯层厚度不大，但因为是密实的填充，所以木屑消耗量较大，而木屑产量相对其他材料较低，所以木屑层内偶尔混以少量的碎砖块或炉渣以节省木屑用量，也起到一定的吸潮作用。同时，为了避免木屑层受潮气侵蚀降低保温性能，在木屑层的两侧往往垫上一层薄薄的棉毡用以阻隔潮气，最大限度地保持木屑层的干燥状态（图 5.64）。

木屑层两侧的砖材砌筑层或板材拼接层的构造除了满足承重、围合等基本需要外，还要特别注意确保密闭性，将潮气隔绝在木屑层外侧，其中砖砌墙身只要注意砌块拼接处的抹灰均匀、饱满便很容易达到密闭效果，而板材拼接类墙体如不采取特殊措施则较难实现其密闭性，经调研发现，实现墙体密闭性主要有以下几种措施。

较常见的是将板材接缝处垫以麻丝或毛毡，然后外侧钉板条抹灰的方式；偶尔有在板材靠木屑层一侧的接缝处沿着缝隙钉上窄板条，使缝隙被板条掩盖，外侧同样钉板条抹灰的方式。有的板材接缝处既不垫以毛毡也不用板条盖缝，而是单纯通过加强外侧的砂浆抹灰层来确保墙体密闭，此时砂浆层往往较厚且需通过用力挤压使砂浆充分渗入板材接缝内，将接缝牢牢堵死。

还有一些较为特殊的方式，如哈尔滨工人文化宫高级铁路职工住宅（现已拆除重建）二层墙体纵剖面呈上窄下宽直角梯形，内侧为砖砌墙身，外侧为斜立板材拼接层，中间为双层木屑填芯层，为了能在保持板材层密闭性的同时也能使雨水沿墙面顺利排下，板材表面采用了咬口铁皮饰面，既美观又能达到密闭及排水要求。

③板条挂灰泥饰面类墙体墙身构造。

用取材方便的板条、泥浆、秸秆等原料组成简单实用的板夹泥墙体一直是东北地区广大农村中最常见的建造方式，作家王铁成在其文章《忘不掉的板夹泥房》中对板夹泥墙体的建造过程有着生动的

THE HISTORICAL BUILDING CONSTRUCTION AND TECHNOLOGY ALONG CHINESE EASTERN RAILWAY

图 5.64 木屑填芯类墙体中的木屑和毛毡层

描写:"在石头上立好柱子,再把房架子放到柱子上,用巴锔子(两头带尖的大铁钉)固定住,在房架子上铺一层跑锯板(很薄的木板),苫上一层厚厚的草,房子的主体工程就算完工了。接下来柱子两侧钉板条子,把和好的大泥往夹缝里塞,泥里掺杂着轧好的草,这样可以防蛀、防腐,里外再用大泥抹上一层,把板条子盖住,这样既美观又保暖。"从这段形象的描述中我们可以大概对东北地区民间板夹泥墙体的建造过程有所了解。中东铁路历史建筑中的板条挂灰泥饰面类墙体的做法与之相类似,在建筑材料和建造技术很有限的情况下,当时的人们选择了类似的做法来建造房屋。

板条挂灰泥饰面一般附加在木质墙身上,经调研发现,其多和板材拼接类墙体及板夹木屑类墙体搭配使用,偶尔也和原木、方木叠加类墙体及砖木混合类墙体组合。板条的拼接形式可以分为规则式和杂乱式两种,规则式板条拼接用材较考究,所用板条宽度为 30～50 mm,厚度为 10～20 mm,而且宽度、厚度相互统一。板条经充分干燥后，和主体墙身横向呈 45°~60° 角斜向沿墙面平行排列，一般板条间距为 50~80 mm，板条和墙面牢固钉接在一起后再以同样的角度和间距，在相反方向上对称式地排列另一层板条，两层板条交接点用钉子连接并钉入主体木质墙身，板条间组成大小均匀的菱形格子（图 5.65）。杂乱式板材拼接所用板条宽窄不一、有薄有厚，偶尔还会以竹片等代替板材。板材和墙体间基本也以双层斜向拼接为主，在局部墙面偶尔也用单层板条和墙面斜交，板材间距不一，且板材间不完全平行，偶尔还会杂以横向和竖向的板条，板条间形成的格子也以菱形为主，但大小不一，形状多样，没有韵律感，总之，板条间拼接没有特定的规律，给人以杂乱无章的感觉。待板条层铺设完毕后，在菱形格子间填满石灰砂浆或泥土，然后再进行墙面抹灰或抹泥，以便很好地保护主体墙身，同时表面上常刷黄色涂料。墙体中板条之间的格子恰好起到了承托灰泥的作用，加强了灰泥和墙面之间的联系，使灰泥可以比较牢固地挂在墙体上而不轻易脱落。

板条挂灰泥饰面类墙体表面平整，造型简洁大方，灰泥取材自然，绿色环保。由于灰泥墙面耐久性差，受雨水冲刷容易脱落，因此墙面需要定期更新，但墙面便于修缮，只需要再抹一层灰泥就会焕然一新。

（2）复合类墙体细部构造工艺。

①复合类墙体的墙根构造。

复合类墙体的墙根和地面交接方式有直接落地式和平台式两种。直接落地式指墙根直接和自然地面交接，不做过渡，墙体往往伸入地下，成为建筑基础的一部分（图 5.66）。但由于复合类墙体往往都由砌筑材料和木材等材料混合构筑而成，有的材料受自身防水、防潮、耐腐蚀等性能限制不适合伸入地面，如木材、木屑、棉毡等材料，只适合在地表以上使用，因此复合类墙体常出现砖石砌筑层深埋地下，而木构层和木屑、棉毡保温层在地面以上的情形，同时墙根和地面交界处常常用砖石砌块做成类似于散水状的砌体斜面以防雨水渗透。

平台式即复合类墙体的墙根整体坐落在一定高度的砖石砌筑平台上，平台成为墙体和地面的过

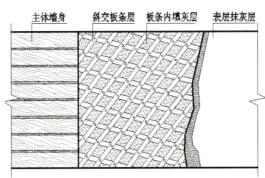

图 5.65 板条挂灰泥饰面类分层构造实例图及分层示意图

渡，这不仅能保护墙体而且也增加了建筑立面的竖向层次。平台四周的外边缘部分与墙根保持平齐或者宽出墙面一定距离，由砖石砌筑而成，表面抹灰或包以木材；平台内部由土壤夯实而成，高于地平面500 mm左右（图5.67）。有的平台在建筑主体和门斗、阳光房部分还存在一定高差变化。

②复合类墙体转角构造。

转角是墙体结构薄弱部位，砌筑类墙体常通过转角隅石加强墙体转角结构稳定性，木构类墙体则往往通过加转角立柱或通过木材的榫卯交接来加强墙体的结构稳定性（图5.68）。复合类墙体中往往综合运用砌筑类墙体和木构类墙体的转角加固措施，其中，砌筑层较薄，因此在转角处往往做砖砌转角构造柱，同时在构造柱顶部和底部常以凸出墙面的类似于圈梁的横向砖砌体与墙面上的其他壁柱相连；木构层转角大多包裹在砖砌体或板条泥浆层内部，往往不注重加强转角稳定性，但出于过渡和连接不同方向板材的需要也常在转角设方木立柱。尽管砌筑层和木构层自身的转角都做了一些加固措施，

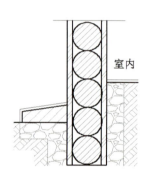

图5.66 直接落地式复合类墙体墙根构造实例图及示意图

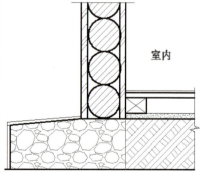

图5.67 平台式墙根构造实例图及示意图

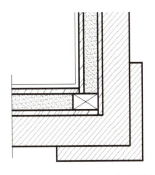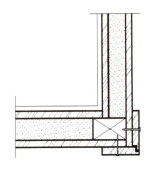

a 砌筑类墙体转角构造　　　　　　　　　　　　b 木构类墙体转角构造

图 5.68　部分复合类墙体转角构造示意图及实例图

但由于转角处不同层次之间的横向拉结措施很少，不同构造层次没有很好地结合到一起，因此复合类墙体转角处容易损毁。

③复合类墙体洞口构造。

复合类墙体上开门窗洞口相对于砌筑类墙体和木构类墙体更加麻烦，因为复合类墙体上的洞口需要穿过不同材料的构造层，这样会破坏不同构造层之间的连接，同时，不同材料的构造层也需要采用不同形式的洞口过梁，这些因素都导致了复合类墙体洞口的结构稳定性较差。通过走访调研发现，中东铁路沿线很多复合类墙体洞口都存在开裂、坍塌、变形等情况。

大部分复合类墙体都包括砌筑层和木构层，由于砌筑层厚度较小，平拱砖过梁厚度也较小，因此结构强度相对较差，厚度往往为一皮砖，即 130 mm 左右，且平拱砖过梁往往不能和木构层稳固相接，相对于单纯的砌筑类墙体中的平拱砖过梁更易损毁。墙体木构层往往不单独做专门的过梁，而是通过门框或窗框上部的方材稍稍加厚一些来抵消墙体上部荷载，虽然这样将门框或窗框上檐与过梁合二为一的做法简洁方便，但木质门框或窗框在受潮或外力作用下易变形，从而和墙体接触不充分，甚至失去墙体的支撑作用，这在一定程度上也导致了墙体的变形、破损。

（3）复合类墙体饰面工艺。

复合类墙体相对于砌筑类或者木构类墙体来讲墙身构造更加复杂，墙身有不同的构造层次，墙体表面往往由不同的材质构成，而墙体饰面类型主要取决于墙体外侧或内侧的材质类型，因而复合类墙体表面丰富的材质类型可以形成丰富多样的饰面类型。经调研发现，复合类墙体的饰面基本包含了砌筑类墙体和木构类墙体中应用的饰面类型。

其中，砌筑与木构复合类墙体的饰面工艺和砌筑类墙体饰面工艺相类似，除了琉璃砖、马赛克等较珍贵的饰面材料外，几乎所有应用于砌筑类墙体上的饰面材料都可以在砌筑与木构复合类墙体中见到。木屑填芯类墙体饰面工艺和板材拼接类墙体饰面工艺相类似，主要以涂料饰面工艺为主，偶尔也采用抹灰饰面工艺，一定程度上解决了木材的防腐、防潮问题。板条挂灰泥类墙体饰面主要以抹灰和泥浆饰面为主，取材方便、绿色环保，且为防止抹灰或泥浆层脱落，墙体表面偶尔刷一层薄薄的黄色或白色涂料，厚厚的抹灰或泥浆将板条拼接层密实覆盖，不仅起到保温隔热的作用，还起到一定的防火、防潮、防腐的作用。

5.3 中东铁路历史建筑墙体热工性能分析

中东铁路主线从满洲里途经哈尔滨到绥芬河，按照《民用建筑热工设计规范》（GB 50176-93）对我国建筑热工设计及气候分区的划分，整条中东铁路主线及其途经城镇都位于我国的建筑气候分区中的Ⅰ区，属于严寒地区。具体来说，内蒙古自治区内铁路线及其途经城镇属于ⅠB区，黑龙江省内铁路线及其途经城镇属于ⅠC区。这些地区冬季气候相对恶劣，累年最冷月为一月，平均气温低于－10℃，累年最热月份为七月，平均气温低于25℃。严寒地区建筑物设计主要需考虑冬季保温防寒的要求，夏季防热可不做特殊考虑。通过调研发现，中东铁路历史建筑的设计体现了对建筑热环境的充分考量，即以加强冬季防寒措施为主，夏季避暑隔热相对次要。

中东铁路历史建筑在防寒保温方面采取的措施大体上分为两类，一类是采用主动的加热措施，即采用壁炉、火墙、火炕等采暖设备对室内热环境进行干预；另一类是被动的保温措施，即通过加强墙体、门窗、屋顶、楼地面等部位的密闭性及热阻来减少室内热量的流失。墙体是建筑直接暴露在室外的、面积最大的围护结构，在建筑保温中起着尤为重要的作用，其保温性能的优劣直接决定了建筑室内热环境的情况。中东铁路历史建筑中的各类墙体在保温方面尝试了不同的构造措施，通过和建筑现在的使用者进行沟通以及自己的切身感受，笔者对这些墙体的保温性能有了一定的感性认识，为了能够更加科学、直观地揭示这些不同类型墙体的保温性能，本节将通过PBECA建筑节能设计分析软件分析中东铁路沿线4栋采用不同类型墙体的建筑实例来揭示它们的热工性能。

5.3.1 案例选取与计算模型建立

根据案例功能、区位以及所用墙体类型不同，本节选取4栋建筑实例进行研究分析，4栋不同建筑实例位于中东铁路干线的中心枢纽、东线地区、西线地区，气候区划方面包含了ⅠB、ⅠC两区。建筑功能主要以居住为主，涵盖了普通铁路职工宿舍、独户的高级铁路职工住宅、铁路职工旅馆和护路军兵营四种主要功能类型，4栋建筑实例的外墙和内墙包括了砖材砌筑类墙体、石材砌筑类墙体、木构类墙体和复合类墙体四类中东铁路历史建筑中的主要墙体类型，所选的4栋建筑实例在地理位置、功能类型和墙体类型上各自不同且具有一定的代表性，为接下来的计算模拟分析的全面性和可靠性提供了必要准备条件。

（1）各案例基本情况简介。

用来进行分析模拟的 4 栋建筑实例分别为哈尔滨高级铁路职工住宅、横道河子站铁路职工住宅 7 号俄式木屋和 28 家联户住宅以及扎兰屯站的中东铁路避暑旅馆。

哈尔滨高级铁路职工住宅位于中东铁路中心枢纽哈尔滨，气候分区上处在 IC 区，建于 19 世纪初，原有功能为中东铁路高级职工住宅，后被作为当地民居以及文化宫仓库等使用，随后被废弃，建筑损毁严重，后期进行了一定的改建，现已被拆除重建。住宅共两层，建筑面积为 225 ㎡，建筑主体采用砖混结构，为规则的矩形平面，立面造型精美，室内设有和炉灶并联的采暖火墙（图 5.69）。

横道河子站铁路职工住宅 7 号俄式木屋，气候分区上也处在 IC 区，建于 19 世纪初，原有功能为中东铁路职工宿舍，现为当地 6 户共用民居。住宅共一层，建筑面积约为 250 ㎡，建筑主体采用木结构，平面为 T 形，立面造型质朴，铁皮四坡屋顶，入口处加建有门斗，室内设有采暖火墙（图 5.70）。

扎兰屯站的中东铁路避暑旅馆，气候分区上属于 IB 区，建于 19 世纪初，建筑原有功能为中东铁路避暑旅馆，现为扎兰屯中东铁路历史研究协会。建筑共两层，面积约为 780 ㎡，主体采用砖混结构，

  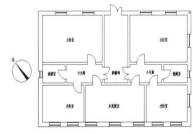

图 5.69 哈尔滨高级铁路职工住宅构造

  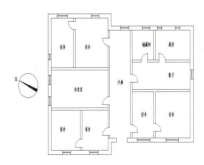

图 5.70 横道河子站中东铁路职工住宅构造

平面为规则的矩形，立面简洁大方，山墙两侧分别有两层不封闭凉台，室内采用锅炉供暖（图5.71）。

横道河子站28家联户住宅：位于中东铁路的东线二等站横道河子站，气候分区上也处在IC区，建于19世纪初，现为当地28家共用民居。住宅共一层，建筑面积约为1 260 ㎡，由石材砌筑而成，平面为长矩形，立面造型质朴，铁皮双坡屋顶，室内设有采暖火墙（图5.72）。

（2）各案例主要围护结构构造做法总结。

建筑的物质实体主要由承重结构、围护结构、饰面装饰组成，其中，承重结构起支撑作用，饰面装饰让建筑变得更加完善，而真正使建筑具有实际空间使用意义的是围护结构。建筑中限定室内外空间的围护结构主要有墙体、门窗、屋顶、地面等部分。围护结构的构造做法对建筑的保温隔热能力起决定性作用，对其进行整理研究是研究不同建筑墙体热工性能的基础性准备工作，因此本小节将对4

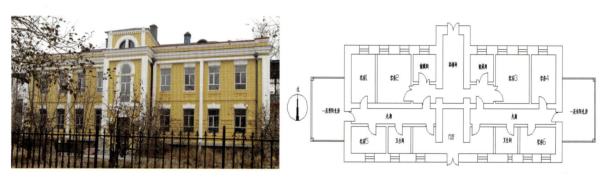

图5.71　扎兰屯站中东铁路避暑旅馆

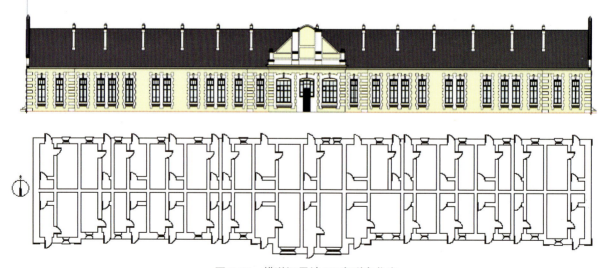

图5.72　横道河子站28家联户住宅

个实例的围护结构做法进行归纳总结。

哈尔滨高级铁路职工住宅的一层外墙为板夹木屑和砖材复合构筑类墙体，二层外墙为双层木屑夹芯类墙体，内隔墙为双层板材拼接和板夹木屑复合类墙体，楼板为木构楞夹芯构造，屋顶为木屑板材混合式构造，地面为木质地板，架空构造，对各围护部位构造的材料做法进行整理归纳后汇总为表5.15。

表5.15 哈尔滨高级铁路职工住宅各围护部位构造做法

各部分围护结构构造做法	一层外墙	一层外墙做法（由外至内）：120 mm 实心黏土烧结砖（俄式红砖）+30 mm 松木板材 +130 mm 干燥木屑 +30 mm 松木板材 +20 mm 软木板材 +30 mm 石灰砂浆
	二层外墙	二层外墙做法（由外至内）：1.5 mm 铁皮 +30 mm 松木板材 +300 mm 干燥木屑 +30 mm 松木板材 +30 mm 石灰砂浆 +20 mm 软木板材 +30 mm 松木板材 +120 mm 干燥木屑 +30 mm 松木板材 +20 mm 软木板材 +30 mm 石灰砂浆
	内隔墙	内隔墙做法（两侧由外至内）：30 mm 石灰砂浆 +20 mm 软木板材 +30 mm 软木板材 +100 mm 方木龙骨间层 +30 mm 软木板材 +20 mm 软木板材 +30 mm 石灰砂浆
	屋顶	屋顶做法（由上至下）：1.5 mm 铁皮屋面 +30 mm 松木板材望板 +300 mm 干燥木屑保温层 +30 mm 松木板材错叠搭接天花 +20 mm 软木板条 +30 mm 石灰砂浆面层
	楼板	楼板做法（由上至下）：40 mm 松木地板 +100 mm 干燥木屑填充层、井字格方木龙骨 +30 mm 软木板 +100 mm 干燥木屑填充层 +30 mm 松木板材错叠搭接天花 +20 mm 软木板条 +30 mm 石灰砂浆面层
	地面	地面做法（由上至下）：40 mm 松木地板 +100 mm 方木龙骨层 +130 mm 空气间层、砖墩 +150 mm 炉渣垫层 + 素土夯实层 + 自然土壤层

横道河子站铁路职工住宅 7 号俄式木屋的外墙和内隔墙均为原木叠加式墙体，屋顶为板材木屑复合式构造，地面为木地板和砖砌平台复合式构造，各围护部位详细做法见表5.16。

表5.16 横道河子站铁路职工住宅 7 号俄式木屋各围护部位构造做法

各部分围护结构构造做法	外墙	外墙做法（由外至内）：30 mm 松木板材 + 300 mm 松木原木 +20 mm 软木板条 +30 mm 石灰砂浆面层
	内隔墙	内隔墙材料做法：30 mm 砂浆 +220 mm 松木原木 +30 mm 砂浆
	屋顶	屋顶做法（由外至内）：1.5 mm 铁皮屋面 +30 mm 松木板材望板 +300 mm 干燥木屑保温层 +40 mm 松木板材错叠搭接天花
	地面	地面做法（由上至下）：40 mm 松木地板 +100 mm 方木龙骨层 +130 mm 空气间层、砖墩 +200 mm 石灰防潮垫层 +500 mm 素图夯实平台层 + 自然土壤层

扎兰屯站中东铁路避暑旅馆外墙和内隔墙均为红砖砌筑实心墙体，屋顶和楼面均为木屑和木构复合式构造，地面为地板和砖砌平台复合式构造，各围护部位具体构造做法见表5.17。

横道河子站 28 家联户住宅外墙和内隔墙均为石材砌筑实心墙体，屋顶为木屑板材复合式构造，地面为地板和砖砌平台复合式构造，各围护部位具体构造做法见表 5.18。

表 5.17 扎兰屯站中东铁路避暑旅馆各围护部位构造做法

各部分围护结构构造做法	外墙及楼梯间墙体	外墙及楼梯间墙体做法（由外至内）：30 mm 石灰砂浆面层 +730 mm 实心烧结黏土砖（俄式红砖）+30 mm 石灰砂浆面层
	内隔墙	内隔墙做法：30 mm 石灰砂浆面层 +430 mm 实心烧结黏土砖（俄式红砖）30 mm 石灰砂浆面层
	屋顶	屋顶材料做法（由上至下）：1.5 mm 铁皮屋面 +30 mm 松木板材望板 +300 mm 干燥木屑保温层 +30 mm 松木板材错叠搭接天花 +20 mm 软木板条 +30 mm 石灰砂浆面层
	楼面	楼面材料做法（由上至下）：40 mm 松木地板 +100 mm 干燥木屑填充层、井字格方木龙骨 +30 mm 软木板错叠搭接 +20 mm 软木板条 +30 mm 石灰砂浆面层
	地面	地面材料做法（由上至下）：40 mm 松木地板 +100 mm 方木龙骨层 +130 mm 空气间层、砖墩 +150 mm 炉渣垫层 + 素土夯实层 + 自然土壤层

表 5.18 横道河子站 28 家联户住宅各围护部位构造做法

各部分围护结构构造做法	外墙	外墙做法（由外至内）：870 mm 粗加工石材 +30 mm 石灰砂浆面层
	内隔墙	内墙做法（由外至内）：470 mm 粗加工石材 +30 mm 石灰砂浆面层
	屋顶	屋顶材料做法（由上至下）：1.5 mm 铁皮屋面 +30 mm 松木板材望板 +300 mm 干燥木屑保温层 +30 mm 松木板材错叠搭接天花 +20 mm 软木板条 +30 mm 石灰砂浆面层
	地面	地面材料做法（由上至下）：40 mm 松木地板 +100 mm 方木龙骨层 +130 mm 空气间层、砖墩 +150 mm 炉渣垫层 + 素土夯实层 + 自然土壤层

通过对比以上几个实例的各部位构造做法发现，4 栋建筑实例的墙体构造各不相同，涵盖了砖石砌筑类墙体、木构类墙体、复合构筑类墙体等主要墙体类型，而其他围护结构的构造做法差别不大，这对下文横向比较不同类型墙体的热工性能有所帮助。

（3）建立各案例的 PBECA 建筑节能设计分析软件计算模型。

① PBECA 软件介绍。

PBECA 由中国建筑科学研究院为主导研发而成，是一款国内主流的建筑节能设计分析软件，该软件以美国加利福尼亚大学开发的 DOE-2 为内核。软件自 2004 年推出后，经过十几年的应用实践与技术改进，目前 PBECA 2014 已日臻成熟。PBECA 基于 AutoCAD 平台，界面简洁、直观，操作方式简单、快捷。PBECA 系列软件可以运用于建筑整个周期的四个阶段：初步设计阶段（节能评估模块、负荷、焓湿图计算模块）、施工图阶段（节能设计模块、遮阳设计模块、施工图设计模块、照明设计模块、负荷、焓湿图计算模块等）、竣工验收阶段（能效测评模块 EEP、负荷、焓湿图计算模块）、运营阶段（既有建筑改造模块、负荷、焓湿图计算模块），本次模拟计算主要应用软件的节能评估功能以及负荷、能耗模拟功能。

PBECA 与 AutoCAD 良好兼容，支持天正建筑 3.0 和纯 AutoCAD 平面图纸，可以导入图纸后，在 AutoCAD 图纸的基础上提取构件建模，也可以直接在 PBECA 上新建模型。软件比较容易上手，使用者可按照软件的左侧菜单栏由上到下的顺序依次操作，主要有以下几个流程：a.文件管理。包括打开、保存和另存工程。b.参数设置。包括编辑项目信息，节能参数设置，报告书设置，软件设置。c.模型导入。导入平面或三维图纸，在此基础上建立模型，此菜单还包括提取指北针、提取门窗表、标准层转换等命令。如果工程有多个标准层，需要分别编辑，然后进行楼层组装，完成模型的搭建。建模完成后还可以进行三维查看和分析，让使用者更直观地查看模型是否正确。d.模型编辑。对门窗、墙、屋顶、阳台等建筑构件进行尺寸及相关参数编辑。围护节能：给围护结构各部位赋以材料和尺寸，并且可以进行方案分析；暖通电气：对暖通和电气用能设备进行设置；缺陷分析：通过分析给出围护结构各部位的耗热量和所占比例，显示缺陷部位，让设计者能够有针对性地提出改进措施。e.计算分析。包含规定性指标计算、权衡计算、生成节能审查报告等。规定性指标计算是将建筑的体形系数、窗墙比、围护结构各部位传热系数等与节能标准进行对比，对比后不满足规定性指标，但是可以权衡计算的，需通过权衡计算确定建筑能耗是否符合要求，达到要求即可生成节能审查报告。

②计算模型的简化与建立。

将已有的 AutoCAD 测绘图纸修改整理后导入 PBECA 节能设计分析软件，首先设置项目信息地点和建筑类型：哈尔滨高级铁路职工住宅所在地点设置为哈尔滨市，建筑类型为居住建筑；横道河子站的铁路职工住宅 7 号俄式木屋所在地点设置为牡丹江市，建筑类型为居住建筑；扎兰屯站中东铁路避暑旅馆所在地点设置为扎兰屯市，建筑类型为公共建筑。然后分别将 3 个实例按照软件自动提示的步骤进行建模，通过构件导入逐步导入墙体、门窗等构件，然后提取指北针，确定 3 栋建筑的朝向：哈尔滨工人文化宫高级铁路职工住宅朝向为南偏西 46.5°，横道河子站的铁路职工住宅 7 号俄式木屋朝向为西偏南 18.8°，扎兰屯站中东铁路避暑旅馆朝向为南向。接下来按照提示将提取好的平面进行转换标准层，然后分别设置各个标准层的层高，哈尔滨工人文化宫高级铁路职工住宅为两层，一、二层高度分别为 3 300 mm 和 2 850 mm；横道河子站的铁路职工住宅 7 号俄式木屋为单层，层高为 2 730 mm；扎兰屯站中东铁路避暑旅馆为两层，一、二层高度都为 3 850 mm。至此已将测绘 AutoCAD 图纸转化为 PBECA 可识别的二维平面。

按照提示在标准层转化完毕后开始进行楼层组装，将标准层转化为可以构成 PBECA 空间模型的普通层，然后将普通层上下组装便形成了 3 栋建筑实例的 PBECA 空间模型。此时的空间模型只是在体量上和实际建筑一致，并不具有和实例相符合的构造做法。接下来按照提示进行模型编辑，通过编辑墙体、门窗、屋顶、阳台、房间、热桥、楼板等构件信息，使空间体量模型进一步和实际建筑吻合，其中，在墙体编辑中主要需要设置各个模型的东西两侧山墙和分隔不同区域或分隔采暖和非采暖区域的隔墙；而在门窗设置中需要按照实际门窗洞口的尺寸确定模型中门窗大小，并设置窗台高度；在屋顶设置中需要注意根据建筑实际情况添加老虎天窗。

热桥的设置很关键，PBECA中设置了热桥过梁、热桥梁、热桥楼板、热桥柱等热桥的编辑项，本章研究的4栋建筑中屋架梁主要采用木梁，门窗洞口等部位的过梁采用黏土砖过梁或木材过梁、楼板都为复合木构楼板，转角柱都为木柱或黏土砖柱，由于4个实例中没有保温性能远低于主体围护结构的嵌入构件，因此4栋建筑中无明显的热桥部位。大部分中东铁路历史建筑在设计的时候都充分考虑了热桥现象，很少有保温性能差的贯通式嵌入构件。

在空间模型建立后可开始对模型的房间热环境参数以及室外气象参数和围护结构进行材料编辑，室内各个房间热环境模拟的参数以及室外气象参数取值主要按照《采暖通风与空气调节设计规范》（GB 50019-2003）、《公共建筑节能设计标准》（GB 50189—2005）、《黑龙江省居住建筑节能65%设计标准》（DB 23/1270—2008）等规范以及相关资料设定，居住建筑夏季室内设计温度为26℃，冬季室内设计温度为18℃，换气次数0.5次/h；所选的建筑实例中围护结构主要材料包括普通实心烧结黏土砖、松木、阔叶木、石灰砂浆、木屑、炉渣等，软件会自动提供这些材料的传热系数，通过和相应的规范与资料进行比对，分别确定各种材料的导热系数，最终确定实心烧结黏土砖导热系数为 0.80 W/m·K、松木为 0.14 W/m·K、阔叶木为 0.35 W/m·K、石灰砂浆为 0.82 W/m·K、木屑为 0.093 W/m·K、炉渣为 0.28 W/m·K。在确定好与模拟计算相关的各个参数后，计算模型由单纯的空间模型变为包含各种信息的计算模型，至此计算模拟所需的前期准备工作已经完毕，下面将开始对建筑实例的墙体热工性能指标进行计算、模拟及相应的比对分析。

5.3.2 墙体保温隔热性能评价指标的计算分析

建筑的围护结构的主要作用是保温、隔热、防潮、通风等，以创造良好的室内环境，墙体作为主要的建筑围护结构，热工性能主要可以从保温、隔热、防潮三个方面进行衡量，本节主要从所选实例墙体的这三方面性能来分析说明中东铁路历史建筑墙体的热工性能。

（1）墙体保温、隔热性能分析。

围护结构的热阻表示热量从围护结构一侧空间传递到另一侧空间所受到的阻力，传热系数指围护结构量测温度差1℃时，单位时间内通过平壁单位面积的传热量。这两个指标可以评价围护结构内表面稳态热向外传递的能力，从而反映围护结构在冬季的保温性能，相应的围护结构的蓄热系数与热惰性指标是衡量围护结构背波面上温度衰减程度的一个主要数值，可以评价围护结构抵抗周期性热波动，即热稳定性的能力，从而可以反映围护结构在夏季波动热作用下的隔热性能。本小节将分析比对所选实例的围护结构热阻、传热系数以及蓄热系数、热惰性指标的数值，从数值大小分析说明不同类型墙体热工性能的优劣。

PBECA 节能设计分析软件内置围护结构热阻和传热系数的计算均假设在稳态导热条件下进行，热阻计算公式为 $R_o=R_i+\sum R+R_e$，R_i 为内表面感热阻、$\sum R$ 为墙体各个构造层热阻之和、R_e 为外表面感热阻；传热系数计算公式为 $K_p=1/R_o$。相应的软件内置的蓄热系数及热惰性指标计算均假设在波动热条件下进行，蓄热系数计算公式为 $S=A_q/A_Q$，A_q、A_Q 分别为通过围护结构表面的热流波动振幅和围护结构表面的热流波动振幅；热惰性指标计算公式为 $D=R\cdot S$，R、S 分别为围护结构热阻和蓄热系数。在上一节的前期准备工作中已将计算需要的各个参数输入到软件中，运行软件计算分析模块下的规定性指标计算功能，就可以生成各建筑实例相应的计算报告书，报告书包括了各部位墙体的热阻、传热系数、热惰性指标等内容，经归纳整理将各实例墙体的相应指标汇总如表 5.19 所示。

表 5.19　不同墙体主要热工性能指标比对分析

墙体实例	墙体厚度/mm	热阻/$m^2\cdot K\cdot W^{-1}$	传热系数/$W\cdot m^{-2}\cdot K^{-1}$	热惰性指标
哈尔滨工人文化宫高级铁路职工住宅一层外墙	370	2.40	0.42	6.41
哈尔滨工人文化宫高级铁路职工住宅二层外墙	610	5.77	0.173	12.37
哈尔滨工人文化宫高级铁路职工住宅内隔墙	160	1.16	0.86	3.23
横道河子站铁路职工住宅 7 号俄式木屋外墙	380	1.65	0.60	7.35
横道河子站铁路职工住宅 7 号俄式木屋内隔墙	220	1.57	0.56	6.05
横道河子站铁路职工住宅 7 号俄式木屋门斗墙体	50	0.36	2.14	1.38
横道河子站 28 家联户住宅外墙	960	0.67	1.50	8.66
横道河子站 28 家联户住宅内隔墙	500	0.52	1.92	4.63
扎兰屯站中东铁路避暑旅馆外墙	860	1.22	0.82	9.32
扎兰屯站中东铁路避暑旅馆内隔墙	580	0.95	1.06	6.35
扎兰屯站中东铁路避暑旅馆阳光房墙体	80	0.57	1.468	2.20

对比以上各实例的建筑主体（不含阳光房和门斗）外墙保温评价数据会发现，哈尔滨工人文化宫高级铁路职工住宅二层的双层木屑填芯类外墙热阻最大、传热系数最小，即冬季采暖期保温效果最好，横道河子站 28 家联户住宅的石材砌筑外墙热阻最小、传热系数最大，即冬季采暖期保温效果最差。相应的哈尔滨工人文化宫高级铁路职工住宅一层单层木屑填芯类外墙的保温性能优于横道河子站的铁

路职工住宅 7 号俄式木屋的原木叠加类外墙，后者的保温性能优于扎兰屯站中东铁路避暑旅馆的砖材砌筑外墙。对比各实例的内隔墙保温性能评价数据发现，各实例的内隔墙中，横道河子站的铁路职工住宅 7 号俄式木屋的原木叠加内隔墙热阻最大、传热系数最小，保温效果最好；横道河子站 28 家联户住宅的石材砌筑内隔墙热阻最小、传热系数最大，保温性能最差；相应的哈尔滨工人文化宫高级铁路职工住宅的板材拼接与板条挂灰泥饰面复合类内隔墙的保温性能优于扎兰屯站中东铁路避暑旅馆的砖材砌筑内隔墙，计算所反映出的结果和建筑使用者对墙体的保温隔热性能主观评价基本一致。

通过以上结果对比发现：中东铁路历史建筑墙体中的木屑填芯类墙体虽然比较轻薄，但其保温性能最好，而墙体最为厚重的石材砌筑类墙体保温性能最差；在假设木构类墙体抗冷风渗透性能良好的前提下，木屑填芯类墙体保温性能普遍优于木构类墙体，300 mm 厚的干燥木屑填芯类墙体保温性能优于 400 mm 厚的松木原木叠加类墙体；木构类墙体保温性能普遍优于砖石砌筑类墙体，200 mm 厚的松木原木叠加类墙体保温性能大大优于 900 mm 厚的石灰石砌筑类墙体；砖材砌筑类墙体保温性能普遍优于石材砌筑类墙体，600 mm 厚的砖材砌筑类墙体保温性能大大优于 1 000 mm 厚的石灰石砌筑类墙体。墙体材料选择和墙体厚度是影响墙体保温性能的两大因素，对比以上分析结果发现，在中东铁路历史建筑墙体中，墙体构筑材料的选择对墙体保温性能的影响要远远大于墙体厚度对墙体保温性能的影响。因为中东铁路墙体构筑所用材料导热系数往往差距很大，例如，花岗岩的导热系数大致为木屑导热系数的 30 倍，砖材的导热系数大致是松木的 5 倍，所以在这种情况下，要想通过加大砖石砌筑类墙体的厚度来缩小其与木构类墙体保温性能的差距是很难的。

对比以上各实例的建筑主体（不含阳光房和门斗）外墙的热惰性指标会发现：哈尔滨工人文化宫高级铁路职工住宅二层的双层板夹木屑类墙体热惰性指标最大，夏季隔热性能最好，其一层的单层板夹木屑填芯类墙体热惰性指标最小，夏季隔热性能最差；相应的扎兰屯站中东铁路避暑旅馆的砖材砌筑类外墙的热惰性指标大于横道河子站 28 家联户住宅的石材砌筑外墙的热惰性指标，后者的热惰性指标又大于横道河子站铁路职工住宅 7 号俄式木屋的原木叠加外墙的热惰性指标。也就是说，以上各建筑实例外墙的隔热性能由好到差排列顺序为：哈尔滨工人文化宫高级铁路职工住宅二层双层木屑填芯类墙体、扎兰屯站中东铁路避暑旅馆砖材砌筑类外墙、横道河子站 28 家联户住宅石材砌筑类外墙、横道河子站铁路职工住宅 7 号俄式木屋原木叠加类外墙、哈尔滨工人文化宫高级铁路职工住宅一层外墙。

通过以上结果对比发现：木屑填芯类墙体相对于其他类型的墙体在隔热性能方面有一定的优势，600 mm 厚的双层木屑填芯类墙体隔热性能要大大优于 1 000 mm 厚的砖材砌筑类外墙；厚重的砌筑类墙体在炎热的夏季阻挡动态波动热的能力也比较突出，隔热性能很优秀，中东铁路历史建筑中砖材和石材砌筑外墙一般都会达到 700~1 000 mm 厚，这些砌筑类外墙的隔热性能要优于一般常见的 400 mm 左右厚的原木叠加类外墙，这也在一定程度上解释了铁路沿线内大量由厚重的砌筑类墙体围合成的房间在夏季即使不用人工制冷依然很凉爽,而冬季保温效果很好的木构类墙体围合成的房间在夏季却比较热的现象。在夏季,一些砌筑类墙体构成的、比较高大的铁路建筑,如机车库、站舍、多层铁路工业建筑等由于墙体热惰性好,室内外温差相对较大,因此导致室内外热压差值较大,非常有利于这些建筑产生热压通风和烟囱效应等现象,这对保持室内凉爽舒畅也很有利。

(2)冬季采暖期外墙内表面结露以及内部冷凝分析。

中东铁路历史建筑分布于严寒地区,冬季室内外温差很大,这种情况下,冬季采暖期建筑外墙内表面,尤其是热桥部位温度常常低于室内空气温度。当内表面温度低于室内空气露点温度时,空气中的水蒸气就会在内表面凝结,出现墙体表面结露现象。水滴附着于墙体内表面,如果墙体表层防水性能差,久而久之水分便开始向墙体内部渗透,被水汽侵蚀的墙体很快便会形成冷桥,继而大大影响墙体的保温性能,同时,经常受潮的墙体还容易在内表面形成霉变,影响墙面美观和使用。本小节将通过 PBECA 节能设计分析软件计算和分析已选的建筑实例外墙内部是否会出现采暖期内表面结露现象以及内部冷凝现象,进而分析中东铁路历史建筑墙体的防潮性能。

PBECA 节能设计分析软件内置的围护结构内表面结露验算公式为:$\theta'_i = t_i - (t_i - t_e)/R'_0 * R_i$,由此算出内表面温度,然后和露点温度进行对比,大于露点温度就不会结露,反之就会结露。t_i 为冬季室内设计计算温度,θ'_i 为内表面温度,R'_0 为外墙最不利部位传热阻($m^2 \cdot K/W$),t_e 为冬季室外计算温度,R_i 为内表面换热阻($m^2 \cdot K/W$),查阅各个建筑实例的围护结构结露计算结果,汇总为表 5.20。

表 5.20 不同墙体结露判断

墙体实例	墙体厚度 /mm	内表面温度 /℃	露点温度 /℃	是否结露
横道河子站铁路职工住宅 7 号俄式木屋外墙	420	12.2	9.60	否
横道河子站 28 家联户住宅外墙	960	10.7	9.60	否
扎兰屯站中东铁路避暑旅馆外墙	860	14.5	10.15	否

通过对比以上各外墙的内表面温度和露点温度发现,各个建筑实例的外墙主体部分在冬季采暖期都不会发生内表面结露现象。进一步计算分析会发现,露点为 9.6 ℃左右时,当砖材砌筑类外墙厚度小于 300 mm(石灰石砌筑类外墙厚度小于 730 mm)时,冬季采暖期容易发生结露现象。

由于中东铁路历史建筑中的绝大部分砖石砌筑类墙体厚度都大于以上数值,因此建筑墙体在冬季不会发生明显的结露现象,但在一些砖材砌筑类墙体的门窗洞口边缘处以及墙根勒脚和墙体转角等部分往往采用石材与之搭配砌筑，这些部位是保温薄弱部位，冬季采暖期容易发生结露现象，而水汽不断侵蚀墙体表面，也在一定程度上解释了这些部位容易形成霉变的原因（图5.73）。

中东铁路历史建筑中的外墙内表面绝大多数都是以石灰砂浆或木材饰面，防水性能差，一旦有结露现象发生，水汽很容易渗入墙体内部，在墙体内部发生冷凝，尤其是对木屑填芯类墙体，水汽渗入其中会对木屑保温性能产生较大影响，还会导致木屑发生受潮、霉变等现象，影响墙体的使用寿命。可见，判定水蒸气是否会渗入墙体内部对判断墙体防潮性能好坏具有重要的意义。PBECA节能设计分析软件采用的外墙内部冷凝受潮验算方法是先计算出冷凝计算界面温度，公式为$Q_c = t_i - (t_i - t_e')/R_0 * (R_i + R_{0,i})$，得出$Q_c$数值后可以确定冷凝计算界面处的饱和水蒸气分压力$P_{s,c}$，然后可以计算出冷凝计算界面内侧所需的蒸汽渗透阻，然后将$H_{o,i}'$和《民用建筑热工设计规范》（GB 50176-93）所规定的$H_{o,i}$进行比对，当冷凝计算界面内侧蒸汽渗透阻大于所需蒸汽渗透阻时，墙体内部易发生冷凝现象，需要做相应的防范措施，反之则不必。

经计算发现，哈尔滨高级铁路职工住宅一层和二层木屑填芯类外墙的冷凝计算界面内侧所需的蒸汽渗透阻均大于《民用建筑热工设计规范》（GB 50176-93）规定的临界值，其墙体内部容易发生冷凝现象，需要添加隔气层或采取其他措施，但实际上中东铁路历史建筑中的木屑填芯类墙体绝大部分都没有设置隔气层或其他防潮构造，只是偶尔在木屑层的外侧添加一层薄薄的毛毡层，其阻挡水汽向墙体内部渗透的能力是很有限的。可以说，中东铁路历史建筑中的木屑填芯类墙体冬季采暖期抗内部水汽冷凝的能力较差，这也在一定程度上解释了很多这类墙体的木屑层受潮、变质、硬化、结块等现象产生的原因（图5.74）。

5.3.3 墙体热负荷模拟及缺陷分析

通过PBECA节能设计分析软件计算墙体的主要热工性能指标，大致可以对中东铁路历史建筑

图5.73 墙体保温薄弱部位的霉变现象

图 5.74　墙体内因受潮而变质硬化的木屑

中的主要类型墙体热工性能有一定的了解，本小节将在此基础上利 PBECA 节能设计分析软件的围护结构热负荷模拟及缺陷分析功能进一步模拟和分析包括墙体在内的各围护结构的热负荷情况，进而更加直观地说明墙体的热工性能。

PBECA 节能设计分析软件模拟的围护结构热负荷包括围护结构采暖负荷和围护结构空调负荷以及围护结构总负荷三种。采暖负荷指冬季采暖期在室外设计温度确定的条件下，为保持室内设计温度，房间在单位时间内需由供热设施供给的热量。围护结构的采暖负荷是衡量围护结构保温性能的重要指标。相应的空调负荷指夏季室外设计稳定一定的条件下，为达到室内设计温度，房间在单位时间内由空调提供的制冷量，围护结构的空调负荷是衡量围护结构隔热性能的重要指标。围护结构总负荷是指采暖负荷和空调负荷的总和，是综合衡量围护结构热工性能的重要指标。为使各个实例热负荷具有可比性，统一将各实例的房间温度设置为冬季采暖期 18℃，夏季 26℃。运行 PBECA 节能设计分析软件的缺陷分析功能，会得出相应的各个围护构件的热负荷比例图和建筑平面负荷图。

平面负荷图中，房间负荷由低到高分别由蓝色、绿色、黄色、红色等一系列颜色表示。通过房间不同的颜色即可辨别房间热负荷的大小，进而从侧面反映包括墙体在内的围护结构的热工性能。

（1）不同类型墙体占围护结构总热负荷比例对比分析。

在横道河子站 28 家联户住宅建筑实例中，外墙总面积为 633.5 ㎡，900 mm 厚的石材砌筑外墙的热负荷为 128.85 kW，占围护结构总体热负荷的 42.53%，是包括屋顶、外门窗、地面等围护结构中耗热量最大的部分，平均每平方米外墙热负荷约为 0.20 kW，综合地看，石材砌筑类墙体热工性能较差。在各围护构件的总采暖负荷中，外墙占 46.29%，是所有围护构件中比例最大的，同时，在墙体总负荷中采暖负荷为 123.85 kW，占总负荷的 96.20%（图 5.75），可见，石材墙体的冬季采暖期保温性能很差。在各围护构件的总空调负荷中，外墙的空调负荷只占 13.76%，远小于地面和外窗的比例，同时在墙体总负荷中，墙体空调负荷为 4.82 kW，仅占墙体总负荷的

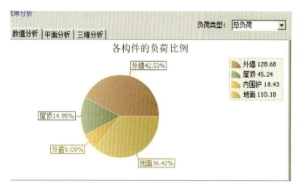
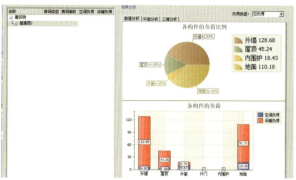

a 各围护构件总体热负荷比例

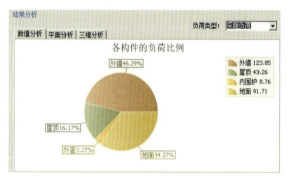
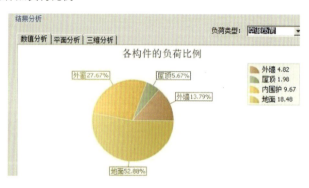

b 各围护构件采暖热负荷比例　　　　　　　c 各围护构件空调热负荷比例

图 5.75　横道河子站 28 家联户住宅各围护构件热负荷比例

3.80%，可见，厚重的石材墙体隔热性能良好。综上可知，一方面，由于冬季采暖期热负荷较高，因此中东铁路历史建筑中的石构建筑物能耗偏高，若要保持冬季室内良好的热环境需要较多燃料；另一方面，由于石材构筑类墙体夏季空调负荷较低，隔热性能良好，因此石构建筑在炎热的夏季，只需要消耗较少的能源即可获得凉爽的室内环境，这样的结论和上一小节中经过计算得出的结论是吻合的。

在扎兰屯站中东铁路避暑旅馆建筑实例中，外墙总面积为 415.95 ㎡，800 mm 厚的砖材砌筑类外墙的热负荷为 66.55 kW，占围护结构总体热负荷的 37.19%，也是包括屋顶、地面、外窗、内围护等围护构件中比例最高的，平均每平方米外墙热负荷约为 0.16 kW，综合来看，砖材砌筑类墙体的热工性能也较差。在各围护构件的总采暖负荷中，外墙占 48.20%，是所有围护构件中比例最大的，同时，在墙体总负荷中采暖负荷为 61.32 kW 占总负荷的 92.14%，可见，砖材墙体在冬季采暖期保温性能也很差。在各围护构件的总空调负荷中，外墙的空调负荷只占 10.11%，小于地面和外窗的比例，同时，在墙体总负荷中墙体空调负荷为 5.23 kW，仅占墙体总负荷 7.85%（图 5.76），可见，砖材砌筑类墙体隔热性能比较好。综上可知，中东铁路历史建筑中的砖材砌筑类墙体在冬季采暖期热负荷较大，在夏季空调热负荷较小，其保温性能较差，但隔热性能较好，相对于石材砌筑类墙体来讲，砖材砌筑类墙体保温性能更加优秀，二者隔热性能不相上下，这和上一小节计算分析的结果也是相一致的。总的来讲，砖材砌筑类墙是也是一种能耗较高的墙体，若要维持舒适的室内热环境耗能较多。

横道河子站铁路职工住宅 7 号俄式木屋外墙总面积为 220.77 m², 400 mm 厚的原木、板材

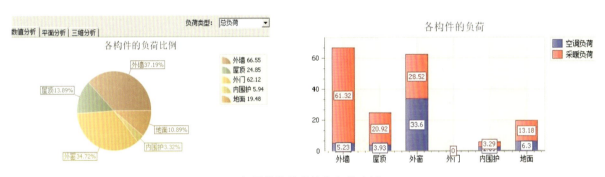

a 各围护构件总体热负荷比例

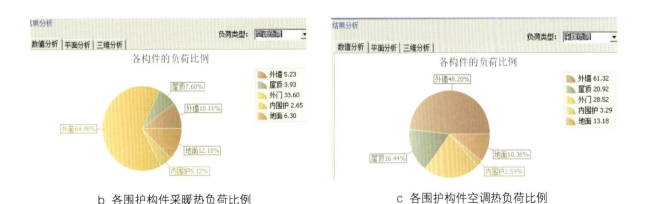

b 各围护构件采暖热负荷比例　　　　　c 各围护构件空调热负荷比例

图 5.76　扎兰屯站中东铁路避暑旅馆各围护构件热负荷比例

复合类外墙的热负荷为 26.97 kW，占围护结构总体热负荷的 19.44%，低于屋顶、地面所占的比例，高于外窗、内围护等围护构件所占比例，平均每平方米外墙的热负荷约为 0.12 kW，低于砖石砌筑类墙体的每平方米热负荷，因此综合来看，木构类墙体的热工性能相对于砖石砌筑墙体更加优秀。在各围护构件的总采暖负荷中，外墙占 23.01%，在所有围护构件中低于屋顶和地面，比例不是很高，同时在墙体总负荷中采暖负荷仅为 22.94 kW，占了总负荷的 85.06%，可见，木构类墙体在冬季采暖期保温性能较好。在各围护构件的总空调负荷中，外墙的空调负荷为 4.03 kW，占 10.33%，小于地面和外窗以及屋顶所占比例，同时在墙体总负荷中，墙体空调负荷仅占墙体总负荷 15%（图 5.77），每平方米外墙的平均热负荷比砖石砌筑类外墙要高，隔热性能不突出。综上可知，中东铁路历史建筑中的木构类墙体采暖热负荷相对砖石砌筑墙体较低，保温性能更好，空调能耗虽略高于砖石砌筑类墙体但差距不大，只要稍稍增加一些墙体厚度也能达到较好的隔热

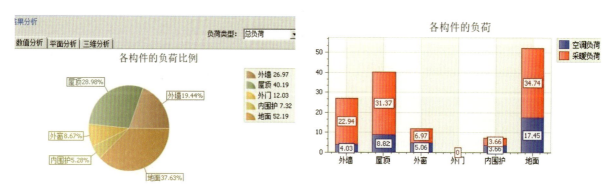

a 各围护构件总体热负荷比例

b 各围护构件采暖热负荷比例　　　　　　c 各围护构件空调热负荷比例

图 5.77　横道河子站铁路职工住宅 7 号俄式木屋中各围护构件热负荷比例

效果，可见木构类墙体热工性能相对于石材砌筑类墙体来讲更加优秀，这和上一小节计算分析的结果也是相一致的。总的来讲，木构类墙体是一种能耗较低的墙体，维持舒适的室内热环境消耗能源较少。

在哈尔滨中东铁路高级职工住宅建筑实例中，外墙总面积为 296.07 m^2，木屑填芯类外墙的热负荷为 26.03 kW，占围护结构总体热负荷的 19.10%，低于地面、外窗所占的比例，高于内围护构件和屋顶所占的比例，平均每平方米外墙的热负荷约为 0.09 kW，低于原木板材复合类墙体的每平方米热负荷，因此综合来看，木屑填芯类墙体的热工性能要比其他墙体更加优秀。在各围护构件的总采暖负荷中，外墙采暖负荷为 19.82 kW，占总采暖负荷的 23.80%，低于地面所占的比例，比屋顶、外门窗等其他围护构件所占比例要大，但平均每平方米外墙的采暖热负荷比其他类型墙体要低，可见，木构类墙体在冬季采暖期保温性能很好。在各围护构件的总空调负荷中，外墙的空调负荷为 9.31 kW，占总空调负荷的 10.11%，平均每平方米空调负荷仅为 0.03 kW（图5.78），能耗非常低，可见，木屑夹芯类墙体隔热性能也比较好。

综上可知，中东铁路历史建筑中木屑填芯类墙体采暖热负荷相对于其他类型墙体更低，是所有墙体中保温性能最好的，同时隔热性能也不错。总的来讲，木屑填芯类墙体在中东铁路修筑时期是一种相对节能的墙体，若要维持比较舒适的室内热环境只需消耗少量能源，非常适合在中东铁路沿线寒冷的气候条件下应用，但很可惜，限于材料和技术条件原因，这类墙体未能在中东铁路历史建筑中得到大量的应用。

（2）不同类型墙体的平面热负荷对比分析。

从横道河子站28家联户住宅建筑平面总体热负荷缺陷分析图上可以看出，整个住宅的平面近似于长方形，大部分房间热负荷都很大，只有中间的小房间热负荷略低。在平面采暖负荷单项热负荷缺陷分析图中可以发现，北向房间采暖负荷很大，南向山墙两侧和背对小房间的房间热负荷也很高，其他房间采暖热负荷较低。在平面空调负荷单项热负荷缺陷分析图中可以发现，整个平面空调负荷很低，只有中间的小房间以及南向背对其的房间空调负荷相对偏高（图5.79）。以上房间热负荷的高低情况也从侧面反映了石材砌筑类墙体的保温性能较差、隔热性能良好的热工性能特点，和上一小节计算的结果相吻合。

从扎兰屯站中东铁路避暑旅馆建筑平面总体热负荷缺陷分析图上可以看出，除了走廊和两个没有外墙的小房间以外，其余房间热负荷均很大。在平面采暖负荷单项热负荷缺陷分析图中可以发现，两侧阳光房采暖负荷很大，中间走廊部分采暖负荷最小，靠山墙区域采暖负荷大于其他区域，北侧区域采暖负荷大于南侧区域，相对于横道河子站28家联户住宅建筑来讲，扎兰屯站中东铁

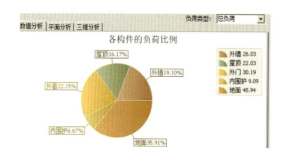
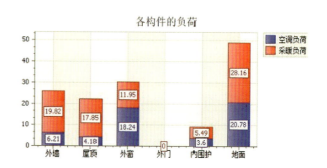

a 各围护构件总体热负荷比例

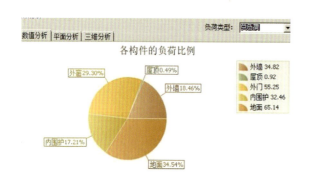
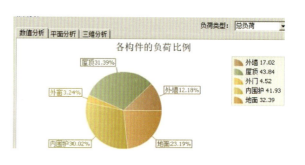

b 各围护构件采暖热负荷比例　　　　　　　c 各围护构件空调热负荷比例

图 5.78　哈尔滨铁路高级职工住宅各围护构件热负荷比例

a 总体热负荷平面　　　　　b 总体热负荷平面　　　　　c 空调热负荷平面

图 5.79　横道河子站 28 家联户住宅平面热负荷缺陷分析图

路避暑旅馆采暖能耗较低。在平面空调负荷单项热负荷缺陷分析图中可以发现，除了南向部分房间外，整个建筑的空调负荷都很低（图 5.80）。以上房间热负荷的高低情况也从侧面反映了砖材砌筑类墙体保温性能一般、隔热性能良好的热工性能特点，和上一小节计算的结果相吻合。

从横道河子站铁路职工住宅 7 号俄式木屋建筑平面总体热负荷缺陷分析图上可以看出，只有

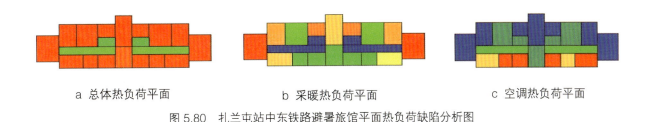

　　a 总体热负荷平面　　　　　　　b 采暖热负荷平面　　　　　　　c 空调热负荷平面

图 5.80　扎兰屯站中东铁路避暑旅馆平面热负荷缺陷分析图

西北角处的一个房间热负荷很大，其余房间热负荷相对于扎兰屯站中东铁路避暑旅馆和 28 家联户住宅都更低。在平面采暖负荷单项热负荷缺陷分析图中可以发现，建筑采暖负荷相对于扎兰屯站中东铁路避暑旅馆和 28 家联户住宅都更低，只有西北角处的房间略大，建筑的保温效果明显优于上述 2 个实例。在平面空调负荷单项热负荷缺陷分析图中可以发现，除中间走廊部分外，整个建筑的空调负荷也较低，和上 2 个实例差距不大（图 5.81）。以上房间热负荷的高低情况也从侧面反映了原木叠加类墙体保温性能良好、隔热性能一般的热工性能特点，和上一小节计算的结果相吻合。

　　从哈尔滨中东铁路高级职工住宅建筑平面热负荷缺陷分析图上可以看出，建筑一层和二层的大部分区域总体热负荷都较低，只有一层南向 3 个房间和二层南侧临近阳台的 2 个房间热负荷较大。在平面采暖负荷单项热负荷缺陷分析图中可以发现，包括山墙和转角等不利部位在内的整个建筑的采暖负荷相对于以上各实例来讲都很低，尤其是采用双层木屑夹芯类墙体围合的二层，采暖负荷更低，可见，建筑整体和木屑填芯类墙体的保温效果均优于以上各实例。在平面空调负荷单项热负荷缺陷分析图中可以发现，一层南向 3 个房间和二层南侧临近阳台的 2 个房间空调负荷较大，其他房

　　a 总体热负荷平面　　　　　　　b 采暖热负荷平面　　　　　　　c 空调热负荷平面

图 5.81　横道河子站铁路职工住宅 7 号俄式住宅平面热负荷缺陷分析图

间空调热负荷均较低，没能和其他3个建筑实例拉开较大差距（图5.82）。以上房间热负荷的高低情况也从侧面反映了木屑填芯类墙体保温、隔热性能都很出众的热工性能特点，和上一小节计算的结果相吻合。

（3）主要墙体热工性能优缺点及应用特点。

通过前面几个小节对中东铁路历史建筑中各类墙体热工性能的计算与模拟分析发现，不同类型墙体在热工性能方面各有优、缺点，下面在前面几个小节的基础上对各类不同墙体的热工性能优、缺点进行分析，同时结合各类墙体热工性能的优、缺点分析其在中东铁路历史建筑中的应用特点。

砖石砌筑类墙体的较突出的优点是厚重的墙身在夏季有较好的隔热性能。此外，砖石砌筑类墙体相对于木构类墙体和木屑夹芯类墙体更加牢固、耐侵蚀，其热工性能不会轻易因墙身的损坏而受到较大影响，且在经历了长时间的使用后还能保持原有的隔热性能。砖石砌筑类墙体主要的缺点是保温性能较差，即使墙身较厚也难以达到很好的保温效果，在中东铁路沿线寒冷的气候条件下，这一缺点显得尤为突出，尤其是在门窗洞口周围以及墙体转角等容易形成局部冷桥的部位，会进一步降低墙体保温性能。除此之外，内表面容易冷凝结露也是砖石砌筑类墙体的另一个主要缺点，更严重的是，经常性的表面结露会继续降低墙体的保温性能，如此往复，形成恶性循环，墙体热工性能进一步降低。

木构类墙体在热工性能方面优点很多，一般的木构类墙体保温性能都较好，而且受内表面结露现象的影响也很小。比砖石砌筑类墙体轻薄很多的木构类墙体一样可以取得很好的保温效果，且中东铁路沿线内的木构类建筑总是给人一种温暖亲切的感觉，正是因为这一独特的优点，木构类墙体在中东铁路沿线才特别受欢迎。木构类墙体热工性能方面的主要缺点是，墙身受潮后，木材相对容易糟损，进而热工性能会受到影响，保温性能也会大大降低。此外，受墙体厚度影响（一般厚度

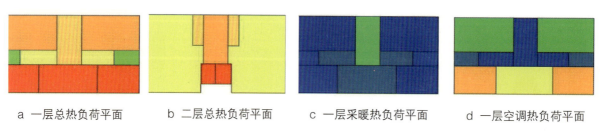

a 一层总热负荷平面　　b 二层总热负荷平面　　c 一层采暖热负荷平面　　d 一层空调热负荷平面

图5.82 哈尔滨中东铁路高级职工住宅平面热负荷缺陷分析图

不会大于 400 mm），一般木构类墙体隔热性能一般，没有砖石砌筑类墙体好，但由于中东铁路沿线的夏季比较短暂且高温天气较少，因此只要稍加通风措施即可很好地解决这个问题，因此这一缺点不会给木构类墙体的在中东铁路历史建筑中的大量应用造成影响。

木屑填芯类墙体的保温性能和隔热性能均很优秀，相对于其他类型墙体来讲更加节能。木屑保温层极大地提升了墙体的冬季防寒能力，同时也使墙体抵抗夏季周期性热波动性能得到加强，从这些特点来看，木屑填芯层和现代墙体的各类保温层的功能相类似。木屑填芯类墙体热工性能上的主要缺点是其对内部木屑层的防潮性有较高要求，当木屑层受潮气侵蚀后，会发生霉变、结块等变质现象，相应的各项热工性能会出现不同程度的下降，中东铁路历史建筑修筑之时，还没有比较完善的墙体防潮措施，很多木屑填芯类墙体在经历了长时间的风霜雨雪洗礼后，木屑层都不同程度地受潮，这一缺点也成了木屑填芯类墙体的最大弊端。

选用不同类型墙体应用在中东铁路历史建筑中时，建造者们充分考虑了这些墙体的热工性能的优、缺点，并尽可能地扬长避短，使不同类型的墙体都能得到最为合理的运用，墙体的运用主要体现出以下特点。

第一，在同一建筑内根据不同部位选择不一样的墙体，同时在一些保温不利位置采取补救措施。由于建筑的门斗、阳光房等部位起空间过渡作用，冬季人们也不会经常长时间在其中逗留，因此常选用冬季保温性能较差、夏季通风性能良好的板材拼接类墙体。在建筑北侧等散热量较大的冬季主导风方向，墙体常常应比其他方向采取更好的保温措施，如在北向的砖石砌筑类墙体外侧附加较厚的泥面层，在北向木构类墙体外侧附加板条挂灰泥层，等等。在墙体转角、洞口周边等不利于保温的部位，常常通过增加厚度来提高保温性能。

第二，根据建筑功能不同、服务对象不同、使用特点不同来选取热工性能不同的墙体，使墙体热工性能和建筑功能充分匹配。在一些辅助性建筑，如一般的仓房和公厕，常采用较薄的墙身，虽然其热工性能不是很好，但不会对建筑的日常使用造成较大影响，因为很少有人会长时间在其中逗留。在一般的铁路职工住宅中常选取热工性能一般的砖石砌筑类墙体，在一些高级铁路职工住宅中往往会选择热工性能更加优秀的木屑夹芯类墙体或砖木复合类墙体。由于在兵营等室内使用人数密度较大的建筑中，人体本身会散发出很多热量，也可以提升室内温度，因此外墙往往可以选用保温性能较差的砖石砌筑类墙体。在冰窖等对隔热性能有较高要求的建筑中，往往选用较厚的石材砌筑墙体以减少室外热量向内部的渗透。

5.4 本章小结

墙体作为重要的建筑组成部分，其建造技术能在一定程度上反映一个时期的经济、文化、技术发展水平。本章以中东铁路历史建筑中的各类墙体为研究对象，利用走访调研、归纳总结、计算模拟、分析比较等研究方法，对中东铁路历史建筑墙体的分类、构造及热工性能进行了初步的探索，通过对这些墙体相关技术的研究以点带面地揭示了中东铁路修筑时期东北地区的建筑技术水平及特点，并相应地得出了以下结论：

对中东铁路历史建筑墙体进行大量调研和查阅资料后发现，中东铁路历史建筑的墙体类型丰富多样，常见的如砖石砌筑类墙体、木构类墙体等，均有大量的建筑实例可参考，而有的墙体类型则已经没有现存的建筑实例可供研究，只能从资料中加以了解，而整个中东铁路历史建筑墙体是一个庞杂的系统，很难以一个程式化的标准将其清晰地划分开来，需要按照不同的分类标准才能勉强将整个中东铁路历史建筑的墙体系统地进行较为明晰的分门别类和梳理。本章以墙体构造方式的不同为主要划分标准，辅以墙体构成材料的不同、墙体功能的不同、墙体应用部位的不同等划分标准，力求尽可能地发现在中东铁路历史建筑中应用的所有墙体类型，并最终对中东铁路历史建筑墙体进行了合理的分类总结。

对中东铁路历史建筑中主要墙体类型的墙体构造进行研究后发现，中东铁路沿线墙体构造具有合理利用当地材料资源，注重墙体保温防寒性能，造价低廉，便于施工，既有俄罗斯传统做法又有中国本土做法等特点，进而说明了这些特点的形成是中东铁路沿线气候条件、自然资源条件、不同文化背景、经济水平等多种制约因素综合博弈的结果。然而尽管当时的墙体构造受限于较低的构造技术，却体现了较为先进的构造意识。同时从中还可以发现一些新兴材料和技术在墙体构造中的尝试性运用，如混凝土浇筑墙体在一些铁路军事建筑中的大胆运用、大面积玻璃和木框的结合在阳光房等部位的运用等，尽管这些尝试性运用还很不成熟，但也足以证明当时中东铁路沿线的墙体构造没有止步于传统的技法，而是积极地探索新材料、新技术，给墙体构造带来新的可能性。

对中东铁路历史建筑中主要墙体类型的墙体热工性能进行计算模拟后发现，各类墙体的热工性能差异较大：厚重的砖石砌筑类墙体以夏季隔热性能见长，木构类墙体以冬季保温性能见长，木屑填芯类墙体保温、隔热性能都很优秀。中东铁路历史建筑在应用这些墙体时对其热工性能进行了扬长避短，根据不同建筑功能不同和同一建筑部位不同有针对性地分配最适合的墙体，充分发挥各自热工性能的优势，这种优化的分配方法在一定程度上弥补了这些墙体的热工性能缺陷。此外，通过分析还可以发现：相对来讲，砖石砌筑类墙体冬季采暖期热负荷较高，占整个围护结构热负荷比例较大，不利于建筑节能；而木构类墙体夏季空调负荷稍大，但只要通风等措施到位，不会对建筑节能造成较大影响；木屑填芯墙体采暖、空调负荷均较低，很利于建筑节能。

6 中东铁路历史建筑保温与采暖技术

Thermal Insulation and Heating Techniques of Heritage Buildings along CER

6.1 中东铁路历史建筑保温技术

中东铁路地处中国东北地区，西部是绵延 1 200 km 的大兴安岭，大兴安岭向西延伸至内蒙古高原，东南部是以长白山为中心的山区，东西山脉之间是广袤的中央平原，中央平原被松辽分水岭分割。松花江流域的北满洲平原南北长 600 km，东西宽 400 km，南满洲平原南北长 450 km，东西宽 300 km，流灌其间的辽河注入渤海。在广袤的东北地区，中东铁路上行驶的列车在崇山、平原之间穿梭，站舍也在其间穿插布置，这些不同高程的站舍或城镇均需做防寒、保温方面的考虑。

6.1.1 建筑总平面布局中的防寒技术

建筑总平面布局的防寒、保温主要涉及两个方面，一个是城镇选址，另一个是建筑布局。城镇选址决定了城镇及其周边的地理环境，建筑布局决定了建筑群体组合关系及建筑朝向，这些对于建筑的防寒、保温都有较大的影响。

（1）城镇选址。

中东铁路地处我国东北严寒地区，沿线各站点的设置除了要考虑军事、政治因素以外，还应充分考虑城镇所处的高程和地形。

中东铁路主线穿越蒙、黑两省，地理、地形条件复杂，既有辽阔的松嫩平原，又有险峻的大兴安岭、长白山余脉，铁路和站舍在其间迂回穿插、跌宕起伏。将沿线 54 个主要站舍的相对高程关系按照水平距离绘制成图，可得到各站舍相对高程图（图 6.1）。从图中可以看出，满洲里站至富拉尔基站段，

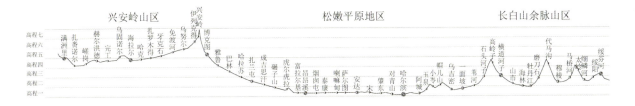

图 6.1 中东铁路各站舍相对高程图

铁路一直都在大兴安岭山脉中穿梭，城镇海拔较高，至兴安岭站达到最高海拔高度，然后一路向东下行，自富拉尔基站开始进入中部平原地区，穿过中心城市哈尔滨后由玉泉站开始，铁路再次驶入丛林山野之中。将站点相对高程纵向划分为 7 段，统计每个高程内站点的数量和城镇的规划用地面积，可以得到表 6.1 和表 6.2。

表 6.1 高程内站舍分布表

	一等站	二等站	三等站	四等站	五等站	合 计	比 例
高程七					1	1	1.9%
高程六				1		1	1.9%
高程五		2			4	6	11.1%
高程四		1		1	8	10	18.5%
高程三					2	2	3.7%
高程二		2	2	4	6	14	25.9%
高程一	1	1	2	5	11	20	37.0%
合 计	1	6	4	11	32	54	100%

表 6.2 各高程内站舍城镇规划用地表（单位：垧）1 垧 =0.01 km^2

	高程一	高程二	高程三	高程四	高程五	高程六	高程七
规划面积	56 373	27 650	1 500	18 500	22 100	600	600
所占比例	44.3%	21.7%	1.2%	14.5%	17.4%	0.5%	0.5%

两表反映了中东铁路沿线 54 个主要站点的高程分布和规划面积情况。由表 6.1 可知仅有 2 个城镇选址于海拔较高的第六、第七高程段内，占 3.7%，而二者的规划用地面积之和仅为 1 200 垧，占整个中东铁路规划用地总面积的 1%。由于海拔越高、温度越低，且山区地形复杂，因此鲜有城镇会选址于海拔较高的山区。与此不同的是，有 66% 的城镇选址于第一、第二高程段内，该段高程内的地形主要是平原或者与平原地形接近的山区，地势较平坦，这样的选址便于城镇建设的开展。由于这些地形大都三面环山，受冬季寒风影响较小，因此规划用地面积也较大。

综合分析，考虑到高海拔、低温度等对城镇选址的影响，中东铁路沿线的城镇绝大多数选址于地势平坦、利于城镇建设的中部平原地区，该地区东、西、北三面环山，受冬季寒冷季风的影响较小，这些都显示了城镇选址趋利避害的特点。

除了考虑海拔高度以外，城镇选址还应充分利用周围的山水、森林等自然条件以达到背山向阳、趋利避害的目的。哈拉苏至满洲里的铁路一直在大兴安岭西部山脉中曲折行进，其间城镇的选址特别注重与山脉的结合，从而达到利用地形的目的，沿途的若干重要城镇如满洲里、海拉尔和博克图等地都选址于南向平坦、北靠山体的环境之中。中东铁路西部线海拔较高，这样的择址可避免或者减小冬季寒冷季风的侵袭，同时人们还可以在北部山体上建造风车用于碾碎谷物、加工粮食，这样的选址方式在利用寒风的同时避免了寒风对建筑的影响，可谓一举两得（图6.2a、b、c）。

和西部线相比，东线的城镇选址则有另一番不同的考虑。中东铁路东线地理条件更为复杂，张广才岭、老爷岭等山脉纵贯其中，其间鲜有平坦之地，大多数情况下都是群山耸立、山谷密布，因此较多的城镇就建在两山之间的山谷平坦地带，如一面坡、横道河子、绥芬河等地（图6.2d、e、f、g），和西部线城镇相比，这样的选址较为封闭和内向，能够减少不利气候条件的影响，而且山谷之地普遍降雪量大，厚厚的积雪覆盖于房顶之上，犹如一层棉被，整个冬季都不融化，非常有利于建筑的保温。

综合分析，中东铁路东、西部地区不同的地理条件塑造了不同的城镇选址及布局形式，这些城镇的选址和布局都从自身的地理环境条件出发，充分利用周边地形条件优势，趋利避害、扬长避短，最终与外部环境达到和谐共处，实现防寒、保温的目的。

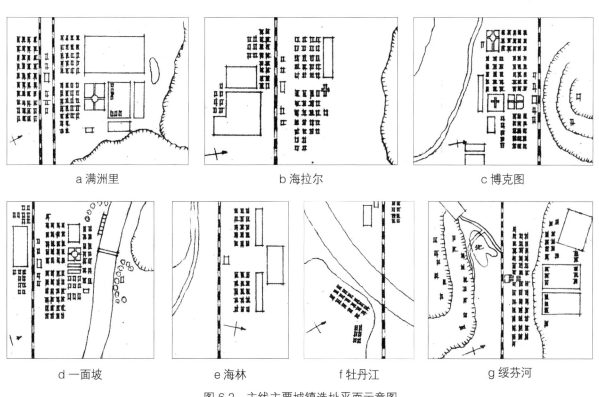

图 6.2 主线主要城镇选址平面示意图

（2）建筑布局。

1907年8月30日，吉林会议专员花翎候补道杜学瀛、黑龙江会议花翎存记道专员宋小濂分别和中国东省铁路公司总办霍尔瓦特在哈尔滨签订《吉林省中东铁路公司购地合同》与《黑龙江铁路公司购地合同》。前者针对中东铁路总公司擅自拓地的现象强调"铁路公司应需地亩，均在此次合同内，永不再展"，同时亦明确了铁路用地范围：东自小绥芬交界站起，西至阿什河车站止，包括区间线路两侧用地宽度为32沙绳（约68 m），共需地5.5万垧。后者也规定铁路用地范围为：西自满洲里迤西铁路入中国境起，东至哈尔滨松花江北岸石当止，包括区间线路两侧用地宽度为35沙绳（约75 m），共需地12.6万垧。这两份合同签订于日俄战争俄国战败之后，对中东铁路公司的疯狂拓地做了有力的限制和束缚，使城镇发展布局仅沿着铁路展开。

根据站舍规划用地的规模，中东铁路沿线城镇主要建筑布局形式有行列式和周边式两种。

①行列式布局形式。

行列式布局即建筑之间彼此平行，呈线性分布，且与铁路走向平行。该种布局形式一般出现在三、四等站点城镇中。由于站点等级较低，规划居住人口较少，因此土地压力较小，建筑布局比较宽松，如安达和扎兰屯的车站包括站舍、行包房和公共厕所3栋建筑，垂直于站舍的为城镇主要街道，道路宽阔，站前广场做绿地景观。住宅一般3栋并联成组，彼此平行，由此形成行列式的建筑布局（图6.3）。

城镇内的住宅多为联户型住宅，拥有独立的院落和入口，院内有单独的仓库、厕所、禽舍和厨房，相邻住户间除住宅、仓库和厕所毗连在一起以外，其余设施均独立设置，户与户之间仅用低矮的木板障子分隔，既能区分空间，又便于交流。房前屋后及住宅院落内种植花草、榆木，极具田园气息（图6.4）。每栋住宅所占的基地面积在280 m²左右，住宅组群一般以3栋建筑，即6户住宅为一组，各住宅前后布局呈行列式，前后住宅之间的道路为主要道路，院落之间的道路为次要道路。

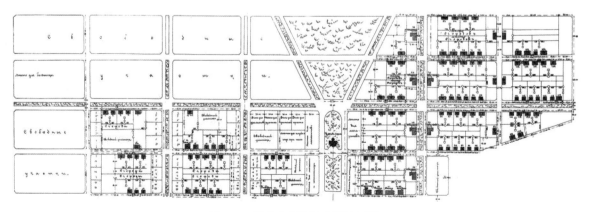

图6.3 行列式布局标准设计图纸

行列式布局的出现主要源于《合办东省铁路公司合同章程》及后来的《吉林省中东铁路公司购地合同》和《黑龙江铁路公司购地合同》中对铁路区间线路两侧用地的规定，这些合同使铁路附属地内的建筑仅能够沿铁路平行布置。值得一提的是，采用这样的布局形式还有基于现实方面因素的考虑，即这样的布局形式对建筑的防寒、保温具有一定的积极作用：首先，建筑的东南—西北走向使其在与冬季主导季风风向平行的同时拥有最有利的朝向，减弱了西北季风对住宅的影响。

图 6.4　一面坡某联户型住宅

其次，住宅房前屋后布置的绿化可以作为防风带，减弱寒风对建筑的影响。再次，联户型住宅能够在冬季充分利用住户之间的热量交换，通过减少外墙面积减少热量损失。最后，由于俄国人在冬季有时将仓房用作蒸汽浴室，所以把相邻住户的仓房结合在一起同样能够减少热量的损失，而院内的厨房没有毗连在一起，是因为俄国人有夏季厨房和冬季厨房，院内厨房属于夏季厨房，外观开敞。

行列式建筑布局形式一般出现在等级较低的三、四等站点城镇中，而等级较高、规划居住人口较多的站点，如哈尔滨和昂昂溪的铁路职工住宅的布局形式与行列式布局相比则有较多不同之处。

以哈尔滨为例，根据中俄《合办东省铁路公司合同章程》第 6 款规定，中东铁路建筑工程局于 1898 年开始在哈尔滨征占土地，并于 1898 年、1899 年和 1900 年 3 次扩占土地，拥有了南北长约 10 km，东西宽约 5 km，占地面积约 50 km² 的土地面积。实际上，俄方所占土地面积不止这些，根据 1937 年伪哈尔滨特别市公署出版的《哈尔滨特别市政概要》记载，俄方 3 次拓地后占有 12 000 俄亩（1 俄亩 =1.09 公顷），约 130 km² 的土地。据统计，俄方吞并的土地中，实际用于修建铁路线路和建筑物的仅占 29%，其余均由中东铁路公司高价出售、出租或用于其他目的。中东铁路管理局地亩处还专门成立了"卖地科"，主要任务是"发展、经营和提高中东铁路总收入额"，主要途径就是大量圈占或压价强买大批土地，然后划分地段高价出售，牟取暴利。

②周边式布局形式。

随着铁路用地范围不断增加，适用于线形地块的行列式建筑布局已不再适应土地发展形式，取而代之的是周边式建筑布局，即在居住区街区中，建筑沿组团边界布置。哈尔滨铁路职工住宅就是以组团为单位的建筑布局，多分布在公司街、海城街、花园街和海关街等几个街区（图 6.5），"每个组团的占地面积约为 0.5~2.5 公顷（1 公顷 =0.01 km²）；每栋住宅的占地面积约为 80~140 m²；每个组团内住宅的容量约为 4~17 栋，以 10 栋最为普遍；每栋住宅可住 2~4 户；每户所占有的基地面积约在

 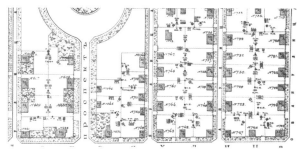

| a 松花江街附近的铁路职工住宅 | b 花园街附近的铁路职工住宅 |

图 6.5　哈尔滨的周边式布局的铁路职工住宅

500 m² 左右"。住宅采用周边式布局，组团中心设置一个或两个水井，端角设置公共卫生间和污水池，住宅之间用木板障子分隔，每户都有一处仓储空间。

与行列式布局相比，周边式布局稍显局促，如住宅不再是独门独院式，而是独栋独院式，即每栋住宅享用一个院落，不再是每个住户享用一个院落；并且按照每栋住宅 2~4 户计算，平均每户住宅享用的基地面积为 125~250 m²，低于行列式布局中每户 280 m² 的标准。这与当时土地使用现状有关，由于哈尔滨地少人多，因此为了容纳更多的铁路职工住宅而不得不降低生活标准。周边式布局中两边建筑的朝向不良，当住宅的住户达到 4 户时会导致其中两户的朝向、通风及卫生条件相对下降，这种布局形式甚至还影响了哈尔滨冬季流行疾病的爆发。

周边式布局中的内向型布局形式使其拥有相对"私密"的内向空间，这种内向空间可形成相对封闭的小气候，防风阻沙效果较好。集中设置的辅助设施便于组团住户的交流，可节省建筑占地面积和材料，充分利用市政管道，并且冬季能够缩短公共设施的服务半径，减少能源消耗等。

总体来看，铁路站点的等级规模和用地要求对建筑布局产生了直接的影响，从而形成了不同的住宅的布局形式。和周边式布局相比，行列式布局的每栋住宅都能有宽敞的用地面积和良好的朝向，居住条件较高。而周边式住宅由于有集中的服务设施，因此能够节省燃料，实现能源的高效利用。两种住宅布局形式各有利弊、相辅相成。综上可知，中东铁路沿线两种住宅布局形式的出现绝非偶然，而是基于特殊的因素形成的。

6.1.2　建筑单体的保温技术

中东铁路建筑的防寒、保温不仅体现在城镇选址和建筑布局等宏观方面，从建筑单体角度来看，建筑平面、窗墙比和体形系数对建筑的防寒、保温也有较大的影响。

（1）建筑平面。

从中东铁路沿线的部分遗存建筑及其建设之初的设计图纸来看，不论是居住建筑还是火车站、俱乐部等公共建筑，它们的平面形式一般比较简单，外观不超过两层，平面大多为矩形或 L 形，并以矩形居多，在形体上没有凹凸变化或者变化较小。下面以居住建筑为例分析建筑平面的特点。

①联户型住宅。

联户型住宅属于等级不高的住宅形式，分布在中东铁路沿线各个地区，一般一栋建筑可居住 2~4 户，以两户居多（图 6.6），较适用于上述的行列式布局形式，在住宅的保温设计方面主要有以下几方面措施。

a. 充分利用南向采光。

住宅平面为长方形，入口多位于两个短边或者朝北的长边，以增加南向可获得日照的房间数；有的住宅尽量增加南向房间的进深，以增加南向房间的面积，从而获得较多的日照。

b. 平面布局紧凑。

联户型住宅的居住面积较小（一般在 30~40 m²），住宅的交通面积十分有限，房间一般都围绕玄关呈穿套式布局，这样紧凑密集的布局形式可以充分发挥壁炉的供热效应，而减少交通空间的面积，也便于热量的及时扩散，使房间最快达到理想温度。

c. 减少山墙热损失。

由于建筑一般南北向布置，因此山墙除了入口以外一般不开窗，只有一些面积较大的住宅由于设置室内卫生间而在山墙上开约 500 mm 宽的窄窗。且住宅阳光房多置于山墙处，从而减少了山墙和外部环境直接接触的面积。这些措施都减少了山墙面的热损，避免了热量的流失。

d. 根据房间温度需求合理进行位置设计。

住宅内部房间一般只有玄关、厨房、卧室和餐厅，面积较大的还设有佣人房，外部布置仓房和厕

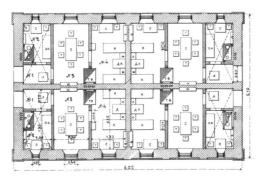
a 四户型标准设计住宅

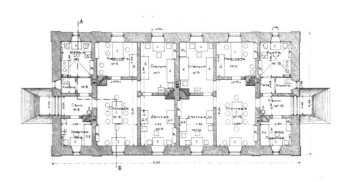
b 双户型标准设计住宅

图 6.6　中东铁路住宅标准设计图

所。在房间的布置上，一般把厨房、厕所和佣人房等对温度要求不高的房间置于建筑的转角部位，以满足平面中部布置卧室、儿童室等温度要求较高的房间的需求。

尽管联户型住宅有着上述的各种优点，但是这些优点仅限于双户排联户型住宅，当住户达到3或4户时，很多问题如采光、通风等都无法解决。

②独户型住宅。

独户型住宅等级较高，可分为普通独户型和高级独户型住宅两种。普通独户型住宅外观与上述联户型住宅相似，只是内部由多户改为独户，使用空间更宽敞；而高级独户型住宅属于高级官员住宅，外观两层，立面精致漂亮，更注重房间的宽敞性和舒适性。

普通独户型住宅除了拥有基本的功能房间以外，还有佣人室、书房、客厅和凉亭或阳光房等（图6.7）。由于是独户居住，因此舒适和宽敞成了此类住宅设计的主要出发点，但是普通独户型住宅同时对保温也有特殊的考虑，主要体现在以下两个方面。

a. 合理选择入口位置。

普通独户型住宅的使用面积可达到110~140 m^2，面积充裕，其住宅主入口多设在南向，如博克图站段长办公室，并且在厨房附近设置次入口，方便直接进入室外院落。此外，有些普通独户型住宅的主入口和阳光房结合在一起设计，形成了双重过渡空间，有利于室内保温。

b. 合理组织空间。

从现存普通独户型住宅的设计图纸来看，其厨房设置在北向转角处，旁边设置卫生间和浴室，各房间围绕起居室或走廊布置，功能布局更加合理。北向一般布置起居室、餐厅和书房，南向一般布置卧室和儿童室，而厨房、佣人房、书房或入口等对温度要求不高的房间可置于建筑转角，保证卧室、起居室等房间在建筑的中央位置，尽量减少热量的交换损失（图6.7）。

高级独户型住宅一般采用集中式平面布局形式，除凉亭凸出主体外，主要房间基本为矩形平面，立面以楼梯作为视觉焦点，外观两层，其防寒措施一般有如下两方面。

a. 减少入口寒气侵袭。

入口和楼梯毗邻设置于建筑的北向或东向，并用实墙将其与其他空间分开，保证其空间的独立性和密闭性。由于从室外经玄关和封闭走廊双重过渡空间才可到达室内，因此充分确保了寒气不会从入口处直接侵入室内而影响室内温度。

b. 扩大南向房间面积。

由中东铁路高级独户住宅的设计图纸可以看出，南向房间的进深和面积普遍大于北向房间，并且房间外有阳光房和花房作为过渡（图6.8）。

此外，由于高级独户型住宅一般为两层，因此卧室、儿童室可集中布置在楼上。与上述普通独户型住宅相比，高级独户型住宅不仅注重居住的舒适和宽敞，还比较注重生活的情调：一层起居室旁有阳光房和花房，里面种植万年青、君子兰、水仙、八宝等俄国人喜爱的植物；二层卧室旁有凉亭，方便凭栏远望。由于建筑面积较大，因此在地下设锅炉房，对房间进行集中供暖。

联户型住宅和独户型住宅存在诸多不同，二者都从自身的角度出发，拥有各自合理的设计。联户型住宅面积较小，注重空间的紧凑性，以避免热量的消耗；独户型住宅面积较大，注重空间的舒适性，并在此基础上考虑了建筑的保温、防寒。两种住宅形式均通过自身平面的合理设计，体现了对建筑防寒、保温的特殊考虑。

（2）窗墙比。

窗墙比面积较大时，可以增加室内接受阳光的面积，从而间接提高室内温度。从调研结果来看，中东铁路沿线现在遗存最多的建筑类型即为住宅，经统计，住宅比例达到了75.5%，而其他建筑类型现存则较少。再者，住宅对采光纳阳的要求较高，因此本节窗墙比的分析以住宅为主。

在中东铁路住宅建筑中，除哈尔滨的高级官员住宅为独栋式以外，其余各地的住宅多为联户型住宅。尽管这些联户型住宅砖、石等建筑材料各异，但是其平、立面均采用标准化设计，因此其窗户的组合排布有一定的规律。据调研，沿线砖石结构住宅的窗户一般有3种尺寸规格，即470 mm×1 710 mm，940 mm×1 710 mm 和 1 400 mm×1 710 mm，其中两种较大的窗户一般用于卧室或者起居室，较小的窗户则用于厨房或厕所，因此中东铁路历史建筑中面积较小的联户型住宅都是两个较大窗户的组合，而面积较大的住宅则因为有室内厕所变成了三种窗户的组合。以昂昂溪和满洲里的铁路职工住宅为例，它们的建筑立面南向的窗墙比见表6.3。

表6.3中的住宅类型涵盖了从独户型到双联两户、三户、四户型等常见的住宅布局形式，可以看出，南向的窗墙面积比一般在0.10~0.17之间，参考现行《民用建筑热工设计规范》，其数值远远低于南向窗墙比最大0.35的规定，因此较好地满足了建筑节能和保温方面的要求。

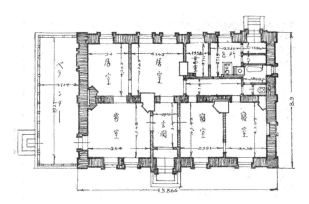

图6.7 中东铁路普通独户型住宅平面

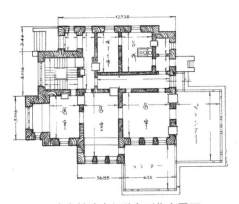

图6.8 中东铁路高级独户型住宅平面

表6.3　昂昂溪、满洲里铁路职工住宅窗墙比

建筑名称	窗户尺寸/mm	窗墙比
昂昂溪俄式建筑84、89、105号，满洲里道南二道街石头房子	470×1 710，940×1 710，940×1 710，940×1 710，940×1 710，470×1 710	0.11
昂昂溪俄式建筑91、104号，满洲里桥南路东侧某石头房子	940×1 710，1 400×1 710，940×1 710	0.13
昂昂溪俄式建筑71、74、92、93、106号，满洲里桥南路东侧石头房子	940×1 710，940×1 710，940×1 710，940×1 710	0.16
昂昂溪俄式建筑63号	470×1 710，940×1 710，940×1 710，940×1 710，470×1 710	0.10
昂昂溪俄式建筑51、76、108号	940×1 710，940×1 710，940×1 710	0.12
昂昂溪俄式建筑28号	1 400×1 710，1400×1710，1 400×1 710，1 400×1 710	0.17

分析可知，砖石结构住宅窗户尺寸和窗墙比较小的原因主要有以下几个方面：首先，木质窗户与砖石墙体之间的密封性较弱，其一般做法是在窗缝中填麻丝，外侧用白灰浆封堵，一旦白灰浆从裂缝脱落，冷风便可乘虚而入，因此必须尽量缩小窗户尺寸，以减少冷风的侵入。其次，住宅的窗户过梁均为拱券形式，当窗户数量较多、跨度较大时，拱券承受的荷载相应加大，其带来的侧推力也相应加大，虽然两窗之间的侧推力可以相互抵消，但是两端窗户的侧推力却无法抵消，侧推力过大会使端部墙体产生斜向裂缝，影响建筑的稳定性。

木质住宅的分布以满洲里、一面坡等地居多，这类木质住宅中不论是木刻楞还是木板房，由于窗户不受拱券过梁的限制，因此尺寸较大，一般有四种类型，分别为：900 mm×1 900 mm，1 200 mm×1 900 mm，1 500 mm×1 900 mm 和 2 100 mm×1 900 mm，其中900 mm 和2 100 mm 宽的窗户出现频率较低，而1 200 mm 和1 500 mm 宽的窗户出现的频率较高。

以满洲里为例，由于其冬季气候寒冷，因此木刻楞的处理和砖石结构住宅相比有若干不同，如室内净高由3 500 mm 变成了3 200 mm，窗户高度由1 710 mm 变成了1 900 mm，室内净高的降低和窗户高度的增加使木质住宅的窗墙比大于砖石结构住宅，其木质住宅窗墙比见表6.4。

由表6.4可知，满洲里的木刻楞或木板房的南向窗墙比在0.20~0.26之间，比砖石结构住宅的窗墙比要大，木质住宅的窗户为过梁形式，不受侧推力的影响，且窗户密闭严实，可以开窗很大，从而形成较大的窗墙比。

砖石结构住宅和木质住宅由于建筑材料和建筑技术的不同形成了不同的窗墙比。其中，砖石结构住宅的砖墙保温性能较差，冬季墙体容易冻裂，因此应减小开窗，以减少散热面积和热损失节点，从

而形成外表敦厚、稳重的特点。木质住宅由于保温性能优良，且木质门窗密实度较高，因此开窗较大，从而"被动"地提高了室内温度，如扎赉诺尔道南三道街的某木刻楞南向甚至有8个宽度达到1 500 mm的窗户，从而形成了木质住宅外观轻快、活泼的特点。这两种材料的住宅都根据材料自身的防寒、保温特点，采用合适的窗墙比来提高室内的温度。

表6.4 满洲里典型木质住宅的窗墙比

建筑名称	窗户尺寸/mm	窗墙比
满洲里南二道街某木板房（1）	1 500×1 900，1 000×1 900，1 500×1 900，1 000×1 900，1 500×1 900	0.20
满洲里南二道街某木板房（2）	900×1 900，900×1 900，900×1 900，900×1 900，900×1 900	0.20
满洲里道北头道街木刻楞	1 200×1 900，1 200×1 900，1 500×1 900，1 500×1 900，1 200×1 900，1 200×1 900	0.26
扎赉诺尔市木刻楞	1 500×1 900，1 500×1 900，2 100×1 900，2 100×1 900，1 500×1 900，1 500×1 900	0.25

（3）体形系数。

体形系数指建筑与室外大气接触的外表面积与其所包围的体积的比值，在现代居住建筑设计中，体形系数一般控制在0.3比较合理，中东铁路沿线具有代表性的建筑的体形系数见表6.5。

表6.5 中东铁路沿线典型建筑体形系数表

名称	屋顶形式	体形系数
昂昂溪俄式建筑78号	两坡顶	0.64
昂昂溪俄式建筑104号	两坡顶	0.82
昂昂溪俄式建筑105号	两坡顶	0.60
扎兰屯高级铁路职工住宅	四坡顶	0.59
扎兰屯铁路职工住宅	四坡顶	0.64
横道河子铁路职工住宅57号	四坡顶	0.49
横道河子铁路职工住宅34号	四坡顶	0.46

由表6.5可以看出，中东铁路沿线建筑的体形系数较大，一般都在0.5左右。体形系数主要是由于硕大屋顶的影响，屋顶高耸且交叉转折的凹凸较大，带来了体形系数的不经济，进而影响了住宅的能耗。

由此可见，中东铁路建筑中的坡屋顶是一把双刃剑，其硕大的体积和挺拔的高度一方面有利于冬季积雪的排除，减少积雪荷载对屋架的威胁，另一方面也极大地增加了建筑的体形系数，导致建筑能耗的增加。值得注意的是，住宅屋顶下的闷顶空间使室内外之间有个一个过渡的空间层次，从而降低了室外寒风对室内温度的直接影响。

6.1.3　建筑单体的缓冲空间

中东铁路建筑除了在宏观选址和建筑单体上注重对防寒、保温的考虑以外，其建筑周围还有一系列的缓冲空间作为过渡，如建筑上部有闷顶空间，下部有地下室或架空地面，入口处有门斗，这些缓冲空间在室内和室外形成了一个过渡层，从而降低了室外冷风对室内温度的直接影响。

（1）门斗。

大多数中东铁路建筑入口处均设置门斗，门斗面积在 2 m^2 左右。门斗作为室外和室内的过渡空间，减少了因人员出入而对室内温度产生影响。

门斗的朝向没有固定规律，开在四个方向的都有，但其位置一般以两侧山墙，即东、西两面居多。独户型住宅由于面积宽裕，因此其门斗常设在建筑南侧，而三户型住宅由于其具有特殊的居住面积分配格局，因此其中的一户不得不将门斗设在北侧。由此可见，门斗的朝向并不是随意设置的，而要根据住宅自身条件而设计。当住宅不得已在北侧设置门斗时，同时也会采取一定的折中措施，如满洲里的木刻楞和平山的铁路职工住宅中，北向门斗的入口并不垂直于建筑，而是在门斗侧面，即与建筑平行的方向设门，从而避免了冬季寒风的直接倒灌。但也有一些特殊情况，如昂昂溪俄式建筑 93 号中，该建筑虽为联户双户型住宅，但其门斗却均设在建筑的北侧。

门斗的材料以木质居多，一般做成板夹墙形式，板间填充锯末、石灰等材料，再用螺栓将门斗和建筑主体连接在一起，中间夹以毛毡、麻丝等。木质门斗体态轻盈、装饰丰富，与建筑主体对比鲜明。除木质门斗外，还有砖构门斗，由于砖构门斗与住宅主体的连接性和自身的密闭性都较好，因此北向开门的住宅常用这种类型的门斗，但是由于砖构门斗和建筑主体的不均匀沉降，砖构门斗后期常与建筑主体有裂缝脱离，从而影响门斗的保温性能。砖构门斗的装饰形式与住宅主体基本一致，造型敦厚、稳重（图 6.9）。

多重空间的过渡是俄式建筑入口中常用的处理措施。为了避免冬季寒风直接进入室内，俄式建筑的入口处常设置多重密闭空间，最大化地减弱冷风的渗入。例如普通联户型住宅的门斗后常有一面积 2 m^2 左右的玄关，从室外进入室内需要经过门斗和玄关两个过渡空间。而独户型住宅如哈尔滨高级官员住宅则在门斗后有一密闭走廊，使门斗、密闭走廊和楼梯自成一区，如此复杂和曲折的过渡空间使寒风很难直接对室内温度产生影响（图 6.10）。

除设计多重过渡空间外，门斗有时还与阳光房结合设计，如昂昂溪俄式建筑 77 号的门斗设置在阳光房内，使门斗不与室外直接接触，而且利用阳光房的"被动"保温使室内外之间产生一个舒适、

a 木质门斗

b 砖构门斗

图 6.9 两种材料形式的门斗

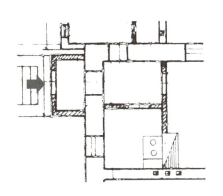
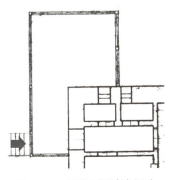
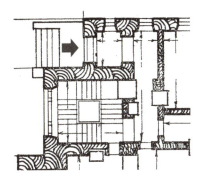

图 6.10 多重空间过渡门斗

温暖的过渡空间。这样，通过设置多重过渡空间，从而避免了室外低温对室内的直接影响。

中东铁路沿线一些大型公共建筑的入口处设计有着一些特殊之处，即室外不设踏步，在室内门厅解决高差的形式。这样的设计手法一方面出自防灾、减灾的考虑，因为在冬季冰雪环境下，室外台阶易结冰，将台阶移入室内可避免人们因积雪结冰而滑倒；另一方面体现了设计者对防寒的细致考虑，即室内外高差可阻挡室外寒风的直接侵袭，使寒风在下沉空间内积聚，避免对其他空间的影响，如原中东铁路俱乐部入口处就使用了这种做法（图 6.11）。

（2）地下室。

在中东铁路沿线的行政、居住、医疗或军事建筑中，地下室都是一个重要的空间。尽管地下室的出现，有的是出于功能的考虑，有的是为了便于取暖设备的安置，还有的是为了安全目的，但是它的出现都不可避免地影响到建筑主体的室内温度。作为建筑主体和大地之间的过渡空间，地下室的冬暖夏凉适当地弱化了地面对室温的直接影响。下面将地下室的出现按照建筑类型进行分类分析。

从调研结果来看，中东铁路沿线的居住建筑一般只在住宅中厨房的下方设地下室。这种地下室类似于地窖的形式，无窗户，不能采光、通风，深度约为2 m，没有单独出入口，只在厨房地面处开口，通过梯子进入。为避免地下潮气对地面龙骨的腐蚀，地下室一般以工字钢作为承重梁，其上再搁置木龙骨和地板。由于这种地下室只是作为住宅冬季的食物储备空间，因此对建筑主体温度的影响有限。此外，还有一些住宅，如哈尔滨高级铁路职工住宅和满洲里道北头道街的木刻楞等，它们的地下室被用作为锅炉间，功能是为整栋建筑统一供热，

图6.11　原中东铁路俱乐部入口

其出入口设在建筑的侧面或背面，可通过楼梯进入。锅炉的设置使地下室的温度较高，从而使室内受大地温度的影响大大降低（图6.12）。

除居住建筑外，中东铁路沿线的其他大型公共建筑的多数也设有地下室，且这些地下室一般都为半地下形式，靠近地面处有窗户采光。例如满洲里站俄国领事馆，地下一层全部为地下室，该地下室作为建筑的存储和设备用房，至今仍留有当时的锅炉和设备管道（图6.13）。地下室主要墙体全部由毛石砌筑，屋顶有两种结构形式，若跨度较大，屋顶为铁轨加砖砌小券的形式，若跨度较小，则屋顶直接是石质拱券。由于设置锅炉和窗户，因此地下室在冬季温暖干燥。虽然如今地下室的锅炉早已拆除不用，但是在冬天进入建筑仍然没有任何寒冷、潮湿之感，可见地下室对建筑上部主体保温性能的

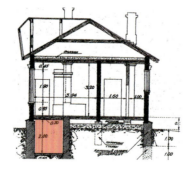

图6.12　地下室在独户型铁路住宅中的平面、剖面位置

图6.13　满洲里站俄国领事馆地下室

影响之大。除此之外，满洲里站俄国商务处和横道河子站铁路职工宿舍楼等建筑普遍都将锅炉房和管道设备等置于地下室中，对建筑主体的保温影响较大。

由此可见，地下室在住宅和公共建筑中所起的作用各不相同，公共建筑的地下室主要用作取暖设备用房，作为大地和室内的过渡空间，其对于建筑主体的保温性能影响较大；而住宅由于其功能的限制，没有必要设计面积较大的地下室，因此仅在厨房下设地下室作为储藏空间，其对室内温度的影响较小。

（3）闷顶。

在中东铁路沿线各类建筑的屋顶中，除了机车库和仓库等建筑由于无人居住而构造简单外，其余的建筑出于排除屋面积雪的考虑均做成坡屋顶形式，从而形成了坡屋顶下的闷顶空间。这些屋架形态各异，构造各不相同，在排除屋面积雪和丰富立面效果的同时，其下方形成的闷顶空间作为室内外之间的过渡空间对室内温度也有着重要的影响。

中东铁路建筑的坡屋顶一般有双坡顶和四坡顶两种形式，在整体分布上，双坡顶多位于中部平原地区，而西部和东部山区由于常年风力较大，因此多用坡度较缓的四坡顶形式。屋架构造主要有两种基本形式（图6.14）：第一种屋架用于跨度较小的建筑，其做法是外墙之间置方木梁，方木梁中间立脊柱，脊檩和外墙之间密排椽木，其上垂直排布木板，再在木方上铺望板，最后覆以瓦当或铁皮。为了保护山墙伸出的檩条不受糟朽，工匠常在檩条下皮钉封护板予以保护，由于建筑椽木密集伸出，因此其常呈现类似于中国古建筑檐椽的造型，如昂昂溪站铁路医院（图6.15）。第二种屋架从构造上来看类似于中国古建筑的抬梁式屋架，当建筑跨度超过4俄丈（约8.5 m）时采用，其做法是除脊柱外，还在脊柱和外墙之间设瓜柱，硕大的檩木架在脊柱、瓜柱和外墙上，檩木上垂直排布椽木，椽木上置望板，板上铺瓦或铁皮。其中椽木伸出外墙的椽脚部分为装饰的重点，工匠常将其砍成各种曲线形状，并雕刻宗教寓意的图案（图6.16），这种屋架形式应用较多，如哈尔滨建设街某铁路职工住宅（图6.17）就使用了这种屋架形式。这两种基本构造方式构成了中东铁路建筑屋架的基本形态。

上述的两种屋顶构造形态为中东铁路建筑的基本构造形态，在此基础上还有部分屋面又有若干变化，这些变化改变了屋面的防寒、保温性能，常见的屋面形式见表6.6。

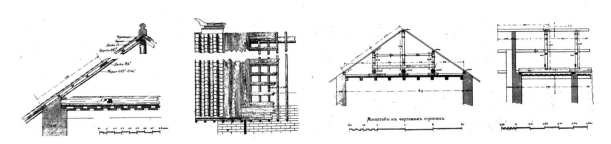

图6.14 中东铁路建筑两种屋架构造形式

图 6.15　昂昂溪站铁路医院

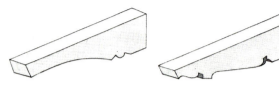

图 6.16　多种橡脚样式

图 6.17　哈尔滨建设街某铁路职工住宅

表 6.6　各种屋面构造形式及传热量

编 号	屋面构造形式	传热量 /（kcal·h⁻¹）
a		2.1
b		4.9
c		10.4
d		1.2

a. 这种屋面的构造做法比较简单，在檩木上铺设约 25 mm 厚的木板，木板上覆黑色铁皮，铁皮之间上下错缝，左右咬合成脊，避免了雨雪的渗入。但是由于屋面较薄，铁皮受温度影响较大，因此该种屋面的保温性能较差，其传热量为 2.1 kcal/h（1 kcal=4.187 kJ）。

b. 这种屋面的构造做法和上述第一种屋面基本相同，只是将铁皮屋面改为砖瓦屋面，砖瓦上下同样错缝相接，避免了雨雪的渗入。但是和铁皮屋面相比，由于砖瓦搭接时缝隙较大，因此整体密闭性较差，从而使保温性能更低，其传热量为 4.9 kcal/h。

c. 这种屋面形式比较少见，其构造做法为在檩木上沿其垂直方向敷设若干木板，再在木板上直接钉波浪形铁皮屋面，其优点在于可以快速地排除屋面上的积雪，但是由于仅有波浪形铁皮一层面层，因此其保温性能非常差，其传热量为 10.4 kcal/h。

d. 这种屋面的构造方法是在椽木上垂直排布木板，再在木板上搁望板，然后再铺屋面瓦，其构造方法与上述的第二种屋架形式略有相同，但区别之处在于其椽木下还挂了一层木板，板面抹灰。这种屋面的整体密闭性较强，因此保温性能较高，其传热量为 1.2 kcal/h。

可见，屋顶保温性能受其结构形式影响较大，同样构造形式的屋顶，铁皮屋面的保温性能要比砖瓦屋面优越一倍还多，这也是铁皮屋面应用较广的原因。由于闷顶空间仅是室外和室内之间的一个过渡空间，因此和屋顶构造相比，室内楼面的构造才是保温构造的重点。

6.2 中东铁路历史建筑构造技术

为适应东北地区严寒的气候条件，中东铁路历史建筑采用一系列防寒、保温措施是极其必要的。其中，建筑外墙的保温技术由于借鉴了俄国民间建筑的一些墙体保温技术而变得极富地域色彩。在外墙材料的选择上，选择当地盛产、加工和运输又方便的砖、木、石等天然材料作为外墙的主要材料，发挥材料各自在防寒、保温方面的优越性，注重不同材料和墙体厚度对于保温效果的影响；同时，打破单一材料的局限，将砖、木、石等材料进行组合，形成砖木复合墙体、砖石复合墙体、板夹锯末墙等多种形式的组合墙体，辅以细致的构造节点设计，大大提高了外墙的保温性能，获得了较好的保温效果。这些外墙构造形式反映了当时条件下的墙体保温技术水平，在今天看来，其虽仍属于"低技术"范畴，但对当今追求低碳环保的墙体保温与节能设计仍具有极佳的借鉴意义。

6.2.1 单一材料墙体的保温技术

中东铁路沿线建筑所采用的建筑材料一般为砖、石、木等天然材料，或者是 3 种材料的组合。

受地理地形、经济状况和周边环境等的影响，每个地区都有其主导的建筑材料形式，总体看来，砖材建筑占绝大多数，其次为石材和木材建筑。多种多样的建筑形式展示了当时人们对各种建筑材料的成熟应用，同时对建筑的防寒、保温亦有一定的影响。

（1）砖墙。

由于砖材易于加工，可批量化生产，且砌筑组合形式多样，因此成为中东铁路沿线建筑的主要用材。从材料的加工工艺上看，砖材有红砖和青砖两种类型，红砖由于烧制时充分氧化，因此有较高的强度和耐久性，而青砖由于烧制时为缺氧环境，因此在强度、硬度上与红砖保持一致的同时，在抗氧化、抗水化、抗风化等方面还优于红砖。一般来说，红砖常采用俄式的尺寸和加工工艺，工匠技术的成熟掌握和熟练的砌筑方法使红砖建筑出现得较多，而青砖主要为东北地方砖窑烧制而成，尺寸和红砖差距较大。由于俄制红砖的产量较低且烧制成本较高，再者出于文化"亲和"的目的，因此中东铁路沿线出现了较多红砖与青砖组合建造的建筑。由于对青砖不够了解，因此这些建筑一般以红砖为主，仅在落影花饰、转角隅石、门窗拱券等地方使用青砖，如石头河子站某铁路职工住宅和肇东站兵营等建筑的点缀，青砖与红砖组合得非常完美，起到了很强的装饰效果。值得注意的是，中东铁路支线沿线，尤其是哈尔滨至长春之间的铁路建筑中青砖出现较多，这主要是其建设时间紧急、任务繁重且距离俄国红砖原产地较远的缘故。在砖墙的防寒、保温处理上，主要有以下措施。

①合理选择砖墙厚度。

中东铁路建筑中砖墙厚度一般有四种规格形制，分别为280 mm，560 mm，700 mm，840 mm，即俄制一砖、两砖、两砖半和三砖，其中以700 mm，即两砖半厚度的墙体最为常见，这一厚度的墙体既能有不错的保温性能，又能节省砌筑的材料费和手工费。

②加强墙体整体稳定性，避免墙身裂缝。

由于砖材的热膨胀系数较大，温度过低时砖墙容易因冻胀而产生裂缝，进而影响外墙的保温性能，因此墙体的整体稳定性就显得十分重要。砖墙的砌筑一般选用英式十字砌法（图6.18），即"一顺一丁"间砌，丁顺间砌可以使砖材之间拉结得更为牢固，避免墙体因气候寒冷而冻裂，同时具有不错的立面效果。同时，砖缝采用白灰黏结，白灰厚度在10 mm左右，现在这种黏结白灰的施工方法据说已经失传，从道林站一处已经拆除的只剩基础和部分墙体的铁路职工住宅来看（图6.19），即使经历了上百年的日晒雨淋，其白灰仍然质地坚硬，保持了不错的黏结能力，墙体的整体性依然良好。

③避免热损失节点。

在冬季室内外温差的作用下，建筑物外围护结构与外界进行热量传导时，由于围护结构中某些部位的传热系数明显大于其他部位，因此会形成热流密集、内表面温度较低的部位，使得热量集中地从

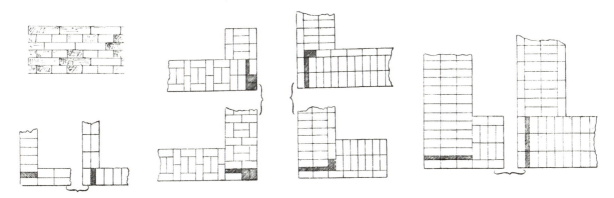

图6.18　各种墙厚的砌筑做法

这些部位快速传递出去，造成该处热量的损失。热损失节点主要出现在外墙转角处、内外墙交接处、楼屋面与外墙搭接处等区域。中东铁路建筑中砖墙的转角处理上，主要有转角隅石和转角柱两种形式（图6.20），两种处理方法的转角均凸出墙面一砖厚，尽管转角隅石和转角柱的出现主要出于结构上的美观考虑，但是它们对于减少转角处的热量损失也具有一定的影响：即增加了转角部分墙体的厚度，提高了转角部位的保温能力。此外，在冬季砖墙建筑的墙根处还堆放马粪、炉渣、锯末等材料以防冷空气的渗入，如此，通过各种途径提高了砖墙的防寒、保温能力。

以现代建筑保温材料的观点来看，黏土砖的传热系数为 $K=0.81$ w/($m^2·K$)（通常 $K \leq 0.3$ 为绝热材料），保温性能一般，而中东铁路沿线建筑多采用比较低技术的保温方法，即单纯以提高墙体厚度来实现建筑的保温。以700 mm的两砖半厚度墙体为例，此时外墙的传热量约为900 cal/h，而壁炉的散热量至少为600 000 cal/h，壁炉良好的散热性能降低了墙体散热对室温的影响。在一些严寒地区，如博克图等，其外墙的厚度甚至可达1.5 m，如此厚重的墙体可以延长热量损失的时间，从而保证了室内温度的稳定，使室内冬暖夏凉。

由于砖材保温性能一般，因此其主要出现在中东铁路中部松嫩平原的第一、二高程内，即雅鲁—哈尔滨—石头河子之间，这些地区东、北、西三面环山，和其他地区相比冬季不甚严寒，适于保温性能一般的砖构建筑的大量建设。

图6.19　道林站废弃住宅墙身

a 石头河子站铁路职工住宅　　　　　　b 玉泉站铁路职工住宅

图 6.20　砖墙转角处理形式

（2）木墙。

中东铁路沿线是森林资源丰富、木材储备量较大的地区。其西部是大兴安岭，东部是松花江、牡丹江流域及张广才岭、老爷岭，南部是四合川、拉林河。而中东铁路东线林区树种多样且优良，当时国际木材市场上的重要木材，如红松、胡桃揪、水曲柳、黄波椤、紫椴等，都能从这里找到。

俄国虽然通过签订合同取得了修筑中东铁路的合法权利，但是《合办东省铁路公司合同章程》并未赋予俄方以随便砍伐树木的特权，中国东省铁路公司在建设动工同时，即擅自采伐铁路沿线及附近树木，用作铁路枕木、建筑材料及燃料等。吉林地方当局曾向中国东省铁路公司提议征收木材税费，但是俄方断章取义，援引"用料免税"的规定拒绝缴税，1904~1912 年，俄方通过胁迫、利诱等方式与东北地方当局签订了一系列不平等合同，如 1904 年 3 月 6 日，中国东省公司胁迫黑龙江铁路交涉总局签订《黑龙江省铁路公司伐木合同》，合同规定了 3 处伐木地区，即从成吉思汗站起至牙克石站止，从呼兰和诺敏两河各至水源为止，从岔林河和浓浓河两河各至水源为止；1907 年 8 月 30 日，吉林省与俄方在哈尔滨签订《吉林木植合同》，合同规定了中东铁路在吉林省的 3 处砍伐地段，即石头河子、高岭子和一面坡附近；1908 年 4 月 5 日，黑龙江省与俄方在哈尔滨重订了《黑龙江铁路公司伐木合同》，合同确定了 3 处伐木地段，即火燎沟、皮洛以和岔林河；1912 年 7 月 31 日，霍尔瓦特与黑龙江省铁路交涉总局局长李鸿谟又签订了《增订中东铁路公司在江省指明地段砍备应用木植之副合同》，合同对俄方在黑龙江省的伐木地段又进行了重新划定。

根据上述各种合约的规定，中国东省铁路公司共获得林场 3 处：一是东线林场，位于中东铁路东线中央，位置最为优越，共分为 3 段，即石头河子段、吉格尔段和高岭子段，总面积为 93 275.97 公顷。二是西线绰尔林场，位于大兴安岭绰尔河上游，距博克图站 69 km，林场总面积在 8 万公顷以上，树种以落叶松为主。三是岔林河林场，林场总面积 3.46 公顷，位于松花江下游，通河县境。3 处林场共包含小林场 22 处，其中西线 4 处，东线 18 处（表 6.7）。

表 6.7 1915 年调查租借林场表

编号	林场名	所在位置	面积/平方俄里
1	谢夫谦克兄弟商会林场	大兴安岭西侧，免渡河流域全部	5 000
2	东省铁路公司林场	绰尔河流域上游	450
3	毕桃秋钦林场	鄂尔站、累敕河流域	300
4	林场名未定	鸠巴、梅里何夫、古拉瓦基制材区域	900
5	斯基达尔林场	帽儿山及乌吉密河车站之间	2 000
6	斯基达尔林场	一面坡车站附近	230
7	邦大连克林场	一面坡车站附近	144
8	斯基达尔林场	苇河站铁路两侧	1 000
9	福兰克林场	亚布力站附近	400
10	葛瓦里斯基林场	亚布力站附近	600
11	东省铁路公司林场	亚布力站与萨拉河子站之间	820
12	葛瓦里斯基林场	地点未知	300
13	思林钦林场	石头河子站附近	100
14	基里杨斯基林场	萨拉河子站附近	400
15	谢夫谦克林场	横道河子站附近	66
16	阿基也夫林场	三道窝集站附近	100
17	卡新兄弟商会林场	山市站附近	200
18	尼古拉耶夫林场	磨刀石站附近	250
19	斯基达尔林场	磨刀石站附近	600
20	切鲁克索夫林场	穆棱站附近	300
21	斯基达尔林场	细鳞河站附近	700
22	卜卜夫兄弟商会林场	马桥河站附近	2 400
合计			17 260

注：1 平方俄里≈ 1.138 km^2

这些合同规定中国东省铁路公司既可以将多余木材进行买卖，而且在"砍木地段内，可自行设法布置砍伐林木等事，并可堆积木料、建设锯末等厂、搭盖住房以及铺修运木支路"。因此，除中国东省铁路公司以外，俄国的商业也纷至沓来，中东铁路东线和西线出现了不少俄国资本家经营的林场，这些资本家为获得大量木材，开始进入森林腹地进行采伐，由此促进了森林铁路支线的建设，森林铁路情况见表 6.8。依托铁路沿线丰富的森林资源、便利的木材运输条件和大量的木材加工企业，在一面坡、苇河、石头河子、细鳞河、马桥河等处出现了较多的木质住宅，经过了上百年的冲刷洗礼，至今还有大量遗存。根据木质墙体的加工处理形式，可将其分为圆木墙体、方木墙体和一些其他墙体形式。

表6.8 森林铁路情况表

岔线名称	所在地	所有者	通行年份	长度/km
一面坡	由一面坡站向北	葛瓦里斯基	1920	52.7
九江泡	由九江泡站向北	斯基达尔	1916	69.2
苇河	由苇河站向东	斯基达尔	1904	69.5
亚布力	由亚布力站向南	葛瓦里斯基	1917	71.8
石头河子	由石头河子岔线向南	舍夫成调	1924	8.8
横道河子	由横道河子向东	葛瓦里斯基	1905	7.6
海林	由海林站向北	中东海林公司	1920	64.0
牙克石	由牙克石站起至海拉尔河	谢夫谦克	1917	8.5
伊列克得	由伊列克得站向北	俄伦错夫	1921	45.0
霍利果洛	由霍利果洛站向西南	东方建筑公司	1928	50.0
合计				447.1

木刻楞是俄国人的典型住宅，由圆木垒叠而成类似于中国的井干式住宅，具有施工速度快、结构坚固的特点。其做法一般是取直径20 cm左右的挺直圆木，晾干后去枝、剥皮，上下叠垒而成。在圆木墙体的保温处理上主要有以下几点方法。

①合理选择木材种类。

木刻楞所采用的圆木、木梁、门窗等均为红松（果松）加工而成。红松材质轻软、结构细腻、纹理密植通达、形色美观、不容易变形，且耐腐蚀性较强，更重要的一点是其保温性能卓越，红松导热系数为 $\lambda=0.11$ W/(m·K)，导热能力仅为黏土砖的1/6，属于很好的保温材料。研究表明，150 mm厚的木结构墙体，其保温性能相当于610 mm厚的砖墙，所以合理的材料选择可以提高墙身的保温性能。

②提高墙体密实程度。

在墙体的垒叠过程中，上、下层圆木之间以弧面相接，弧口表面做刨毛处理，以增加圆木之间的摩擦力，同时还要在上、下圆木层之间垫以苔藓或毛毡，防止冷风的渗入，圆木墙体的室内表面还要钉十字相交的灰条，然后抹灰。这些密闭性的处理措施可以提高圆木墙体的防寒、保温能力。

③强化转角保温性能。

木刻楞转角处一般处理成半圆碗口或做燕尾榫形式，然后上下叠垒，这样的构造处理加强了墙体的整体稳定性。同时，木材吸湿后易膨胀，使转角缝隙更为密闭，从而提高了转角的防寒、保温能力。此外，在燕尾榫叠垒完成后还要在外侧钉L形木板，这种做法既保护了转角墙体，同时又提高了转角的保温性能（图6.21）。

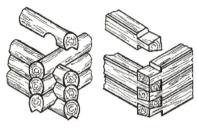  

a 木刻楞的转角构造　　　　　　b 扎赉诺尔站木刻楞　　　　　　c L形转角木板

图 6.21　圆木墙体

为了加强圆木墙体的整体稳定性，在窗间墙内外夹板并以螺栓固定，这样各个圆木仍属于一个整体。此外，为了加强圆木之间的连接，工匠还在圆木之间竖向打入木楔，每层平均打入 2~3 个，且上下相互错开。

木刻楞方便的就地取材优势、快捷的施工速度和良好的防寒、保温性能使其在中东铁路建设早期就大量出现。这些木刻楞看似粗犷奔放、朴实无华，但是通过材料之间的对比形成了不同凡响的"三部曲"，即由石材构成的稳重平稳的下部，由圆木构成的质朴亲切的中部和由板材构成的精致耐看的上部，而上部中的房檐、门檐和窗檐是装饰的重点，一般重点施以彩绘和雕刻，它们是木刻楞装饰的趣味中心，也是观赏的视觉焦点。木刻楞是建筑技术和艺术的完美统一体。

方木墙体的形式与圆木墙体类似，其墙体为方木叠垒而成，上、下层方木之间垫以毛毡。方木墙体形式主要出现在木刻楞建筑的内墙中，有时也作为外墙形式出现。

方木墙体外观与木板房墙体相似，但是二者的墙体构造却完全不同。方木墙体表面的横向木板解决了木刻楞难做装饰、不够精美的缺点，同时，其施工构造简单且拥有不错的保温性能。由于方木一般为内包，因此可以选择一些比较便宜的非红松木材，从而降低了房屋的造价。方木墙体在一面坡有较多实例。

方木墙体用作外墙时，为了提高保温性能，其外侧需钉水平木板条，木板条之间企口相接，且木板条和木方之间还要夹一层毛毡，从而提高墙体的防风、保温能力，其余构造措施与圆木墙体基本相同。

中东铁路主线全长约 1 400 km，所需枕木约 240 万根，在建成后的 10 年内，平均每年需换 43 万根，此外还需要大量的电柱、车辆用材、建筑用材、薪材等。及至 1903 年，铁路沿线及附近地带的森林被大肆采伐（图 6.22），如阿城"至建县前夕，境内山林的原始树木被砍光，变为天然阔叶次生林了。松树只在松峰山、吊水湖等地残存有数百株"；珠河县（现尚志市）境内"遍地森林，自俄人敷设铁路，所有成材木品砍伐净尽"；在长寿县（现延寿县），中东铁路经过其北岭，"俄人于石头河、亮子河等站皆展修轻便铁道通入山林，长者达三四十里，于是在岭北之森林，斫伐渐尽"。大量优质的木材

图 6.22 一面坡附近当时被砍伐后的森林

被当作薪材白白烧掉，造成了森林资源的浪费。据《吉林地志》载：长寿县南"峻岭危崖，森林蟠郁，乃称树海，惜被俄人斫供汽车（即火车——笔者注）燃料，濯濯殆尽"。木材的大规模消耗和特殊树种的大量砍伐使中国东省铁路公司一方面不停地同当时的政府签订不平等合同以获得木材开采权，另一方面其自身也尽量节约木材的使用，于是在这一背景下出现了一些特殊形式的木墙形式。

由于红松被大量砍伐，因此许多木刻楞住宅在建造之时不得不选择红松的替代材料，但这些木材无论是外观、质地、保温性能还是组合之后的立面效果均无法与红松建造的圆木墙体相比，且由于所选圆木长度不等而不得不将很多圆木拼合在一起，形成了较差的立面效果，因此这种替代材料建造的圆木墙体的外侧常钉灰条后抹灰，使人在外观上看不出其木墙的本质，且由于多了外侧的灰条和抹灰两层构造，墙体的防寒、保温性能也有所提升。如横道河子站铁路职工住宅、细鳞河道南铁路职工住宅等，建筑墙体外观装饰较少、朴实无华、中规中矩，但是由于圆木被抹灰封闭，无法透气，导致这类内外抹灰的圆木墙体建筑的现状较差（图 6.23）。

a 横道河子站铁路职工住宅

b 细鳞河站铁路职工住宅

图 6.23 内外抹灰的圆木墙体

圆木墙体在叠垒之后，其真正起到结构作用的是圆木叠合面上的木质部分，圆木内侧弧形木材部分的结构作用则不甚突出。为了节约和充分利用木材，工匠常将圆木的1/3面砍去，再将其叠垒形成一些半圆木的墙体，这种墙体的结构性能不变，但是由于墙体变薄，因此保温性能有所下降。同时，其砍去的木材可以作为仓房、厕所等附属建筑的外墙材料，在一定程度上节约了木材。

现在，中东铁路沿线几乎每个城镇中都会遗存一两处的木刻楞，中东铁路西线尤以满洲里、扎赉诺尔地区居多。这些地区的木刻楞形式多种多样，并成为城镇住宅的主要建筑形式，盖因木质墙体具有整体性强、保温性能好、外观细腻富有弹性、质轻且榫卯搭接等特点，可见木材非常适合用于冬季严寒干燥的气候状况。

（3）石墙。

石材也是中东铁路沿线建筑中常用的一种建筑材料之一。东北地区西部的大兴安岭和东部的张广才岭、老爷岭等地石材储备丰富、种类繁多，便于就地取材、成熟的石材加工技术及石材耐久性、抗冻性等优点使上述山岭地区出现了大量的住宅、工区、浴室、机车库等石构建筑。这些建筑大都在1904年左右修建完成，现集中分布在满洲里、博克图、代马沟、山市、穆棱等地。

石墙的做法一般是把经过粗加工的石材置于墙体两侧，并将其平整、漂亮的一面朝外，中间灌入碎石、碎砖和石灰砂浆的混合物，这种做法既能减少工作量、加快施工速度，又能使墙体保持不错的稳定性，从磨刀石站铁路工区残留的墙体中可以看到这种施工方法留下的痕迹（图6.24 a）。立面上，一般石墙底部都采用体积较大的块石，上部由于承受的荷载较小而采用体积较小的块石或砖材。这样的石材运用方法在受力上是很合理的，如山洞站铁路职工住宅和山底站铁路工区（图6.24 b）就采用了这种石材搭配。石墙的保温处理上主要有两点措施。

①合理设计石墙厚度。

石墙的保温性能因材料的不同而变化较大，以出现频率较高的花岗岩为例，其导热系数为$\lambda = 3.49$ W/(m·K)，保温性能较差，因此一般石质建筑的外墙都做得很厚，用比较低级的技术方法来提高其保温性能。中东铁路东线地区的石构建筑外墙厚度一般在800~1 000 mm，而中东铁路西线由于冬季更加寒冷，石构住宅如满洲里、博克图等地的外墙厚度甚至到了1 200~1 500 mm，厚重的墙体一方面延长了热量的传播时间，使室内冬暖夏凉，另一方面也浪费了材料，增加了建设施工的人力与物力，且室内有效使用面积降低。查阅文献可知，900 mm厚的石墙的保温性能只相当于300 mm厚的砖墙。

②控制热损失节点。

中东铁路各类石构建筑采用砖材作为转角建筑材料，这样的处理形式一方面减少了石材的精加工量，加快了施工速度；另一方面利用砖材保温性能优于石材的特点，避免了石墙建筑中热量在转角处的大量流失（图6.24 c）。

综合上述分析，三种建筑材料保温性能为木材最好，砖材其次，石材最差（表6.9）。各个地区各种建筑材料的选择是受材料产地、加工难易、运输条件、保温能力、社会背景等条件综合制约的结果。这些建筑材料的出现也体现了中东铁路建筑发展的三个时期：建设早期，时间大致在1898~1904年之间，此时中东铁路全线开工，建筑需求量大，建筑相关行业尚未产生，建筑尚处于维持"温饱"的阶段，保温、防寒的考虑没有得到充分的重视，因此不得不用一些比较简单、原始的办法建造了大批速度快、用料简单的石构、木构建筑。由于俄国卫生建筑法规规定：凡用石头或砖材建造的房屋，禁止建成后马上居住，因此，建设早期除一些工区、浴池等公共建筑采用石材外，大多数居住建筑都选择圆木作为建筑材料。中东铁路早期建筑都有一个特点：不需要太多复杂的程序，施工速度快，不需批量化，仅凭数人之力即可完成。建设中期，时间大致在1905~1920年之间，尤其是1917年俄国十月革命以后，大批俄国移民带着雄厚的资本涌入东北地区，一时间与建筑相关的采石场、炼砖厂、施工队伍、设计行业迅速发展壮大，铁路附属建筑进入了蓬勃的发展期。这时人们开始使用保温性能稍好的砖材来建造房屋，特殊地区，如满洲里、扎赉诺尔等地由于冬季严寒，砖构建筑容易冻裂，因此不得不继续建造木刻楞。建设晚期，时间在1920年后，这一时期是木板房建设的高峰时期，此时东线中的森林小铁路陆续开通，木材相关运输、加工行业也相继成熟，建筑的保温也得到了充分的重视，同时木材的方便获取也使室内壁炉的发展进入巅峰时期。此时，中东铁路历史建筑进入了高度美化时期，建筑保温受到了越来越多的重视。

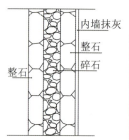
a 石材墙体构造

b 山底站铁路工区

c 石墙的砖材转角

图6.24 石材墙体

表 6.9 不同外墙保温性能比较

	砖墙	木墙	石墙
分布情况	铁路建设早期，由于砖材紧俏，因此其多出现在沿线一些经济发达、运输条件便利之地；以雅鲁—哈尔滨—石头河子区间较多，其他地区如横道河子、穆棱、绥芬河等地也大量出现	主要出现在森林资源丰富、铁路建设完善的地区，西线有大兴安岭林区，木材集中在雅鲁—海拉尔间；东线松花江、牡丹江流域及张广才岭、老爷岭密林，集中在一面坡—海林区间	主要出现在中东铁路沿线山岭地区，东线有长白山余脉，石构建筑主要出现在高岭子—细鳞河区间；西部线处于大兴安岭山脉，石构建筑主要出现在博克图—满洲里区间
出现时间	1900年开始出现，至1917年达到兴盛期	整个中东铁路建设时期均有出现	出现在铁路建设早期，时间在1898~1904年之间
墙体厚度	墙厚有280 mm, 560 mm, 700 mm, 840 mm，以700 mm居多	根据圆木直径的大小，墙体厚度也不尽相同，大致都在350 mm左右	石墙较厚，东线石构建筑墙厚为800~1 000 mm，西部线石构建筑墙厚为1 200~1 500 mm
导热系数	0.81 W/(m·K)	0.11 W/(m·K)（以红松为例）	3.49 W/(m·K)（以花岗岩为例）
保温性能	一般	较好	较差

6.2.2 复合材料墙体的保温技术

中东铁路地处东北严寒地区，这里冬季平均温度一般为-15℃~-30℃，除了采用不同建筑材料和增加墙体厚度以外，人们又将砖、石、木等建筑材料相互组合，充分发挥各种材料的抗拉、压、弯、剪等力学性能和保温、抗冻等物理性能优势，以达到协调配合、优势互补，从而形成了多种多样的复合材料墙体。多种多样的复合材料墙体在丰富建筑外墙的同时，还适当地提高了外墙的保温能力。本书之前的章节已从砌筑的角度对砌筑类、木构类、复合类墙体进行了分析，本节将从保温的角度，对墙体的类型进行分析（图6.25）。

（1）木材-锯末复合墙体。

木材-锯末复合墙体的做法是沿建筑外墙立若干木柱，木柱内外钉木板，木板内填充锯末，由这种墙体构成的建筑称为木板房。木板房墙体中木柱、木板和锯末三者分工明确，分别起到结构、围护和保温的作用。

木板房住宅外观典雅、造型精致、注重装饰，其重点装饰部位从下至上为窗下、墙身和檐下三个部分，三个部分协调统一、对比鲜明。由于木板拼贴纹理各不相同，配合精美的窗框，木板房住宅的立面便显得极为丰富，因此木板房是建筑技术和艺术的完美结合。其建造施工也颇为复杂。

中东铁路沿线木板房的建设大致了分为两个时期：第一个时期，即铁路建设初期，时间在1904年左右，这个时期的木板房仅在一面坡、苇河、亚布力、石头河子等地少量出现。俄国人对于木质建筑有天然的喜爱，且熟练掌握木板房的施工技术，这就使其难以放弃对木板房的建造，但是由于当时相应的木材加工、木材

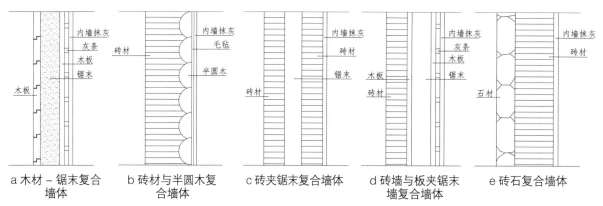

图 6.25　多种木墙形式剖面图

运输行业尚未成熟，因此木板房的建造数量有限。第二个时期，即中东铁路建设晚期，时间在 1913~1936 年之间，尤其是 1925 年中东铁路进入盈利阶段以后，在哈尔滨、青云、亚布力及东线的一些森林铁路支线附近，出现了大量的木板房住宅，此时俄国人完成了森林资源的侵占和森林铁路支线的建造，以森林为依托的产业——木材加工、木材及造纸、火柴制造业逐渐兴盛，森林资源的开发利用逐渐走向产业化之路。当时东线共有 4 处木材加工厂，即葛瓦里斯基的亚布力木材加工厂、斯基达尔的细鳞河木材加工厂、苇河木材加工厂，中国东省铁路公司的海林木材加工厂，这 4 个工厂的制材能力为每日 8.5 车，加上吉林、长春、哈尔滨总计 15 个工厂的制材能力也不过每日 22.5 车。便利的木材加工、方便的运输条件和充足的制材能力都为木板房的大量建设提供了条件。

木板房外观精美、造型精致，常因装饰精美、施工细致而造价较高。木板房除在东线林区附近大量出现外，在当时哈尔滨的炮队街（现通江街）、警察街（现友谊路）、埠头区（现道里区）沿江一带、新商务街（现果戈里大街）、松花江街、关达基街（现河图街）、涅克拉索夫街（现河清街）、弗拉基米尔街（现安国街）及谢尔吉耶夫街（现安广街）等，均有木板房的出现。

木板房墙面外部板材选用红松制作，板材宽度一致，上下企口相接；内侧木板选材则比较一般，木板直接钉在木柱之上，上下木板之间没有企口，外侧钉灰条抹灰，由于内侧木板表面需抹灰，因此加工粗糙。木板房墙体厚度一般为 250 mm~400 mm，外侧刷成黄色或深红色，不仅能让人在冬天感到温暖，而且能避免木材的腐蚀。

为了提高木板房的保温能力，墙体内、外层木板之间需填充锯末后压实，锯末的导热系数仅为 $\lambda = 0.0752\,W/(m \cdot K)$，其保温性能优于木材，用作木板间的填充材料，使木板房的保温性能比木刻楞还要强近 1 倍。由于锯末的吸湿性能良好，可充分保证木柱不会糟朽，且吸收的湿气可以通过外侧木板之间的企口缝散发出去，因此精细型木板房可以使用很长时间，如满洲里站谢拉菲姆教堂（图 6.26 a）、一面坡站俄式木屋等。

由于木板房外观精美，施工复杂、讲究，给人感觉亲切、温馨，因此除了独立存在以外，有时其还作为门斗等附属功能空间出现在石构、砖构建筑中，造型精美、端庄典雅的木板房墙体与砖石建筑在视觉上形成了强烈的对比，带来了别样的美感，如原中东铁路俱乐部的阳光房（图 6.26 b）、一面坡站某铁路职工住宅门斗（图 6.26 c）等。

此外，还有一些简易的木板房形式，这类木板房不注重选材的优良和施工的精致，仅仅将木板钉在木柱上之后，再在外侧钉灰条抹灰，木板之间同样填充锯末，外立面不呈现木质属性，如哈尔滨海城街某铁路职工住宅（图 6.27）。这类木板房由于多了外部的灰条抹灰构造层，因此其保温能力与前者相比有所提高，但是由于墙体木材选材一般，木材被抹灰包裹后无法透气，且锯末吸湿后湿气也无处挥发，导致两侧木板鼓胀，进而使抹灰墙皮剥落，影响了墙体的稳定性，因此大多数这类木板房的保存状况令人堪忧，有些木板房不得不在墙体内外两侧夹板，或者在内外木板间链接螺栓，以提高墙体的稳定性，如昂昂溪站俄式建筑 67 号。

无论是哪种木板房形式，墙体中填充的锯末都是主要的保温材料，为了避免墙体保温性能受到破坏，锯末的防湿、防潮性就变得极为重要。木板房主要采用两种措施来保证锯末的干燥（图 6.28）：第一种

a 满洲里站谢拉菲姆教堂

b 原中东铁路铁路俱乐部阳光房

c 一面坡站某铁路职工住宅门斗

图 6.26　木板房实例

图 6.27　哈尔滨海城街某铁路职工住宅

图 6.28　木板房两种墙身防潮形式

墙身底部采用砖材砌筑，砖材砌至窗台位置，但由于底部砖墙较厚，因此其凸出于主体墙面，使外观显得不够精美，如富林站某铁路职工住宅。第二种墙身底部采用方木叠垒，方木同样隔绝了地下湿气，使墙身不受湿气的影响。方木外钉竖向木板，使墙身肌理变化丰富、对比明显，立面美观典雅，如苇河站某木板房。

（2）砖木复合墙体。

由于中东铁路沿线森林资源十分丰富，因此木材成为一种相对廉价的建筑材料，而产量有限的黏土砖则是稀缺的建筑材料。人们在建造一些等级较高或形象要求较高的建筑时，常将砖、木两种材料复合，形成了外砖内木的砖木复合墙体形式，这既反映了人们对于新材料、新形象的追求，同时也反映了人们对传统材料的不放弃和再利用的思想。砖木复合墙体形式主要有砖墙与半圆木复合墙体、砖夹锯末复合墙体、砖墙与板夹锯末墙复合墙体3种。

①砖墙与半圆木复合墙体。

砖墙与半圆木复合墙体是砖材在外，内侧贴木板的墙体形式。由于木板不外露，因此其加工处理粗糙，一般是把整根圆木劈开后，上下叠垒，类似于半圆木的木刻楞形式；同时为了加强墙体的保温、防寒性能，还要在室内木板上挂比较厚的毛毡、棉麻等纤维物品，外侧钉灰条后抹灰。

从中东铁路一些拆除的职工住宅的墙体中可以看到这种墙体形式，其砖墙为两砖厚，内部木板厚一短砖，木板上挂了较厚的毛毡（图6.29）。从实例分析可知，当时的人们已经意识到了木材的保温性能要优于砖材的事实，因此他们才会在已经能够满足结构和围护功能的砖墙后又贴了一层起到保温作用的木材和毛毡。同坚硬的砖墙相比，内侧的木板质地相对柔软，表面富有弹性，显示出建筑对人性化和舒适度的追求。

②砖夹锯末复合墙体。

砖夹锯末复合墙体是指砖墙中间填充锯末的复合墙体形式。其中，砖材自重大、抗压性能好，承担承重和围护角色；锯末自重轻、保温性能好，承担了保温的角色，两种材料的复合充分体现了"量才为用"的原则。

砖和锯末之间通常夹一层厚厚的毛毡，以确保锯末保温层的干燥，由于外墙密闭且毛毡隔潮，锯末可以充分保持干燥，其保温性能不受丝毫影响。但是由于砖和锯末之间缺乏材料上的必要联系，因此墙体整体稳定性不强，后期极易发生坍塌，导致现在该种形式的墙体遗存较少，笔者通过调研发现仅在横道河子有一处住宅实例，建筑双层的砖墙中填充了锯末，墙厚约800 mm，从窗户洞口的截面中可以看出，锯末依然完整如新，墙身保温效果不减（图6.30）。

砖材与板夹锯末墙的复合墙体形式是出现较多砖木复合墙体形式的基础，一般墙体外侧为红砖砌筑，内侧为板夹锯末墙体，其中板夹锯末墙体用材一般，主要起到支撑结构作用，而外侧砖墙则只起装饰作用。例如，哈尔滨联发街某铁路职工住宅，墙厚580 mm，其中砖墙厚度为一长砖，即

图 6.29　砖墙与半圆木复合墙体　　　　　　　　图 6.30　砖夹锯末墙体

270 mm，板夹墙体厚度为 310 mm，从现存状况来看，经过一百余年的使用后，板夹墙体部分内填的锯末依然完整、干燥，保温能力不减，同时为了减少锯末用量和提高墙体承重能力，锯末中还掺入了部分碎砖块（图 6.31 a）。通过计算可知，此时复合墙体传热系数 K 约为 0.167~0.171，保温性能较好，但若去除外面的装饰砖材，板夹墙体的传热系数 K 约为 0.180，由此可见，外侧砖材部分对整体外墙的导热能力的影响较小，即该种墙体形式中，砖的装饰作用大于其保温作用。

除哈尔滨联发街某铁路职工住宅外，还有一个砖材和板夹锯末墙体结合的实例是哈尔滨中山路某铁路职工住宅，该住宅建于 20 世纪初期（图 6.31 b），住宅两层，二层为板夹墙体，一层为板夹墙体和砖材的复合形式。砖材部分为　短砖，即 120 mm 厚，内侧板夹墙体部分厚 200 mm，共厚 320 mm，墙体较薄。建筑施工比较细致，板夹墙体部分用料考究，为红松板，红松板厚度 25 mm，上下企口相接，外侧抹灰，墙体内全部为锯末填充。和前者相比，中山路的铁路职工住宅无论是砖墙部分还是板夹墙体部分，其厚度均稍显薄弱，且砖木之间缺乏纵向联系，导致墙体裂缝严重，保存状况较差。通过计算可知，其导热系数 K 为 0.265，若去除砖材部分，墙体导热系数 K 为 0.277，这同样表明砖材的装饰作用大于其保温作用。

③砖墙与板夹锯末墙复合墙体。

砖墙和板夹锯末墙体是出现较多的砖木复合墙体形式，现存实例较多，如横道河子站的一些铁路职工住宅等（图 6.31 c）。从上述的分析可知，由于砖墙和板夹锯末墙所承担的作用各不相同，因此这种复合墙体能够同时满足美观、保温、结构、承重等多方面的需求。

（3）砖石复合墙体。

在中东铁路建筑中经常可以看到一些砖、石混用的墙体形式，其外观一般是整体为石砌，局部门窗洞口等处采用砖砌，这样的墙体形式主要是为了减少石材精加工的工作量、便于施工，而不是出于墙体保温目的的考虑。本书所说的砖石复合墙体是指外侧用石、内侧用砖，砖石之间黏结以白灰的墙

a 联发街某铁路职工住宅　　　　b 中山路某铁路职工住宅　　　　c 横道河子某铁路职工住宅

图 6.31　砖墙与板夹锯末墙的复合墙体实例

体形式。

砖石复合墙体的实例以满洲里居多,这些现存的砖石复合建筑均为铁路职工公寓,兴建于1901~1903 年。这些砖石复合建筑的出现主要基于以下几点原因:首先,中东铁路建设初期,各种建筑材料行业尚未形成合适的产业链条,俄国在东北所建造的砖厂数量有限,且产量较低,而地方产的青砖与俄制红砖尺寸不一,加之俄国人缺乏对青砖的认识,因此绝大多数的建筑材料均需要经由西伯利亚大铁路运入中国东北,长途运输使建筑材料,尤其是砖材的价格变得昂贵,而采用砖石复合墙体可以降低建筑成本、节约造价。其次,砖材尺寸规格一致、砌筑简单、施工速度较快,而石材耐久性、耐冻性好,膨胀收缩率低,当两种材料组合在一起时,外部的石材贴面作为保护层可充分保证内部砖材不因严寒气候环境而被冻坏,从而延长了墙体使用寿命,同时,砖材保温性能优于石材,内部砖材的使用也适当地提高了外墙的防寒、保温能力。最后,石材具有天然的色彩和质感,用作外墙贴面大大提高了建筑与周边环境的亲和力,使建筑具有更为自然的气质和浪漫的人文情怀。

由此可见,砖石复合墙体中,砖、石两种材料发挥各自的物理和力学性能优势,同时结合材料的质感、色彩等观感效果,两种材料的复合达到了技术与艺术的完美统一(图 6.32)。

(4)钢木复合壁体。

钢木复合壁体作为一种特殊的复合材料形式并未在建筑中出现,而主要应用于中东铁路沿线的构筑物——水塔中。作为中东铁路沿线构筑物的重要组成部分,水塔主要功能是为火车补水、为附近住区提供生活用水。按照中东铁路工程局的总体规划:"每隔 100~150 公里就设置站点或者是为同一方向的蒸汽机车机动供水的巡逻点",一套完整的供水系统由水塔、水井、输送管线、燃油锅炉、蒸汽皮带及水泵组成。

在水塔取水前一般应先挖一个水库,然后通过各种管线将地下水、江水、溪水引入水库,由于水

a 满洲里站铁路职工公寓

b 磨刀石站马厩

c 原中东铁路中央医院妇科病房细部

图 6.32 砖石复合墙体实例

源对于蒸汽机车来说相当重要，因此水库之上常建有汲水房或者守卫工区，汲水房一般有一大一小两个房间，分别用于居住和安装水泵、蒸汽机，水池蓄水之后通过输送管线连接水塔下的燃油锅炉和水泵，最终将水压入水塔水箱。

中东铁路沿线有蓄水 250 t 和 360 t 两种水塔（图 6.33），为防止蓄水冬季结冰，水箱的防寒、保温功能就显得尤为重要。水箱外侧为双层木质保温层，双层木板之间夹以毛毡，木板与铁质水箱壁体之间留有半米左右的空气保温层，水箱壁体亦为双层钢板，这种钢木复合夹空气的壁体做法提高了壁体的防寒能力，避免了蓄水的结冰。

复合材料的墙体形式反映了 19 世纪末人们在低技术的条件下为提高建筑墙体防寒、保温性能而做的一些努力和尝试。从现在来看，尽管部分复合墙体形式由于人们缺乏对材料本身物理性能的认识而坍塌，但是多种材料的组合充分发挥了材料各自的抗弯、拉、压、剪等力学性能和保温、抗冻等物理性能优势，达到了协调配合、优势互补的目的，并形成了坚固、美观的建筑整体效果。各类复合材料墙体的保温性能比较见表 6.10。

6.2.3 楼地面的保温技术

除注重建筑围护界面的材料选择外，室内的上、下界面，即楼面和地面的保温、防寒也尤为重要，这两个部位同样应采取多种构造形式和建筑材料，以避免室外低温对室内的影响。下面将对楼面和地面保

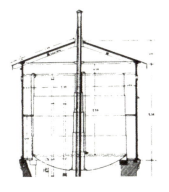
a 蓄水 360 t 水塔的水箱

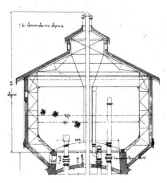
b 蓄水 250 t 水塔的水箱

图 6.33 中东铁路沿线的两种水塔形式

温构造进行分析。

（1）楼面保温构造。

中东铁路历史建筑为了保持闷顶空间的干燥、通风，常在两侧山墙处设通风气窗，气窗四季开敞，在保持闷顶干燥的同时，也使冬季寒风乘虚而入，因此，闷顶内的屋面成为室内外交接的界面，其防寒、保温功能也就极为重要了。

表6.10　各类复合材料墙体保温性能比较

墙体类型	木材-锯末复合墙体	砖木复合墙体	砖石复合墙体
优点	1. 墙体表面易做装饰，外观典雅、精致，板材表面各种纹理、形象对比丰富，极富美感 2. 全部由红松加工而成，质地优良，耐久性较高 3. 内部锯末的填充增加墙体的保温性能	1. 两种材料分工明确，砖材起围护或装饰作用，木材起保温作用，同时满足审美和使用的需求 2. 砖材在外，木材在内，墙体在具有不错保温能力的同时具有典雅的立面效果 3. 可在保温性能不变的前提下降低墙体厚度	1. 石材作为贴面保护层可保护砖材不受低温影响 2. 充分发挥石材就地取材优势和砖材批量生产特点，降低造价 3. 与纯石墙相比，可降低墙体厚度，增加建筑使用面积
缺点	1. 受到木材产地和运输条件的影响，一般只出现在东线林区和经济发达地区 2. 对木材加工、运输等相关产业的依赖性较高	1. 锯末要求干燥以确保保温性能，加之墙体构造复杂，施工较慢 2. 砖、木两种材料热膨胀系数不同，易受冻胀影响而相互剥离，影响墙体稳定性	1. 与其他两种复合材料墙体相比，保温性能较低 2. 外部石材全部需人工砍剁，工程量较大

中东铁路建筑一般有基本型、衍生型和复合型三种楼面形式，三种楼面形式广泛应用在中东铁路的各种居住和公共建筑中，同时辅以一些细致的节点设计，而三种楼面形式又产生了较多的楼面构造，不同楼面类型的保温性能各异，从而满足了各类建筑的保温需求。中东铁路建筑的各类楼面形式见表6.11。

①基本型楼面。

基本型楼面是中东铁路各类建筑中最常见的楼面形式，其做法是将方木梁架在内墙和外墙之上，方木梁跨度不大，一般在6 m以内，其上铺薄木板，木板之间相互搭接，搭接宽度在50 mm左右，为了提高其保温性能，还要在木板上铺洒锯末，锯末没有固定的厚度，一般至少 100 mm，且为防止室内湿气透过木板缝隙影响锯末的保温性能，还要在锯末与木板之间垫一层牛皮纸以隔绝湿气，如原中东铁路中央铁路妇科病房的阳光房（图 6.34）。

表 6.11 中东铁路建筑的各类楼面形式

楼面类型	图示
基本型楼面	
衍生型楼面	
复合型楼面	

有些比较讲究的住宅为了室内的美观，还在方木梁之下钉木板，木板下钉灰条抹灰，形成室内吊顶，这种做法使楼面内部形成空气夹层，从而提高了楼面的保温性能，如哈尔滨北京街某铁路职工住宅（图 6.35）。基本型楼面由于构造简单，因此锯末成了其主要的保温材料。在吊顶厚度相同的条

a 锯末保温材料

b 锯末与木板间的牛皮纸

图 6.34 原中东铁路中央医院妇科病房的阳光房

图 6.35 哈尔滨北京街某铁路职工住宅

件下，当铺洒的锯末分别为 50 mm、200 mm 和 300 mm 时，楼面每小时损失的热量分别为 1 330 cal、1 110 cal 和 900 cal，可见锯末保温层越厚，楼面的保温性能越强。

基本型楼面是中东铁路各种居住建筑中最常采用的楼面形式，其主要原因是：首先，木材具有就地取材的优越性，基本型楼面所采用的方木梁绝大多数都从铁路沿线各处林场采伐而来，后期由于材料的不足和木材加工的供不应求，又从其他国家进口了大量的落叶松和米松。其次，基本型楼面形式对木材的加工没有苛刻的要求，施工构造简单，砍伐的圆木稍加处理后即可迅速用于房屋建筑中，施工速度较快。最后，基本型楼面的保温性能较好，并且可以通过增加吊顶来提高楼面的保温性能，适应性较强，因此在各类住宅和小型公共建筑中得到了广泛的应用。

②衍生型楼面。

衍生型楼面是基本型楼面的一种衍生形式，它在保持基本结构的同时，通过材料的精细化加工和精致的构造处理，提高了楼面的保温性能，这种楼面主要出现在中东铁路的行政管理等公共建筑中。

衍生型楼面的基本做法就是在基本型楼面的基础上，在上层木板和下层吊顶之间的空气夹层中插入一层木板，为简化称呼，我们把从上至下的三层木板依次称之为上层木板、中层木板和下层吊顶。中层木板落在木方梁底部垫脚之上，中层木板与上层木板之间填满锯末，这样既能保温又能隔声。中层木板有时也处理成半圆木的形状，半圆木之间横向企口相接，使半圆木和木方梁形成了一个统一整体，在保证保温效果的同时带来了更强的结构稳定性。中、上层木板之间的填充材料除锯末外，还有黏土、整砖、碎砖、灰浆等，如横道河子站铁路治安所的楼层构造处理形式就属于衍生型楼面（图6.36）。

除横道河子站铁路治安所，哈尔滨中山路的铁路职工住宅的楼面同样属于衍生型楼面，其楼层厚达470 mm，木板由半圆木企口相接而成，其上用一层黏土找平，然后上、中层木板之间再填充锯末，同时中层木板和下层吊顶之间同样填充锯末，大量的锯末极大地提高了楼面的保温性能，使楼面受外界环境影响较小（图6.37）。

图6.36 道河子站铁路治安所楼面　　　　　　　图6.37 哈尔滨中山路铁路职工住宅

和基本型楼面相比，衍生型楼面的构造稍显复杂，但其同时也具有基本型楼面不可比拟的优点：首先，衍生型楼面的中层木板的存在使楼面的整体性较好，结构稳定性较高。其次，内部填充材料和密闭空气间层的双重构造措施极大地提高了衍生型楼面的保温性能。最后，由于中层木板跨度较小，对木材的种类、形状等要求较低，因此可以充分使用各种边角余料，避免木材的浪费，达到高效利用资源的目的。

③复合型楼面。

复合型楼面主要是采用钢铁和其他材料复合的楼面形式，从调研来看，复合型楼面有砖-铁轨复合型楼面和工字钢（钢轨）-钢筋混凝土复合型楼面两种（图6.38）。

砖-铁轨复合型楼面类似于连续券的形式，它充分利用了砖材和铁轨的力学传递特性，在降低拱券矢高的同时实现了较大的跨度。由于这种楼面钢材耗费量巨大，因此使用较少，主要出现在中东铁路的机车库、铁路浴室以及一些地下室中。例如，肇东火车站地下室，其楼面铁轨间距750~800 mm，铁轨间为砖砌拱券，拱券每排用砖12~13块，矢高100 mm左右，拱券之上撒碎砖块，然后用黏土等材料找平。

由于混凝土材料出现稍晚，且当时人们对于这种新型建筑材料还不够了解，因此工字钢（钢轨）-钢筋混凝土复合楼面出现得比较晚，数量也有限。例如，横道河子站水牢地下室的楼面为工字钢-鹅卵石钢筋混凝土复合型楼面形式，从混凝土的表面拆模的痕迹来看，楼面应为现浇而成，整体强度较高。

从复合型楼面的出现及其应用来看，其主要作用是为了满足建筑跨度、安全、承重等方面的需求，而保温需求次之，并且复合型楼面没有任何保温措施或构造，因此其保温性能极低。

从上述分析可知，三种楼面形式的保温能力中，衍生型楼面保温能力最佳，其次为基本型楼面，复合型楼面保温能力最差。三种楼面在保温、结构、跨度等方面各有优势，它们相互配合、优势互补，基本满足了中东铁路沿线建筑对于楼面的各种需求。住宅和一些公共建筑由于楼面跨度较小，对保温的要求较高，因此较多地

a 肇东火车站地下室　　b 横道河子站水牢地下室

图6.38 复合型楼面实例

采用了基本型和衍生型楼面；而这些建筑的楼梯间、地下室或一些机车库等工业建筑对结构跨度的要求较高，保温要求退居其次，因此多采用复合型楼面。由此可见，虽然只有三种楼面形式，但是足以应对中东铁路建筑的各种保温和结构需求，不同形式的楼面性能比较如表 6.12 所示。

表6.12　不同形式的楼面性能比较

楼面类型	基本型楼面	衍生型楼面	复合型楼面
应用范围	主要应用于单层的居住建筑中，在公共建筑中也有出现	主要应用于多层公共建筑楼面中，在等级较高的住宅中也有出现	主要出现在机车库、地下室、楼梯间、浴池等一些对结构性能要求较高的建筑的楼面中，在一些公共建筑的楼面中也有出现
优点	1. 木材加工量较少，构造简单，施工速度较快，保温性能较好 2. 可以通过增加吊顶来改变其保温性能，有较强的适应性	1. 楼面整体性较好，结构稳定性较高，保温性能较好，木材利用率高 2. 中层木板的形状尺寸和填充材料的可选择性较广，保温性较好，适应性较高	1. 可在降低拱高的同时达到较大的跨度 2. 结构稳定性较高，满足防寒、隔湿等需求
缺点	1. 受到方木梁长度的限制，房间跨度较小，一般在 6 m 以内 2. 部分建筑的方木梁的力学性能不够合理	1. 构造稍显复杂，木材加工量较大 2. 木房梁承载荷载较大，导致其使受用寿命较短	浪费钢材，无保温构造
保温性能	较好	很好	较差

（2）地面保温构造。

从之前的分析已知，为了隔绝地下湿气，中东铁路公共建筑一般设与建筑基底面积相同的地下室；住宅一般只在厨房下设局部地下室，而其他房间为了减小地下湿气对室内温度的影响常采用架空地面的做法。

架空地面，即将室内地面提升，使室内地面和室外地面之间产生空气间层，间层高度一般在 0.5~1.0 m，

a 哈尔滨建设街某铁路职工住宅

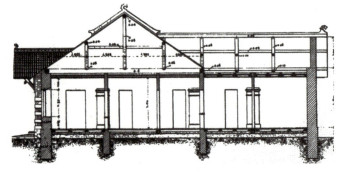

b 中东铁路职工住宅设计图纸

图 6.39　架空地面

室外地面铺撒石灰、炉渣等吸湿材料，同时在外墙基础上开 300 mm × 300 mm 左右的透气口，以便保持架空层的干燥，从而避免了大地湿气对室内地面的影响。然而后期由于架空层内鼠患滋生，人们不得不封堵透气口（图 6.39）。

在室内地面的构造处理上，一般选择采用基本型或衍生型楼面作为地面形式，各种地面的保温性能如表 6.13 所示。不同的地面构造处理形式，保温性能各异。此外，架空地面的做法能够有效地隔绝地下湿气和外部低温对室内温度的影响，因此在中东铁路的各类建筑中得到了广泛应用。

表 6.13 各类地面构造的传热量表

	构造	传热量 / (kcal·h^{-1})
1	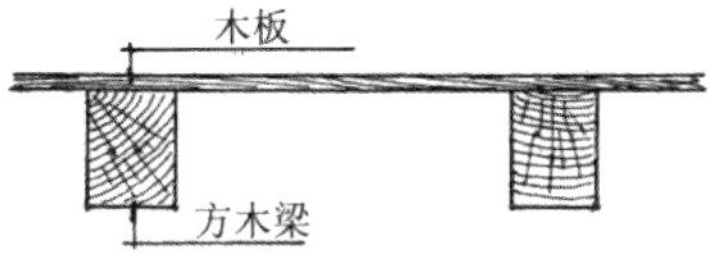 木板 / 方木梁	1.60
2	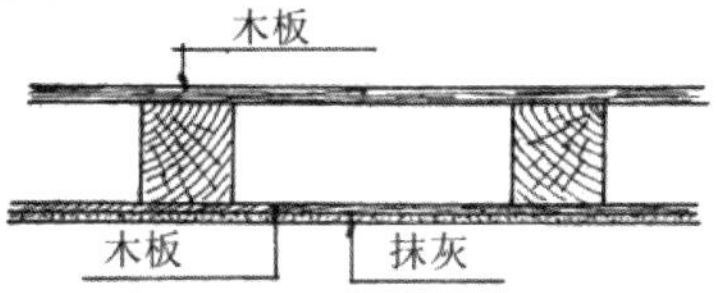 木板 / 木板 / 抹灰	0.70
3	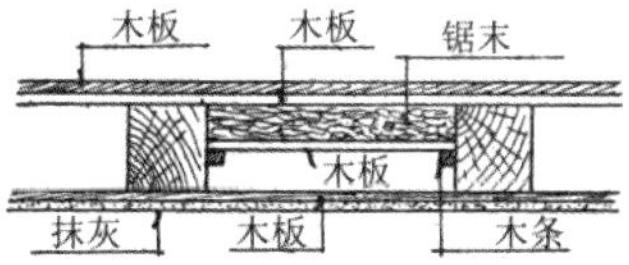 木板、木板、锯末 / 抹灰、木板、木条	0.30
4	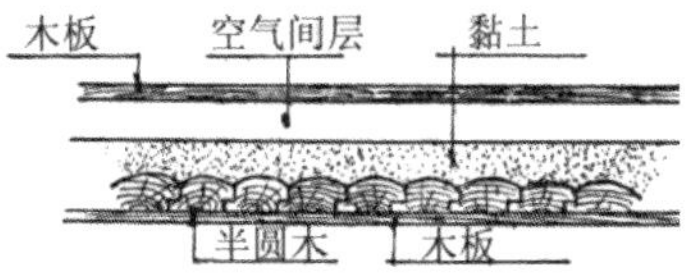 木板、空气间层、黏土 / 半圆木、木板	0.34
5	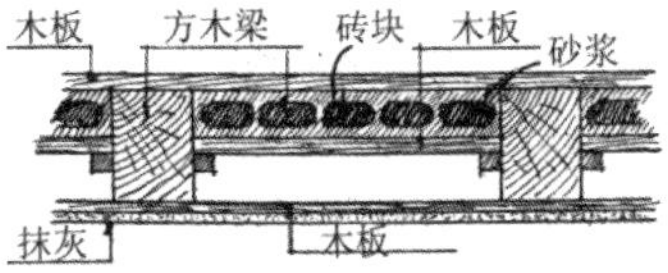 木板、方木梁、砖块、木板、砂浆 / 抹灰、木板	0.23

6.2.4 特殊节点的保温技术

上文对建筑的外墙、屋顶、地面等围护界面的保温、防寒措施进行了细致的分析，而作为围护界面的洞口，如门窗等特殊局部，其保温、防寒处理同样重要。

（1）门节点。

中东铁路住宅中，入口木门采用红松制作，并采取标准化设计：门均为内外开子母门，门高 2 400 mm 宽 1 450 mm，其中子门宽 450 mm，母门宽 1 000 mm。从构造来看，木门主要有两种样式：一种是拼花木门；另一种是棋盘木门。两种木门的门板内均加入毛毡，以增强木板的防寒性能，如昂昂溪俄式建筑 84 号和 81 号。有时，甚至在门板内外贴双层毛毡（图 6.40）。两种形式的木门均由门梃和门板构成，二者通过榫卯咬接，结构性能牢固，同时，门扇的细节处理也十分精致，如两种木门的门框与墙体的交接处都有毛毡嵌缝，接缝端口还有三角木条堵缝，以防冷风侵入，母门边侧边缘设盖板，当门扇关闭后，盖板会盖住门缝。这些细节的处理，最大化地加强了木门和外墙的联系，减少门板构造的薄弱环节，从而避免了冷风在入口处的直接进入（图 6.41）。通过查阅资料可知当采用双层子母门时，每小时流失热量仅为 2 300 cal，远低于壁炉释放的热量。

在实际使用中，人们常常只开母门，而将内外两个子门用铁钉扒住，由此在两子门之间形成了一个狭窄的储存空间，实现了空间的高效利用。由于这种门选用的木板质地坚硬，门板厚重，在不受外力的情况下仅凭自重就能自行关闭，可以避免人们因忘记关门而导致的冷风侵入。

（2）窗节点。

中东铁路沿线砖、石建筑和木质建筑中窗户的处理手法各不相同，下面分别进行研究。

砖、石建筑都属于砌筑类建筑，且均采取标准化设计，因此它们的窗户的尺寸和处理手法基本相同，一般砖、石建筑的窗高为 1 710 mm，宽为 470 mm、940 mm、1 400 mm。俄式建筑一般都做双层窗，形成空气间层，有效提高窗户的保温、防寒能力。另外，为了增加室内的采光面积，多数砖、石建筑的窗户开内向喇叭口，只有少数开外向喇叭口，如一面坡道南某铁路职工住宅。住宅墙体的喇叭口度数一般在 18° 左右，而公共建筑的喇叭口处理则比较细致，如昂昂溪站中东铁路俱

图 6.40　门板毛毡实例

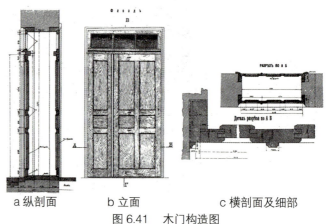

a 纵剖面　　b 立面　　c 横剖面及细部

图 6.41　木门构造图

乐部的北向窗户喇叭口为15°，南向窗户则为20°，由此可见，设计者极其注重提高南向房间的采光面积。在细部处理上，窗扇上部都有一较小的换气窗，该换气窗可在避免室内热量大面积流失的同时达到快速换气的目的，同时，窗户的中槛和下槛都设有横向木板，木板向外倾斜，可使雨雪积水直接排向阳台，避免其进入窗户而产生冻胀破坏，此外，窗扇外边框处理和木门一样，也设一盖板，用于在窗扇关闭后盖住窗缝，避免冷风直接进入室内（图6.42）。根据调研发现，内外两层窗户的构造关系处理也有两种做法：一种是内外两层窗扇大小相同并共用一个窗框；另一种则是内外窗扇大小不等且拥有独自的窗框。和第一种做法相比，第二种处理手法增加了墙体和窗扇的转折层次，能充分阻挡冷风的渗入。窗框一般伸入墙内约100 mm，中间用麻丝或毛毡填充，外侧用白石灰封堵。两种构造形式的窗扇，内外窗扇间距约12 cm，此时窗户的传热能力为2 300 cal/h，与木门的热损失情况相同。

木质住宅由于保温性能更加优良，因此窗户尺寸较大，一般窗户高度为2 100 mm，宽度为900 mm、1 200 mm、1 500 mm、2 100 mm。木质住宅有木刻楞和木板房两种，二者的窗户处理方式也不尽相同。

木刻楞的窗户在圆木叠垒之时就已预留好洞口，其基本做法是将预留洞口处的圆木削平并留出榫头，然后插入带有榫槽的窗框，一般窗框较厚且凸出于墙面，以便安装双层木窗。此外，横向和竖向的窗框之间也通过榫卯和铁钉相连，施工简单的同时也具有不错的稳定性。由于木材之间的密闭性较好，且木材吸湿后易膨胀，因此木材之间的缝隙比较密实，可以更好地隔绝冷风的渗入（图6.43）。木刻楞由于表面凹凸不平，墙身难做装饰，因此其窗口成为装饰的重点。各种不同形状和颜色的板材贴在窗框之上，与墙体本身产生了强烈的对比，极具视觉冲击力。

由于木板房窗洞口两侧均设有木柱，因此其窗户的构造相对简单，一般将内外窗扇直接钉在木柱

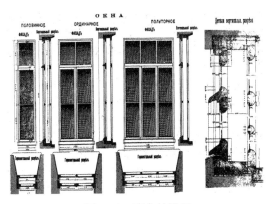

图6.42 窗户构造图

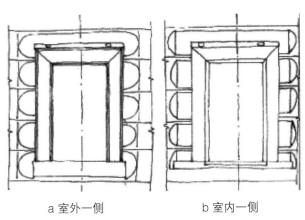

a 室外一侧　　b 室内一侧

图6.43 木刻楞中的窗户节点

之上即可，且窗扇和木柱之间还有毛毡填缝。由于受到木柱宽度的限制且外侧窗户与外墙平齐，因此其内外窗户之间间距较小。在实际使用中，木板房窗口外侧贴装饰性木板以突出窗户的位置，且窗户外侧通常还设有木板窗扇，木板窗扇夜晚关闭，既能防风，又能防盗。

（3）贮冰窖。

在中东铁路沿线各类建筑中，除了门窗节点以外，还有一类特殊的保温设计建筑，即贮冰窖。贮冰窖主要是为车站工作和职工生活修建的，冬天存入冰块，供夏天使用，因此贮冰窖的隔热、保湿功能比较重要，按照修建方法的不同，贮冰窖主要有覆土冰窖和地下冰窖两种形式。

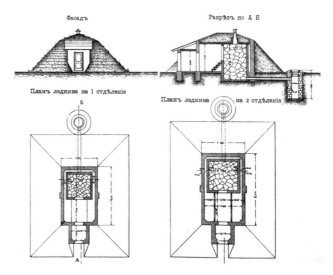

图 6.44 覆土冰窖构造图

覆土冰窖，即冰窖建在地面之上，通过表面覆土来满足其隔热需求，其构造如图 6.44 所示。冰窖共包括门斗和冰室两个房间，门斗起缓冲作用，避免室外环境对室内温度的直接影响，冰室面积的一半用于储存冰块，冰块底部设有排水槽，连接外部水池，用以排除冰窖内融水。由于表面覆土较厚，因此冰窖的隔热、保湿能力较强。例如，哈尔滨市庙台子站的俄式冰窖，东西长约 8 m，南北长约 6.5 m，建筑面积 26 m² 左右，入口处设有曲线伸展的片墙，是类似于新艺术风格的艺术形式。冰窖门斗采用青砖砌筑，冰室采用花岗岩乱砌，而青砖和花岗岩的耐水性均较强，契合冰窖内湿气较重的环境。冰窖屋顶为钢轨-青砖复合型屋面，结构性能较强，能够承受上部厚重的覆土荷载。现在该俄式冰窖的覆土已经不在，整体保存状况较差（图 6.45 a）。

覆土冰窖主要供车站附近的铁路职工使用，而普通居民则较多地使用地下冰窖。这种冰窖在地上和地下各有一层，地下部分用作冰室，通过爬梯连接地上，地上部分墙体上设有凹龛，用以安放蜡烛、马灯等照明设备。地下冰窖的实例较多，如横道河子站冰窖和窑门站冰窖等（图 6.45 b、c）。其中，横道河子冰窖位于铁路职工宿舍楼背后，作为其配套设施使用。该冰窖位于山坡底部，左右和背面均被山坡包围，因此其正面设若干壁柱以防冰窖坍塌。由于冰室位于地下，不与外界直接接触，因此其隔热、保湿能力要高于覆土冰窖。

a 庙台子站俄式冰窖　　　　　　b 横道河子站冰窖　　　　　　c 窑门站冰窖

图 6.45　中东铁路沿线的冰窖

6.3　中东铁路历史建筑采暖技术

通过前面的研究，我们基本了解了中东铁路建筑在防寒、保温上的一些设计和构造策略，但是仅有这些设计和构造策略还远不能满足室内温度的需求，通过调研现存建筑和研究当时的设计图纸可知，中东铁路沿线每栋建筑中都按照一定规律分布着壁炉、火墙、炉灶等人工取暖设施，这些取暖设施广泛存在于中东铁路沿线的住宅、办公、医院、营房等居住和公共建筑中。正是这些取暖设施的广泛应用，再配合设计和构造上的保温策略，才能满足当时建筑的温度需求。

中东铁路建筑的采暖系统主要有壁炉采暖、炉灶和火墙采暖、集中采暖3种，3种采暖体系的构造不同，采暖能力也各异，合理的采暖组合、位置设计和数量分配，使得建筑的采暖需求得以满足。

6.3.1　壁炉采暖技术

在欧洲传统文化中，壁炉一直是家庭生活的重要组成部分。在寒冷的冬天，开敞的炉口内跳动着火焰，人们围绕壁炉而坐，或聊天，或组织家庭聚会，可见壁炉是住宅的重要组成部分。由于深受欧洲文化的影响，俄国各类建筑中也常有壁炉的出现。在俄国本土，壁炉的装饰十分华丽。伴随着中东铁路的修筑，这种建筑文化传播到了哈尔滨，在哈尔滨的一些行政办公类建筑和高级官员住宅中，都可以看到这种开敞式壁炉的身影。和俄国本土的建筑相比，由于中东铁路历史建筑建成速度较快，居住者均为铁路职工，人员流动性较强，建筑经常更换主人，因此装饰华丽、场所归属感较强的开敞式壁炉较少出现，取而代之的是一种造型简单、装饰较少的、能够兼顾多个房间取暖的封闭式壁炉，俄国人称之为"печка"，中国人称其为"别契卡"或"别列打"。

（1）壁炉的平面布局。

为了提高壁炉的制热效应和均匀提高建筑的室内温度，壁炉的平面布局主要有以下几个特点。

①均匀分散布置，匀速提高室内温度。

从中东铁路建筑的设计图纸可以看出，壁炉的分布一般呈均分配置，即壁炉根据内墙的位置均匀分布，因此，均匀分布的壁炉向室内均匀放热，从而均匀地提高了室内温度。

②结合内墙设置，充分发挥制热效应。

在中东铁路沿线的各类建筑中，为了提高壁炉的制热效应，常将壁炉与内墙结合设置。一般来说，在交通面积较少的住宅中，壁炉常被设置于内墙中，这样壁炉可向两个房间辐射热量；而在带有走廊的住宅或公共建筑中，壁炉常被设置于内墙与走廊的交角处，这时壁炉可向走廊和两个房间辐射热量；同时壁炉尽量间隔布置于内墙中，从而确保每个房间都能接受到壁炉所辐射的热量。

③考虑房间功能，合理控制壁炉数量。

在住宅的起居室、餐厅、客厅，公共建筑如车站的前厅、一级或二级候车室等对温度需求较高的房间中，常在其内墙中设置壁炉，有些甚至直接将壁炉置于室内中央，由此便形成了两个或多个壁炉共同向一个房间辐射热量的情况。对于厨房、卫生间、玄关等一些对温度需求不高的房间则可不设置壁炉。壁炉的平面布局应考虑房间的功能需求，而这些功能需求则可以用来合理控制壁炉的数量。

（2）壁炉的形式。

壁炉主要有开敞式和封闭式两种形式。

①开敞式壁炉。

开敞式壁炉是一种传统的壁炉形式，这种壁炉炉口开敞，没有曲折的烟道，燃料燃烧充分、旺盛。寒冷的冬季，人们常围绕炉口而坐，或聊天或阅读，沉浸在开敞式壁炉营造的家庭归属感强烈的氛围中，这就使其富含的精神含义要远大于其取暖意义。

和俄国本土的开敞式壁炉相比，中东铁路建筑中的开敞式壁炉出现得较少，装饰也稍显简单，主要出现在一些官员宅邸和公共建筑中，并位于建筑主要房间的显眼处，其取暖性能不甚突出，主要是为了营造一种家庭的归属感和亲切感，或者用于彰显主人的生活品味，是一种等级较高的壁炉形式。哈尔滨市采用开敞式壁炉的建筑如图 6.46 所示。

开敞式壁炉虽然满足了人们的精神需求，但是它却有若干缺点，如极其浪费燃料；一旦燃烧过程停止，其炉体冷却速度很快；木材燃烧爆火星，容易灼伤人或烧坏室内木地板，甚至会引起火灾等，因此民国初年漠河设治局曾下令严禁使用俄式开敞式壁炉。

②封闭式壁炉。

封闭式壁炉是中东铁路沿线各种类型建筑中最常出现的壁炉形式，具有放热面积较大，热效应较高的特点。壁炉占地面积一般都在 $1m^2$ 左右，多设置在起居室、卧室、儿童房等对取暖要求较高的房间中，而厨房、厕所等空间不设壁炉。封闭式壁炉按照形状可以分为以下几种形式。

a 原中东铁路中央图书馆　　　　b 原中东铁路管理局副局长 С.П. 希　　c 原中东铁路管理局副局长 М.Е. 阿法
　　　　　　　　　　　　　　　　　尔科夫官邸　　　　　　　　　　　纳西耶夫住宅

图 6.46　哈尔滨开敞式壁炉实例

a. 圆形壁炉。

圆形壁炉主要出现在一些卫生所、学校等公共建筑中，在一些大型集合住宅中也有出现，一般位于走廊和房间的内墙交角处，同时向 3 个房间提供热量（图 6.47）。由于圆形壁炉表面难做装饰，因此其表面处理较简单，仅施若干腰线作为水平划分，如扎兰屯站的卫生所中有两个圆形壁炉，均位于走廊两侧，供走廊和两个房间取暖，其中走廊取暖面积占 1/2，其余两个房间各占 1/4，圆形壁炉外包军绿色铁皮，高约 2.5 m，直径约 0.6 m。值得注意的是，该圆形壁炉炉口铁板上铸有"miyazakrs system"（宫崎式）字样；哈尔滨联发街 3 号也有一座圆形壁炉，该壁炉位于内墙中间，向两个房间提供热量，炉门上铸有繁体"關東軍"字样。上述俄式壁炉中出现日文字样的主要原因在于，1929 年苏联单方面将中东铁路出售给日本之后，满铁建筑科结合日本人的生活习惯对俄式壁炉在燃料使用、燃烧安全和卫生洁净等方面进行了改良，在俄式壁炉中留下日本的痕迹。

b. 方形壁炉。

方形壁炉是中东铁路沿线出现最多的封闭式壁炉形式，在住宅、公共建筑中均大量出现。这些方

图 6.47　圆形壁炉

形壁炉有的凸出墙面,有的嵌入墙面,且位置没有严格的规定,在墙面、墙内和墙角等处都有,其热辐射的房间有1~3个之分。一般公共建筑和普通住宅的方形壁炉造型简单,没有装饰,仅在表面包一层铁皮;高级官员住宅中的方形壁炉装饰十分丰富,壁炉表面也有铁皮、瓷砖、铸铁之分,其中铸铁表皮一般涂成枣红色,表面做各种图案装饰,如叶片、花蕾、生活场景等,给人十分温暖、典雅的感觉。此外,方形壁炉中间一般会雕一块中心石,中心石带有装饰并作为壁炉的视觉中心。壁炉顶部常做一层披檐或山花,披檐或山花的装饰题材十分多样,有植物、卷纹、人物等,表面涂成金黄或墨绿色,十分华丽(图6.48)。

c. 角形壁炉。

角形壁炉位于房间转角处,只向一个房间供热。由于角形壁炉服务的房间只有一个,因此其主要出现在一些哈尔滨的高级官员住宅中,如哈尔滨市联发街1号中的角形壁炉的装饰作用就要大于取暖作用。角形壁炉外部与方形壁炉相似,装饰和表面形式都十分多样。

若按照壁炉的表面材质来划分壁炉种类,壁炉又可分为铁皮壁炉、素烧壁炉和釉质壁炉三类,三种不同材质壁炉的散热量如表6.14所示。

表6.14 不同材质壁炉的散热量

壁炉种类	表面温度/℃	散热量/(kcal·h^{-1})
铁皮壁炉	80	220~350
素烧壁炉	70	175~200
釉质壁炉	60~70	150~175

图6.48 方形壁炉

综上所述，3种形式的壁炉无论形状如何，其散热原理基本相同。从散热面积来看，当3种形式壁炉的底面积相同时，方形壁炉的散热面积较大；从散热方向来看，方形壁炉依据位置的不同有1~3个散热方向，圆形壁炉一般有3个散热方向，角形壁炉只有1个散热方向；从建造施工方面来看，圆形和角形壁炉平面形状不规则、施工颇为复杂，而方形壁炉平面简单、构造简单，施工较快。综合来看，方形壁炉由于散热面积较大、散热方向较多、施工构造比较简单，因此成了中东铁路历史建筑中最常见的封闭式壁炉形式。

（3）壁炉的构造。

开敞式壁炉多嵌入墙中，占地面积较小，一般处于住宅的核心位置，没有曲折的烟道，且构造比较简单，只包括炉膛和烟道两个部分。为了提高开敞式壁炉向外辐射热的面积，其炉膛一般为向外的喇叭口形式。炉膛由耐火砖砌筑而成，表面用铁皮包裹，其与烟道交接处设有开关，晚上关闭，以防冷空气进入室内。烟道一般孔径较大，以提高炉膛内木材的燃烧的速度。烟道通常与炉膛直接相连，有些烟道会转折一次，但总体上并不影响炉膛内木材的燃烧。当烟道转折时，工匠常在垂直烟道下设清灰孔（图6.49）。

开敞式壁炉由于烟道没有转折或转折较少，木料燃烧旺盛，加之炉口开敞，因此向外辐射热量较大。但是由于燃料消耗量较大，因此其只出现在一些等级较高的住宅和公共建筑中。

圆形壁炉、方形壁炉和角形壁炉的内部构造形式多种多样（图6.50），但是它们的组成部分和热能原理基本相同。3种壁炉的散热原理为：木材燃烧时将空气加热，加热后的空气经由烟道，通过壁炉外壁与室内产生热交换，从而提高室内温度。为了充分利用加热后空气的热交换效应，除了壁炉内部的烟道外，室内墙体中也常做水平烟道，如在博克图站段长办公室中，热气经由壁炉出来后，再进入墙体中的水平烟道，持续与室内进行热量交换，最后经由烟囱排出。

以方形壁炉为例，其构造分为如下几部分。

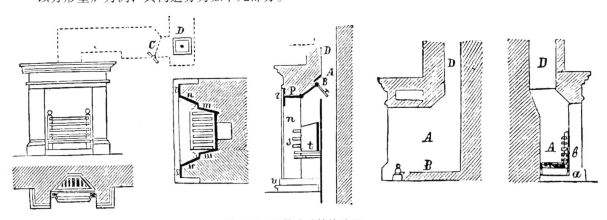

图6.49 开敞式壁炉构造图

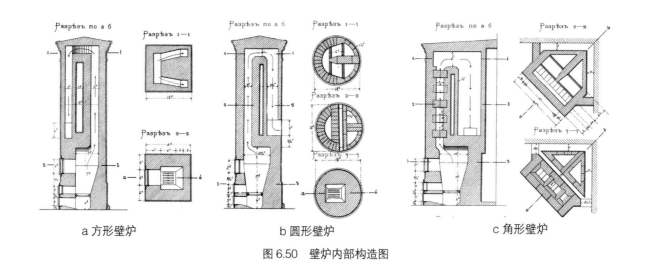

| a 方形壁炉 | b 圆形壁炉 | c 角形壁炉 |

图 6.50 壁炉内部构造图

炉膛，壁炉的主要组成部分，木材的燃烧空间，内部由耐热 800 ℃的黏土砖和黏土砂浆砌筑而成，炉膛下有箅子，且由于木材是壁炉的主要燃料，因此箅子孔径较大，便于燃烧灰烬落入灰坑。灰坑，位于炉膛下部，木材燃尽后，其灰烬落入灰坑，以便扫除。清灰口，位于灰坑外侧，用于清理灰坑中的灰烬。遮断板，当壁炉熄火冷却后，冷空气容易通过烟囱进入壁炉内部，导致壁炉内部寒冷、潮湿，木材不易再次点燃，而遮断板就可以解决这个问题。它位于烟道尽端，当壁炉冷却后，将遮断板插入烟道，可阻止冷空气进入壁炉内部。除了设置遮断板以外，有的壁炉还在内部烟道下设置沟坑，将冷空气集结在此，同样可以阻止其进入壁炉内部。烟道，烟道同样由耐热 800 ℃以上且表面光滑的黏土砖和黏土砂浆砌筑而成，烟道曲折回环，从而提高烟气与室内的接触面积，进而提高放热面积。当烟道与外部烟囱在垂直方向不对位时，还要在烟道上砌水平烟道，水平烟道再连接外部烟囱；但壁炉内的烟道转折次数不能过多，否则会因内外压力差太小致使木材无法顺利燃烧，从而造成烟气倒灌。烟囱，放热完毕后的烟气经由此口流出，一般烟囱外侧都有烟囱帽，既可以避免雨雪淋入，也可以避免外界空气灌入，使壁炉废气顺利排出。除灰口，用于清理烟气排除过程中产生的煤灰、粉尘等，一般壁炉有两处除灰口。

从开敞式壁炉和封闭式壁炉的内部构造图可以看出，二者的区别主要在于烟道的不同。开敞式壁炉由于烟道较宽、转折较少，因此炉膛内燃料燃烧旺盛，壁炉制热速度较快，能使房间迅速提升至理想温度；但是一旦燃烧停止，炉体冷却速度也较快，且十分浪费燃料，因此其主要出现在一些高级官员住宅中。和开敞式壁炉相比，封闭式壁炉烟道较窄、转折较多，燃料燃烧缓慢，制热速度也较慢，但其蓄热性能较好，能够在燃料燃烧停止后继续放热，再加上相对节约燃料，因此其出现频率较高。在中东铁路官员住宅中这两种壁炉同时存在，两种形式的壁炉相互配合、优势互补，同时满足了建筑的精神层面和采暖御寒的双重需求。

（4）壁炉的散热面积分析。

由于壁炉的散热能力受到朝向、风力、燃料、壁厚等很多不确定因素的影响，因此本部分对于壁炉散热面积的分析主要参照了1940年哈尔滨铁道局工务课建筑系的《露西亞式ペチカに就いて》，对于壁炉的散热能力确定了若干理想条件，即室外温度最高-25℃，室内温度18℃左右，室内高度3.5 m，外墙厚度两砖半（700 mm），壁炉截面面积1 m^2、高度3 m，外墙窗地面积比约1/8。在此基础上进行壁炉的最大散热面积的分析。在南、北向房间壁炉的散热量相同的条件下，南向房间由于获得太阳辐射多，因此壁炉在南向房间可以维持更大面积内的温度。当壁炉位于南向房间时，有两种情况，即位于南向转角房间和南向中间房间，其中前者由于房间有两处外墙而热损失面积较大。因此可以得出：当壁炉位于南向中间房间时，其散热面积最大，如在上述理想条件满足的情况下，其散热面积可达30 m^2。同理反之，当壁炉位于北向转角房间时，其散热面积最小，只有20 m^2。综上，在理想条件下，壁炉的散热面积范围为20~30 m^2。壁炉的最大、最小散热面积确定之后，可以根据这个数据来合理地安排房间内壁炉的数量。例如，当一个面积90 m^{2}的房间位于南向转角时，为满足理想条件下的室内温度，其所需的壁炉个数至少为90 m^2/30 m^2=3个，即位于转角的南向90 m^{2}的房间至少需要3个壁炉。再如，当一个90 m^{2}的房间其四壁皆为外墙时，其所需的壁炉个数至少为90 m^2/20 m^2=4.5个，即需要5个壁炉才能满足房间取暖需求。若忽略除壁炉外的炉灶、火墙等取暖设施，可得出不同建筑的壁炉的热围护面积见表6.15。

从表中可以看出，若去除其他取暖设施，每个壁炉所承载的散热面积多数集中在30~40 m^2，当壁炉所承担的供热面积过大时，其他的采暖设施，如火墙等也相应增多，以缓解壁炉的供热压力，因此在火墙、炉灶等采暖设施的配合下，壁炉基本满足了建筑的采暖需求。

6.3.2 炉灶和火墙采暖技术

壁炉供热时需要消耗大量的木材，"半米长碗口粗的原木，劈成四瓣填进去，火苗直往上蹿，看似火旺，其实是'花架子'，只为显示主人的身份"，因此壁炉主要出现在中东铁路沿线的站长住宅、高级官员住宅和一些公共建筑中。在一些普通铁路职工的住宅中，常使用的是炉灶加火墙的取暖方式，此种取暖方式比较节省木材，能同时满足炊事和取暖两方面的需求，但是由于受到功能的限制，其主要出现在厨房之中，只能满足厨房和毗邻房间（一般是儿童房或卧室）的取暖需求，而其他房间仍然采用壁炉取暖。

（1）炉灶。

从现存的中东铁路建筑设计图纸及实地调研可知，炉灶和火墙既可毗邻设置，也可独立存在。当

表 6.15 不同建筑的壁炉热围护面积

建筑类型	图纸	使用面积 /m²	壁炉数量 /个	壁炉散热面积 /m²	其他采暖措施
普通住宅	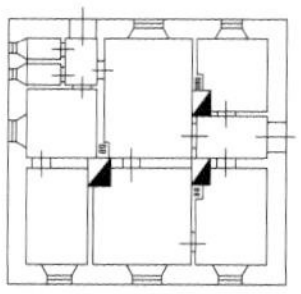	113	3	37.76	1个炉灶
独户型住宅	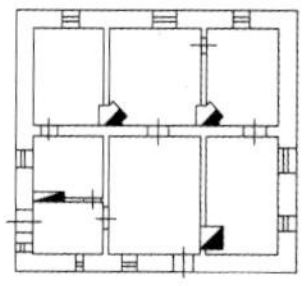	92	3	31.06	1个火墙
四户型住宅	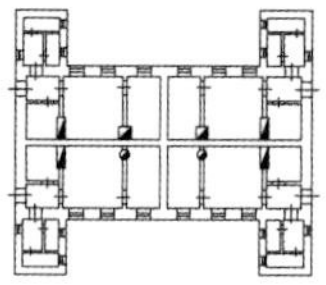	146.7	4	36.76	4个火墙
四户型住宅	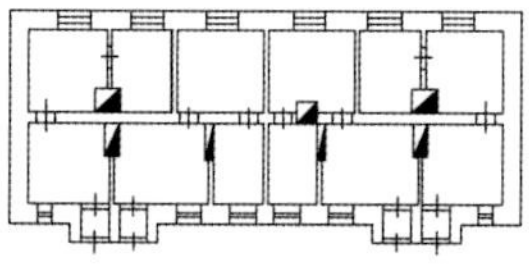	137.9	3	46.00	3个火墙
双户型住宅	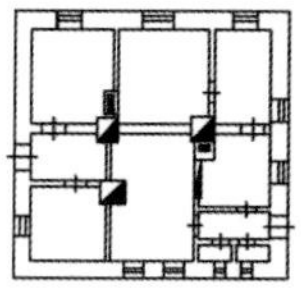	95.5	3	31.8	1个火墙
双户型住宅	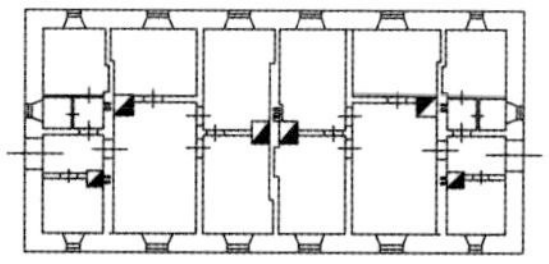	135	6	22.5	2个炉灶

二者独立设置时，炉灶主要作为炊事之用，取暖作为其次要功能，且只能供厨房一个房间取暖。

按照炉灶产生热量的大小，可将其分为小型炉灶和大型炉灶两种，其中小型炉灶主要包括炉膛、烤箱、水箱等几个部分，各组成部分如图6.51所示。

①炉膛，是炉灶的主要组成部分，是木材、煤炭的燃烧空间，其上一般置3口铁锅。

②烤箱，主要用于烤面包、烤鱼、烤肉，位于炉膛之后，热气从炉膛出来后进入烤箱四周的烟道，然后根据炉火的大小选择热气经由烟道排出或者继续进入后面的水箱。

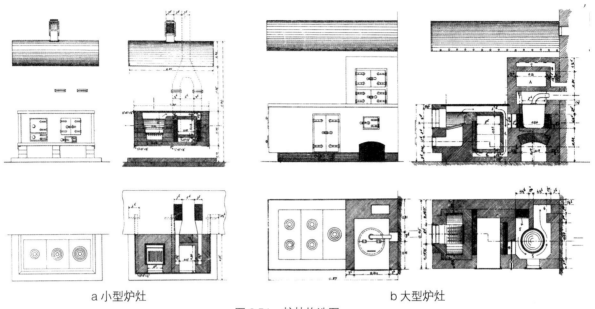

a 小型炉灶　　　　　　　　　　　　　　　b 大型炉灶

图 6.51　炉灶构造图

③水箱，由铁板制成，位于烤箱之后，热气进入水箱后将水加热，炉灶背面有热水嘴，方便主人饮用或洗浴。

④遮断板，一般有两处遮断板，分别位于烤箱和水箱的垂直烟道的中间，主要作用是根据炉火的大小调节热气的流向。当炉火较小时，水箱的遮断板关闭，热气直接从烤箱的烟道中排出；当炉火较大时，烤箱的遮断板关闭，热气从水箱的烟道中排出，从而充分利用炉膛中产生的热量。晚上两个遮断板同时关闭，以防止室外寒冷、潮湿的空气经由烟囱倒灌入炉灶中，致使第二天炉灶难以点燃。

⑤换气箅口，内有换气通道，换气通道紧挨烟道而设，利用烟道的余热进行换气，二者共同使用一个烟囱。

大型炉灶由于散热量较多，因此在水箱之上还设计了一个保温箱，热气在经过水箱之后又环绕保温箱一圈，然后经由烟道排出。由于保温箱处于末端，因此接收热量不高，主要用于饭菜等的保温。

炉灶只出现在中东铁路沿线的居住建筑中，根据俄罗斯民族的生活特点，室内炉灶仅在冬天才会被使用。从炉灶的各个组成部分及构造图中可以看出，炉灶主要为做饭、烘烤、烧水之用，只有当炉灶中燃料充分燃烧一段时间，待围护壁体被加热之后，才会与室内空气产生热交换。由于炉灶没有曲折的烟道，因此其热交换面积较小，但也正是因为没有曲折的烟道，所以其烟气排出顺畅、炉灶燃烧旺盛，通过炉口、壁体等部位向外大量辐射热量。由于厨房面积较小，一般都在5~10 m²，因此炉灶对厨房的制热效应十分显著，但厨房一般位于建筑的北向转角处，包含两处外墙，其热损失也较大，因此炉灶一方面温暖了厨房，一方面使厨房对其他房间起到了"冷风屏障"的作用，因此炉灶的作用也不容忽视。

（2）火墙。

火墙是人们为了充分利用炉灶产生的热量而发明的一种取暖设施。作家阿城在《和上帝一起流浪：犹太人哈尔滨避难记》中写道："……这种老房子是俄式的，但是迎来了中国主人，情况就会发生一点儿变化。要知道，中国人不喜欢壁炉，认为那是浪费，他们采用另外一种取暖方式——用火墙子。有趣的是，火墙子竟然是从俄国人那里学来的，是俄国人的壁炉给中国工匠提供了一种启示，他们借鉴了俄式壁炉的方法，将古老的火炕'立'起来，改成中国式的'壁炉'"，这表明中国人借鉴俄式壁炉发明了火墙。但是建于1904年的原中东铁路管理局副局长M·E·阿法纳西耶夫的住宅就已经使用了火墙采暖，因此可以看出，俄国人对火墙的利用要比中国人更早。按照火墙和炉灶的关系，可将其分为毗连式火墙和独立式火墙两种。

①毗连式火墙。

毗连式火墙，即火墙与其他取暖设置毗连结合设计的火墙形式，主要有炉灶式火墙和壁炉式火墙两种。

a. 炉灶式火墙。

炉灶式火墙，即火墙和炉灶结合设计的火墙形式，主要出现在住宅当中，根据住宅面积和等级的不同，其分布位置也稍有差异（图6.52）。一些面积较大的联户型住宅和独户型住宅等的室内卫生间与浴室毗邻设计，火墙常位于厨房和厕所、浴室之间的隔墙中。火墙装饰较少，仅在上檐和表面做一

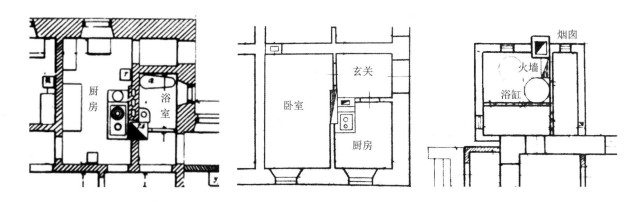

图6.52 炉灶式火墙的平面位置

些线脚，火墙的主要功能是向浴室提供热量。其他面积较小的联户型住宅由于各房间布局紧凑，火墙多位于厨房和卧室之间的隔墙中，火墙不注重装饰效果，主要功能是向卧室提供热量。

此外，还有一类火墙位于建筑转角的"偏厦子"内。"偏厦子"均为砖材砌筑，屋顶均为单坡顶形式，外侧有高耸显眼的烟囱，内部一般分隔成3个房间，较大的房间布置炉灶、火墙、烟囱、浴缸等设施，作为建筑的浴室之用。"偏厦子"一般存在于面积较小的联户型住宅中，由接收中东铁路的日本人加建而成，它的出现是两个民族不同的生活习惯形成的结果：中东铁路修筑时期，当住宅面积过小无法设室内浴池时，浴池常设于住宅院内，这种浴池一般为木质，俄国人称其为"巴尼亚"，浴池内的炉灶没有烟囱，木材燃烧产生的黑烟全部留在室内，因此这种浴池也被称为"黑澡堂"；日本占领期间，因为日本人的洗浴通常不是为了清除污垢，更多的是一种放松的手段，"黑澡堂"里面浓密的黑烟与日本洗浴传统格格不入，因此才有了带有烟囱的"偏厦子"浴池的产生。

炉灶式火墙按照内部烟气的流动方向可分为竖洞并联火墙和横洞并联火墙两种。竖洞并联火墙的火道竖向分布，烟气流程短、阻力小，火墙表面温度也比较均匀；横洞并联火墙散热效率高，房间底部能被充分加热，有利于房间内部气流的交换、流通。两种火墙的外壁通常为黏土砖立砌而成，当火墙面积较大时还需要设几皮丁砖拉结，以提高火墙墙体的整体性。炉灶式火墙与烟囱连接处必须留两个插板：一个用于控制热量和风力，室外风大时插进去一些，以避免热量散失，风力较小时则全打开，以加大风的抽力；另一个插板的用途是待取暖季过后，用以改变烟气走向，使烟气直接进入烟囱，火墙不再受热。此外，在中东铁路建筑中，为了节约砖材和充分利用木材，内墙通常为木板墙，若要在木板墙中设置火墙，需在火墙与木质内墙交接处砌筑一定厚度的砖墙作为屏障，以防火墙过热影响木质内墙的使用安全性。

b. 壁炉式火墙。

壁炉式火墙，即将壁炉与火墙结合设计的火墙形式，主要分布在室内两墙相交处，向4个方向辐射热量。通过火墙的设置可以提高特殊房间，如卧室、餐厅等房间的温度。壁炉式火墙的烟道通常为竖洞并联构造，从而保证火墙表面散热的均匀。

除了炉灶式火墙和壁炉式火墙，还有将炉灶、壁炉和火墙三者综合设计在一起的情况，形成一种特殊的毗连式火墙采暖形式，这种三者结合设计的火墙主要出现在小型集合住宅中（图6.53）。

研究表明，火墙的散热能力为：单面散热的火墙每平方米可加热8~12 m^3的空气，双面散热的火墙每平方米可加热5~7 m^3的空气。和壁炉相比，火墙的散热能力较低，因此在实际使用过程中，火墙常和壁炉配合设置，以满足建筑的采暖需求。

②独立式火墙。

独立式火墙，即单独设置的火墙，与方形壁炉形式类似，表面积较大，只向两个方向散热。独立式火墙主要出现在公共建筑的走廊和一些中东铁路官员宅邸中，注重表面装饰，散热较快。独立式火

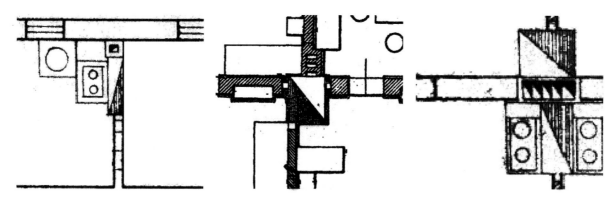

图 6.53　综合设计的毗连式火墙形式

墙燃料以锯末和木材为主，一般不用煤炭，使用时将燃料从火墙上部倒入。由于独立式火墙内部没有过多的曲折烟道，因此燃料燃烧顺畅，散热量也比炉灶式火墙大很多。独立式火墙底部设有清灰口，使用者可以方便地从底部清除灰烬。

公共建筑，如满洲里站俄国领事馆，建于1908年，其长约30 m的走廊两侧对称布置了4个壁炉，4个独立式火墙；火墙嵌入走廊两侧内墙中，与内墙表面齐平；火墙宽、高均为2 m左右，散热面积较大；火墙表面抹灰，和壁炉的组合充分满足了走廊的温度需求。由于走廊中壁炉起主要散热作用，火墙的作用不甚突出，因此火墙多以燃烧缓慢、放热量较少的锯末为燃烧材料。夜晚壁炉熄灭，只有火墙在缓慢地释放热量，满足夜间温度要求不高的居住需求。同时，由于锯末燃烧缓慢，因此火墙只需填充一次燃料就能燃烧很长时间（图6.54）。

中东铁路官员住宅，如原中东铁路管理局副局长 M.E.阿法纳西耶夫住宅采用独立式火墙采暖，火墙分别位于一、二层走廊和楼梯间侧墙中，其中，走廊处火墙面积约为6 m^2，楼梯间处火墙面积约为4 m^2。由于火墙面积较大、数量较多，因此火墙表面成为装饰重点。在此住宅中共有6处、4种火墙图案处理，火墙饰面为铸铁曲线花饰，分别呈淡蓝色和淡黄色，各由一个正方形构图单元复制而成。4种图案有的呈具象的兰花状心形叶片，其柔软的丝蔓、低垂的花蕊摇曳生姿；有的呈自然垂落的花环形，片片花叶清晰可见；有的呈花篮状，饰以两条弧形飘带，花篮中插满盛开的鲜花，花束缠绕着精美的丝带；有的呈半圆弧形，与直线条结合构图，以植物卷曲的枝条和盛开的花朵为装饰主题。火墙的添料炉门相当生活化——四边是相互缠绕的曲线形花叶，中间是两个孩子打雪橇的图案，颇具生活气息。火墙以木材为主要燃烧材料，燃烧表面积大，散热量高（图6.55）。

两种独立式火墙由于燃料和所处地域的不同而有所区别，间接显示了独立式火墙较强的适应性。中东铁路官员宅邸由于地处哈尔滨，经济条件发达，火墙燃料充裕，且注重装饰效果，既彰显主人的

图 6.54　满洲里站俄国领事馆　　　　　　图 6.55　原中东铁路管理局副局长 M.E. 阿法纳西耶夫住宅火墙图案

生活情调，又有较高的采暖效应。满洲里等地由于远离木材产地且毗邻扎赉诺尔矿区，因此采暖主要选择可以燃烧煤炭的壁炉，而燃烧锯末的火墙由于散热量低而处于从属地位。由此可见，火墙的散热量因燃料而异，这些不同的燃料使火墙产生了较强的适应性。

无论是毗连式火墙还是独立式火墙，平面位置设计时，火墙多结合内墙设置，建筑内部普通内墙和带有火墙的内墙间隔布置，保证每个房间都能享受到火墙的热量。同时，考虑到室内纵墙多为承重墙，火墙常设置于非承重的横墙之中，若出于特殊原因不得已设置在承重墙中时，则尽量不将承重的方木梁架在火墙上，避免用火墙承重。

在中东铁路建筑中，毗连式火墙和独立式火墙相互配合、优势互补，共同满足了建筑的采暖需求，毗连式火墙集炊事、取暖于一体，在联户型住宅中多有出现。由于联户型住宅居住员工等级较低、房间数量较少，因此炉灶和火墙的双重散热基本可以满足狭小空间的保温需求；而当住宅间数增多时，卧室仅在火墙的作用下温度会有所不足，此时需在卧室里放置一个壁炉，以满足采暖需求。独立式壁炉仅为取暖之用，并且多数出现在比较高级的官员住宅和公共建筑中，作为壁炉的辅助热源。由此可见，两种形式的火墙各有利弊，且在壁炉的配合之下满足了中东铁路各种功能类型建筑的采暖需求。

6.3.3　集中采暖技术

上述的壁炉、火墙等采暖系统主要应用于单层建筑中，当建筑层数超过两层时，壁炉、火墙采暖系统的烟道组织过于复杂，且曲折过长的烟道会使壁炉、火墙等难以点燃，加之燃料往不同楼层搬运比较麻烦，因此又出现了一种新型的采暖系统——集中采暖系统。

集中采暖系统的出现时间公认为 19 世纪末，最早在欧洲贵族宅邸兴起，当时采用的是铸铁浮雕单柱形式，价格极其昂贵，作为一种生活中的奢侈品流行于上流社会。后来随着人们对暖气片取暖的方便性、舒适性的认识和上流社会交际场所（如教堂、剧院）等取暖的需要，产生了散热量较大的多柱、铸铁浮雕暖气片。俄国对于集中采暖的认识和应用也较早，20 世纪初出版的图书中就出现了集中采暖系统的设计图纸。

中东铁路建筑大规模采用集中采暖系统主要是在后期，即1920年之后，当时采用集中采暖系统的建筑一般规模较大、等级较高，以军事、行政类建筑居多，这些建筑主要出现在中东铁路沿线一些位置重要的地区，如哈尔滨、一面坡、横道河子、绥芬河等。采用集中采暖系统的建筑的锅炉房大多位于地下，以便于暖气管线的铺设；也有一些建筑的锅炉房位于地上，如安达站中东铁路俱乐部的锅炉房即位于建筑侧面，与建筑毗邻布置。现在这些采暖用锅炉因地下室进水、封填等原因，已难寻原始外观，只剩一些废铁和残余管道，如原中东铁路中央图书馆（图6.56）。

烟囱形制基本相同，截面一般均为八边形，砖材砌筑，表面抹灰，顶部稍有装饰，一般是做若干环形线脚和类似于雉堞的装饰，高度高于屋顶，以加大拔烟作用。烟囱既可融入建筑主体之中，也可独立设计，如哈尔滨中东铁路管理局办公楼的烟囱即为独立设置。

从调研时发现的建筑现状可以看出，一些建筑施工之初就已将暖气片位置预留好。这些散热用的暖气片一般位于外墙或者楼梯平台处，均嵌入墙中，位于窗台之下，且窗台板上会开孔，以便于热气的传播。

值得注意的是，尽管这些公共建筑大多数采用了集中采暖系统，但是根据建筑的等级和居住成员的身份，建筑中有时还需要配合其他采暖措施，以保证室内的温度。如一面坡站兵营，建于1926年，建筑等级较高，外观庄严，建筑地上二层，地下一层，总建筑面积2 796 m^2，由于建筑面积较大，因此在地下室的楼梯间附近设计了两个供暖锅炉，以保证建筑内部的取暖。此外，由于建筑政治地位突出，使用人员均为军队高级官员，因此其采暖十分注重舒适性，一层采用集中采暖，二层由于距离地下锅炉稍远，暖气的散热能力有所下降，因此在一些面积较大的房间中又设置了一些独立的火墙和壁炉作为辅助采暖措施，从而形成了集中供暖为主，壁炉、火墙为辅的采暖系统。在多种采暖设施配合使用的情况下，建筑在冬季时室内也十分温暖。同样的实例还有横道河子站铁路职工宿舍楼等。采用集中采暖和其他采暖配合的建筑，其屋顶除了硕大的锅炉烟囱外，还有若干鳞次栉比的壁炉、火墙烟囱（图6.57）。

a 锅炉　　　　　　　　　b 管道　　　　　　　　　c 暖气片

图6.56 原中东铁路中央图书馆集中采暖系统

a 外观　　　　　　　　　　　　b 二层火墙　　　　　　　　　　c 预留暖气位置

图 6.57　一面坡站兵营

除此之外，还有一些只采用集中供暖系统的建筑，如一面坡站机车乘务员公寓。作为当时中东铁路货运机车从哈尔滨至横道河子段折返途中机车乘务人员换乘的居所，建筑地上两层，地下一层，采用集中供暖系统。从烟囱的位置来看，其锅炉房应该位于建筑的中心位置。由于其建筑等级不高，且居住人员身份地位也较低，建筑平面布局相对简单，没有太过复杂的功能，因此建筑对采暖的要求相对不高，仅采用了集中供暖的形式，建筑外观上仅有高耸的锅炉烟囱和若干精美的换气烟囱，屋顶相对简洁。

综上所述，壁炉采暖，炉灶、火墙采暖，集中采暖三种采暖设计基本涵盖了中东铁路沿线所有建筑采暖形式。从实际调研中可以看出，这三种采暖系统鲜有独立工作的，绝大多数都是三者相互配合、协调互补，从而发挥各自在采暖上的优势，满足建筑的采暖需求。三种不同采暖系统的性能比较见表 6.16。

6.3.4　采暖系统中的特殊技术

由于建筑室内取暖涉及了壁炉、火墙、烟囱等多种构造的设计或处理，这些设计或处理要满足热气组织、灰烬清除、废气排出、空气交换等诸多方面的需求，因此取暖设施的保温节点设计也十分重要。

（1）采暖系统的辅助安全设计。

东北地区气候寒冷，为了避免热量损失，建筑在冬季时一般不开窗户，但这种做法也带来了一定的危害，即易使室内空气混浊，从而导致冬季流行疾病的盛行，同时，火墙采暖方式无法保证燃料的充分燃烧，具有一定的危险性，这些都会对居住者的健康和安全产生一定的潜在威胁，因此室内外的空气交换就变得十分必要。虽然俄式建筑的窗户之上一般都有一个透气的小窗，但是该种透气方法会使室内热量骤然丧失，降低人的温度舒适感，为了解决这个问题，墙身内部中空循环通道的设计应时而生。

表 6.16 不同采暖系统性能比较

采暖类型	壁炉采暖	炉灶、火墙采暖	集中采暖
出现范围	各类住宅、公共建筑	主要出现在住宅中，有时也作为辅助采暖系统出现在公共建筑中	高级住宅和规模较大的行政、办公类建筑中
优点	1. 有开敞式和封闭式两种壁炉形式。开敞式壁炉可营造强烈的家庭归属感，封闭式壁炉的采暖性能较高，二者同时满足精神和实用两方面的需求 2. 封闭式壁炉有圆形、方形和角形三种，三种壁炉散热量不同，采暖的选择性较高 3. 封闭式壁炉散热时间较长，填充一次燃料即可维持较长的散热时间	1. 当炉灶单独使用时，可综合满足做饭、烧水、饭菜保温等多方面需求 2. 炉灶式火墙可同时满足炊事和取暖两方面需求 3. 壁炉融入内墙中，双向散热，节约占地面积，同时比较节省燃料	1. 提高能源利用率，节约能源 2. 暖气嵌入墙中，减少空间浪费，避免了燃料来回搬运，同时改善了室内环境卫生
缺点	1. 散热量受地形、朝向、风力等外部条件影响较大 2. 开敞式壁炉易爆火星，易灼伤人和室内木地板 3. 比较浪费木材	1. 施工要求较高 2. 采暖季节需至少清理烟灰两三次，颇为麻烦 3. 散热能力较小	1. 采暖热效不高，有时需设置其他辅助采暖系统 2. 需单独设地下锅炉房

墙身内部中空循环通道的设计充分利用俄式建筑中厚重的墙体，在墙身中预留一定的空气循环通道，根据热气流上升和冷气流下降的原理，使室内外之间的空气持续、缓慢地进行循环，避免室温产生剧烈的变化。墙身内部中空循环换气通道主要出现在一些对空气质量要求较高的公共建筑中，如医院、旅馆、车站等，在居住建筑中出现较少。墙身内部中空循环通道依据建筑中空气循环的速度可分为快速空气循环系统和一般空气循环系统。

①快速空气循环系统。

快速空气循环系统即能够快速实现空气交换的循环系统，它主要出现在一些利用壁炉采暖的建筑中，如图6.58所示，换气通道紧邻壁炉的排烟通道而设，换气通道内的空气被加热后，通过热气流上升的原理来快速实现换气的目的。除壁炉外，在炉灶的烟道旁也设有换气通道，换气通道的篦口设置较低，以充分利用烟道的加热作用。

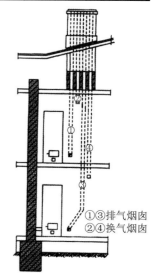

图 6.58 快速空气循环系统

采用快速空气循环系统时，由于烟道、换气通道并列设计，因此烟囱普遍宽大，再者壁炉、炉灶应用范围较广，因此这种空气循环系统也得到了非常广泛的应用。

② 一般空气循环系统。

一般空气循环系统主要出现在一些采用集中供暖的公共建筑和一些小型住宅中，其换气通道不受排烟通道的限制，位置比较自由，并且换气过程也较缓慢（如图6.59）。其换气设计为：在墙身上、下各设计一个出气口和进气口，进气口通过换气沟连接地面架空层，引入外部新鲜空气，出气口位于墙身上部，热气流由此排出。

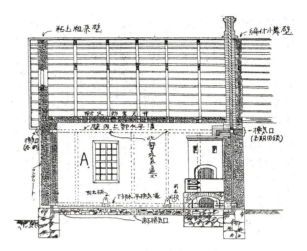

图6.59　一般空气循环系统

每个房间都有相应的换气通道，热气流通过竖向换气通道汇集至闷顶后，又通过水平的换气通道汇合在一起，最后集中通向换气天窗。闷顶的水平换气通道一般由木板加工而成，木板外面钉灰条抹灰。换气烟囱同样也用木板制作，其伸出屋顶的部分类似于百叶窗形式，可以在实现换气目的的同时避免外部空气倒灌（图6.60）。

两种空气循环方式相比，前者由于可以利用烟道内烟气的温差，因此室内外温差较大，换气过程迅速快捷，但是当夜间壁炉、炉灶等不再燃烧时，换气系统也相应地停止工作。而后者虽然换气过程缓慢，但是它不依赖其他辅助设施，仅凭借室内外的温差可以一直进行空气循环交换。正因如此，后者被大量应用在了医院、疗养院等对空气质量要求较高的建筑中，如一面坡站原铁路医院、哈尔滨原中东铁路中央医院等。

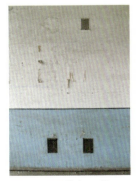
a 室内换气口①

b 闷顶水平换气通道

c 竖向换气通道

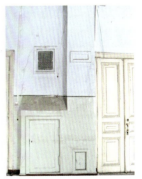
d 室内换气口②

图6.60　一般空气循环的各组成部分

此外，屋顶的换气天窗虽然都起换气作用，但是其换气位置不尽相同，当换气天窗与室内换气通道相连时，其目的为室内提供新鲜空气，避免室内空气污浊。这种功能的换气天窗一般凸出屋面不高，一些等级较高的建筑的换气天窗外观精美、装饰细致，如绥芬河站原铁路交涉局的换气天窗四边做尖券形式，四壁施以木雕，作为装饰精美的木质天窗与建筑的气质十分相配。当木质烟囱与室内卫生间相连时，其目的为循环卫生间空气、除味，这种功能的木质烟囱一般口径较小，伸出屋面较高，表面没有过多的装饰，一般不做成百叶形式，而是直接开口，以提高换气的效率，如博克图站宪兵队。当木质烟囱与闷顶相连时，其目的是保持闷顶干燥、通风，这种功能的换气天窗形式与第一种换气天窗没有区别，但是其位置一般都在屋脊正中，如一面坡站铁路供电站（图6.61）。

（2）烟囱节点设计。

作为建筑采暖中的重要组成部分，烟囱的出现打破了屋面单调的天际线，鳞次栉比的形象使建筑屋顶产生了一定的韵律感。合理的烟囱设计不仅能够丰富建筑的第五立面，而且能够最大化地发挥取暖设置的制暖效应（图6.62 a）。由于集中采暖建筑的烟囱设计相对简单，因此下面主要分析以壁炉、火墙等为采暖设施的建筑的烟囱节点设计。

烟囱的位置设计与取暖设施的分布有着直接的关系。一般来说，由于取暖设施多数位于室内中心位置，因此烟囱也常位于室内中心并与内墙结合设计，以达到与取暖设施对位、施工方便的目的。当室内取暖设施较多时，烟囱的分布就要综合考虑各个位置的壁炉、火墙等，使烟囱的分布既能有效排除烟气，又能满足经济、高效的原则。

一些特殊类建筑，如铁路站长住宅等，为了充分利用外侧厚重的墙体并节约室内面积，其烟囱常紧挨外墙而设。此时，为了避免外部冷空气对烟囱的影响，烟囱的烟道需与外部保持一定的距离：当外墙厚三砖时，烟道距离外壁两砖半；当外墙厚两砖半时，烟道距离外壁两砖；当外墙厚两砖时，烟

a 绥芬河站原铁路交涉局　　　b 博克图站宪兵队　　　c 一面坡站铁路供电站

图6.61　屋顶换气天窗

道距离外壁一砖半（图 6.62 b）。除了保持横向距离，在烟道与外壁之间设置一道空气绝热沟，也可以避免外界冷空气对烟囱的影响。绝热沟位于烟道与外壁之间，厚度一般为 1/4 砖，距离内部烟道半砖，距离外墙一砖，封闭绝热沟的设置同样避免了外界冷空气对烟道的影响（图 6.62 c）。

a 大观岭站站长住宅

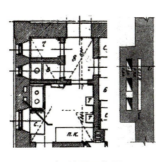
b 烟道平面位置

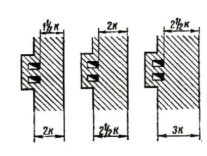
c 绝热沟及位置设计

图 6.62 特殊建筑的烟囱设计

烟囱构造各组成部分如图 6.63 所示。

①水平烟道（A）。

当壁炉、火墙等取暖设施与烟囱无法垂直对位时，需用水平烟道将其连接。水平烟道外壁厚半砖，长度一般控制在 3 m 以内，以防烟道过长致使烟气无法排出。烟道中间设有清灰口，便于烟道内积累烟灰的清除。

②垂直烟道（B）。

垂直烟道多与内墙结合设计，可以减少烟囱的占用面积。烟道孔径依据砌筑方法的不同而不同，一般孔径最小为 130 mm × 130 mm，最大为 190 mm × 260 mm，孔径的大小直接影响烟气的排放，进而影响壁炉、火墙等的制暖性能（表 6.17）。垂直烟道内壁光滑，便于烟气的排出。一般一个烟囱内会有多个垂直烟道，这些烟道既有排烟烟道，也有换气通道。当烟道距离烟囱较远，需要转折烟道相连时，转折烟道的角度一般不低于 60°，以便于烟气的排出。

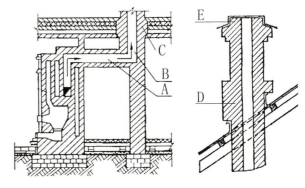

图 6.63 烟囱各构造组成部分

表 6.17　垂直烟道孔径大小

孔径大小（h 为砖长）	尺寸 /mm	面积 /cm²
1/2h × 1/2h	140 × 140	200
1/2h × 3/4h	140 × 210	295
3/4h × 3/4h	210 × 210	440
1/2h × 1h	140 × 270	380
1/4h × 1h	210 × 270	567
1h × 1h	270 × 270	730
1h × 1.5h	270 × 390	1 050

③放大脚（C）。

该结构位于烟囱和顶棚的交接处，一般由 5 皮砖叠涩砌筑而成，由于其形式类似于条形基础的放大脚，因此本书称其为放大脚。虽然烟囱宽度在此处被放大，但是烟囱内部烟道孔径不变。烟囱中放大脚的存在主要起到两方面的作用：首先，建筑天花多为木梁形式，当烟囱与木梁相接时，烟道内过热的温度容易对木梁造成威胁，此时放大脚加大了烟道壁的厚度，起到了屏障的作用；其次，烟囱与天花相接时，放大脚的存在也加强了二者连接的稳定性。

④烟囱座（D）。

烟囱座是烟囱伸出屋面后的第一个视觉焦点。首先，它的设计在视觉上使烟囱有了基础，给人安全、稳定的之感；其次，在功能上，烟囱座向外凸出一砖厚，屋面铁皮在此上卷，从而避免雨雪积水等渗入闷顶内，进而提高了建筑的寿命。

⑤烟囱顶（E）。

烟囱顶的设计十分重要，其表面一般做成倾斜形式，上盖铁皮，目的是排除风对烟气排出的影响，既避免烟气倒灌，又使烟气顺利排出。有些注重装饰的烟囱顶上覆烟囱帽，烟囱帽装饰更为精美，形式也比较多样（图 6.64）。

此外，烟囱的设计还有一些要求，如烟囱伸出屋面最少 0.75~1 m；屋面各个烟囱的垂直距离至少

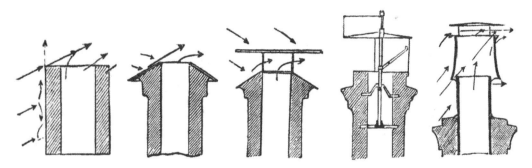

图 6.64　烟囱顶及烟囱帽的构造形式

为 0.5 m，水平距离至少为 1.5 m 等，多样的设计要求的目的都是协调烟气与风之间的关系，使烟气的排出能够向有利于建筑采暖的方向发展，从而最大化地发挥壁炉、火墙等的取暖性能（图 6.65）。

6.3.5 特殊建筑的采暖技术

所谓特殊建筑，是指对采暖有着特殊要求的建筑，主要是指浴池、公厕建筑等，这些建筑在中东铁路沿线大量出现，并且至今有不少仍存在，它们的采暖设计值得分析。

（1）浴室。

俄国人有着丰富的沐浴文化，在俄国本土，几乎每个家庭小院中都设有家庭浴室。中东铁路的修筑把俄国人的沐浴文化传播到了中国东北地区，按照铁路沿线浴池的不同形式，可将其分为家庭浴池和铁路浴池两种。

①家庭浴池。

家庭浴池，即供家庭成员使用的浴池，位于住宅庭院的一隅，外观呈单坡顶形式，通常由木材搭建而成。为了提高家庭浴池的保温性能，浴池面积一般较小，只有 10~15 m²，层高也只有 1.8~2 m，门口较低，约 1.2~1.4 m。家庭浴池一般只有更衣室和浴室两个房间，浴室内布置木板椅和炉灶，沐浴时需提前数小时将生水烧热，入浴时将热水泼向滚烫、发红的石头，可瞬间产生蒸汽，室温随之升高，即可进行沐浴。这种家庭浴池由于面积较小、墙壁较厚，因此洗浴时的温度较高（图 6.66）。

②铁路浴池。

铁路浴池作为铁路服务的建筑标准配置，主要出现在中东铁路沿线远离城镇的站点。根据站舍的规模不同，浴池大小也不同，其容纳人数有 420、900、1 200、2 000 等。

小型浴池是中东铁路现存浴池数量最多的浴池形式，一般设在会让站和工区，如姜家、成高子、道林、红房子等。由于这种浴池按照"定型设计"图纸建造，因此一般形制

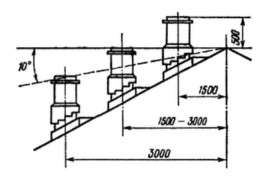

图 6.65 烟囱其他设计节点

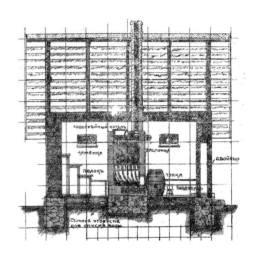

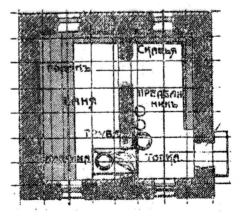

图 6.66 家庭浴池设计图纸

基本相同：建筑面积较小，标准较低，墙体一般为石砌，仅在洞口和转角处采用砖砌，外观均为一层，局部二层放置水箱。这种小型浴池在严寒的冬季有着较舒适的洗浴温度，其主要原因如下。

a. 紧凑的平面布局。

从标准平面图中可以看出，小型浴室流线清晰、平面布局合理。小型浴池共有两条流线：一条为洗浴流线，依次为门厅—更衣室—浴室—桑拿室，另一条为直接通向设备房的后勤流线，如此清晰明确的流线功能组织使浴室各个房间布局合理。另外，小型浴池建筑面积为 63.2 m^2，使用面积仅为 32.3 m^2，内部空间十分紧凑。

b. 厚重的外墙。

从现存形式来看，这些小型浴池外墙绝大多数为石砌，少数为砖砌，外墙厚度常为 700 mm，内墙厚度常为 250 mm，如此厚重的外墙在承担二层水箱荷载的同时，充分延长了热量散失的时间，使室内冬暖夏凉。

c. 热效较高的壁炉。

从标准平面设计图来看，小型浴池一般只有两个壁炉：一个位于更衣室和浴室之间，向更衣室和浴室两个房间辐射热量，满足人们的更衣和洗浴时的温度需求；另一个位于桑拿室和设备房之间，其作用一方面可以加热设备房之上的水箱，产生热水，另一方面可以烧热桑拿室内的石块，以便泼水产生蒸汽，方便人们洗浴。

小型浴池在中东铁路沿线大量出现、遗存较多，现在大多已被改为住宅，保存状况较好。除此之外，还有一类小型浴池标准平面形式，这种浴池出现较少，从资料来看只有苇河一例（现已拆除），浴室建筑面积 64.6 m^2 左右，使用面积 36.8 m^2，功能组成与前一种小型浴池基本相同，只不过多出一个值班、收费的房间。综合比较两种小型浴池形式可以看出二者的一些相同之处：首先，流线组织相同，都是门厅—更衣—洗浴—桑拿室。其次，均设有一大一小两个壁炉，小壁炉位于浴室内，且设有火墙，大壁炉位于设备房，起烧水和桑拿两方面作用。最后，由于建筑面积紧凑，因此壁炉制暖效应十分明显。

中东铁路沿线还有一种中型浴室，这种浴池一般出现在二等站中，建筑面积约为 154.8 m^2，使用面积 100.2 m^2，由于面积较大，因此分设男、女浴室，其组成与上述小型浴室基本相同。中型浴池具有以下特点。

a. 紧凑的平面布局。

同小型浴池一样，中型浴池虽然面积较大，但是平面功能布局仍然比较紧凑，男、女浴室同样采用门厅—更衣—浴室—桑拿室的流线，其设备房独处一隅，男、女浴室各功能房间基本呈对称布置，但是由于男浴池的浴室和桑拿室都较大，因此建筑平面转折较多。

b. 充足的取暖设施。

从中型浴池标准设计图中可以看出，紧凑的平面内设计了 3 个壁炉和 1 个火墙，每个取暖设施均双向散热，平均每处取暖设计承担的供热面积仅为 25 m^2，能够充分保证浴池内的温度。

c. 细致的排水组织。

从平面标准设计图和剖面标准设计图中可以看出，设备房，男、女浴室，桑拿室之间都连有排水管线，将水排往其他区域，排水管线的设计避免了水对建筑的影响。从而延长了建筑的使用寿命。

浴池作为一类特殊的公共建筑，其特殊的使用功能使其对室内温度要求较高。从原始设计图纸和现存实例来看（表6.18），这些浴池有一些通用的设计手法，如紧凑的平面、厚重的墙体、充分的取暖、简洁的流线等，这些方方面面的考虑使浴池在当时的条件下达到了较高的保温水准。

表6.18 中东铁路浴池设计图纸及实例

（2）公厕。

公厕是中东铁路沿线经常出现的一种特殊的建筑类型，它的出现显示了当时人们对建筑采暖的充分考虑。从现存状况来看，中东铁路沿线公厕一般均为独立式建筑，规模不大，多为砖木、石木或者全木结构，采用定型化设计，并依据使用人数的多少做相应调整。

木质公厕多位于住宅组团内部，与储物间毗邻。作为住宅的附属建筑，考虑到木材的易燃性，木质公厕多不设置取暖设施。砖木或石木公厕一般作为配套设施出现在三、四等站舍附近，也称为铁路公厕，从标准设计图及实例（表6.19）中可以看出，铁路公厕内均设有壁炉取暖设施，显示了当时人们对于舒适化和人性化生活的追求。但是从铁路公厕保存现状来看，除扎赉诺尔站的铁路公厕设有取暖壁炉外，其余铁路公厕均不设取暖措施。笔者分析，出现这种情况的原因是附近的扎赉诺尔矿区盛产煤矿，燃料的就地取材和大量开采使当地人们十分注重生活的舒适性，因此才会在一个只有两个蹲位的厕所设置取暖壁炉，该壁炉位于男女厕所隔墙间，烟囱没有曲折烟道，因此炉灶燃烧旺盛、产热量较多，且厕所设有门斗，热量不易流失。铁路公厕内壁炉的设置反映了当时人们对于建筑采暖的特殊考虑和对生活品质的细致追求。

表6.19　中东铁路公厕设计图纸及实例

6.4 本章小结

不同的文化内涵和建筑传统使中东铁路沿线建筑的保温、防寒设计变得极富民族传统和地域特色，别样的建筑设计、构造节点和采暖设计显示出当时人们为追求保温、防寒而做的种种努力和尝试。

（1）中东铁路沿线各类建筑通常在建筑整体设计中采取一些保温对策来应对不同地理环境的考验。在建筑总平面布局方面，城镇一般选址于背靠山体、地势平坦的开阔地区，同时注重建筑的组群形态，以自身形态改变局部小气候环境。在建筑单体设计方面，设计者注重单体的平面设计、窗墙比和体形系数，使建筑自身具有防寒取暖、采光纳阳的属性。同时，建筑的一些功能性空间也具有一定的保温效果，如门斗、地下室和闷顶，它们自身在具备储存和排雨功能的同时，还成为外界与建筑主体之间的过渡空间，避免了室外冷空气对室内的直接影响。

（2）通过建筑材料的选择和各建筑节点的设计，使建筑的防寒、保温性能得到提升，这反映出当时人们对材料属性和保温技术的熟练掌握。在外墙材料的选择方面，设计者选择当地盛产的、加工和运输方便的砖、木、石等天然材料作为外墙的主要材料，发挥材料各自在防寒、保温方面的优越性，注重不同材料的墙体厚度对于保温效果的影响，同时，打破单一材料的局限，将砖、木、石等材料进行组合，形成木材-锯末复合墙体、砖木复合墙体、砖石复合墙体、钢木复合墙体等多种形式的组合墙体，辅以细致的构造节点设计，大大提高了外墙的保温性能，获得了较好的保温效果。在天花的设计方面，形成了基本型、衍生型和复合型三种用途广泛、保温良好的天花形式。在地面的设计方面，采用架空型地面，避免了冬季地下潮气对地面的影响。此外，建筑节点设计、门窗洞口双层形式设计等都提高了建筑的防寒、保温性能。

（3）建筑不仅注重自身的保温、防寒性能，室内采暖设计，共同提高室内温度。室内采暖措施种类较多，主要有壁炉、炉灶、火墙和集中采暖四种，多种采暖方式综合使用、优势互补，满足了建筑的采暖需求。其中，壁炉形式多样、构造简单、便于生产，且散热量较大，应用较广；炉灶和火墙由于受到灶台火源的限制，因此产热量较少，主要出现在居住建筑中；集中采暖产生的时间较晚，应用较少，主要出现在大型公共建筑中。多种采暖方式常与建筑换气结合设计，满足室内的舒适、安全要求，同时注重采暖系统中的特殊设计，使建筑的采暖、保温技术达到了较高的水平。

参考文献
References

[1] 张家博. 路径：建筑的思维与建构 [D]. 天津：天津大学，2010.
[2] 刘大可. 中国古建筑瓦石营法 [M].2 版. 北京：中国建筑工业出版社，2015.
[3] 杨怡楠. 建构的织理性研究 [D]. 大连：大连理工大学，2009.
[4] 肯尼思·弗兰姆普敦. 建构文化研究：论 19 世纪和 20 世纪建筑中的建造诗学 [M]. 王骏阳，译. 北京：中国建筑工业出版社，2007.
[5] 程维荣. 近代东北铁路附属地 [M]. 上海：上海社会科学院出版社，2008.
[6] 刘松茯. 哈尔滨城市建筑的现代转型与模式探析（1898—1949）[M]. 北京：中国建筑工业出版社，2003.
[7] 陈越. 砖砌体——以材料自然属性为分析基础的建构形式研究 [D]. 南京：东南大学，2006.
[8] 侯幼彬，张复合，村松伸，等. 中国近代建筑总览：哈尔滨篇 [M]. 北京：中国建筑工业出版社. 1992.
[9] 李济棠. 中东铁路：沙俄侵华的工具 [M]. 哈尔滨：黑龙江人民出版社，1979.
[10] 田中秀. 东北之交通 [M]. 沈钟灵，译. 沈阳：东北问题研究社，1932.
[11] 克拉金. 哈尔滨——俄罗斯人心中的理想城市 [M]. 张琦，路立新，译. 哈尔滨：哈尔滨出版社，2007.
[12] 张彤. 整体地区建筑 [M]. 南京：东南大学出版社，2003.
[13] 张玉函. 建筑形态的发生 [D]. 昆明：昆明理工大学，2007.
[14] 史永高. 材料呈现：19 和 20 世纪西方建筑中材料的建造——空间双重性研究 [M]. 南京：东南大学出版社，2008.
[15] 华企云. 满蒙问题 [M].2 版. 台北：南天书局有限公司，1931.
[16] 王长富. 东北近代林业经济史 [M]. 北京：中国林业出版社，1991.
[17] 南满铁路调查课. 吉林省之林业 [M]. 汤尔和，译. 上海：商务印书馆，1930.
[18] 武国庆. 建筑艺术长廊：中东铁路老建筑寻踪 [M]. 哈尔滨：黑龙江人民出版社，2008.
[19] 常怀生. 哈尔滨建筑艺术 [M]. 哈尔滨：黑龙江科学技术出版社.1990.
[20] 王春春，陈长春，黄山，等. 东北气候和土壤资源演变特征研究 [J]. 南京农业大学学报，2010，33（2）：19-24.

[21] 尹金玲. 木刻楞设计与施工的探讨 [J]. 内蒙古科技与经济，2011（3）：112-113，115.

[22] 李浈. 中国传统建筑形制与工艺 [M]. 上海：同济大学出版社，2015

[23] 吴良镛. 国际建协《北京宪章》：建筑学的未来 [M]. 北京：清华大学出版社，2002.

[24] 高亦兰. 建筑外部空间形态研究提纲 [J]. 世界建筑，1998（4）：81-85.

[25] 尔集亚宁. 俄罗斯建筑史 [M]. 陈志华，译. 北京：建筑工程出版社，1955.

[26] 张柏春. 苏联技术向中国的转移（1949—1966）[M]. 济南：山东教育出版社，2004.

[27] 作新社. 白山黑水录 [M]. 上海：作新社，1903.

[28] 徐艳文. 俄罗斯族的木刻楞 [J]. 上海房地，2012（3）：58.

[29] 叶芃. 中国北方俄式民居建筑"木刻楞"的探析 [J]. 辽宁经济职业技术学院·辽宁经济管理干部学院学报，2009，45（5）：117-118,124.

[30] 宋红岩. 东方小巴黎：哈尔滨建筑景观揽胜摄影集 [M]. 哈尔滨：黑龙江科学技术出版社，2001

[31] 王其钧. 西方建筑图解词典 [M]. 北京：机械工业出版社，2006.

[32] 尹国均. 符号帝国 [M]. 重庆：重庆出版社，2008.

[33] 梁玮男. 世纪之交的华美乐章：哈尔滨"新艺术"建筑解析 [M]. 武汉：华中科技大学出版社，2009.

[34] 达日夫. 中东铁路与东蒙古 [D]. 呼和浩特：内蒙古大学，2011.

[35] 谢东方. 满洲里站志（1901—2001）[M]. 北京：中国铁道出版社，2002.

[36] 王葆华，田晓. 装饰材料与施工工艺 [M]. 武汉：华中科技大学出版社，2009.

[37] 全国石材标准化技术委员会. 天然石材国家标准实施指南 [M]. 北京：中国标准出版社，2010.

[38] 韩伟强. 石构建筑与木构建筑图集 [M]. 南京：东南大学出版社，2001.

[39] 吴焕加，刘先觉，等. 现代主义建筑20讲 [M]. 上海：上海社会科学院出版社，2006.

[40] 陈志华. 外国建筑史：19世纪末叶以前 [M]. 3版. 北京：中国建筑工业出版社，2004.

[41] 史清俊. 砖石材料在建筑表皮中的美学应用研究 [D]. 西安：西安建筑科技大学，2012.

[42] 刘大平，王岩. 中东铁路建筑材料应用技术概述 [J]. 建筑学报，2015（6）：78-83.

[43] 季翔. 建筑表皮语言 [M]. 北京：中国建筑工业出版社，2012.

[44] 邹涵博. 建筑石材工艺研究 [D]. 北京：清华大学，2007.

[45] 扎兰屯市史志编撰委员会. 扎兰屯市志(1991~2006年)[M]. 呼和浩特：内蒙古出版集团有限责任公司，内蒙古文化出版社，2011.

[46] 吴正直. 德国建材发展史（四）：砂浆——远古至今，建筑工程的万能胶粘剂 [J]. 房材与应用，2003（5）：45-46.

[47] 金峰. 砌筑解读 [D]. 杭州：浙江大学，2007.

[48] 陈楠. 建筑石材技术及运用初探 [D]. 南京：东南大学，2005.

[49] 曹纬浚. 一级注册建筑师考试教材 [M].11 版. 北京：中国建筑工业出版社，2014.

[50] 奥尔洛夫. 俄罗斯冶金技术史话 [M]. 滕砥平，译. 北京：中国青年出版社，1954.

[51] 肖冰. 东北地区井干式传统民居建构解析 [J]. 陕西建筑，2010（2）：5-7.

[52] 马蒂拉，莎拉斯蒂，黄倩. 芬兰和斯堪的纳维亚的木构建筑传统 [J]. 世界建筑，2005（8）：30-31.

[53] 徐景辉. 百年古镇——横道河子 [M]. 哈尔滨：黑龙江人民出版社，2008.

[54] 阿成. 和上帝一起流浪：犹太人哈尔滨避难记 [M]. 重庆：重庆出版社，2008.

[55] 范立君，曲立超. 中东铁路与近代松花江流域森林资源开发 [J]. 吉林师范大学学报（人文社会科学版），2009，37（3）：35-37.

[56] 李国友. 文化线路视野下的中东铁路建筑文化解读 [D]. 哈尔滨：哈尔滨工业大学，2013.

[57] 杨桂元. 混凝土材料在当代建筑设计中的建构逻辑和艺术表现 [D]. 天津：天津大学，2010.

[58] 李海清. 中国建筑现代转型 [M]. 南京：东南大学出版社，2004.

[59] 荆其敏. 生态建筑学 [J]. 建筑学报，2000（7）：6-12.

[60] 刘大平，王岩. 中东铁路建筑材料应用技术概述 [J]. 建筑学报，2015（6）：78-83.

[61] 马进，杨靖. 当代建筑构造的建构解析 [M]. 南京：东南大学出版社，2005.

[62] 施维琳，丘正瑜. 中西民居建筑文化比较 [M]. 昆明：云南大学出版社，2007.

[63] 韩建新，刘广杰. 建筑装饰构造 [M]. 2 版. 北京：中国建筑工业出版社，2004.

[64] 任光宣. 俄罗斯艺术史 [M]. 北京：北京大学出版社，2000.

[65] 应智，沈杰. 俄罗斯北部传统木构民居建筑装饰符号的解析 [J]. 建筑与文化，2011（11）：122-123.

[66] 柳孝图. 建筑物理 [M]. 3 版. 北京：中国建筑工业出版社，2010.

[67] 李保峰，李钢. 建筑表皮：夏热冬冷地区建筑表皮设计研究 [M]. 北京：中国建筑工业出版社，2010.

[68] 刘念雄，秦佑国. 建筑热环境 [M]. 2 版. 北京：清华大学出版社，2016.

[69] 越沢明. 中国东北都市计划史 [M]. 黄世孟，译. 台北：大佳出版社，1991.

[70] 哈尔滨铁路分局研究组，中国社会科学院历史研究所史地组. 中俄密约与中东铁路 [M]. 北京：中华书局，1979.

[71] 于维联，李之吉. 长春近代建筑 [M]. 长春：长春出版社，2001.

[72] 张亚娟. 墙体冷桥现象的处理探讨 [J]. 兰州工业高等专科学校学报，2011，18（2）：31-34.

[73] 满史会.满洲开发四十年史（下）[M].东北沦陷十四年史辽宁编写组,译.北京：新华出版社，1988.

[74] 罗清海,彭文武,柳建祥,等.几种生物质材料的保温节能性能分析[J].南华大学学报（自然科学版），2011，25（1）：103-107.

[75] 王铁樵.百年满洲里：纪念满洲里诞生110周年（1901—2011）[M].呼和浩特：内蒙古文化出版社，2011.

[76] 刘靖方,张伟,刘开蕾.对火墙、火炕砌筑方法的研究[J].平顶山工学院学报，2006，15（5）：56-57.

图片来源
Picture Credits

图 3.1 载于：*The Four Books on Architecture*（Palladio，Andrea，MIT Press，1997）

表 3.1 设计图纸，表 4.1 图片，图 4.18，图 4.35，图 4.37b、c，表 4.7 设计图纸，图 4.38b、c，图 4.39，图 4.40，表 4.12 设计图纸，图 6.3，图 6.5，图 6.6，图 6.14，图 6.34，图 6.39b，图 6.44，图 6.49，图 6.50，图 6.51，表 6.18 设计图纸，表 6.19 设计图纸载于：《中东铁路建设图集（1896—1903）》（中东铁路工程局，1904）

图 4.12c，图 4.13，图 4.16，图 4.36，图 4.57，图 5.22，图 5.23，图 6.22 载于：《中东铁路大画册》（中东铁路工程局，1905）

图 4.12b 载于：*Views of Chinese Eastern Railway，1903—1919*（SMU Libraries Digital Collections）

图 4.15，图 6.12，图 6.41，图 6.42，图 6.62b 载于：《东支铁道沿革史》（哈尔滨支部，《满洲建筑杂志》，1936 年第 16 卷第 4 号）

图 5.21 载于：《寒天中的混凝土工事》（はるを生，《满洲建筑杂志》，1924 年第 4 卷第 6 号）

图 5.35，图 5.50 设计图纸，图 5.56 设计图纸，图 6.16，图 6.18，图 6.21a，图 6.64 载于：《Руководство для проектированія и постройки зданій》（А. И. Тилинский, Изданіе А. В. Суворина, 1911）

图 6.2，图 6.7，图 6.8 载于：《寒冷地区的俄国建筑》（大泉一，《满洲建筑杂志》，1928 年第 8 第 6 号）

图 6.4 载于：《满洲概览》（松本丰三，南满洲铁道株式会社，1937）

图 6.10，图 6.52，图 6.53 载于：《中国长春铁路第八工务段房屋平面图》（中国长春铁路管理局财产登

记室，1952）

图 6.43 载于：*Construction of Russian Wooden Buildings of the 17th–18th Centuries*（Alexandr Popov, ICOMOS IWC，2007）

图 6.46a 载于：http://blog.sina.com.cn/s/blog_921f8a0301011c31.html

图 6.46b 载于：http://blog.sina.com.cn/s/blog_921f8a0301010msy.html

图 6.47 左一图片载于：http://blog.sina.com.cn/s/blog_921f8a03010111kp.html

图 6.48 左一图片载于：http://blog.sina.com.cn/s/blog_921f8a0301010n7f.html

图 6.48 左二图片载于：http://blog.sina.com.cn/s/blog_921f8a03010111lb.html

图 6.59，图 6.66 载于：《俄国农村的黏土粗糙住宅》（田中良太郎，《满洲建筑杂志》，1940 年第 20 卷第 6 号）

图 6.62c，图 6.65 载于：https://www.mirpodelki.ru/index.php?id=107

表 6.18 历史照片载于：《建筑艺术长廊——中东铁路老建筑寻踪》（武国庆，黑龙江人民出版社，2008）

后 记
Postscript

中东铁路的修建正值19世纪与20世纪之交，全球化的工业革命已经开始。因此，这条贯穿东西线又延伸到南部支线，长达2 500 km的铁路线，从设计之初到工程建设的全过程，直接采用了较高水平的建造技术。否则在当时那么短的时间内，面对地理与气候的双重考验，很难完成这一巨大的铁路建设工程。

这一点从现有的历史文献资料和图纸，以及遗留至今的大量沿线铁路工业遗产上都是可以看到的。

工业革命新技术的采用与地域性适宜技术的创新运用，应该是中东铁路建筑文化遗产中最有价值的部分之一。对前者进行分析，可以把握当时铁路建造技术的水准以及新技术革命的成果是如何转移到中国东北地区的；对后者进行分析，可以了解新技术转移过程中是如何适应严寒气候条件以及地域文化，从而创造出新的地域性适宜技术。这两个研究视角对于完整、准确地解读中东铁路建筑遗产的技术水准都是不可缺少的，也是十分有价值的。

2010年起带学生先后在哈尔滨、横道河子、扎兰屯、一面坡、安达、肇东、阿城等多个中东铁路沿线的城镇与站点进行大量中东铁路历史建筑的测绘。所测绘的历史建筑类型极为丰富，包括站房、行包房、机车库、厂房、住宅、公寓、教堂、学校、俱乐部、医院、水塔、仓库、浴池等等。同时结合测绘结果对这些历史建筑的建造技术进行了较为细致的考察和调研。在这期间陆续完成了《中东铁路建筑石材构筑形态特征研究》（王瑞婧）、《中东铁路附属建筑木材构筑形态的表征与组合方式研究》（陈海娇）、《中东铁路建筑砖构筑形态研究》（杨舒驿）、《中东铁路建筑保温与采暖技术研究》（司道光）、《中东铁路建筑墙体技术解析》（刘文卿）、《中东铁路附属地建筑金属构件研究》（赵扬）等硕士论文以及若干篇与中东铁路遗产建筑技术相关的学术论文，这些研究成果后来都为主持承担的（2013—2016）国家自然科学基金项目"文化线路视野下的中东铁路建筑文化特质与保护研究"（51278139），以及（2016—

2017）中俄政府间科技合作项目"中国中东铁路与俄罗斯西伯利亚铁路（远东段）沿线建筑文化遗产特色及保护策略研究"（CR19-18）的顺利完成提供了极大的支持。本书就是在这些研究成果的基础上，经过整理充实后而编辑完成的。

  这本书的编写凝聚了很多人的智慧和辛苦。博士生司道光、刘文卿在编辑、排版以及文字的充实、调整、完善等方面默默地做了大量的工作；李国友老师当年搜集的很多资料文献，为本书增色不少；硕士生于正委、张成磊、杨嘉明、宫力权等也参与了本书的排版工作。卞秉利老师在本书的编辑和出版基金的申请方面不辞辛劳。正是以上诸位无私的支持和帮助，才使本书的编辑出版成为一种可能。

刘大平 王 岩
2018.4

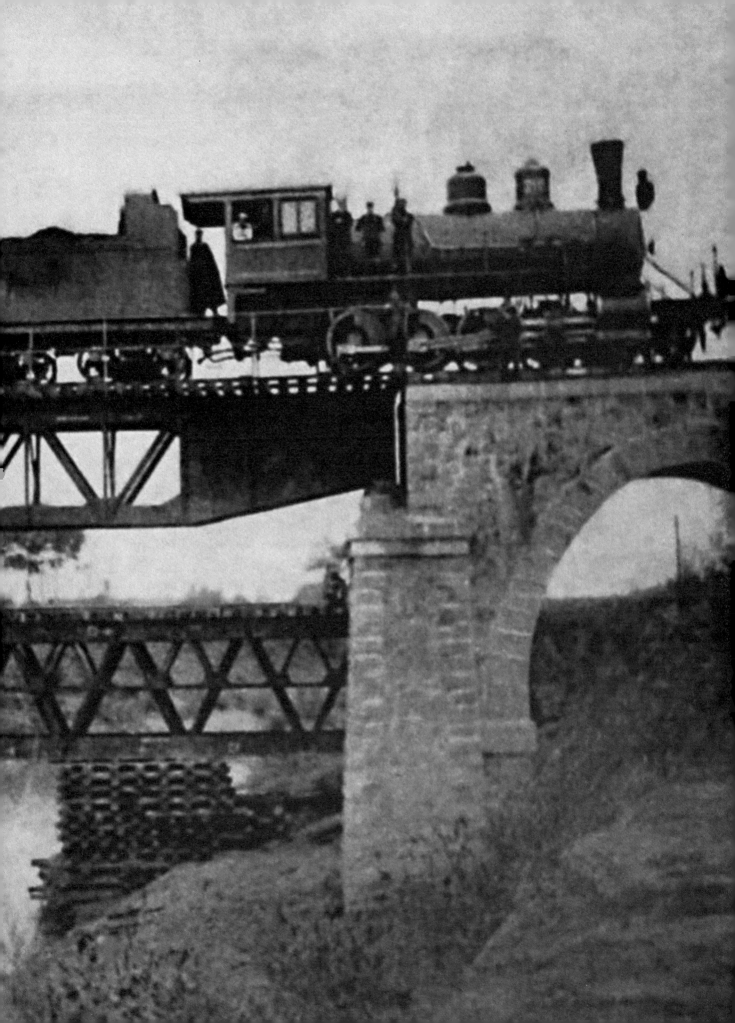

图书在版编目（CIP）数据

中东铁路历史建筑构筑形态与技术/刘大平，王岩著.—哈尔滨：哈尔滨工业大学出版社，2018.6

（地域建筑文化遗产及城市与建筑可持续发展研究丛书）

ISBN 978-7-5603-7493-2

Ⅰ.①中… Ⅱ.①刘… ②王… Ⅲ.①铁路沿线—古建筑—研究—东北地区 Ⅳ.①K928.713

中国版本图书馆CIP数据核字（2018）第140885号

策划编辑	杨　桦
责任编辑	陈　洁　佟　馨　鹿　峰　宗　敏
装帧设计	卞秉利
出版发行	哈尔滨工业大学出版社
社　　址	哈尔滨市南岗区复华四道街10号　邮编150006
传　　真	0451-86414749
网　　址	http://hitpress.hit.edu.cn
印　　刷	哈尔滨市石桥印务有限公司
开　　本	889mm×1194mm　1/16　印张27　字数608千字
版　　次	2018年6月第1版　2018年6月第1次印刷
书　　号	ISBN 978-7-5603-7493-2
定　　价	238.00元

（如因印刷质量问题影响阅读，我社负责调换）